1969년 9월 14일 일요일 새벽에 강행된 3선개헌에 맞서 투표함을 던지며 분노하는 김상현 의원. 이날 국회 본회의장에서 점거농성을 하고 있던 신민회 의원들을 피해 국회 제3별관에 모여 있던 여당계 의원 122명은 기명투표방식으로 개헌안을 변칙 통과시켰다.

제55회 임시국회 본회의에서 대일청구권 자금 사용안 반대 연설을 하고 있는 김상현 의원. 이날의 4시간 30분 연설은 6대 국회 사상 최장의 기록이었다. (1966년 3월 15일)

3선개헌의 무효를 외치며 가두투쟁을 벌이고 있는 김상현 의원(왼쪽)과 이기택 의원(오른쪽). 가두투쟁을 벌이던 중 경찰에 연행되면서도 끝까지 3선개헌의 무효를 주장했다.

1971년 4월 18일, 장충단 유세장에 들어서고 있는 제7대 대통령 선거의 신민당 후보 김대중. 주위로 김상현, 유진산, 양일동, 이희호 여사가 보인다. 3선개헌 이후 박정희는 1971년 7대 대통령 선거에서 신민당 김대중 후보를 근소한 차이로 누르고 당선됐다.

1973년 2월 2일. 선거법 위반 혐의에 대한 공판을 받고 있는 김상현 의원(왼쪽).

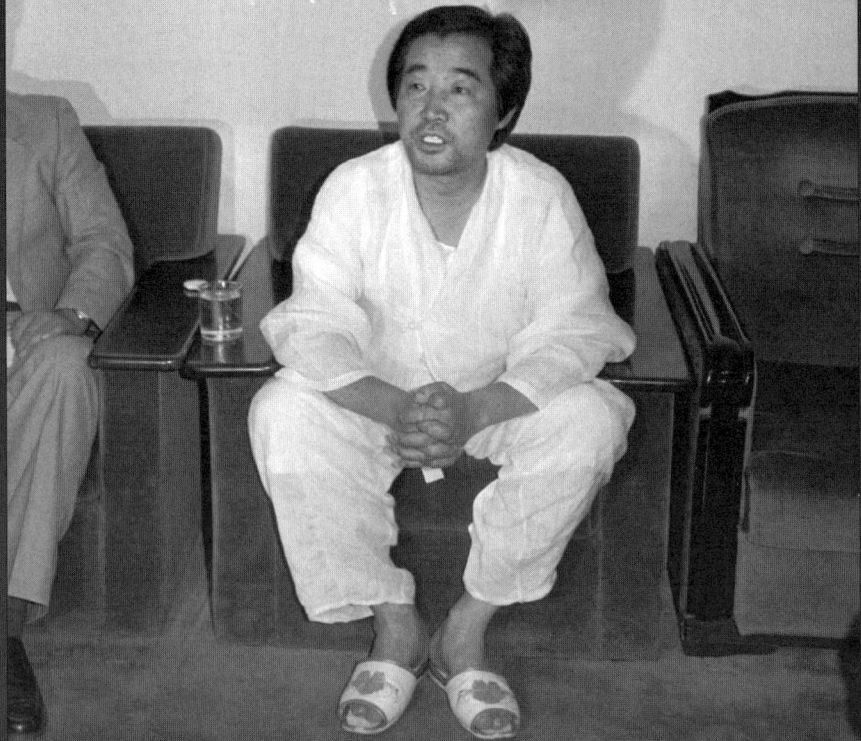

1986년 9월 12일. 직선제 개헌, 민주인사 석방 등을 요구하며 신민당 당사에서 10일째 단식 농성 중인 김상현 의원.

민주당 전당대회에서 김상현 부총재와 노무현 의원 등 당사수파들이 3당합당에 반대하며 격렬하게 항의하고 있다. (1990년 1월 30일)

유신반대 투쟁으로 구속된 후 가석방되어 명동성당에서 김대중 선생과 함께한 '구속자 석방을 위한 기도회'. (1974년 12월 11일)

한국 정치 아리랑

한국 정치 아리랑
한 정치인이 살아온 대한민국 현대사
ⓒ 김성동

초판 1쇄 펴낸날 | 2011년 9월 20일

지은이 | 김성동
펴낸이 | 이건복   **펴낸곳** | 도서출판동녘

전무 | 정락윤
주간 | 곽종구
편집 | 이상희 김옥현 박상준 구형민 이미종 윤현아
영업 | 이상현   **관리** | 서숙희 장하나

인쇄·제본 | 영신사   **라미네이팅** | 북웨어   **종이** | 한서지업사

등록 | 제 311-1980-01호 1980년 3월 25일
주소 | (413-756) 경기도 파주시 교하읍 문발리 파주출판도시 532-5
전화 | 영업 031-955-3000 편집 031-955-3005   **전송** | 031-955-3009
블로그 | www.dongnyok.com   **전자우편** | editor@dongnyok.com

ISBN 978-89-7297-659-2 03800

- 책값은 뒤표지에 있습니다.
- 이 도서의 국립중앙도서관 출판시도서목록(CIP)은 e-CIP 홈페이지(http://www.nl.go.kr/ecip)에서 이용하실 수 있습니다. (CIP제어번호: CIP2011003648)

한국 정치 아리랑
한 정치인이 살아온 대한민국 현대사

김성동 지음

동녘

차례

■ 책을 내면서 김성동   6

제1장

1. 고향마을   10
2. 서울로   17
3. 6·25 사변   19
4. 고향으로   24
5. 어머니 죽음   33
6. 구두닦이   39
7. 신문팔이   44
8. 남산의 밤   47
9. 전달부   54
10. 계몽강연   58
11. 해공한테 받은 붓글씨   62
12. 모의국회 1등을 하다   67
13. 김대중과 만남   71
14. 지원 유세   73
15. 파고다공원   77
16. 밥과 피   81
17. 3·1청년학생동지회   86
18. 정치인의 인격   90
19. 스코필드 박사   95
20. 김대중 지원 유세   97
21. 4·19 혁명   101

제2장

1. 정당 입문   112
2. 맞고서도 사과   122
3. 말새끼 대의원   124
4. 레닌이냐, 트로츠키냐?   128
5. 기자단 공천   135
6. 선거운동   143
7. 29살짜리 국회의원   159
8. '경향신문' 녹음폭로   162
9. 외유와 공부   168
10. 술   169
11. 전국구 당선   172
12. 전문 영역   179
13. 재일교포 실태 조사   183
14. 4·19 민주상   187
15. 역테러사건   189
16. 통곡하는 민주주의   192
17. 박정희와 대화   201
18. 대화와 사꾸라   210
19. 막 내리는 60년대   214

제3장

1. 김대중 대통령 후보   220
2. 일곱 달 전쟁   232
3. 《다리》지 필화사건   246
4. 브라질 교포 문제   249
5. 서승 사건   255
6. 진산 파동   258
7. 아나운서와 양아치   261
8. 진산의 반격   267
9. 민중의 함성   272

제4장

1. 유신 쿠데타	288
2. 통닭구이와 떡값	299
3. 서대문교도소	306
4. 하루 13시간씩 공부	315
5. 출옥	325
6. 고문폭로	329
7. 김지하 시인	347
8. 협상과 재벌앞잡이	352
9. 이철승 당수	360
10. 외로운 함성	364
11. 지는 싸움	366
12. 아는 실수	369
13. 뒤에서	372
14. 김영삼 당수	375

제5장

1. 10·26 사태	388
2. 박정희 조문	394
3. 대통령중심제와 내각책임제	397
4. 강경파와 온건파	400
5. 악마와 손잡고	406
6. 독재자와 정보	415
7. 5·17 쿠데타	420
8. 공소사실	430
9. 최후진술	441
10. 감옥 체질	446
11. 출옥	453

제6장

1. 김영삼 단식	460
2. 동교동계 부활	463
3. 사람 잡는 '정보'	468
4. 정치인과 재야	470
5. 이름과 내용	473
6. 공동의장권한대행	476
7. '민추' 발족	479
8. 정치가의 말	482
9. 건강을 위하여	486
10. 신당 준비	490
11. 여건 조성	501
12. '민추'와 '비민추'	503
13. 당수 문제	506
14. 정치가의 한계	512
15. 김대중 귀국	516
16. 후보 추천	518
17. 공천 문제	521
18. 소경 제 닭 잡아먹기	525
19. 선거와 돈	529
20. 뒷이야기	533

■ 아내를 생각하며 김상현		536
■ 영원한 청년 김상현 김성동		539
■ 후농 김상현 연보		546

책을 내면서

"망팔이 되면 내시지요."

"아하아?"

"적어도 칠십이 되신 다음에 내는 게 좋겠다는 생각이올시다. 정치 현장을 접으신 다음에……."

"하이구, 망했구나. 이십 년을 더 기다려야 하니……."

이 중생이 쓴 당신 정치역정을 읽어 보고 나서 당장 책으로 엮어내 겠다는 것을 말렸을 때였다. 20여 년 동안 캄캄한 땅밑에서 모진 독재 와 싸우던 끝에 가까스로 정치마당에 나선 '최후의 정치활동 금지자'한 테는 참으로 거시기한 마음이었지만, 그래야 된다고 보았다. 자기가 그 래도 '정계의 스타'라는 것을 으스대고자 앞다투어 무슨 자서전명색을 펴내는 3류 정치가들과 한자리에 서게 해서는 안 된다는 속마음에서였 는데, 두말없이 받아들이는 것이었다. 후농後農은 그런 사람이다.

그로부터 16년 세월이 흐른 다음 썼던 것이 뒤에 붙인 〈영원한 청 년 김상현〉이다. 그리고 다시 10년 세월이 흐른 다음 내게 된 것이 이 책 인데, 후농 선생 춘추가 어언 77살. 정치를 접은 지도 오래되니 그 얼키 설키했던 정치역정 50년을 세상에 내보여도 좋을 때가 된 것이다. '신당 돌풍'을 일으켰던 1985년 2·12 총선 다음 이어지는 정치역정을 덧붙이지 않은 것은, 거기까지가 '김상현정치'의 빛나는 대목이라고 보기 때문이다.

후농이라는 아호는 시인 고은高銀 선생이 지어주신 것이었다. 이른바 '김대중내란음모사건'으로 남한산성 육군교도소에서 옥살이 할 때 지어준 것이라고 하며, 이 중생과 인연 또한 같은 '남한산성 동기'인 작가 송기원宋基元이 다리놓아준 것이었다. 더불어 함께 평등하고 자유로운 삶을 이루고자 밤을 낮삼아 신 벗을 틈 없었던 '정치 농사꾼 김상현' 곳간에 들어 있을 곡식은 얼마나 될까? 그것은 이 책을 읽는 사람들이 꼽아매길 일이겠다.

2011년 8월

양평 '비사란야非寺蘭若'에서

한국 정치 아리랑
1935~1985

1장

1. 고향마을

나는 1935년 12월 6일(음력 동짓달 열하루) 전라남도 장성읍長城邑 상오리 上蜈里에서 태어났다.

내가 태어난 곳은 원래 호산湖山마을이었는데 일제 조선총독부의 행정구역 통폐합으로 인근 몇 개 마을이 병합되어 상오리가 되었고, 1975년 장성읍에 편입된 고장이다. 지금은 읍내로 편입되었지만 장성읍에서 20리쯤 들어간 동네였다. 동구 앞으로는 시냇물이 흐르고 야트막한 산자락 밑에 게딱지 같은 초가집 스물두 가구가 옹기종기 모여 있는 두메산골이었다.

아버지는 김영옥金榮玉, 본은 김해金海로 삼현파三賢派에 속했으며 어머니는 최이례崔二禮였다. 아버지는 무녀독남 4대 독자였고 어머니는 평범한 아낙네였는데 나는 그이들 둘째 아들로 태어났다. 내 위로는 형 상수相洙가 있었고 여동생 남수南洙와 계수桂洙 그리고 남동생 상렬相悅과 여동생 복수福洙까지 모두 육남매였다.

아버지는 논 일곱 마지기와 밭 여섯 마지기를 일구어 여덟 식구 입치레하기에 바쁜 가난한 농군이었다. 동네 사람들 거의가 그랬듯이 우리 육남매도 두 발로 땅을 딛고 서면서부터 논밭일과 집안일을 도와야 했다. 고무신은 어림도 없고 짚신을 신었는데 그 짚신도 귀해서 거의 맨발로 뛰어다녔다.

국민학교에 들어간 것은 아홉 살 때였다. 시오리쯤 떨어진 장성 읍내에 있는 성산공립국민학교였는데 장성에서는 가장 역사가 오래된 학교였다. 장성에서만이 아니라 전라남도에서 두 번째로 세워진 학교였다. 집에서도 그랬지만 국민학교에 들어가서도 나는 얼추 맨발로 걸어서 다녔다. 나만이 아니라 농촌 아이들 열에 아홉은 다 마찬가지였다.

당시는 일본제국주의가 하와이 진주만을 기습 공격하여 이른바 대동아전쟁, 곧 태평양전쟁이 일어났던 때여서 모든 것이 배급제였으므로 물자가 아주 귀했다. 나는 책보를 허리에 묶고 시오리 길을 맨발로 걸어가며 막연하게나마 열심히 공부를 해서 훌륭한 사람이 되어야겠다는 결심을 하고는 하였다.

학교에 들어가서 처음으로 배우게 된 것은 '고고쿠'였다. 국어라는 뜻의 일본어로 조선총독부 발행 국어 교과서였다. 전해에 소학교라는 명칭이 국민학교로 바뀌었고 조선어 학습이 폐지된 것은 물론 일상생활에서도 조선말 사용이 금지되어 있었다. 일제는 '보도연맹'이라는 기구를 만들어 조선말 사용을 감시하게 했고 모든 출판물에서 조선어 사용을 금지시키고 있었다. '이치 니 산 시 고 로쿠……' 하며 숫자를 배우고 '곰방와'·'하이' 따위 기초적 인사말을 배웠는데, 여간 신기한 게 아니었다. 우리 동네 가까이에 나카무라라는 일본사람 지주가 살고 있었으나 일본사람과 말을 해서는 안 된다는 아버지 엄명이 있었으므로 나

하야부사 전투기.

는 일본말은 한마디도 모르고 있었다. 전쟁이 격화되어 선생님들도 징병과 징용에 끌려가면서 학교에서 우리는 공부 대신 열을 지어 일본군가와 국민가요를 부르며 산에 올라가 관솔을 따고 아주까리 기름을 짰으며 학교 옆 실습지에 가서 밭일을 하였다. 천황 생일이라는 천장절天長節과 개전기념일에 천황의 지리한 칙어를 듣고, 도화시간에는 대일본제국 하야부사 전투기가 '귀축미영鬼畜米英' 전투기를 격추시키는 그림을 그리라고 하였다.

학교에 가서는 노력동원을 했고 집에 와서는 형제들과 함께 부모님 농사일을 거들었다. 국민학교에 들어가서 처음으로 전깃불을 보고 놀랐고, 어쩌다가 산판 '도라쿠(트럭)'라도 지나갈 때면 기를 쓰고 쫓아가다가 넘어져 무릎을 깨고는 했으며, 책보를 허리에 묶고 달리다보면 양철로 만든 필통 속 연필이 죄 부러져서 어머니한테 꾸중을 듣고는 하였다.

성적은 중간 정도였다. 열심히 공부를 해서 훌륭한 사람이 되어야겠다는 생각을 하고는 있었지만 도무지 흥이 나지를 않았다. 당시 농촌에서 부자 소리를 듣는 사람들은 중학교부터 자식을 도청 소재지나 서울로 보내었고 그다음에는 일본으로 보내었다. 일본의 무슨 대학이나 경성제국대학을 나와서 고등문관시험에 합격하여 판사·검사·변호사 등 법관이 되거나 군수가 되거나 총독부 관리가 되어 동족을 착취하고 수탈하는 일본 제국주의체제 하수인이 되는 것을 최대 희망으로 삼았다. 아니면 최소한 사범학교라도 나와서 국민학교 교사라도 할 수 있기를 바랐다. 그러나 그것은 부자들 경우였고 일반 농민들은 국민학교를 보내는 것이 고작이었다. 그나마 많은 사람들이 국민학교도 다니지 못한 채로 묵묵히 몇 마지기 논밭에 매달리거나 소작을 부치거나 부잣집 머슴을 살거나 도시로 나가서 공장 노동자가 되었으며, 그것도 할 형편이 못되는 민중들은 압록강이나 두만강 혹은 백두산을 넘어 북간도로 갔다.

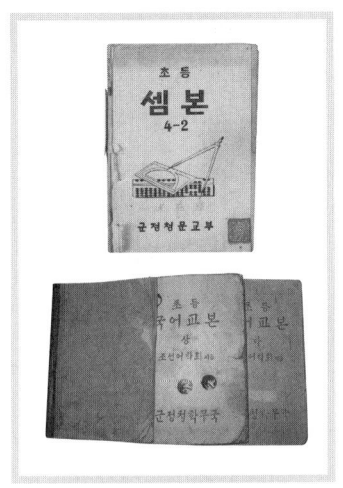

1946년, 1947년 미 군정청이 발간한 초등셈본과 초등국어교본.

3학년 때 해방이 되었다.

학교에서는 조선어 교육을 폐지하고 일상생활에서도 조선말 사용을 금지시켰으므로 해방이 되자 학교 선생님들도 한글이 서툴렀다. 나는 선생님들의 미숙한 한글 실력을 지적하고 때로는 '기역 니은……' 하는 한글 발음과 정확한 철자법을 시범 보이며 우쭐한 기분이 되기도 하였다. 국민학교에 들어가기 전부터 할머니한테 한글과 셈본을 배운 덕분이었다.

밤이면 동네 사랑방에 마을 어른들이 모여 묵내기 화투도 치고 시국이야기도 하는 자리에서 《춘향전》·《심청전》·《옥루몽》 같은 옛날 이야기책을 읽어 드리고는 하였다. 나는 어른들 칭찬을 받는 것이 좋아서 자주 이야기책을 읽어 드렸는데, "우지 마라 내 새끼야 너 죽어도 내 못 살고 나 죽어도 너 못 살리라. 네 울음 한마디면 일천간장이 다 녹는다. 불상헌 내 자식아 우지 마라. 어서어서 날이 새면 젖을 얻어 먹여주마. 제발 덕분에 우지 마라" 하고 《심청전》을 읽을 때면 할머니들이 눈물을 흘렸고, "점잖허신 도련님이 대로변으로 나가면서 울음 울 리 없제 마는 옛일을 생각허니 당명황은 만고영웅이나 양귀비 이별으 울었고 항우는 천하장사로되 우미인 이별으 울었으니, 날 같은 소장부야 아니 울 수 있겠느냐. 춘향이를 어쩌고 갈꼬. 두고 갈 수도 없고 다리고 갈 수도 없으니 이를 장차 어쩔거나" 하고 《춘향전》 한 대목을 늦은중모리로 읽을 때면 할아버지들이 무릎을 치고는 하였다.

"자고로 영웅은 호색이라. 그래서……."

6학년 때 아버지가 돌아가셨다. 아버지는 한 여섯 달가량 드러누워 계셨는데 병원 한 번 가보지 못하고 그저 민간요법으로 치료를 하다가 결국은 돌아가시고 만 것이다. 서울에서 고학으로 양정중학교를 다니고 있던 상수 형이 전보를 받고 내려왔다. 상수 형은 자기 검지 손가락을 깨물더니 아버지 입 속에 흐르는 피를 흘려 넣었다. 그 바람에 아버지는 잠깐 정신을 차리시는 것 같았는데, 몇 시간 뒤에 결국 눈을 감으시었다. 향년 마흔둘. 1948년 1월 28일이었다.

아버지가 돌아가시고 형이 서울로 가버린 집안에서 나는 갑자기 가장 노릇을 떠맡게 되었다. 동생들을 돌보며 어머니를 도와 아버지가 해오시던 농사일을 하게 되었는데, 견딜 수가 없었다. 어린 나이로 떠맡게 된 농사일이 힘들기도 했지만 그것보다도 견딜 수 없는 것은 내 운명이었다.

'이렇게 살 것인가?'

국민학교만을 마치고서 겨우 글자나 읽고 저자에 가서 물건을 사거나 농산물을 팔 때 셈이나 틀리지 않을 정도의 지식을 가진 평범한 농군으로 평생을 보낼 것인가? 형은 서울에 가서 고학으로 5년제 중학교를 다니고 있었지만 차남인 나까지 중학교를 갈 형편은 아니었다. 도무지 그럴 여유가 없었다.

그러나 나는 공부를 하고 싶었다. 공부를 더 해서 훌륭한 사람이 되고 싶었다. 훌륭한 사람이 구체적으로 어떤 사람이라는 인식은 없었지만 이대로 살 수는 없다는 생각이었다. 그렇다면 방법은 하나밖에 없었다. 고학을 하는 것이었다. 내 손으로 돈을 벌어가며 학교를 다니는 것이었다.

국민학교를 졸업하고 1년간을 고민하던 끝에 마침내 나는 결심하였다. 서울로 가기로. 서울로 가서 고학을 해서라도 학교를 다니기로. 형도 고학을 하면서 학교를 다니고 있는데 나라고 못할 이유가 없다는 생각이었다.

형을 따라서 서울로 가던 날 어머니는 동구 앞까지 따라 나오며 자꾸 치맛자락을 집어 올려 눈께를 찍어내시었고, 나는 큰소리를 쳤다.

"염려마세요, 어머니. 서울에는 학비를 내지 않고도 다닐 수 있는 중학교가 있으니까요. 반드시 합격해서 무상으로 중학교를 다니겠습니다."

어머니한테서 보리감자와 개떡이 들어 있는 보따리를 받아 들고 나는 칼바람 불어오는 벌판을 가로질러 읍내로 갔다. 그리고 힘차게 버스에 올랐다.

2. 서울로

큰소리를 치고 시험을 본 국립 교통중학교에서 낙방을 하였다. 무엇보다도 어머니한테 면목이 없었지만 그렇다고 다시 고향으로 내려갈 수는 없었다. 입학금도 없고 월사금도 없는 학교에 국비로 다닐 수 없다면 고학을 하는 수밖에. 나는 서대문구 만리동에 있는 균명중학교에 입학하였다. 야간부를 택할 수밖에 없었고 균명중학교 야간부에는 고학으로 다니는 학생들이 많았다. 1학년이었지만 거의가 열일고여덟들이었고 그 가운데에는 스무 살이 넘은 청년도 있어 열다섯 살인 나는 어린 편에 속했다.

학교에서 멀지 않은 마포구 도화동에 방을 얻었다. 마포국민학교 앞이었는데 집주인은 한강변에서 새우젓 장사를 하는 정 씨였다. 형과 나는 정 씨 집 문간방에서 자취를 하며 학교를 다녔다.

밤에는 학교에 다니고 낮에는 도화극장 앞에 자리를 잡고 목판장사를 시작했다. 새벽 다섯 시만 되면 부리나케 일어나 하루치 밥을 지었다. 서둘러 아침밥을 먹고 나서 과자와 껌, 담배가 들어 있는 목판을 들고 도화극장 앞으로 나갔다. 아침에는 극장 앞에 통행인이 많지 않으므로 책을 꺼내 들고 들여다보다가 낮이 되면서 사람들이 지나다니면 책을 덮고 물건을 팔았다. 그러다가 오후 서너 시쯤 되면 목판을 걷어 가지고 자취방으로 돌아가 아침에 해둔 식은 밥으로 요기를 하고는 책보를 챙겨 들고가 학교 수업을 듣고, 끝나면 200미터 높이는 될 만리동 꼭대기에 있는 학교를 빠져나왔는데 밤이 깊어 있었다. 자취방으로 가서 식은 밥을 먹고 나면 열두 시가 다 되었다. 언제나 배가 고프고 몸뚱이는 피로했지만 괴롭다는 생각은 조금도 들지 않았다.

3. 6·25 사변

6월 28일 아침에 나는 전찻길을 따라 아현동까지 갔다. 그리고 북아현동 약수터를 지나 이화여자대학교 뒤쪽에 있는 안산 마루턱까지 올라가보았다. 저 아래로 서대문형무소가 보였고, 사람들 함성소리가 들려왔다. 저만큼 무악재 너머로 탱크 몇 대가 굴러오고 있었다.

나는 삼팔선에서 인민군을 무찌른 국방군이 돌아오고 있는 것으로 알았다. 6월 25일 새벽에 북조선 인민군이 삼팔선을 넘어왔다고 했다. 신문에서는 국방군이 인민군을 무찌르며 삼팔선을 넘어 해주로 진입해 들어갔다고 했다. 그러다가 국방군이 일부 후퇴를 하고 있다는 보도가 나오면서 '일진일퇴는 병가의 상사'라는 누군가의 말이 신문에 대서특필되기도 했다. 27일이 되면서는 의정부가 인민군 수중에 들어갔다는 말이 떠돌았는데 신문에서는 여전히 '우리 국방군이 압도적인 우세 속에서 인민군을 몰아내고 있다'는 국방부 정훈감실 발표문을 싣고 있었다. 28일 아침에는 하늘이 무너지는 것 같은 포성이 들려왔는데 전날 밤에 비가 왔으므로 천둥소리로 알았다.

나는 산을 내려왔다. 약수터를 지나 다시 아현동까지 왔을 때였다. 사람들 함성소리가 들려왔다.

한강 다리 폭파 장면.

"조선인민공화국 만세!"

사람들은 계속해서 소리쳤다.

"조선인민군 만세!"

나는 소리 나는 쪽으로 걸음을 옮겼고 사람들 함성소리가 뚜렷하게 들려왔다.

"김일성 장군 만세!"

청년 세 사람이 행길을 걸어오며 소리치고 있었다. 그들은 붉고 푸른 깃발이 매달린 대나무 장대를 들고 있었는데 그 깃발에는 그들이 소리치고 있는 말들이 적혀 있었다. 나는 걸음을 멈추었고, 청년들이 소리쳤다.

"영용한 인민군 병사들이 서울로 입성했소. 동무도 서대문 쪽으로 나가서 위대한 인민군대의 환영대열에 참가하시오."

오금이 저려와서 나는 멍청하게 서 있었는데, 그들이 다시 소리쳤다.

"동무는 학생이오?"

나는 도무지 입이 떨어지지 않아서 고개만 끄덕였다.

나는 후들거리는 다리로 자취방까지 갔는데, 형은 없었다. 밤새도록 형은 돌아오지 않았다. 뜬눈으로 형을 기다리며 밤을 밝히던 나는 깜박 잠이 들었다가 하늘이 무너지는 것 같은 소리에 눈을 떴다. 새벽이었다. 나중에 알았지만 그것은 한강 다리가 폭파되는 소리였다.

며칠이 지나도록 형은 돌아오지 않았다. 형이 있을 만한 곳이나 갈

인민의용군으로 끌려간 장정들.

만한 곳은 다 찾아다녀보았지만 형을 만날 수 없었다.

형이 자취방으로 온 것은 일주일쯤 지났을 때였다. 밤이 깊어 있었다. 의용군으로 끌려가지 않기 위해서 피해 다니고 있는 것이라고 하였다. 그 뒤로 형은 서너 번 더 깊은 밤중에 왔다가 새벽녘에 나갔는데, 며칠이 지나도록 소식이 없었다.

나는 어른들한테 물어서 의용군들이 수용되어 있는 곳으로 가보았다. 종로국민학교와 을지로 4가에 있는 영희국민학교 그리고 퇴계로 일신국민학교 등이었는데, 장정들이 수백 명씩 수용되어 있었다. 형이 그곳에 있는지 없는지 알 수 없었지만, 형 이름을 대며 만나게 해달라고 경비병에게 사정했으나 일체 면회가 안 된다고 했다. 내가 형을 찾아다녔던 국민학교 교문 밖에는 많은 사람들이 몰려와서 안타까운 눈길로 담장 안을 넘겨다보며 발을 구르고 있었다.

나는 힘없는 발길로 자취방으로 돌아왔다. 돌아가시기 직전 아버지 입에 자기 손가락을 깨물어 피를 넣어 드리던 형 모습이 떠올랐다. 과묵

한 형이었다. 오랫동안 떨어져서 살았으므로 자상한 이야기를 듣거나 무슨 어리광을 부려보지는 못했지만 어떠한 역경이라도 참고 뚫어서 집안을 일으켜보자는 뜻은 서로가 마음속으로 통하고 있던 형이었다.

어느 날인가 도화극장 앞에서 목판을 펼쳐놓고 있는데 형이 찾아왔다. 그런 일이 없었으므로 나는 깜짝 놀랐는데 점심을 먹었느냐고 물어왔다. 나는 고개를 흔들었고 형이 내 손을 잡아 일으켰다. 어떤 식당으로 나를 데리고 간 형은 냉면을 한 그릇 시켰다. 자기는 방금 점심을 먹었으니 걱정 말고 혼자 먹으라고 하였다. 시장 사람들이나 막벌이 노동자들을 상대로 하는 싸구려 냉면이었지만 나는 맛있게 먹어 치웠다. 그런데 나중에 알고 보니 형은 돈이 없어 나 혼자만 먹게 하고 자기는 굶은 것이었다.

7월 22일이었다. 아직도 형은 돌아오지 않아 무서워서 더욱 허기진 배를 움켜쥐고 막막한 심정으로 누워 있는데, 갑자기 창문이 흔들리면서 방바닥이 들썩거렸다. 귀청을 찢는 것 같은 폭음이 들려왔다. 뒤를 이어 폭죽이 터지는 것 같은 폭음이 연달아서 들려왔다. 용산 쪽에서 나는 소리였다. 나는 벌떡 일어나 마당으로 달려 나갔다. 황새처럼 길게 목을 뽑은 검정색 4발 비행기가 여러 대씩 편대를 지어 하늘을 가로지르고 있었다. 솜사탕을 무수히 흩뜨려놓은 것 같은 고사포 포연이 비행기 꽁무니에서 피어올랐다. B29였다. 그때까지 서울에는 미군 비행기가 편대비행을 하고 산발적으로 제트기가 날아와서 이화여자대학교 앞 굴다리에 폭탄을 떨어뜨리고는 하였으므로 폭격이 낯설지가 않았는데 그날은 규모가 달랐다. 가까운 곳에서 구경하고 싶은 호기심이 일어났다.

나는 배고픔도 잊은 채 공덕동 고개를 넘어 효창공원으로 달려 올라갔다. 청파동 숙명여자대학교 너머 용산 쪽에서 불길이 솟아오르고 있었다. 생고무와 나무 타는 냄새가 코를 찔렀다. 불기둥이 솟는 곳은 미8군과 육군본부가 있는 쪽이었다. 불붙은 나무가 튀어 오르고 타다만 종이쪽지가 무수히 신촌 쪽으로 날아가고 있었다. 혹시 형이 왔을지도 모른다는 생각에서 나는 효창공원을 내려왔다. 많은 사람들이 청파동 고갯길을 넘어오고 있었다. 사람들 등에 업힌 것은 포탄 파편을 맞아서 피투성이가 된 부상자였고 달구지에 실려오는 것은 직격탄을 맞았는지 짓이겨져 피범벅이 된 시체였다.

4. 고향으로

이튿날 아침 일찍 나는 괴나리봇짐 하나를 둘러메고 한강을 넘었다. 피투성이가 된 사람들을 보고는 더 이상 머물러 있을 수 없었다. 막연하게 형을 기다리고 있을 수도 없는 노릇이었다. 어쩌면 형은 벌써 고향으로 내려가 있는지도 모른다는 생각이 들었다. 무엇보다도 두려웠다. 열여섯 살이라고 하지만 의용군에 뽑히지 않는다는 보장이 없었고 내 또래 학생들도 의용군으로 끌려간다는 이야기가 들려왔다. 세상이 어떻게 되는 것인지 알 수가 없었다. 7월 8일에 벌써 전국에 계엄령이 선포되었고 7월 16일에는 정부가 대전에서 다시 대구로 내려갔다고 했으며 부산으로 내려가는 것도 시간문제라고 했다.

첫날은 서정리까지 걸어갔다. 이튿날 평택 조금 못 미쳤을 때였다. 농가 몇 채가 있는 시골길을 터벅터벅 걸어가는데 갑자기 쌔앵하는 날카로운 금속성 폭음이 머리 위에서 들려왔다. 나는 길옆 도랑으로 엎드렸는데 미군 제트기였다. 제트기는 금빛 날개를 반짝이며 날아갔고, 곧이어 저만큼 산 너머에 불기둥이 솟아오르면서 귀청이 찢어질 것 같은 폭음이 잇따라 들려왔다. 제트기는 다시 내가 엎드려 있는 곳으로 날아왔고 나는 급하게 길옆에 있는 농가 헛간으로 들어갔다. 손가락으로 귓

구멍을 틀어막은 채 수숫대로 얼기설기 엮어 놓은 헛간 벽 틈으로 하늘을 바라보았다. 산 너머에 다시 불기둥이 솟아오르면서 폭음이 들려왔고, 폭격은 그렇게 몇 번이고 되풀이 되었다. 그곳에 인민군이 모여 있거나 아니면 인민군 보급 차량이 지나가는 모양이었다. 서울에서 처음 제트기가 폭격하는 것을 보았

한국전쟁 당시 B29의 폭격 장면.

을 때는 두려우면서도 강렬한 호기심이 일어나서 구경을 나가고는 했는데 그때는 도저히 그럴 기분이 아니었다. 피투성이가 되어 달구지에 실려 가거나 성한 사람에게 업혀가는 사람들 모습이 떠올랐고, 나는 진저리를 쳤다.

이것은 장난이 아니다. 프로펠러가 달려 있지 않은 잠자리 같은 비행기가 번개처럼 날아가서 폭탄을 떨어뜨리고 불기둥이 솟아오르는 것을 보며 신기해할 것이 아니었다. 저 폭탄을 맞고 사람들이 죽는 것이다. 죽거나 병신이 되는 것이다. 요컨대 전쟁인 것이다. 제트기 배 밑에 달려 있는 시커먼 폭탄이, 떨어진 곳을 불바다로 만든다는 네이팜탄이라는 것을 알게 된 것은 그 얼마 뒤였다.

나는 헛간을 나왔다. 남쪽으로 가는 국도 위에는 수많은 피난민들이 줄을 잇고 있었다. 식량을 구하러 가는 사람들과 나처럼 고향으로 가는 사람들이었다. 젊은 사람들은 거의 보이지 않았고 저마나 솥단지에 이불보따리를 이고 진 부녀자와 노인, 마흔 살을 넘긴 장년들이었다.

조치원을 지나면서 길동무 두 사람을 만나게 되었다. 둘 다 대학생이었는데 비교적 건장해 보이는 청년은 서울대학생이었고 야윈 체격의 청년은 연희대학에 다닌다고 하였다. 두 사람 다 여수가 고향이라고 했는데, '전학련' 소속인 듯한 그들은 공산주의체제에 대하여 많은 비판을 하였다. 인간의 고유한 가치와 존엄성을 인정하지 않고 인간을 물질과 똑같이 보는 공산주의체제 아래서는 살 수가 없다고 하였다.

공산주의자들은 농작물을 현물세로 받는데 감자의 경우 새끼줄로 그물을 만들어 거기에 걸리는 씨알이 좋은 것만 받고, 벼 포기도 하나하나 헤아려서 세금을 매긴다고 하였다. 대학생이라고는 접해본 적이 없던 나는 무조건 그들이 우러러보였고 그들이 들려주는 유식한 이야기에 흥미를 느껴 70리 길을 걸어가면서도 별로 힘든 줄을 몰랐다. 그들은 말하였다.

"8·15 해방 이후 공산주의자들은 지하에서 합법적으로 지상에 진출해 국민들의 무조건적 애국심을 교묘히 이용해 건준과 인공을 만들어 새나라 건설의 주도권을 잡아 계급 전제정권의 수립을 도모하였다. 그러기 위해서 그들은 애국적 민족통일운동을 파괴적 방법으로 방해했으니, 조선정판사위폐사건과 전평의 9월총파업사건과 대구 일원의 10월 폭동사건과 제주도의 4·3폭동과 여순반란사건과 지금도 계속되고 있는 지리산 일원의 빨치산 활동 등이 좋은 예다. 계급 대립을 선동해 파괴와 살상 그리고 동족상잔에 이르게 했다. 노동자·농민이 주축이 되는 평등사회 건설을 부르짖고 있으나 실제로는 순진하고 우매한 대중을 부추겨 소수 종파주의자들의 특권독재를 꾀하는 것이다. 그들은 우리나라 문제를 민족적 입장에서 해결하려는 것이 아니라 소련 위성국으로 전락시키자는 반민족적 행위를 하고 있는 것이다."

나는 조심스럽게 물어보았다.

"나와 남의 구별 없이 똑같이 평등하게 살자는 것이 왜 나쁜가요?"

"그것은 이상에 지나지 않는다. 어떻게 그런 세상이 이루어질 수 있는가? 각자 얼굴이 다르듯이 마음이 다른 것이 사람인데 인간의 정신을 획일화시키지 않고는 불가능한 일이다. 그들은 물질이 인간의 의식을 규정한다고 주장하는데, 그렇다면 만고의 진리라고 하는 유물론과 유물사관 자체가 이미 '모든 것은 변화하고 발전한다'는 변증법적 유물론의 제법칙에 위배되는 게 아닌가. 변증법적 유물론은 세계의 모순을 선언하고 있지만 유물변증법 자체도 이미 본질적으로 모순된 것이다."

그들은 유식한 문자를 써가며 공산

조선정판사위폐사건 朝鮮精版社僞幣事件

조선공산당이 1945년 10월부터 조선정판사에서 일제가 사용하다가 남겨둔 지폐 원판을 이용해 거액의 위조지폐를 발행했다는 사건이다. 이 사건이 일반에 알려진 것은 1946년 5월로, 시중에 위폐가 범람하면서 통화가 극도로 팽창되고 물가가 크게 뛰어올라 경제가 흔들리게 되자 경찰이 수사에 나섰고 범인을 추적·조사한 결과 조선공산당원으로 확인되었다. 또한 발행된 위폐도 전액 재정난을 겪고 있던 조선공산당의 자금으로 쓰인 것으로 밝혀졌다. 당시 미군정의 발표에 따르면, 조선공산당원 김창선 등 7명은 조선공산당 재정부장 이관술, 중앙위원 겸 해방일보사 사장 권오직의 지시를 받고 조선정판사에서 100원 권 원판으로 6차례에 걸쳐 매회 위조, 조선은행권 약 200만원씩 총 1,200만 원을 이관술에게 제공해 조선공산당 자금으로 사용하게 했다는 것이다. 사건 전모가 언론에 보도되자 조선공산당은 즉각 성명을 발표해 이 사건이 조선공산당과는 전혀 관계가 없다고 주장하는 한편 오히려 '미군정과 결탁한 악질반동의 조작'이라고 반박하고 나섰다. 그러나 미군정청은 위폐 발행이 조선공산당에 의해 저질러진 조직적인 사건이라는 결론을 내리고 이관술·권오직을 비롯한 관련자에 대한 수배령을 내리는 한편, 조선정판사가 들어서 있는 근택빌딩을 폐쇄시키고 조선정판사에서 인쇄하고 있던 조선공산당 기관지《해방일보》도 폐간시켰다. 결국 이 사건은 조선공산당에게 치명적인 타격을 입혔으며, 이것을 계기로 조선공산당은 미국을 진보세력이 아닌 제국주의 반동세력으로 규정해 이때부터 반미 공세를 취하기 시작했다.

주의 비판에 열을 올렸는데, 나는 침묵할 수밖에 없었다. 그러면서 어서 빨리 중학교를 마치고 고등학교를 마치고 그리고 대학교에 들어가야지 하고 생각했다. 대학교에 들어가서 공부를 하면 공산주의도 자본주의도 그리고 민족·계급·유물사관·변증법적 유물론 같은 말이 무엇을 뜻하는 것인지를 알게 될 것이었다. 그런데 전쟁이 터져버렸으니 대학은 그만두고 당장 중학교도 다닐 수 없게 되었지 않은가? 형은 어떻게 되었으며 고향의 어머니와 동생들은 어떻게 지내고 있을까? 갑자기 막막해져서 묵묵히 걸음만 옮기는데 체격이 건장한 서울대 학생이 말했다.

"올해는 꼭 통일이 될 거야."

"네? 통일이 되다니요?"

나는 물었고, 그 학생은 웃지도 않고 말했다. 균명중학교에 배속장교로 있던 배 중위라는 군인이 하던 말과 똑같았다.

"삼팔이사니까. 올해가 단기 사천이백팔십삼 년이니까 거꾸로 하면 삼팔이사잖아. 삼팔선이 이사 가면 통일이 되는 거지."

대전 못 미쳐 부강까지 갔을 때였다. 70리 길을 걸어온 우리는 기진맥진한 상태였으므로 어느 민가 사랑채에서 묵어가려고 그냥 국도로 걸어갔다. 그때까지 우리는 저만큼 마을이 보이면 국도를 버리고 사람들이 다니지 않는 좁은 사잇길로 걸어가고는 하였다. 국도변에는 내무서나 민주청년동맹 사무실 그리고 마을 인민위원회가 있기 때문이었다. 그때까지 우리는 제대로 된 밥은 구경도 못했고 임자 없는 밭 참외나 오이 아니면 감자를 캐 먹은 정도였으므로 몹시 허기져 있었다. 지친 다리를 끌고 마을 어귀에 들어서자 땅거미가 내리기 시작했고, 우리는 걸음을 빨리했다. 그때 밀짚모자를 쓴 청년 세 명이 우리에게 다가왔다.

"동무들, 어디서 오는 길이요?"

작달막한 키에 다부지게 생긴 청년 하나가 우리 앞을 막아섰다.

"서울서 대학에 다니는 사람인데……, 고향으로 가는 길입니다."

야윈 대학생이 말했고 청년이 다시 물어왔다.

"고향이 어디요?"

"여순데요."

"여수 같으면 아직 해방이 되지 않았을 텐데……."

청년이 고개를 갸웃하였고 야윈 대학생이 말했다.

"서울서 들은 보도로는 벌써 해방이 됐다던데요."

"아무튼 따라들 오시오."

청년들을 따라서 들어간 길가 집에는 다리가 흔들거리는 책상과 의자가 놓여 있었다. 사방 벽에는 '미제국주의자들을 쳐부수자!', '이승만 괴뢰도당을 남해바다로 몰아내자!', '해방의 그날까지 전조선인민은 단결하자!', '악질반동 지주와 자본가를 타도하자!'라고 씌어 있는 종이가 붙어 있고, 벽 정중앙에는 김일성 초상화와 조선민주주의인민공화국 국기가 걸려 있었다. 다부진 체격의 청년이 말했다.

"놈들의 파괴공작대가 대전 시내로 들어가려고 한다는 연락이 왔으므로 당신네들을 조사할 수밖에 없소."

"……."

"조사 후 이상이 없더라도 당신들은 서울로 돌아가야 합니다."

우리는 가만히 있었고 그가 다시 말했다.

"고향에 가고 싶소?"

"예."

"조국통일을 위한 위대한 사업을 하면서도 고향에 갈 수 있는 길이 있는데……."

"……."

"승리는 이제 눈앞에 다가왔소. 우리의 영용한 인민군대는 적어도 팔월 십오 일 해방 제오 주년 기념일까지는 미제국주의와 미제국주의의 괴뢰인 이승만 도당을 남쪽 바다로 몰아내고 백두산에서 한라산까지 통일을 이룩하게 되어 있소. 동무들도 이 영광스러운 조국통일의 성전에 참가하도록 하시오."

"이 동무는 어머니가 위독하시다는 전갈을 받고 고향으로 가는 길이고……."

야윈 학생이 건장한 체격의 대학생을 가리키며 말했다.

"저는 보다시피 몸이 약해서 영광스러운 조국통일 성전의 대열에 참가하기가 어렵습니다. 저는……."

청년이 학생 말을 잘랐다.

"그런 개인적 사정을 말하는 것이 바로 부르조아지의 근성이라는 거요. 혁명 과정에서 그런 반동적인 근성은 용납되지 않소."

청년이 나를 바라보았다.

"동무는 어떻게 된 거요?"

"저는 이 대학생 형님들하고는 평택에서 처음 만났습니다."

"집은 어디요?"

"고향은 전라남도 장성이고 서울서 중학교를 다니고 있습니다. 균명중학교 이 학년에……."

"그럼 열댓 살쯤 됐겠구만. 동무만 한 나이에도 의용군에 자원입대한 사람들이 많은데, 동무는 어떻소?"

순간적으로 정신이 아득해지면서 행방불명된 형 얼굴이 떠올랐다. 그리고 어머니와 동생들 모습이 뒤를 이었다. 나는 침착해지려고 애를 썼다.

"서울서 형님하고 함께 있었습니다. 그런데 오 년제 양정중학교에 다니던 형님이 행방불명되는 바람에 고향집으로 가는 길입니다. 형님은 아마 의용군에 나가신 것 같습니다."

망설이다가 나는 사실대로 말해버렸다. 눈으로 보지 못했으므로 단정할 수는 없었지만 형은 꼭 의용군으로 갔을 것 같았다. 스스로의 뜻으로 갔는지 아니면 강제로 끌려간 것인지는 알 수 없지만. 그러나 스스로 간 것이라면 한 달이 다 되도록 아무런 연락이 없을 리가 없으므로 강제로 끌려간 것이라는 생각을 하고 있었다. 강제로 끌려간 것 같다는 말은 안 했지만 그것이 큰 죄가 될 것이라는 생각은 들지 않았다. 잘못하면 나 또한 의용군으로 끌려갈지도 모르는 상황이었으나 그렇다고 해서 거짓말을 하고 싶지는 않았다. 어떤 경우에도 거짓말하지 말고 스스로 힘으로 정직하게 살자는 것이 내 신념이었다. 그러면서도 나는 어쩔 수 없이 가슴이 두근거렸는데, 청년이 웃었다.
 "학생은 나이가 어려서 자원을 해도 보내줄 수가 없어. 시골에 가서 부모님한테 어리광이나 부리라구."

5. 어머니 죽음

고향마을에 도착한 것은 서울을 떠난 지 꼭 이레만이었다.

오랜만에 가본 고향마을은 서울과는 다르게 평온하였다. 개울에서 멱을 감고 와서 그 밑 그늘에서 참외와 수박을 쪼개 먹던 100년도 넘은 느티나무도 그대로였고 노인들이 모여 창과 시조를 읊고 또 세상 이야기를 나누던 정자도 그대로였다. 《춘향전》이나 《심청전》·《옥루몽》 같은 옛날 이야기책을 읽어드렸을 때 청이 구성지다고 칭찬을 해주던 할아버지와 할머니들도 그대로였다.

그러나 그것은 겉으로 보이는 모습이었고 마을 속내는 크게 달라져 있었다. 국방군을 따라서 내려왔다가 뒤에 처진 청년들이 있는가 하면 인민군이 들어왔다가 떠날 때 그들을 따라간 청년들이 있었고, 인공 치하에서 민청이나 치안대원으로 활동했던 청년들도 있었으며, 국방군이 들어온 다음에 어디론가 종적을 감추어버린 청년들도 있었다. 그런가 하면 땅마지기나 자기 것을 가지고 있었다고 해서 '악질반동지주'로 몰려 어디론가 끌려간 채로 돌아오지 않는 사람들도 있었다. 노인들은 장죽을 빨며 땅이 꺼질 것 같은 한숨만 내쉬었고 할머니와 아주머니들은 '관세음보살'만을 불렀다.

국방군이 장성에 들어온 것은 10월 중순께였다.

전쟁 상황은 시시각각으로 변해가고 있었다. 인공에서는 8월 초순까지 '남조선을 완전 해방'하여 서울에서 '8·15해방 5주년 기념' 및 '전조선민족 해방잔치'를 벌이겠다고 호언장담을 했는데, 마산·왜관·영덕을 잇는 방어선인 이른바 '워커라인'에 막혀 일진일퇴 공방전을 벌이고 있었다. 그러다가 유엔군의 인천상륙작전으로 전황 주도권을 장악한 국군과 유엔군은 총반격전을 개시해 9월 28일 정부가 서울로 환도하기에 이르렀다. 그랬는데 10월 25일 만주에 주둔하고 있던 중공군이 압록강을 넘어오면서 국군은 다시 밀리기 시작해 1951년 1월 3일에는 수도 서울이 다시 인민군 수중에 들어가고 정부는 부산으로 내려가게 되었다. 인민군은 경기도를 거쳐 충청도까지 내려오고 있는 중이라고 하였다. 국군과 유엔군은 다시 반격을 시작해 한강을 사이에 두고 서로 밀고 밀리는 접전을 계속한다고 했는데, 퇴로가 막힌 인민군 일부와 좌익 인사들이 지리산으로 들어가서 '빨치산투쟁'을 벌인다는 것이었다. 그들은 주로 전라남북도와 경상남북도에서 활약하던 골수 공산주의자들로서 '머지않은 장래에 해방된 새 조선·평등조선·자유조선·새 세상의 그날이 온다'고 선전을 하고 있었다.

해발 1,915미터 천왕봉을 주봉으로 하고 1,500미터 이상 준봉만 10여 개이며 무려 100여 개 크고 작은 산봉우리가 즐비하게 늘어서 있는 지리산은 3도 5군 15개 면을 그 품 안에 싸안고 있는 장대한 산이라고 했다. 지리산에 몰려든 인민유격대 곧 공산 빨치산 숫자는 무려 1만 명

여수·순천반란사건 당시 진압에 나선 군인들이 반란군과 양민을 가려내는 모습.

이 넘는다고 하였다. 그들은 밤이면 인근 마을로 내려와 '해방투쟁'을 벌였는데, 장성에서 가까운 화순과 순창이 특히 심해서 낮에는 태극기를 달고 밤에는 인공기를 내거는 형편이었다. 지리산 빨치산 부대는 '여수·순천반란사건' 때도 있었으나 우리 마을까지 내려오지는 않았는데, 이번에는 우리 마을까지 내려온다고 하였다. 지리산 일원에는 국군 정규사단과 전투경찰대가 '공비토벌작전'을 벌인다고 하였다. 계엄사령관은 이종찬 소장이고 야전군사령관은 백선엽 소장이라고 하였다.

장성에는 '재경유학생자치대'가 조직되었다. 비록 야간중학교 2학년을 다니다가 전쟁이 나는 바람에 집으로 내려왔지만 나도 서울 유학생의 하나였던 만큼 이 자치대에 참여하게 되었다. 자치대원들은 해만 떨어지면 목총을 들고 경찰관들과 함께 마을을 순찰했다. 그러면서 지서나 면사무소 같은 관공서 부근에 움막을 지어놓고 순번을 정해서 동초와 입초 근무를 했다. 나는 나이가 어려서 입초나 동초 근무만 했지만 나이 든 대학생들은 좀 더 위험한 임무를 수행하기도 했다. 위험지구

> **여수 · 순천 10 · 19사건 麗水順天十一九事件**
>
> 1948년 10월 19일 전라남도 여수에 주둔하던 국군 제14연대와 일련의 남로당 계열 장교들이 주동해 봉기함으로써 이것을 진압하는 과정에서 좌우익 세력은 물론 전라남도 동부지역의 수많은 민간인이 희생된 사건이다.
> 1948년 4월 3일 제주도에서 단선단정에 반대하는 제주 4·3사태가 확산되자 정부는 이를 진압하기 위해 제14연대를 급파하기로 했다. 그러자 지창수·김지회 등 좌익계 군인들이 중심이 되어 제주도 출동을 거부하고 동족을 학살할 수 없다며, 친일파 처단·조국통일 등을 내걸고 반란을 일으켰다. 이들은 19일 저녁 8시경 무기고와 탄약고를 점령하고 비상나팔을 불어 전연대 병력을 집결시킨 다음 선동과 위협으로 반란군에 동참하게 했다. 곧 경찰서와 관공서를 장악하고 여수·순천을 순식간에 휩쓴 뒤 곧바로 광양·곡성·구례·벌교·고흥 등 전라남도 동부 5개 지방을 장악해 나갔다. 정부는 초기 진압작전에서 반란군에게 밀리자 여순지구에 계엄령을 선포하고, 광주에 설치한 반군토벌전투사령부의 지휘로 제2여단, 제5여단 예하의 5개 연대를 투입해 소탕작전을 벌였다. 정부군은 결국 미국 군사고문단의 지휘 아래 장갑차·박격포 등을 동원해 여순 지역 탈환에 성공했다.
> 비록 미군의 협조로 진압에는 성공했으나 이 사건은 3개월밖에 지나지 않은 신생 정부에 큰 충격을 안겨주었다. 이승만 정부는 이 사건을 계기로 여러 계층의 반대에도 불구하고 국가보안법을 제정, 정치적 반대세력에 대한 무제한적인 탄압을 제도화시켰으며, 대대적인 숙군을 단행함으로써 좌익계와 광복군계를 포함한 모든 반이승만 성향의 군인을 제거했다. 또한 이승만 정부는 강력한 반공국가를 구축했으며, 미국은 이 사건 이후 대한 군사지원을 훨씬 강화했고 주한미군철수를 1949년 6월로 연기했다.

그러니까 빨치산 출몰지구에 경작지가 있는 농민들을 그곳까지 호송해 갔다가 데려오는 일이었다. 후방 지역 치안유지와 주민들 생업을 보호하는 일까지 맡았던 것이다.

그날도 나는 장성읍 변두리에 만들어놓은 움막 밖에서 동초 근무를 하고 있었다. 밤 8시쯤 되었을까? 같은 마을에 사는 아무개가 헐레벌떡 달려왔다. 평소에 우스갯소리를 잘하던 친구였는데 낯빛이 창백하였다.

"웬일이지?"

불길한 예감이 들었는데, 그는 머뭇거렸다.

"크, 큰일 났어."

"큰일이라니? 빨치산이 또 내려왔나?"

전날 밤에도 빨치산 부대가 내려왔었다는 말을 들었던 나는 다그쳐 물었다.

"아니."

그는 힘없이 고개를 흔들었다.

"그럼 전투가 있었나?"

"아니."

"빨치산이 내려온 것도 아니고 전투가 있었던 것도 아니라면, 그럼 뭐란 말야? 똑똑하게 말 좀 해봐!"

답답해서 나는 소리쳤고, 그가 갑자기 울음을 터뜨렸다.

"울 엄니가 돌아가셨어."

흐느껴 울면서 그는 말했다.

"그리고 월순이도 죽었당께."

월순이는 그의 하나밖에 없는 누이동생이었다. 어머니와 누이동생이 함께 죽다니? 평소에 아프지도 않았는데……. 그렇다면 무슨 큰일이 일어난 것이구나. 가슴이 덜컥 내려앉았다. 나는 마른침을 삼켰다.

"무슨 일로? 무슨 일이 있었는데?"

나는 다그쳐 물었고, 그는 울음을 참느라고 메마른 딸꾹질을 하면서 말하기 시작하였다.

"아까 국방군이 우리 마을에 들어왔어. 그런데 어제 빨치산들이 내려왔을 때 밥을 해줬다고 하면서 마을 부녀자들을 뒷산에 모이게 했어. 그러고 나서 총살을 시킨 거야."

쇠망치로 정수리를 얻어맞은 것 같았다. 비틀하고 쓰러지려는 몸뚱이를 간신히 목총에 의지하며 나는 말했다.

"몇 사람이나 당했나? 우리 집은?"

"한 스무 명쯤 돼. 늬 동생들은 괜찮던데……."

나는 눈을 감았고, 그가 말했다.

"어머니가 돌아가셨어."

1951년 2월의 일이었다.

6. 구두닦이

3년 전에 아버지가 돌아가시고 형은 행방불명이 되어 생사를 모르는데 어머니까지 돌아가셨으니, 나는 갑자기 가장이 되어버렸다. 남수, 계수, 상렬, 복수 네 동생들을 부양해야 될 책임이 열일곱 살짜리 소년인 내게 주어진 것이다. 막막했다. 몇 마지기 논밭이 있기는 했지만 어린 동생들을 데리고 농사를 지을 자신도 없었으며, 그리고 무엇보다도 어머니가 끔찍한 변을 당해 돌아가신 마을에서 살고 싶지가 않았다.

마침 1·4후퇴 때 부산으로 내려와 장사를 하고 있던 이모한테서 연락이 와 부산으로 가기로 결심했다. 마을 사람들 중에는 내 행동을 긍정하는 사람도 있었지만 부모님이 남겨놓으신 땅을 팔면 되겠느냐고 말리는 사람도 있었는데, 최 씨 노인이 특히 그러하였다. 최 씨 노인은 아버지와 가까이 지내던 어른으로 완강하게 말렸으나, 나는 밭 두 마지기만 남겨놓고 전부 팔아버렸다. 그것도 마음씨가 곱지 않은 이웃사람들 꼬임에 빠져서 아주 헐값으로 팔았다는 것을 알게 된 것은 그로부터 훨씬 뒤였다.

목포행 기차를 탔을 때는 가을이 깊어 있었다. 어머니를 묻어 드린 마을 뒷산에는 어머니가 흘리신 핏자욱처럼 붉은 단풍이 떨어지고 있었다. 공부를 하겠다고 처음 서울로 떠날 때는 형이 있어 마음이 든든했는데 형은 행방불명이 된 데다가 어머니마저 돌아가시어 하늘 아래 의지할 데 없는 고아가 되니, 낯선 땅으로 살길을 찾아가는 심정은 처참한 것이었다. 불안했다. 이모가 오라고는 했지만 이모 또한 어렵게 사시는 처지이므로 큰 의지가 될 수 있을지 걱정되었다. 그러나 가만히 생각하니 전쟁으로 모든 것을 잃고 나보다 더한 슬픔을 당한 사람들도 새롭게 출발하려고 하는데 나라고 해서 못할 것은 없다는 생각이 들었다. 서울서도 2년 가까이 목판장사를 하면서 학교를 다녔는데 어떤 어려움이 닥치더라도 꿋꿋하게 이겨 나가리라는 결심을 하였다. 나는 돈이 들어 있는 속주머니를 꼭 눌러보았다. 그리고 부산으로 가는 똑딱선에 몸을 실었다.

이모네 내외는 아들 하나뿐인 단출한 식구로 신창동에서 구호물자 장사를 하고 있었다. 피난을 온 사람들이 얼추 그렇듯이 이모네도 간신히 입에 풀칠이나 할 수 있을 정도로 가난한 살림이었다. 세 식구가 사는 방에 내가 끼어들자 방이 너무 비좁았고, 무엇보다도 하는 일 없이 밥을 축낼 수는 없다는 생각이 들었다.

부산 시내 지리를 조금 알게 되었을 때, 나는 독립을 하기로 결심하였다. 이모와 이모부한테는 서울 시절 담임 선생님을 만나서 같이 있기로 했다고 거짓말을 하였다.

이모네 집을 나온 나는 하염없이 걸어갔다. 그러다가 대청동 고갯길을 내려와서 걸음을 멈추었다. 어느 목재상 앞이었다. 목재상이라고 해야 미군부대에서 나오는 식료품 포장용 나무판자를 파는 초라한 가게였다. 피난민들은 그런 가게에서 나무판자를 사다가 판잣집을 짓고 있었다. 목재상 주인은 함경도에서 피난을 내려왔다는 할아버지였는데 사람이 좋아 보였다. 나는 그 할아버지한테 부탁을 해서 구두통을 만들었다. 국제시장으로 가서 구두약과 구둣솔과 헝겊을 샀다. 나는 구두통을 어깨에 메고 하루 종일 돌아다녔는데 도무지 입이 안 떨어졌다. 옛날에 몰락한 어느 서울 양반이 입에 풀칠을 하기 위해서 붓장사를 나섰으나 양반 체면에 차마 "붓 사려"라는 말이 나오지 않아서 다른 붓장사 뒤를 따라다니며 장사꾼이 "붓 사려" 하고 소리치면 입 안에 소리로 "내 것두" 하고 중얼거렸다는 얘기가 생각났다. 물 한 모금 못 마시고 돌아다니다가 신창동 어느 조그만 양복가게 앞을 지날 때였다. 주인아저씨가 나를 부르더니 구두를 닦으라고 했다. 나는 너무 긴장해서 솔질을 하는 바람에 그만 구둣솔을 떨어뜨렸다. 주인아저씨가 말했다.

"너 아주 서투르구나. 구두 얼마나 닦았니?"

나는 얼른 구둣솔을 집어 들며 손등으로 이마를 문질렀다. 그러면서 얼떨결에,

"한 2년 됐지라우."

하고 대답하였다. 주인아저씨가 빙그레 웃었다.

"서울서 온 모양이로구나. 서울서는 학교를 다녔지?"

"네."

"너 부모님이 안 계시지?"

그 말을 듣는 순간 나는 갑자기 눈물이 핑 돌았다. 나는 고개를 숙인 채로 솔질만 했고, 아저씨가 말했다.

"어떻게든 좀 벌어두었다가 학교를 다니도록 해야지. 그리고 구두닦이를 하는 동안에는 매일 우리 가게에 들려."

이 씨라는 분이었는데 그는 내 단골이 되었고 그 뒤로도 가끔 도움을 받았다. 구두닦이로 나선 첫날 이 씨 구두 한 켤레밖에 닦지 못한 나는 국제시장 노점에서 수제비 한 그릇을 사 먹고 나서 부산역으로 갔다. 대합실 나무 의자에서 구두통을 꼭 끌어안고 잠을 자면서 나는 시 한 편을 암송하였다. 서울서 균명중학교 야간부를 다닐 때 자취방 벽에 써 붙여놓고 애송하던 푸시킨의 〈삶〉이라는 시였다.

생활이 그대를 속일지라도
슬퍼하거나 노하지 말라
슬픔의 날을 참고 견디면
머지않아 기쁨의 날이 오리니
마음은 미래에 사는 것
현재는 언제나 슬픈 것
모든 것은 일순간에 지나가고
지나간 것은 그리워지는 것

구두닦이를 시작한 지 한두 달쯤 되었을 때 이용화라는 분을 알게 되었다. 이용화 씨는 신창동 구호물자시장에서 옷 창고 책임자로 있었는데 장사꾼들이 저녁 때 집으로 가면서 맡겨둔 물건을 보관해주다가 아침에 다시 내주는 일을 하고 있었다. 이 씨는 나한테 학교 공부를 계속해야 한다고 하면서 옷장사를 하는 어떤 아주머니를 소개해주었다. 군복을 뜯어서 민간인이 입기 좋도록 고쳐서 파는 가게를 하고 있는 그 아주머니 일을 도와주면서 야간학교라도 다녀보라는 것이었다.

구두닦이를 해서 모은 돈과 여러분들 호의에 힘입어 다시 학교를 다니게 되었다. 한영중학교 야간부 2학년으로 편입을 한 것이다. 나에게 많은 가르침과 도움을 주신 분은 공민과 영어를 가르치시던 채영철 선생님이었다. 채 선생님은 구변이 좋고 인정이 많아서 학생들한테 인기가 높은 분이었다. 젊은이는 어떤 역경에 처해 있더라도 결코 용기를 잃어서는 안 된다고 격려해주면서 내가 3학년 2학기 등록금을 내지 못해서 졸업장을 찾지 못하고 있을 때, 박봉을 쪼개어 등록금을 대신 내주고 졸업장을 받게 해주신 분으로 나는 그때 따뜻한 스승의 정을 처음으로 느껴보았다. 채 선생님은 1954년 5월 20일 제3대 민의원 총선거에 서울 성동구에서 입후보하기도 하시었다. 동급생 가운데는 윤재식이라는 친구와 가깝게 지냈고 디자이너로 유명한 앙드레 김, 김봉남도 같은 반이었다.

7. 신문팔이

내가 구두닦이를 하고 헌옷가게 점원 노릇을 하면서 중학교를 졸업하는 사이에 전쟁이 끝났다. 1953년이었는데 7월 27일에 판문점에서 휴전협정이 조인되었고 8월 15일에는 정부가 다시 서울로 올라갔다.

내가 서울로 간 것은 그해가 거의 끝나갈 무렵이었다. 윤재식尹在植 군의 왕십리 하숙방에 기식하면서 한영고등학교에 입학했다. 역시 야간부였다.

보름 만에 윤재식 군 하숙방에서 나왔다. 아무리 다정한 친구 사이라고 하지만 언제까지나 신세를 지고 있을 수는 없는 일이었다. 그리고 무엇보다도 쇠약해진 생활환경을 스스로 힘으로 회복시킨다는 자력갱생이 내 생활신조였다.

급우 소개로 찾아간 곳이 태양신문사 지하실에 있는 신문 가두판매원 합숙소였다. 뒷날 대한일보사 자리인 태양일보사 지하실에는 40명 가량 신문판매 소년들이 합숙을 하고 있었다.

퀴퀴한 냄새가 나는 합숙소에 들어갔을 때 소년들은 나에게 신고를 하라고 했다. 이름과 본적지와 재학 중인 학교 이름과 가족관계를 듣고 난 그들은 노래를 하나 부르라고 했다. 나는 〈봉선화〉를 불렀는데 노래가 꼭 지금 내 신세를 대변해주고 있는 것 같아 목소리가 떨려 나왔다. 신고를 하고 나자 마음이 후련해지면서 땀과 먼지에 얼룩지고 꾀죄죄한 작업복 차림인 신문팔이 소년들이 여간 다정하게 느껴지는 게 아니었다. 모두 나와 비슷한 과거를 가지고 비슷한 환경에 처해 있는 아이들이라고 생각하니 형제간 같은 느낌이 들었다.

두런거리는 소리에 잠이 깨어보니 새벽이었다. 아직 네 시도 채 안 되어 잉크 냄새 상쾌한 신문 100부를 받아들고 신문사를 나왔다. 신문을 팔기 위해서는 어쨌든 많이 뛰어다니며 사람들을 붙잡고 늘어져 악착같이 졸라대야 한다는 선배 소년들 충고를 귀에 새기며 우선 남대문 쪽으로 달렸다.

서울역으로 방향을 바꿔 새벽차에서 내리는 손님들을 기다리다가 다시 남대문으로 나왔다. 그리고 중앙우체국 앞으로 해서 충무로 쪽으로 달려갔다. 그런데 신문을 옆구리에 끼고 달려가는 것에는 자신이 있었고 "신문요, 신문" 하고 소리치는 것도 부산에서 구두닦이를 한 경험이 있어 자신이 있었지만, 손님을 붙잡고 신문을 사라고 추근추근 졸라댈 용기는 나지 않았다. 교복을 입고 교모를 쓰고 있었으므로 자꾸 학교 체면 같은 것이 생각났던 것이다. 그런 어설픔은 그러나 시간이 지나면서 사라지고 나중에는 술집이나 다방 같은 유흥장에도 떳떳하게 들어가게끔 되었다. 내 손으로 내 돈을 벌고 내가 땀 흘려 번 밥을 먹으며 밤에는 학교 공부를 할 수 있다는 사실을 부끄러워할 이유는 전혀 없는 것이었다. 마음씨 좋아 보이는 아저씨 앞에서는 신문을 사달라고 조르기도 했고 다른 아이들보다 한 장이라도 더 팔려고 더 많은 곳을 뛰어다녔다.

신문팔이가 어느 정도 익숙해지자 동생들 생각이 났다. 지금까지는 내 한 몸 입에 풀칠을 하고 야간이나마 고등학교에 적을 두기 위해서 애써 동생들 생각을 떨쳐버리고는 했으나, 고등학교에 입학하고 신문팔이 생활에도 익숙해지자 갑자기 견딜 수 없게 동생들 모습이 떠올랐다. 나는 그 애들을 보살펴줘야 할 가장이었던 것이다. 그렇다고 해서 내가 그 애들을 부양할 수 있는 형편이 된 것은 아니었다. 바로 밑 동생인 남수는 부산에 있었다. 충무로에 있는 어떤 개인 병원에서 간호보조원 비슷한 것으로 있었으므로 네 명 동생 가운데 그래도 가장 형편이 나은 편이었다. 둘째 동생 계수도 부산에 있었는데 어떤 음식점에서 식모살이를 하고 있었다. 부산에서 구두닦이를 할 때 계수가 몰래 내다주는 누룽지를 맛있게 먹던 기억이 떠올랐다. 그 밑 남동생인 상렬이와 막내인 복수는 대전 근처 고아원에 있었다. 이모네가 대전 근처로 이사를 하는 바람에 따라갔다가 이모네 형편이 어려워 고아원으로 간 것이었다.

나는 동생들을 다 불러올렸다. 남대문시장에서 국밥을 한 그릇씩 사 먹였을 때 동생들은 서로 끌어안고 울음을 터뜨렸는데, 나는 말했다.

"앞으로 십 년간은 이 오빠와 형이 있다는 생각을 하지 말도록. 죽지 않으면 다시 만날 테니까."

8. 남산의 밤

겨울로 접어들었을 때 나는 태양신문사 지하실 합숙소를 나왔다. 담임이었던 황종원 선생님이 어떤 직장에 취직을 시켜준다고 하셨기 때문이다. 그런데 학교에서 역사를 가르치고 교회 집사이기도 한 황 선생님 댁에서 기거한 지 한 달이 넘었지만, 된다던 취직이 안 되었다. 어떤 곳에 취직이 결정되었는데 갑자기 회사 형편이 어려워지는 바람에 기왕 있던 사람들도 나가야 할 판이라고 말하며 황 선생님은 한숨을 내쉬셨다.

그런데 알고 보니 내가 전라도 출신이라는 이유 때문에 취직이 거절된 것이었다. 나는 눈앞이 캄캄하였다. 눈앞이 캄캄해지면서 견딜 수 없는 분노가 솟구쳐 올랐다. 중학교에 들어가기 위해서 열다섯 살에 처음 서울에 온 다음부터 '전라도 사람'이라는 이유로 괴로움을 당한 일이 한두 번이 아니었으나 이때처럼 커다란 충격을 받은 적은 없었다. 견딜 수 없는 분노가 솟구쳐 올라 온몸이 다 떨려왔으나 분노하고 몸을 떤다고 해서 될 일이 아니었다. 무엇보다 당장 먹고살 일이 막막했다.

아무런 역사적 근거나 도덕적인 정당성을 갖추지 못한 채로 특정한 지역에 대한 편견에서 비롯되는 차별을 당했을 때, 견딜 수가 없는 것이다. 호남 사람들을 '하와이'라고 하고 관북 사람들을 '알래스카'라고 부르며 멸시하는 까닭은 무엇에서 비롯된 것인지 나는 알 수가 없었다. 옛날 조선왕조 시절부터 반항적 기질이 강하다고 해서 관북·관서 지방 사람들을 철저히 소외시킴으로 해서 이징옥·이시애의 도전을 거쳐 마침내 홍경래를 중심으로 한 대규모 농민항쟁을 유발시켰는데, 유독 관북·관서 사람만이 반항적 기질이 강한 것일까? 흔히들 함경도 사람들은 독종이고 평안도 여자는 남편을 깔아뭉개고 충청도 사람들은 음흉하고 경기도 사람들은 얍삽하고 경상도 사람들은 욕심이 많고 전라도 사람들은 교활하고 간사해서 신의가 없다고 하는데, 과연 그런 것일까? 여기에는 역대 권력자들의 악랄한 정치적 흉계와 저희들 정치적 야망을 충족시키기 위한 음흉한 의도가 깔려 있는 것은 아닐까?

후삼국을 통일하고 고려왕조를 세운 왕건이 이른바 〈훈요십조〉라는 유언을 통해서 '차령 이남 땅은 산수가 배역하여 인심도 산수와 같으니 등용하지 말라'고 한 뒤로, 전라도 지방을 중심으로 한 옛 백제 땅 사람들은 중앙 정치권력에서 철저하게 소외되어왔다. 이것은 그 지방에서 백제부흥운동이 치열하게 전개되었다는 말이 되며, 그것은 고려 고종 19년 전라남도 담양에서 백제부흥운동을 일으켰다가 7년 만에 좌절하고만 이연년李延年의 저항에서도 드러난다. 그 뒤 조선왕조 중엽에 일어났던 '정여립鄭汝立의 난' 이후 더욱 철저하게 소외되고 탄압을 받아오던 백제 유민들의 사람답게 살아보자는 운동정신은 19세기 말 갑오농민전쟁에 의하여 그 절정에 오르게 되는 것이다. 한마디로 지역감정 또는 지역차별이라는 것은 권력자들의 정권 보위를 위한 정치적 음모, 곧 정권

방어본능에서 비롯되는 술책인 것이다.

유대인이 예수를 배반했다고 오늘날까지 유대인이라면 배반자의 대명사같이 여기고, 셰익스피어가 지은 《베니스의 상인》에 나오는 샤일록이 지독한 수전노라고 해서 유대인은 모두 악독한 인종이라는 인식이 있다. 그러나 그 유대민족 후예들은 적대세력인 아랍민족에게 둘러싸인 사막 한가운데에 '이스라엘'이라는 나라를 세웠다. 또 일본사람들이 우리 민족을 정직하지 못하고 게으르다고 헐뜯고, 잉글랜드사람들이 스코틀랜드사람과 아일랜드사람들 앞에서 터무니없는 우월감을 갖고 그들을 멸시하는 것 따위가 다 전혀 근거가 없는 민족적 이기주의에서 비롯된 편견에 지나지 않는다. 하물며 손바닥만하게 좁은 국토에서, 그것도 남북으로 갈라져 서로가 원수로 여기고 있는 마당에서 전라도 출신이라는 이유로 취직 길을 막아버린다면, 이 나라는 어떻게 되는 것인가? 이런 한심한 상태에서 어떻게 민족통일을 이룰 수 있겠는가? 나는 울었다.

울면서 황 선생님 댁을 뛰쳐나온 나는 정처 없이 걸어갔다. 어느 한 군데도 갈 곳이 없는 나는 그저 하염없이 걸어갔다. 종로를 지나고 광화문을 지났다. 저만큼 태양신문사 건물이 보였다. 나는 그곳을 지나쳐

이연년의 난

고려 최씨 무인집권기 때 이연년 형제가 중심이 되어 일으킨 민란으로, '백적의 난'이라고도 한다. 1232년(고종 19) 이연년은 아우와 함께 원율(原栗)·담양(潭陽) 등지에서 무리를 모아 백제부흥을 표방하며 민란을 주도했다. 이연년 자신은 '백적도원수(百賊都元帥)'라 자칭했다고 기록되어 있는데, 민란의 명분을 '백제부흥'이라고 한 것으로 보아 실제로는 백제도원수(百濟都元帥)로 자칭했으리라 짐작된다. 그들은 해양(海陽, 지금 광주) 등 일대를 점령하여 위세를 떨쳤으나, 1237년 나주성에 주둔한 전라도지휘사 김경손(金慶孫)에 의해 곧 진압되었다.

갔다. 비록 퀴퀴한 냄새가 나고 찬바람이 몰아쳐왔지만 그래도 똑같은 운명의 소년들끼리 등을 맞대고 잠들던 신문팔이 숙소가 있는 태양신문사 지하실로 다시 가고 싶지는 않았다.

남대문을 지나서 서울역으로 갔다. 대합실에는 어디론가 떠나가고 또 돌아오는 사람들로 붐비고 있었다. 나무 의자에 쪼그리고 잠이 든 거지 소년을 바라보다가 서울역을 나왔다. 구두닦이를 할 때 부산역 대합실에서 자던 생각이 떠올랐는데, 나는 힘껏 도머리를 쳤다.

눈이 내리고 있었다. 함박눈이었는데 첫눈이었다. 음력으로 동짓달 열하룻날이었고 내 생일이었다. 둘째 아들을 낳고 좋아서 미역국을 잡수셨을 어머니 모습이 떠올랐다. 콩 볶는 것 같은 기관총 소리가 들리면서 피를 뿜고 쓰러지는 사람들 모습이 보였다. 나는 두 손바닥으로 양쪽 귀를 틀어막으며 눈을 꼭 감았다.

빨치산에게 밥을 해줬다는 죄명 아닌 죄명을 붙여 어머니를 비롯한 28명 호산마을 사람들을 학살한 자가 누구인지 나는 모른다. 직접 기관총을 갈긴 자가 누구며 그렇게 하도록 지시한 지휘관이 누구인지를 나는 알 수가 없다. 그렇게 억울한 죽음을 당한 것은 어머니와 호산마을 사람들만은 아니었다. 아니, 호산마을 참극은 오히려 그 규모가 작은 것이었다. 나중 국회조사단 보고로 알려진 바에 따르면 지리산 주변에서 죄 없이 학살당한 양민 숫자는 '공식적'으로만 1,000여 명에 이른다고 했다. 대표적인 것이 이른바 '거창양민학살사건'으로 당시 계엄사령관이던 김종원金宗元이 보낸 국군 제11사단 9연대 3대대에 의해 저질러졌다. 대대장 한동석韓東錫 소령이 지휘하는 이 부대는 거창군 신원면으로 들어가 수천여 주민들을 신원국민학교 교정에 모이게 했다. 그러고는 그곳 경찰서와 군청이 협력해 군경 가족과 공무원 가족을 가려낸 다음 2시간 동안 기관총을 쏘아 570여 명을 학살했다. 이처럼 하늘과 사람이 함께 분노할 만행을 저지르도록 명령한 희대의 살인마 김종원은 군법회의에서 고작 3년 징역형을 선고받았을 뿐이다. 그나마 곧 이승만 대통령 특사로 석방되어 치안국장이라는 중책을 맡았다.

나는 손등으로 눈물을 닦았다. 그리고 다시 걷기 시작하였다. 남대문을 지나는데 길가 전파상에서 크리스마스 캐럴이 흘러나왔다. 두툼한 털오바를 걸치고 예쁜 옷을 입은 젊은 남녀들이 음악 소리에 맞춰 고개를 흔들며 지나가고 있었다. 나는 달음박질쳐 그곳을 지나 남산으로 올라갔다.

밤이 깊어 있었다. 벌써부터 함박눈이 그친 허공에서는 살갗을 찢을 것처럼 매서운 겨울 북풍이 휘몰아쳐오는데, 배에서는 꼬르륵 소리가 났다. 배는 고프고 잘 곳이 없는 밤은 깊은데 신발에서는 계속 철벅거리는 소리가 났다. 나는 여름 장화를 신고 있었는데 찢어진 장화 틈으로 물이 들어와서 벌써부터 양말이 다 젖어버렸던 것이다. 축축하게 물에 젖은 발가락이 금방이라도 끊어져 나가는 것 같았다.

나는 추위와 시린 발을 달래기 위하여 두 손을 교복 소매 사이에 맞찌른 채로 달음박질쳐 산길을 올라갔다. 남산 꼭대기 나무 의자에 앉았다. 배고픈 것은 둘째고 첫째로 추워서 견딜 수가 없었다. 나는 닭똥 냄새가 날 때까지 계속해서 손바닥을 부비면서 선 자리에서 뜀뛰기를 하였다. 체조를 하고 구보를 하고 달음박질을 치며 노래를 불렀다. 내가 아는 노래는 다 불렀는데도 좀처럼 밤은 끝나지 않았고, 아침은 언제나 올 것인지 아득하기만 했다. 다시 나무 의자에 앉았다. 저 아래로 서울 시내 불빛이 한눈에 들어왔다. 사람들은 하루 일을 끝내고 잠이 들어 있을 것이었다. 저마다 일터에서 저마다 가진 재주에 따라 땀 흘려 일을 하고, 땀 흘려 일한 노동의 대가로 식구들과 둘러앉아 저녁을 먹고, 그러고는 좀 더 나은 내일의 생활을 꿈꾸며 자고 있을 것이었다. 일할 곳이 있고 잠을 잘 자기 집이 있는 사람들은 행복할 것이었다. 그러나 일을 하고 싶어도 일을 할 곳이 없어 밥도 먹지 못하고 잠잘 데도 없는 사람들은 이 추운 겨울밤에 어디로 가나? 어디로 가서 그 춥고 배고프고 외로운 몸뚱이를 눕히나. 나는 눈을 감았다. 그리고 마음속으로 천지신명께 기도를 드렸다.

어머니 아버지께서 일찍 돌아가신 것이 불효의 말씀이나 정말 감사합니다. 저 스스로 힘으로 세상을 헤쳐 나가라는 운명의 가르치심일 테니까요. 저는 제 운명을 진실로 겸허하게 받아들입니다. 그리고 저 자신이 제 운명의 주체가 되어 그 운명을 헤쳐 나가겠습니다. 제 운명만이 아니라 저와 비슷한 이 세상 사람 모두의 운명을 헤쳐 나감으로써 이 세상을 사람의 세상으로 만들어보겠습니다. 결단코 저 혼자서는 살지 않겠습니다. 춥고 배고프고 집 없는 사람들과 더불어 함께 살겠습니다. 저 혼자서만 배부르고 따뜻한 집에서 행복하게 살기 위하여 일하지 않겠습니다. 가난한 사람과 함께 가겠습니다. 병든 사람과 함께 가겠습니다. 억눌린 사람과 함께 가겠습니다. 감옥에 갇힌 사람과 함께 가겠습니다. 쓸쓸하고 고적하고 잠 못 이루는 사람과 함께 가겠습니다. 상처받고 피 흘리는 사람과 함께 가겠습니다. 그리워하는 사람과 함께 가겠습니다. 슬퍼하는 사람과 함께 가겠습니다. 분노하는 사람과 함께 가겠습니다. 그리하여 마침내는 사람이 사람대접을 받으면서 사람답게 살 수 있는 세상을 만들어보겠습니다. 어머니 아버지, 지하에서 도움은 못 주시더라도 방해만은 하지 말아주십시오. 천지신명이시여, 제게 힘을 주소서.

눈을 떴다. 저 아래로 서울 시내 불빛이 보였고 그 가운데서도 가장 크게 보이는 것은 반도호텔 불빛이었다. 부르르 전신이 떨려왔다. 추위 때문만이 아니라 이상하게 몸이 떨려와서 나는 두 팔을 활짝 벌리며 두 주먹을 꽉 움켜쥐었는데, 문득 서울 시내가 두 손아귀 속으로 쏙 들어오는 것이었다. 나는 다시 가슴을 쫙 펴며 입을 크게 벌렸는데, 서울 시내가 전부 입속으로 들어오는 것이었다. 알 수 없는 힘이 솟구쳐 올랐다.

9. 전달부

남산을 내려와서 하루 종일 취직자리를 찾아 헤매다가 밤이 되면 다시 남산으로 올라가 휘황찬란하게 빛나고 있는 서울 시내 불빛을 바라보며 나처럼 춥고 배고프고 서러운 사람들이 사람답게 살 수 있는 세상을 꼭 만들고야 말리라는 결심으로 천지신명께 기도를 드렸다. 그러다가 통행금지 해제를 알리는 새벽 4시 사이렌 소리를 듣고 다시 남산을 내려오기를 사흘간 되풀이하던 끝에, 우연히 강봉주라는 고향 친구를 만나게 되었다. 그 친구 또한 먹고살 길을 찾아 서울로 올라와서 남산 밑 도동 판자촌 곁에 땅굴을 파 살고 있었다.

  친구가 밥벌이를 하러 아침 일찍 나가고 나면 나는 건빵을 물에 불려서 먹거나 보리를 끓여서 소금을 끼얹어 먹고는 하였다. 그렇게 한 두어 달을 지내는 동안에 심한 병에 걸리고 말았다. 남산 꼭대기서 사흘 밤을 떨며 지새웠던 때문인지 몸뚱이가 갑자기 하늘로 치솟았다가 땅속으로 푹 꺼지는 것 같은 혼수상태에서 외마디 비명만을 질렀다. 온몸이 불덩어리같이 뜨거우면서 입술이 바짝바짝 타들어왔다. 나는 갈라 터져 피가 나오는 입술에 억지로 침칠을 해가며 비명을 질렀는데, 컴컴하고 물비린내가 나는 토굴 속 천장에 부딪쳐 떨어지는 것은 메아리뿐이었다. 나는 몇 번이고 혼수상태에 빠지고는 했는데 그때마다 어머니 아버지 얼굴이 보이기도 했다.

간신히 몸을 추스르게 된 나는 다시 아는 분들을 찾아다니며 취직을 부탁했다. 부산 한영중학교 시절 공민을 가르쳐주시던 김이두 선생님 주선으로 만년필장사도 했고, 주선이 다 되었던 취직자리가 전라도 출신이라는 이유로 좌절되자, 좌불안석하시던 황종원 선생님도 다시 취직자리를 알아봐주시느라 많은 힘을 기울이셨다.

황 선생님 노력으로 마침내 취직이 되었다. 1954년 4월이었다. '고시위원회' 전달부 자리였다. 전달부라는 것은 고시위원회와 관계되는 다른 관공서에 공문서를 발송하거나 연락 임무를 맡는 것인데 사환 비슷한 자리였다. 내 직속상관은 사무관인 신항균 씨였다.

고시위원회에 전달부로 취직을 하고 나니 도동에서 토굴 생활을 하며 만년필장사를 할 때보다 수입은 적었지만 월말이면 일정한 액수의 월급을 받았으므로 계획 있는 생활을 할 수 있었다. 다니다 말다 하던 한영고등학교에도 다시 착실히 다니게 되었고, 밥을 굶을 염려가 없었다. 무엇보다 다시 공부를 할 수 있게 되었다는 것이 기뻤다. 학교 공부는 물론이지만 법률 공부도 할 수 있다는 점이 더욱 기쁜 일이었다. 그때까지 나는 법률이라면 거룩하고 높고 집안이 부유한 사람들만 할 수 있는 다른 세상 공부로 알고 있었는데, 이제는 매일같이 보고 듣게 되는 것이 '법률'이었다. 고시위원회 직원들은 모두 법학을 전공한 전문가들로 고시 관계자들이었기 때문에 그들이 일상적으로 주고받는 대화도 거의가 다 법률 관계 이야기였다. 나는 그들이 나누는 농담까지도 빼놓지 않고 들어두면서 앞으로 대학을 갈 수 있는 행운이 주어진다면 법학을 공부해보겠다는 생각을 하였다. 춥고 배고프고 서러운 사람들이 사람대 접을 받으며 사람답게 살 수 있는 세상을 만들기 위해서는 정치가가 되어야 할 것인데, 그러기 위해서도 법률 공부는 필요할 것이라는 생각이 들었다.

나는 《형법》·《민법》·《형사소송법》·《민사소송법》·《물권법》 같은 책을 얻어서 탐독하였고, 그 가운데 몇 조항들은 줄줄 외우게끔 되었다. 어쩌다 기차를 탈 기회가 생기면 일부러 대학생으로 보이는 사람의 자리로 가서 말을 걸고는 하였다. 나는 슬슬 법률에 관계되는 것으로 대화를 유도하여 법조문을 줄줄 외워 보임으로써 그들을 난처하게 만들어놓고 혼자서 즐거워하기도 하였다.

그러던 어느 날이었다. 그날도 나는 맡은 일을 하는 틈을 타서 《형법》인가 《물권법》을 보고 있는데, 김용달金容達 변호사가 나를 불렀다.

"자네 법률가가 되고 싶나?"

"제가 무슨……."

나는 얼굴을 붉혔고 김 변호사가 말하였다.

"자네가 우리 사무실에 온 이후로 내가 자네를 면밀히 관찰했는데……, 법률가는 자네의 적성에 맞지 않아."

꿈이 깨지는 것 같아 나는 긴장했고 김 변호사가 다시 말했다.

"정치를 해보지. 법률보다는 정치 쪽이 자네 적성과 소질에 맞을 거야."

　나는 내 내밀한 결심을 들킨 것 같아 뒷머리만 긁었는데, 이때가 고등학교 3학년 때였다.

10. 계몽강연

그 얼마 뒤에 나는 직장을 잃어버렸다. 정부조직법이 개정되면서 고시위원회가 없어져버린 것이다. 난생 처음으로 직장을 얻어 옹색하지만 그런대로 안정된 생활을 하면서 '정치가' 꿈을 키우고 있던 나는 또 다시 하루 세 끼니 밥과 잠자리를 걱정해야 하는 신세가 되었다. 그러나 정치가가 되겠다는 꿈만은 한없이 부풀어 올랐다. 정치인이 되려면 먼저 풍부한 경험을 쌓을 필요가 있다는 생각이 들었다. 그리고 학생 신분인 나로서 손쉽게 할 수 있는 일이라면 '문맹퇴치운동'과 '농촌계몽운동'이라는 데 생각이 미쳤다.

친구 가운데 윤재식·김방청金方靑 군과 함께 구체적인 운동 계획을 짰다. 윤재식 군은 한영고등학교 주간부 학생위원장이었고 김방청 군은 야간부 학생위원장으로 나와 절친한 사이였다.

우리는 먼저 인사동에 있는 민주당 중앙당사로 찾아가서 정일형鄭一亨 박사를 만났다. 이승만 종신 대통령과 자유당 영구집권을 노린 이른바 '사사오입 개헌파동'을 저지하기 위해서 만들어진 '호헌동지회'를 주축으로 탄생된 민주당 섭외부장이던 정일형 박사는 우리 뜻을 듣고서 많은 격려를 해주었다. 우리는 정일형 박사 소개장을 가지고 서대문에 있는 미국인 선교사를 찾아가서 농촌 어린이들에게 나눠줄 학용품과 책자를 얻었다.

준비를 갖춘 다음 떠나려고 보니 정작 차표가 문제였다. 의논 끝에 우리는 교통부 총무과로 찾아갔다. 무임승차권을 발행해달라는 우리 의견을 듣고 난 총무과장은 어이가 없다는 표정이었다. 그렇다고 해서 그대로 물러날 수는 없는 일이었다. 나는 말했다. 우리는 결코 장난으로 농촌계몽을 가려는 것이 아니다. 남들은 방학이 되어 피서지로 놀러 다니지만 우리는 농촌의 어려운 사정을 돕기 위하여 나선 학생들이다. 개인을 위한 일이 아니라 나라와 민족을 위한 일을 하려고 하는데 철도 무임승차권 하나 못 해줄 이유가 어디 있느냐고 차분하게 말하였으나, 막무가내였다. 총무과 직원들이 못마땅하다는 듯 힐끗힐끗 나를 바라보고 여직원 하나는 숫제 별꼴 다 보겠다고 중얼거렸는데 자못 불쾌하다는 표정이었다.

그러나 이런 정도 수모는 일찍이 당할 대로 당해온 나였다. 친구들은 그냥 가자고 했지만 나는 끈질기게 버텼다. 점심시간을 알리는 종이 울리자 과장과 직원 몇 사람이 밖으로 나갔고 나머지 직원들은 도시락을 먹었는데, 나는 그대로 과장 책상 앞에 서 있었다. 점심을 먹고 온 과

호헌동지회

제1공화국 시기 1954년 대통령 이승만의 종신집권을 노리고 위헌적으로 강행한 사사오입 개헌을 반대하기 위해 결집된 범야당 연합을 말한다. 주로 민국당·자유당 탈퇴파·무소속 동지회 등 60명의 정치인들이 결집해 야당계 단일원내 교섭단체를 구성했다. 호헌동지회는 대여투쟁을 활발히 벌이는 한편, 여당인 자유당을 분열·와해시키기 위한 이면공작을 전개해 김영삼·민관식 등 자유당 소장파 의원들의 집단 탈당을 유도하는 데 성공했다. 그 후 계속된 정치적 탄압 속에서 새로운 통합야당의 창당을 모색한 끝에 1955년 초 '신당조직촉진위원회'를 구성했다. 그리고 그해 9월 18일 민주당이 출범함으로써 호헌동지회는 발전적으로 해체되었다.

장은 내가 그때까지 가지 않고 있는 것을 보고는 조금 놀란 표정이었다. 그러나 그는 내 말에 귀를 기울이지 않았고 나는 기다렸다. 퇴근시간이 다 되어서야 과장이 '지독한 놈'이라며 철도 무임승차권을 내주었는데, 전라남도 광주까지 왕복권이었다. 전국 어디든지 자유롭게 다닐 수 있는 무임승차권을 기대했던 나는 실망이 되었으나 그런대로 목적은 달성된 셈이었다.

광주행 호남선 열차에 오른 우리는 농촌계몽 방법을 놓고 의견이 엇갈렸다. 나와 윤재식 군은 문맹퇴치운동보다는 시국강연을 하자고 했고, 김방청 군은 처음 계획대로 문맹퇴치운동을 하자는 것이었다. 이승만 박사 자유당정권이 무능하고 부패해서 국민생활이 더 어려워지고 있는 데다가 독재적인 경향이 점점 심해지고 있으니 그냥 두고 볼 수는 없다는 것이 나와 윤재식 군 의견이었고, 야당인 민주당 정일형 박사 후원을 받고 가는 것이므로 자칫하면 본의 아닌 오해를 받아 큰일이 일어날지도 모른다는 것이 김방청 군 의견이었다. 목포에서 내려서도 우리는 의견이 합쳐지지 않았다. 김방청 군은 고향으로 가버리고 나와 윤재식 군은 무안군 섬으로 갔다.

윤 군과 나는 몇 개 섬을 돌아다니며 주민들 앞에서 열변을 토했다. 그때까지 많은 사람들 앞에서 연설을 하거나 웅변을 해본 적이 한 번도 없었다. 대충 원고를 만들어서 외워보기는 했지만 이야기 줄거리도 제대로 맞지 않고 서투르기 짝이 없는 강연이었다. 그러나 가끔 박수가 터져 나왔고, 우쭐한 기분이 들기도 했다. 강연 내용은 애국심을 가져야 한다는 막연한 내용부터 부지런히 농사를 지어 생활을 개선해야 한다는 것과 정부의 잘못된 정치를 비판하는 것들이었다. 그렇게 어설픈 시국강연을 하고 다니다가 하루는 경찰관 제지를 받게 되었다. 강연을 하던 중 흥분한 내가 그만 민중의 지팡이가 되어야 할 경찰이 민중의 몽둥이가 되고 있다는 말을 해버렸던 것이다. 경찰서에 끌려가서 며칠 시달림을 받던 끝에 겨우 풀려났다. 내 '설화사건'으로 예정했던 시국강연을 중단할 수밖에 없게 된 우리는 서울로 올라오고 말았다.

11. 해공한테 받은 붓글씨

계몽강연을 다녀온 인사를 하려고 민주당 중앙당사로 정일형 박사를 찾아갔다. 정일형 박사를 뵈러 왔다고 했더니 안내된 곳이 대표 최고위원실이었다. 대표 최고위원실에는 정 박사 말고도 여러 정치인들이 앉아 있었는데, 모두 중후한 인상의 거물 정객들이었다. 민주당 대표 최고위원, 곧 당수로서 그 방 주인인 해공海公 신익희申翼熙 선생과 유석維石 조병옥趙炳玉 박사, 운석雲石 장면張勉 박사, 그리고 엄상섭嚴祥燮 씨 등이었다. 곧 있을 제3대 정부통령선거에 대통령 후보로 출마하기로 되어 있던 해공 선생은 온화하게 생긴 분으로 첫인상이 퍽이나 좋았다. 서예를 좋아하는지 책상 위에는 벼루가 놓여 있었다. 정일형 박사한테서 내 소개를 받고 난 해공이 말하였다.

"자넬 위해서 글을 하나 써줌세."

그러면서 화선지를 한 장 꺼내더니 곧바로 휘호를 하는 것이었다. 붓을 놓고 난 해공이 유석과 운석과 정 박사, 그리고 엄상섭 씨를 바라보며 미소를 지었다.

"어때, 우남雩南보다 낫지요?"

다가오는 대통령선거에서 우남 이승만 박사와 맞설 예정인 그는 붓글씨까지도 이 박사보다는 낫다는 자부심을 갖고 있는 것 같았다. 선생의 친필 휘호는 내 생활이 정처가 없었으므로 잃어버리고 말았지만 '우리나라 앞날이 김상현이 두 어깨에 달려 있으니 분발하라'는 내용이었다고 기억한다. 그때 나는 신문지상에서만 보던 야당 거물 정객들인 신익희, 정일형, 엄상섭, 윤보선尹潽善, 곽상훈郭尙勳, 백남훈百南薰, 조병옥, 박순천朴順天 등을 직접 보게 되었는데, 특히 해공 신익희 선생한테 격려의 친필 휘호를 받은 것은 평생 추억으로 남아 있다.

해공 선생과 만남 이후 정치가가 되어야겠다는 내 생각은 확고부동한 신념이 되었다. 비록 고등학교 3학년짜리인 열아홉 살 소년 몸이었지만 지방을 다니며 시국강연을 했고 거기다가 정계 거물급 인사들과 인사를 나누었다는 사실이 커다란 자부심으로 자리 잡은 것이다. 그러나 직장을 잃고 난 다음부터 생활은 말이 아니어서 학교를 그만두어야만 했다. 2학기 등록금을 낼 도리가 없었던 것이다.

야간 고등학교 3학년을 중퇴한 채 당장 하루하루 끼니와 잠자리를 찾아 서울 시내 곳곳을 헤매 다니는 처지였으나, 정치가가 되어야겠다는 신념은 변하지 않았다. 아니, 그런 형편이기 때문에 더구나 정치가가 되겠다는 결심이 굳어졌다.

정치가 잘못되고 있으므로 우선 내가 고통을 당하고 있는 것이라고 생각했다. 정치가가 되기 위해서는 무엇보다도 먼저 말솜씨가 있어야 하고 청중을 사로잡을 수 있는 웅변 실력이 있어야 한다고 생각했다. 그때부터 나는 유명한 정치인들 강연장에는 어디든지 따라다니며

명동에 있던 시공관 모습.

그들 말투와 손짓까지 놓치지 않고 보아두었고 다른 나라 정치가들 연설을 모은 《세계명연설집》 같은 것들을 구하여 연설 원고를 만들어 연습을 하였다. 새벽마다 남산 꼭대기에 올라가서 고래고래 고함을 질러 발성 연습도 하였다.

나는 자유당과 민주당 대변인 정책 연설을 들어보려고 시공관으로 가보았다. 자유당 대변인은 황성수 의원이었고 민주당 대변인은 조재천 씨였다. 두 사람이 다 같이 능변가로 이름난 사람들이었는데, 두 사람 연설을 듣고 난 느낌은 정의와 진실의 뒷받침이 없는 능변은 수다스러운 말재간에 지나지 않는다는 것이었다.

이승만 독재정권의 타락과 부패상에 국민들이 치를 떨고 있을 때였으므로 자유당에서는 군중의 심리적 효과를 노려 많은 박수부대를 동원하고 있었다. 그런데 정작 두 대변인 사이 입씨름이 벌어지자 군중들이 완전히 한곳으로 쏠리는 것이었다. 조재천 씨의 신랄한 공격이 불을 뿜자 일당을 주고 데려온 자유당 박수부대까지 민주당에 열광적인 박수를 보냈던 것이다. 온갖 부정부패를 저지른 독재정권에서 아무리 돈을 주고 매수를 하고 입에 발린 말로 재주를 부려봤자 아무런 소용이 없다는 실증을 보여준 것이다. 민중을 기만하고 민족사에 죄악을 저지른 독재정권의 자기합리화 궤변과 사탕발림 말재간이 치가 떨리도록 가증스러우면서도 대변인이 당황하는 꼴을 보니 측은한 마음이 들기도

하였다.

5월 3일에는 해공 선생 연설을 들으러 한강 백사장으로 갔다. 나중에 신문에서는 20만 명이 모였다고 보도했지만 내가 보기에는 30만 명도 넘는 것 같았다. 당시 서울 인구가 200만 명이었으니 적어도 7명 가운데 한 명은 한강 백사장으로 간 셈이었다. 서울 시내 상가가 거의 문을 닫은 형편이었다. 나는 '이 나라 장래가 김상현의 두 어깨에 달려 있으니 분발하라'는 뜻의 휘호를 생각하며 해공 선생 연설에 귀를 기울였다.

"양심 있고 올바르게 일하고 사람 속이지 아니하고 책임지고 모든 일을 틀리지 않게 정직하게 살고자 하는 사람은 오늘날 이 세상에서는 행세를 못합니다. 양심을 떼어서 선반 위에 올려놓고 얼굴에다 철판을 뒤집어쓰고 사람을 속이고 거짓말하고 도적질 잘하는 자들이 대로를 활보하면서 행세하고 꺼떡거리며 잘사는 세상이 지금 세상입니다. 만일 이 세상이 그대로 지속돼간다면 우리가 사람다운 생활을 하기는 틀렸습니다. 그러므로 우선 사람답게 살아가기 위하여 우리는 우리 조상 전래로 아름다이 지켜져 내려오다가 어느 날 갑자기 끊어져버린 도의도덕을 지키고 사람과 짐승을 구별하는 예의범절을 되찾는 데 있다는 옛사람들 교훈을 받아 새롭게 정신을 가다듬고 마음을 바꾸어먹자는 말씀을 오늘 제일 먼저 첫마디로 드리는 바이올시다. 우리가 사람답게 살기 위해서는 사람 생활의 모든 근본이 되는 정치가 올바르게 세워져야……."

"옳소!" 소리와 함께 우레와 같은 박수가 터졌고, 이승만 자유당 독

1956년 5월 23일 해공 신익희 선생 장례식이 국민장으로 거행되는 모습.

재는 끝장이 나는 것 같았다. 온 국민의 열화와 같은 지지를 받고 있던 해공 선생은 그러나 그 이틀 뒤 호남 지방 유세를 위해 이리로 가던 열차 안에서 쓰러지고 말았다. 과로로 인한 뇌일혈이었으나 미정보부 사주를 받은 이승만 추종자들에게 독살되었다는 소문이 퍼질 정도로 해공 선생 인기는 절대적이었다.

12. 모의국회에서 1등을 하다

유명한 정치가들 강연장을 쫓아다니며 웅변 연습을 하던 내게 지금까지 연습한 실력을 측정 받을 수 있는 계기가 왔다. 고려대학교에서 주최하는 '아남민국모의국회'가 그것이었다. 장소는 시공관이었고 의제는 선거법 개정안이었다. 민의원 입후보자 난립이 문제가 되어 입후보자가 선거관리위원회에 5만 원이라는 돈을 기탁해야 한다는 '민의원 선거법 개정안'이 국회에 상정되어 있었다. 고려대학교 주최 모의국회에서 이 문제를 의제로 상정한 것은 국회에서 심의에 앞서 일반 국민들 여론을 알아보자는 뜻이 담겨 있었다.

    시공관에 입추의 여지없이 꽉 들어찬 서울 시내 각급 대학교 학생들을 비롯한 일반 청중들을 바라보며 나는 아랫배에 힘을 주었다. 처음으로 많은 청중들 앞에 섰던 것은 국민학교 4학년 때였다. 해방 다음 해였는데 나는 학예회 때 독창을 부르게 되었다. 교실 두 개를 터놓은 곳에 400~500명 학부형들이 들어찼는데, 내 눈에는 사람들이 하나도 안 보였다. 처음 무대 위로 올라갈 때는 우리 집 식구들을 찾아보겠다는 생각을 했었는데 우리 집 식구들은 그만두고 사람들이 하나도 보이지 않는 것이었다. 나는 눈을 꼭 감았다.

> 봄에 오는 이슬비는 꽃비랍니다
> 날개 젖은 참새들은 떨고 있어도
> 꽃봉오리 방울방울 꽃물 먹어요

며칠 밤을 새우며 연습을 했으므로 노랫말을 잊어버린다거나 하는 실수는 저지르지 않았지만 도무지 어떻게 무대를 내려왔는지 아무런 기억도 나지 않았다. 나중에 부모님은 내 온몸이 사시나무 떨리듯 떨리더라며 사내자식이 왜 그렇게 배짱이 없느냐며 웃음을 터뜨리셨다.

토론은 찬성과 반대로 나뉘어서 진행했는데 찬성 발언을 한 학생은 '민의원 입후보자 난립을 방지하고 건전한 정당정치를 육성하기 위해서는 기탁금 제도가 필요하다'고 하였고, 나는 반대 발언을 하였다.

"우리나라 헌법에는 엄밀히 국민 누구나 만 스물다섯이 넘으면 각종 선거에 출마하여 국민의 지지 여부를 물어볼 수 있는 피선거권이 주어져 있습니다. 그런데 난립을 방지한다는 허울 좋은 명목으로 국민의 신성한 권리인 피선거권을 박탈한다는 것은 부당합니다. 더구나 오만 원의 기탁금을 적립해야 한다는 것은 어불성설입니다. 오만 원이 없어 출마를 할 수 없다는 것은 국민의 신성한 권리를 박탈하는 것입니다. 난립을 방지하겠다는 명분 또한 원칙적으로 부당한 발상입니다. 아무리 많은 사람이 입후보를 한다고 하더라도 결국은 국민들의 심판에 의하여 결정됩니다. 따라서 그것은 쇠뿔을 고치려다 소를 잡는 어리석음을 저지르는 것이 되며 아울러 국민 대중을 어리석은 무지렁이로 보는 파쇼적 발상입니다. 그런 이유로 해서 피선거권을 제약한다면 진실로 국민의 지지를 받는 양심적인 인사가 돈이 없어 출마조차 하지 못하는 불행한 일이 있게 됩니다. 따라서 이 법안을 제출한 의원들에게는 양심적이고 능력이 있는 국민의 대변자가 국회에 진출하는 것을 막고 자금이 풍부한 집권 여당 일색의 국회를 만들어 정권을 연장해보겠다는 독재적 저의가 깔려 있는 것입니다. 그러므로 나는 결단코 이 법안의 통과를 반대하는 바이올시다."

우레 같은 박수가 터졌고, 나는 단상을 내려왔다. 이 나라 모든 사람들이 더불어 함께 평등하고 자유롭게 살 수 있는 새 세상을 만들기 위해서 정치가가 되어야겠다는 결심을 한 나였으므로 나는 거침없이 말하였다. 만약 이 법안이 통과된다면 5만 원이라는 거액을 마련할 길이 없는 나로서는 앞으로 민의원에 출마할 자격조차 박탈당하게 될 것이었다. 그것은 바로 나 자신의 문제였다. 나처럼 춥고 배고프고 외로워서 서러운 사람들 심정을 얼마쯤은 대변했다는 생각에서 심사를 기다렸는데, 1등이었다. 장면 부통령상을 받게 된 것이다. 심사위원은 서울대학교 교수로 있는 한태연韓泰淵 씨였다.

나는 눈물이 나왔다. 세상에 태어나서 처음으로 받아보는 상이었고 처음으로 얻게 된 명예였다. 내가 말을 잘해서 1등상을 탔다기보다 하루 세끼 밥과 잠자리를 걱정해야 하는 나 자신의 처지에 바탕을 두고 이야기를 이끌어 나간 내 진실성이 심사위원들 마음을 움직였던 것 같았다. 세상에 태어나서 처음으로 받게 되는 상이었고 명예였지만, 한편 쓸쓸했다. 함께 기뻐해줄 사람이 없었던 것이다. 남들은 온 식구가 떼를 지어 몰려와 박수를 치면서 성원을 보내주는데 내게는 박수를 쳐주고 함께 기뻐해줄 식구가 한 사람도 없던 것이다. 착잡한 심정이었다. 외롭다는 생각이 가슴을 쳤다. 시공관을 나오면서 나는 이를 옥물었다.

13. 김대중과 만남

'아남민국모의국회'에서 1등상을 탄 나는 본격적으로 웅변 공부를 하기로 하였다. 새벽마다 남산 꼭대기에 올라가서 발성 연습을 하고 《세계명연설집》 같은 책들을 보며 혼자서 연습한 끝에 쟁쟁한 대학교 학생들이 나온 모의국회에서 1등상을 타기는 했지만, 정치가가 되겠다는 내 꿈을 실현하기 위해서는 좀 더 체계적이며 학술적인 공부가 필요하다는 생각이었다.

그래서 들어가게 된 것이 '대한웅변협회'였다. 북창동에 있는 대한웅변협회 회장은 경상남도 함안 출신 자유당 소속 민의원으로 국회부의장이었던 조경규趙瓊奎 씨였다. 대한웅변협회에는 배은희裵恩希 씨와 철기鐵驥 이범석李範奭 장군 그리고 창랑滄浪 장택상張澤相 씨 같은 분들이 관계하고 있었고, 조경규 씨 다음으로는 동산東山 윤치영尹致暎 씨가 회장으로 있었다. 나는 대한웅변협회 학생부장을 하면서 협회 부설인 '동양웅변전문학원'에 다녔다. 웅변학원은 웅변협회와 가까운 북창예식장을 빌려서 저녁이면 문을 열었는데, 낮에는 웅변협회 학생부장 일을 보고 저녁이면 그곳에서 웅변 공부를 하였다.

그러던 어느 날 30대 초반 청년 정치인이 웅변학원 부원장으로 왔다. 그날 밤 북창동 한 중국음식점에서 새로 취임한 부원장을 위한 기념 회식이 열렸는데, 그가 김대중金大中 씨였다.

그는 1954년 6월 고향인 목포에서 제3대 민의원 총선거에 입후보하기도 한 30대 초반 청년 정치가로서 월간《신세계》주간인가 편집장으로 있다고 하였다. 한때는《목포일보》사장도 하고 조선업과 해운업을 하여 제법 많은 재산을 모으기도 했으나 민의원선거에 재산을 날리게 되었다는 그와 나는 급속도로 가까워져서 서로 형님 아우 하는 사이가 되었다. 우리는 20환을 내고 화신백화점 5층에 가서 조조할인으로 이본 동시상영 영화를 구경하며 많은 이야기를 나누었다.

그는 서대문구 대현동에 방 세 개를 세로 얻어 어머니와 여동생 이렇게 세 식구가 살았는데, 살림이 몹시 어려웠다. 이화여자대학교 국문과 1학년이던 그의 여동생 김부자는 미인이었고 특히 시를 잘 썼는데 폐병을 앓다가 죽었다. 당시 김대중 씨가 사업도 실패하고 민의원선거에도 실패하여 불우해진 처지가 아니었다면, 재능과 미모를 겸비하고 있던 그 여동생 또한 그렇게 요절하지는 않았을 것이라는 생각이 든다. 그만큼 당시 김대중 씨는 어려운 형편이었다. 나는 가끔 그 집에 가서 자고는 했는데 전형적 '전라도 여인'이었던 그 어머니는 나를 자식처럼 돌봐주시었다.

14. 지원 유세

동양웅변전문학원 부원장으로 온 김대중 씨 소개로 오성환吳誠煥 씨를 알게 되었다. 오성환 씨는 대한국민당 소속 2대 민의원으로 민의원 운영위원장을 지낸 분이었다. 제3대 민의원선거에서는 서울 마포에 출마했다가 민주국민당 소속 김상돈金相敦 씨에게 지고 경기도 고양군 보궐선거에 무소속으로 입후보한 것이었다. 나는 오성환 씨 지원 유세를 하게 되었다.

고양군 보궐선거에 출마한 사람은 자유당 이성주李成株 씨와 민주당 유광렬柳光烈 씨였다. 자유당 선거 강연장에는 경찰과 통반장이 앞장을 서서 청중을 동원했고 야당에서 선거 강연을 할 때면 경찰이 요소요소에 서 있다가 청중들을 노려보기도 하고 나중에 사찰의 대상으로 삼는 등 야당 탄압은 극심했다. 더구나 자유당 이성주 씨는 치안국장을 지냈던 사람이어서 경찰의 과잉 충성과 야당 탄압이 자못 노골적이었다. 비록 무소속이기는 했으나 오성환 씨도 야당인 민주당과 똑같은 대우를 받았다.

내가 첫 찬조연설을 나가 보니 청중 수가 너무 적었으며 반응 또한 전혀 없었다. 단순히 경찰의 야당 탄압 때문만이 아니라 대세는 이미 자유당 이성주 씨한테로 기운 것 같았다. 따라서 나는 그의 당선이 전혀 가망 없는 일이라고 생각했는데 오 씨 자신은 당선을 확신하고 있었다. 무슨 근거로 당선을 확신하는지 모를 일이었다. 경험이 없는 나로서는 그래도 혹 무언가 믿는 구석이 있나 보다 하고 한 가닥 희망을 가져보았으나, 아무래도 승부가 눈에 보이는 것이어서 불안하기 짝이 없었다. 거기다가 선거운동 비용 또한 제대로 쓰지 못하는 궁색한 형편이고 청중 없는 강연장에서 하늘만 쳐다보고 연설을 하자니 맥이 빠졌다. 그렇지만 나는 그동안 연습하고 공부한 웅변 실력으로 열심히 내 일처럼 찬조연설을 하였다.

고양군 신도면에서 투표를 마친 오성환 씨와 함께 일행은 지프를 탔다. 오 씨가 앞자리에 앉고 나와 오 씨 선거참모는 뒷자리에 앉았다. 하오 7시쯤이었지만 한여름이었으므로 아직도 해가 있었는데 오 씨는 자꾸 속력을 내도록 운전수에게 재촉하였다. 한걸음이라도 빨리 서울로 가서 개표 결과를 알고 싶은 것이었다. 나는 낙선이 확실하다는 것을 알고 있었으므로 등받이에 기댄 채로 꾸벅꾸벅 졸고 있었다. 낙선이 확실한 선거였지만 그동안 지원 유세에 온 힘을 쏟아부었기 때문에 너무 지쳐 있었다. 한참을 졸다가 차가 몹시 흔들리는 바람에 눈을 떴다. 20미터쯤 앞에 검은 지프 한 대가 뽀얀 먼지를 일으키며 달리고 있었고 내가 탄 지프가 맹렬한 속도로 그 차를 쫓아가고 있었다.

"이렇게 빨리 달릴 필요가 없지 않습니까? 서울에는 아직 투표함이 도착하지도 않았을 텐데요."

나는 조금 퉁명스럽게 말했는데, 오 씨가 마른침을 삼켰다.

"그게 아냐. 자네 저 앞차에 누가 타고 있는지 아나?"

"누군데요?"

"이성주야. 이성주가 타고 있단 말야."

그러면서 더욱 속력을 내어 앞차를 따라잡으라고 운전수를 다그치는 것이었다. 그렇게 무서운 속도로 달리던 차가 앞차를 따라잡게 되었다. 이성주 씨가 탄 차를 앞지르려고 운전수가 옆으로 차체를 뒤트는 순간이었다. 내가 탄 차가 몇 번 뒤뚱거리더니 그만 길옆으로 곤두박질쳐버렸다.

정신을 차리고 보니 차는 논바닥으로 굴러 떨어진 것이었다. 나는 선거참모를 깔고 누워 있었고 앞에서 운전수 신음소리가 들려왔는데, 오 씨가 보이지 않았다. 오 씨가 앉았던 앞자리 옆문이 떨어져 나가서 휑했고 앞자리에는 아무도 없었다.

나는 차 밖으로 뛰어나갔다. 비스듬히 기울어진 지프 뒤쪽에서 꼭 막혔던 수돗물이 처음 나올 때처럼 '식식'하는 소리가 들려왔는데, 오 씨 신음소리였다. 숨소리만 내고 있을 뿐 오 씨는 완전히 의식을 잃고 있었다. 차에 타고 있던 네 사람 가운데 나 혼자만 아무렇지도 않고 나머지 세 사람은 다 중상이었다. 다만 잠시 후 운전수만이 의식을 회복했을 뿐이었다. 할 수 없이 선거참모를 운전수에게 맡기고 나는 오 씨를 들쳐 업고 길 위로 올라갔다. 그리고 지나가는 차를 잡아 타고 서울로 달렸다.

무악재 너머 길 왼편에 있는 어떤 개인 병원에서 응급치료를 받았는데 좀처럼 살아날 수 있을 것 같지가 않았다. 오 씨는 얼굴 전체가 알아볼 수 없을 정도로 피투성이가 되어 일그러져 있었다. 귀와 눈에서도 많은 피를 흘리고 있었다. 나는 오 씨 아우인 오경환吳敬煥 씨에게 전화를 했고 우리는 오 씨를 좀 더 큰 병원으로 옮겼다. 잠시 후 선거참모와 운전수가 도착해서 세 사람이 나란히 한 병실에 누워 있게 되었는데, 이상한 것은 나만 아무렇지도 않다는 점이었다. 거짓말처럼 손가락 하나 다친 데 없이 말짱한 것이었다. 나는 중상을 입고 누워 있는 이들에게 공연히 미안한 생각이 들어 아무렇지도 않은 몸에 생주사를 맞으며 아픈 시늉을 하였다. 운전수와 선거참모는 일주일쯤 지나서 퇴원을 했는데 오성환 씨가 의식을 회복한 것은 약 20일이 지난 뒤였다. 눈을 뜬 오 씨가 말했다.

"김 동지, 지금 개표 결과가 어떻게 돼가고 있지? 빨리 좀 알아봐."

나는 가슴이 뭉클해지면서 눈물이 핑 돌았다. 자신의 당선을 철석같이 믿고 있는 이 노인이 너무나 가여웠다. 오 씨는 인간적으로는 담백하고 점잖았으나 정치인으로는 결함이 많은 분이었다. 첫째로 자기 자신을 모르고, 더구나 정세에 어두운 것이었다. 1만 6,600여 표를 얻어 8,000여 표를 얻은 민주당 유광렬 씨를 여유 있게 누른 자유당 이성주 씨는 벌써 국회에 등원하여 활약하고 있었다. 오 씨가 얻은 표는 700여 표에 지나지 않았다. 나는 말했다.

"선생님, 염려 마십시오. 개표는 선생님께 유리하게 진행되고 있으니 어서 몸만 회복하십시오."

벌어지는 오성환 씨의 입을 뒤로 하고 나는 병실을 뛰쳐나왔다.

15. 파고다공원

학생 신분도 아니면서 대한웅변협회 학생부장 일을 보고, 동양웅변전문학원에서 웅변 공부를 하며, 지금은 비록 불우하지만 앞길이 창창해 보이는 청년 정치가와 형님 동생 하는 사이로 지내며, 또 거물급 정객들이 아는 체를 해주는 등 겉으로 보기에는 그럴듯했지만, 생활은 막막하였다. 여전히 하루 세 끼니 밥과 잠자리를 걱정해야 하는 처지였다. 친구들 하숙집이나 자취방을 돌아다니며 '꼽사리'를 붙는 생활이었는데, 주로 윤형두尹炯斗와 윤재식, 유원균柳元均 같은 친구들이었다. 그러다가 동대문시장에서 헌책방을 하는 박영희 씨를 만나게 되었던 것은 커다란 행운이었다.

박 씨는 전라남도 화순 사람으로 남보다 먼저 그곳에 헌책방을 열어 어느 정도 자리를 잡고 있었다. 나는 그와 의형제 인연을 맺었는데 보통 사람보다도 키가 훨씬 작은 그는 강렬한 의지와 개성의 소유자로서 나를 많이 격려해주었다.

나는 헌책방이 있는 2층 하꼬방에서 잠을 잤는데, 밤을 새워 책을 읽고는 하였다. 목마르게 읽고 싶었으나 돈이 없고 또 시간이 없어 읽을 수 없었던 책들이 박 씨 책방에는 산처럼 쌓여 있었다.

나는 웅변학원이 끝나는 대로 하꼬방 2층으로 달려가서는 닥치는 대로 책을 읽었다. 톨스토이와 도스토예프스키 그리고 사르트르와 카뮈 같은 작가들 작품이 들어 있는 세계문학전집과 국내 문학작품들도 읽었지만 내 관심은 저 '남산의 밤' 이래로 오로지 정치였다. 그래서 주로 내 관심을 끄는 것은 인류 역사에 발자취를 남긴 위대한 인물들 전기와 영웅전들이었다. 나는 《나폴레옹》·《이순신》·《플루타르크 영웅전》·《디즈레일리》·《링컨》 등 전기를 읽었는데, 그중에서도 나에게 깊은 감명을 준 것은 디즈레일리 전기였다. 링컨은 책을 읽기 전부터 내용을 거의 알고 있었으므로 새로운 감동이 적었으나 디즈레일리를 읽고 받은 감동은 거의 충격적인 것이었다. 유대인 출신인데다가 빚이 많아 영국 사회에서 유명한 협잡꾼 소리를 듣던 그가 온갖 고난을 극복한 끝에 마침내 대영제국 수상이 되었다는 사실에 깊은 감명을 받았다. 몇 번의 낙선에도 불구하고 끝까지 노력하고 분발하여 자기 의지를 관철시켜 나간 그 자세는 내게 많은 힘을 주었다. 산골짜기 통나무집에서 태어나 일찍이 어머니를 여의고 독학으로 미합중국 대통령이 되어 노예해방을 한 링컨의 일생 또한 나에게 많은 가르침을 주었다.

친구들 하숙방이나 자취방에 들러 밥을 얻어먹고 박 씨 하꼬방 2층에서 잠을 자는 틈틈이 나는 파고다공원으로 갔다. 부산 시절부터 친구인 윤재식 군과 함께였는데, 파고다공원은 내게 좋은 공부 현장이었다. 그곳에서 나는 노인들의 시국담과 옛날이야기를 듣고 팔각정에 모여 있는 노인들 앞에서 시국문제를 가지고 웅변을 하기도 하였다.

이승만 박사 자유당 일당독재에 진저리를 치던 국민들 인기를 한 몸에 받고 있던 해공 신익희 선생의 돌연한 죽음으로 말미암아 인심은 갈피를 잡지 못하고 있었다. 해공 선생 급서 이후 치러진 제3대 정부통령 선거에서 이승만 박사가 다시 대통령에 당선되었는데, 진보당 대통령 후보인 죽산竹山 조봉암曺奉巖 선생이 220만 표 가까이를 얻었고 무효표가 200만 표 가까웠다. 민주당 장면 박사가 자유당 이기붕李起鵬 후보를 누르고 부통령에 당선된 것은 독재를 싫어한다는 민심의 표출이었다. 민심을 업고 부통령에 당선된 장면 박사가 그해 가을 시민관에서 있은 민주당 전당대회에서 저격을 당하는 암살미수사건이 일어났다. 1957년 5월 25일에는 민주당 주최 장충단 시국강연장이 테러단 습격을 받아 난장판이 되었고, 8월에는 자유당 소속 황성수黃聖秀 국회부의장과 박영출朴永出 외무위원장이 시계밀수사건에 관련되어 사표를 냈으며, 서울대학교 법과대학에서는 이승만 대통령 양자로 들어간 이기붕 국회의장 장남 이강석李康石 군의 정실입학에 반대하는 맹휴가 일어났다. 영동 지방에서는 40년 만에 폭설이 내려 120명이 사망했고 사라호 태풍이 몰아쳐와 수백 명이 죽었으며 절량농가가 전국적으로 수십만 가구나 되어 초근목피로 보릿고개를 넘기는데, 도시에는 댄스홀이 불야성을 이루고 있었다.

신문에서 읽고 또 웅변협회에 관계하는 야당 정치인들한테서 들은 이런 이야기를 하며 올바른 정치가 이루어져서 모든 국민이 다 고르게 잘살 수 있어야 한다는 내 연설에 노인들은 박수를 쳤다. 그리고 우리는 위대한 3·1정신을 이어받아 외래품을 배격하고 국산품을 애용함으로써 나라의 경제적 토대를 튼튼하게 해야 된다고 말했을 때는 더 큰 박수가 터져 나왔다.

16. 밥과 피

하종환을 만난 것도 이 무렵 파고다공원에서였다. 하종환이라는 친구는 내가 신문팔이를 할 때 태양신문사 지하실 합숙소 왕초였다. 하종환 하숙집은 충정로 파출소에서 산꼭대기로 올라가는 중턱에 있었는데 그곳에는 다섯 소년들이 합숙을 하고 있었다.

다음 날 나는 박영희 씨 헌책방을 나와 그곳으로 갔다. 박영희 씨한테 신세를 지고 있는 게 미안하기도 했고 같은 또래들과 어울려 무언가 새로운 삶의 방법을 찾아보자는 생각이었다. 그런데 곤란한 것은 그들이 누구도 자기가 하는 일에 대하여 이야기를 해주지 않을 뿐만 아니라 자기들끼리 무슨 얘기를 하다가도 내가 들어가면 서로 눈짓을 하면서 말을 중단한다는 점이었다.

그렇게 불편하고 어색한 채로 한 달쯤 지났을 때였다. 하숙집으로 돌아온 하종환 표정이 몹시 어두웠다. 왜 그러느냐고 물어도 대답 없이 한숨만 내쉬던 그가 입을 열었는데, 아는 변호사가 없냐는 것이었다. 고시위원회 시절 김용달 변호사가 떠올라서 아는 사람이 있다고 했더니 몹시 반가워하며 좀 소개해달라고 했다. 그러면서 말을 하는데, 자기와 합숙을 하고 있는 친구들이 소매치기를 하다가 그중 두 명이 잡혀갔다는 것이었다.

나는 김용달 변호사에게 부탁을 했고 그 변호에 힘을 입었는지 두 사람은 얼마 뒤 집행유예로 풀려나게 되었다. 반가운 해후를 하는 자리에서 나는 말하였다.

"고학으로라도 남들처럼 공부를 해보겠다고 고향을 떠나온 몸으로 공부는 그만두고 나쁜 짓에 몸을 담고 있으면 고향 부모님을 무슨 면목으로 뵐 것이냐? 나는 열세 살에 아버지를 잃고 열다섯 살에 어머니를 여읜 천애 고아지만 어떻게든 살아보려고 노력하는 사람이다. 가난한 집안에서 태어나 부모덕을 입지 못한 채로 살아가야 하는 우리는 똑같은 운명이다. 그러므로 우리는 어디까지나 우리 힘으로 우리 운명을 개척해 나가야 하며 그럼으로 더욱 보람 있고 자랑스러운 사람이 될 수 있다. 우리 함께 힘을 합쳐 우리에게 주어진 운명의 쇠사슬을 끊어 나가자"며 내가 읽은 위인전기 내용을 곁들여 말하였다.

처음에는 시큰둥한 표정이던 그들은 내가 내 처지를 예로 들면서 진지하게 얘기하자 조금씩 귀를 기울이는 눈치였다. 그러다가 내 기구한 처지가 슬퍼져서 나도 모르게 말에 물기가 섞여버렸고, 우리는 서로 끌어안고 울음을 터뜨렸다. 그들은 새끼손가락을 깨물더니 '새사람이 되겠다'는 혈서를 썼다. 그때부터 그들은 신문팔이와 구두닦이와 행상을 시작하였다. 그 가운데 세 명은 야간 고등공민학교에 들어갔다. 나도 행상을 시작하였다.

하루는 하종환이 축 늘어진 몰골로 돌아왔다. 혈액은행에 가서 피를 팔고 왔다고 하였다. 링거병으로 하나 되게 피를 뽑았다는 것이다. 평소에 제대로 먹지도 못하는 처지에 그토록 많은 피를 뽑았다니 몸이 견뎌낼 리가 없었다. 하종환은 말하기도 힘들다는 듯 벽에 기대어 눈을 감았다. 처음 그 얘기를 들었을 때는 온몸에 소름이 돋으면서 어떻게 피를 팔 수 있는가 도무지 상상이 되지 않았는데, 가만히 생각하니 그럴 수도 있겠구나 싶었다. 어쨌거나 밥은 먹어야 할 것이고 그러자면 피라도 팔 도리밖에는 없는 것이었다. 비가 와서 며칠간 공을 치는 바람에 나 또한 점심도 굶은 상태였다. 나도 피를 팔기로 하였다. 주먹 힘은 하종환에게 못 미쳤으나 전체 건강만은 그보다 낫다는 자신이 있었다.

이튿날 새벽 나는 아무한테도 이야기하지 않고 혈액은행이 있다는 백병원 앞으로 가보았다. 노동자로 보이는 남루한 옷차림의 사람들이 70~80명가량 모여 있었다. 여자들도 더러 보였으나 학생 같은 사람들은 보이지 않았다.

피를 파는 데도 적자생존 법칙은 어김없이 적용되고 있었다. 우선 문제가 되는 것이 혈액형이었다. O형은 O형 이외 피는 수혈받지 못한다는 것을 생물 시간에 배웠을 때 나는 혈액형마저도 불리하게 태어났구나 하고 쓸쓸해했는데, 여기서는 정반대였다. O형 혈액형을 가진 사람은 O형 이외 피를 받을 수 없지만 무슨 혈액형 사람에게든지 수혈이 가능하다는 것이었다.

적자로서 기쁨을 맛보고 있는데 험상궂은 인상의 청년 두 명이 내게로 왔다. 그들은 어떤 학교에 다니고 나이가 몇인지를 꼬치꼬치 캐물었다. 그러면서 동정어린 어조로 말하였다.

"너 꼭 피를 팔아야겠니?"

그렇다고 했더니 그들은 안 됐다는 표정으로 말하였다.

"오늘은 합격자가 이미 결정되었어. 합격자 불합격자가 벌써 뒷구멍으로 다 결정됐으니까 공연히 여기서 있어봐야 헛거야. 소용없다구."

낭패한 얼굴로 서 있는데 청년들이 다시 말했다.

"너 처음이라 잘 모르는 모양이로구나. 피를 팔려면 빽이 있어야 돼. 빽도 없이 여기 서 있어봐야 말짱 헛거야."

청년들이 내 어깨를 두드렸다.

"너 사정이 딱한 모양인데 우리가 도와주지. 우리는 의사들을 잘 아니까 한번 부탁해볼께."

그러면서 그들은 길다랗게 줄을 서 있는 사람들 앞쪽으로 갔다. 나는 고맙다고 인사를 하면서 어떻게 힘 좀 써달라고 부탁을 했다. 백병원 뒤뜰에는 피를 팔려는 사람들이 꼭 기차표를 사려는 사람들처럼 길게 줄을 서 있었는데, 접수가 되지 않아 직원을 붙잡고 애원하는 사람도 있었고 풀이 죽어서 돌아가는 사람도 많았다. 잠시 후 청년들이 왔는데 됐다고 했다. 아는 의사한테 부탁을 했으니 걱정 말라고 했다. 나는 고맙다고 인사를 했고 청년들은 사라졌다.

피를 판 돈을 받아들고 병원 문을 나서는데 아까 청년들이 앞을 막아섰다. 나는 다시 고맙다고 인사를 했는데, 피를 판 돈의 반을 내놓으라고 했다. 자기들이 부탁해서 피를 팔게 됐으니 반은 자기네 몫이라는 것이었다. 그럴 수가 있느냐고 했더니 그들은 험악하게 인상을 쓰면서 금방이라도 때릴 듯한 자세였다. 그들보다 주먹 힘도 약하고 선천적으로 남과 싸우기를 싫어하는 나는 피 판 돈의 반을 쥐버렸다.

열흘 뒤에 또다시 피를 팔았을 때는 머리가 텅 빈 것 같으면서 하늘이 노랗게 보였다. 나는 수도꼭지에 입을 박고 자꾸 물을 마셨다. 그렇게 피를 판 것이 꼭 일곱 번이었다.

17. 3·1청년학생동지회

아무런 사전 준비나 객관적인 정세 파악도 없이 민의원선거에 출마했다가 참패한 오성환 씨 지원 유세를 하고 난 나는 조직의 필요성을 절감하게 되었다. 개인의 뜻을 관철시키기 위해서도 강철 같은 의지와 노력 그리고 그 의지와 노력을 현실의 현장에서 구체화시킬 수 있는 실천이 요구되듯이 국민대중의 뜻을 대변하겠다는 정치가에게 있어서 자기가 대변하고자 하는 국민 대중의 뜻을 하나로 모을 수 있는 조직은 반드시 필요한 것이었다. 소수 추종자들만이 움직이는 것은 공허한 바람잡이밖에 안 되며, 뜻을 같이하는 사람들을 효과적으로 통합하고 지속적인 활동을 전개하여 목표에 도달하게 하려면 그들을 한 덩어리로 묶어주는 공동의 구성체가 필요한 것이다.

그런 생각을 바탕으로 뜻을 같이하는 친구들과 함께 만든 단체가 '3·1청년학생동지회'였다. 처음에는 '3·1학생동지회'라고 하자는 것을 그렇게 되면 학생 신분이 아닌 내가 참여할 명분이 없으므로 '학생' 앞에 '청년'이라는 말을 넣자고 내가 주장해서 그렇게 되었다.

몇몇 일반인과 중·고등학교 학생들도 있었지만 거의가 대학생들로 구성된 100여 명 회원들이 파고다공원 옆 음악감상실에 모여 창립총회를 열었고, 나는 회장에 당선되었다. 부회장에는 숭실대학교 학생회장인 김덕린金德麟 군과 서울대학교 사범대학 학생회장인 주봉로朱鳳老 군이 당선되었고, 총무부장은 경희대학교 주준수朱俊洙, 재정부장은 숭실대학교 유원균, 선전부장은 숭실대학교 윤형두였다. 그 밖에 신학대학에 다니며 국도신문사 기자를 하던 정을병鄭乙炳과 건국대학교 서호석徐好錫, 동국대학교 이순찬李淳燦, 숭실대학교 정병하丁炳夏 군 등이 핵심요원이었다.

하루는 수송동에 있는 서호석 군 집에 몇 사람 간부들이 모였는데, 분위기가 이상했다. 그들은 "네가 학생이 아닌 신분으로 회장이 될 수 없다"며 회장 사표를 쓰라고 하는 것이었다. 나는 말했다.

"그래서 학생 앞에 청년을 넣지 않았는가? 이 단체는 학생들만의 단체가 아니라 학생을 포함한 청년 단체다. 엄연한 청년학생 단체에 비록 학생 신분은 아니지만 청년 자격으로서 회장을 못할 이유가 어디 있는가? 더구나 나는 총회에서 선출된 회장이다."

그러자 분위기가 험악해지면서 한 학생이 내 따귀를 갈겼다. 화끈거리는 볼을 쓰다듬으며 나는 웃었다. 그리고 말했다.

"학생이 아닌 내가 회장이 된 것이 아니꼬운 모양이다만 이 세상은 학생들만이 사는 세상은 아니다. 학생이냐 아니냐 하는 것은 우리가 부모를 잘 만났느냐 나처럼 조실부모를 하고 동가식서가숙하는 처지냐의 차이일 뿐이다."

또다시 따귀가 날아왔고, 나는 다시 웃으며 말했다.

"이런 강압적이고 폭력적인 분위기에서는 결코 사퇴할 수 없다. 내

사표를 받으려면 총회를 열어라. 총회를 열어서 다수결의 표결을 해라."

나는 눈물이 쏟아지려는 것을 억지로 참으면서 단호하게 말했다.

"지금은 너희들이 나를 학생이 아니라고 이처럼 핍박하지만 앞으로는 그렇게 못할 것이다. 왜냐하면 너희들은 나와 가장 친한 사이가 될 것이기 때문이다."

그 뒤로 그들과 아주 친해졌다. 서호석 군과는 특별히 더 가까워져서 수송동 그의 집에 가서 밥도 자주 얻어먹고 많은 신세를 졌다.

우리는 1년 동안 세 차례 전국 규모의 웅변대회를 개최하고 전국 순회강연을 하였는데, 우리들 가운데 시계를 찬 사람이 하나도 없었다. 주변 선배들 도움을 받기도 했으나 장소를 빌리고 신문에 광고를 내느라고 모두 시계를 팔거나 저당을 잡혔기 때문이었다.

나는 1년 임기를 끝내고 김덕린 군에게 회장 자리를 넘겨주었다. 그리고 명예회장이나 고문을 하라는 것을 사양하고 김덕린 군 밑에서 선전부장을 했다. 이상하게 생각하는 친구들한테 말했다.

"어떤 자리라는 것은 특정인만 하게 되어 있는 게 아니다. 능력이 있고 다수결의 인정을 받는 사람은 누구든지 할 수 있다. 이게 민주주의다. 내가 회장을 할 때 너희들이 내 밑에서 부장을 한 것이 너희들이 나보다 못나서 그런 것인가?"

주로 노량진에 있던 윤형두 군과 유원균 군 자취방을 오가며 기식하고 있던 나는 민주당 소속 조재천曺在千 의원과 김기철金基喆 의원을 알게 되었다. 나는 그때부터 두 분 국회의원 댁에 기거하면서 심부름을 해주었다. 두 의원 기자회견 준비라든지 당원 연락 같은 일을 해주는, 말하자면 측근 참모 구실이었다. 장면 부통령 총무담당 비서인 김명식金明植 씨를 알게 된 것도 그 무렵이었고, 주로 민주당 신파 쪽 사람들과 인연을 맺게 되었다.

김대중 씨가 민주당 노동부 차장이라는 당직을 맡아 입당을 한 것도 그 무렵이었다.

18. 정치인의 인격

1958년 5월 2일에 제4대 민의원 총선거가 있었다. 나는 김대중 씨 지원 유세를 할 예정으로 잔뜩 벼르고 있었는데, 자유당의 '등록방해사건'으로 말미암아 김 씨가 강제로 출마를 포기하지 않을 수 없게 되었다. 민주당 노동부 차장으로 입당하자마자 장면 박사에게 커다란 신뢰를 받았으며 당내 젊은 이론가로 촉망을 받던 청년 정치가 김대중 씨는 고향인 목포에서는 출마할 수가 없었다. 목포에는 민주당 중진인 정중섭鄭重燮 씨가 버티고 있는 때문이었다. 그래서 김 씨는 아무런 연고도 없는 강원도 인제를 선거구로 택한 것인데, 자유당정권 폭압에 밀려 후보 등록조차 못하고 만 것이다. 같은 고향 출신이나 다름없는 김대중 씨를 밀어서 멋지게 싸워보려던 꿈이 깨져버린 나는 그동안 신세를 지고 있던 조재천 씨와 김기철 씨 그리고 내가 처음으로 만나본 정치가인 정일형 박사의 유세장을 따라다니며 지원 유세를 해드렸다.

  그러던 어느 날 대한웅변협회 부회장으로 있는 이석점李錫點 씨가 ㅂ 씨를 도와주라고 했다. ㅂ 씨는 민주국민당 소속으로 제2대 민의원을 지냈는데 제3대 민의원선거에서는 자유당 후보에게 밀려 낙선을 하고 이번에는 무소속으로 출마를 했다는 것이었다. 민주당에서는 자유당과 대결하기 위하여 민주당 후보가 없는 곳에서는 무소속 후보를 지지하고 있었다. 나는 쾌히 승낙을 하였다. 해방 직후부터 웅변협회에 관계하고 있던 이석점 씨는 종교인이라고 할 정도의 인격자로서 특히 나에게 깊은 애정을 갖고 계신 분이었다.

B 씨는 첫인상에 인품이 훌륭해 보였다. 따뜻하게 반겨주는 그의 말을 들으며 이런 사람과 사귀면 궁핍하기 짝이 없는 내 형편도 좀 펴지겠구나 하는 약삭빠른 생각이 들기도 하였다. 지방에 큰 공장을 갖고 있고 서울에도 으리으리한 사무실을 갖고 있는 큰 부자였던 것이다.

나는 그와 함께 그의 고향인 충청남도로 내려갔다. 고향 사람들을 대하는 그 태도는 매우 정중하면서도 인정이 넘쳤다. 그는 땀에 절어 꾀죄죄한 농민들 손을 일일이 잡아주며 위로와 격려를 하였다. 부유한 처지에다가 당당한 풍채를 갖고 있는 사람으로서 어떻게 저럴 수가 있을까 싶을 정도로 그 자세는 진지하면서도 진실해 보였다. 나는 그 자세와 태도에 커다란 감명을 받았다. 재력을 갖고 있는 사람에게 부족하기 쉬운 학식과 덕망을 갖춘 인격자인 그를 위하여 나는 진실로 심혈을 기울여 운동을 해주었다. 자금도 풍부하고 덕망까지 높아서 선거구민들에게 사랑을 받고 있으니 그 선거운동은 조금도 힘들지가 않았다. 예상대로 그는 자유당 후보를 여유 있게 물리치고 당선이 되었다.

서울 사무실에서 만났을 때 그는 매우 반가워하면서 내가 송구스러울 정도로 환대를 해주었다. 사무실에 와 있던 그가 경영하는 공장의 지배인과 공장장 같은 간부들에게도 내가 이번 선거에서 자기가 당선되

이승만 박사 귀국 다음 날 김구 선생과
미군정책임자 하지 중장의 기념사진.

는 데 결정적인 공헌을 한 사람이라고 소개하였다.

"그 영감이 자기 아들을 봐서라도 어떻게 그럴 수가 있단 말이오?"

ㅂ 씨는 내가 들어오기 전에 하던 이야기를 다시 계속했는데, 몹시 격앙된 표정이었다.

"지체 없이 인사 조치를 하시오."

"그 영감의 소행은 괘씸합니다만 아들은 유능한 일꾼입니다."

공장장은 사장인 ㅂ 씨와 의견을 달리하는 것 같았다. ㅂ 씨가 말했다.

"고향 유지의 아들이라고 해서 이때까지 특별대우를 해줬는데, 그게 무슨 짓이란 말요. 그건 배신행위요, 배신. 난 도저히 용서할 수가 없어요."

"사장님 뜻이 정 그러시다면 인사 조치를 하겠습니다. 하지만 그 영감의 영향력을 고려하셔야겠지요. 아버지가 다른 후보를 밀었다는 것만 가지고 그 아들을 파면시킨다면 아무래도……."

ㅂ 씨가 나를 보고 말했다.

"김 동지, 내일 선거구에 내려갈까 하는데 별일 없으면 함께 가세."

온천에서 목욕을 한 다음 ㅂ 씨는 한복으로 갈아입었다. 그 별장은 밖에서 보기에는 그냥 보통 기와집이었는데 안으로 들어가 보니 양식으로 꾸며진 것이 여간 호화로운 게 아니었다. 벽에는 미군정 당시 사령관이었던 하지 중장과 함께 찍은 사진을 비롯하여 국내외 저명인사들이 그곳을 다녀갔음을 알 수 있는 사진들이 걸려 있었다. ㅂ 씨를 기다리고 있던 20명가량 그곳 유지들이 일제히 허리를 굽히며 ㅂ 씨 당선을 축하하는 인사를 올렸다. ㅂ 씨가 말했다.

"저야 학식도 덕망도 부족한 사람이올시다만 이렇게 여러분이 밀어 주시니 오직 고마울 따름이올시다."

술이 몇 잔씩 돌아갔을 때 ㅂ씨가 말했다.

"이번에 당선이 되고 나서 서울에 가보니까 이상한 말이 떠돌고 있더군요. 저희 공장에 근무하는 유 군 아버지가 선거 때 딴 사람을 밀었다고 해서 저희 공장에서는 난리가 났습니다."

좌중은 물을 뿌린 듯이 조용했고, ㅂ 씨가 다시 말했다.

"공장장과 지배인이 그걸 어떻게 알았는지 노발대발해가지고 유 군을 곧 파면 조치시킨다고 펄펄 뛰는 겁니다. 심지어는 앞으로 고향 사람은 쓰지도 말라고까지 말하는 사람도 있었습니다."

누군가가 조심스럽게 말했다.

"그래서 어떻게 하셨습니까?"

이상한 침묵이 깔렸다. 나도 ㅂ 씨 다음 말이 몹시 궁금했는데, ㅂ 씨가 미소를 지었다.

"여러분께서 뭘 보고 절 밀어주셨겠습니까? 저도 감정의 동물인지라 처음에는 화가 나기도 했습니다. 하지만 그럴 수는 없는 일이지요. 간부들을 타이르느라고 애를 먹었소이다."

사람들은 일제히 ㅂ 씨를 찬양하는 말들을 쏟아놓았는데, 순간적으로 피가 멎는 느낌이었다. 어쩌면 저럴 수가 있는가? ㅂ 씨는 이중인격자인 것이었다. 나는 ㅂ 씨 얼굴을 바라보았다. 원만하게 둥글넓적한 얼굴 가득 덕성스러운 웃음을 보이고 있는 그 얼굴이 몹시 교활해 보였다. 나는 ㅂ 씨와 인연을 끊기로 하였다. 정치를 무슨 장사로 아는 사람과 인연을 계속할 까닭은 없는 것이었다.

민의원에 당선된 뒤 ㅂ 씨는 곧바로 자유당에 입당하였고 그 뒤로 몇 번 정권이 바뀔 때까지 용케 살아남았다.

19. 스코필드 박사

제4대 민의원에 당선됨으로써 재선의원이 된 ㅂ 씨는 나한테 비서관으로 들어올 것을 요구했는데, 나는 아직 실력이 모자란다는 핑계를 대고 점잖게 거절하였다. 대구 정구에서 당선되어 역시 재선의원이 된 민주당 조재천 의원도 자기 비서관이 될 것을 요구했으나 마찬가지로 거절하였다. 현역 민의원 비서관으로 들어간다면 우선 경제적인 곤궁에서 벗어날 수 있을 뿐만 아니라 정치가로서 입신할 수 있는 기회 또한 쉽게 잡을 수 있을지도 모르겠으나, 누구 밑에서 비서 노릇을 한다는 것이 체질적으로 맞지 않았다. 그것보다도 나는 내 방법대로 정치를 공부할 작정이었다. 처음 서울에 가서 좌판 장사를 하며 야간 중학교에 다닐 때부터 내 좌우명은 '자력갱생'이었다.

나는 3·1청년학생동지회 친구들과 '스코필드 박사 환영위원회'를 만들었다. 캐나다 사람으로 세계만방에 3·1운동의 민족적 장거를 알렸다는 이유로 일제에 의하여 본국으로 쫓겨갔던 스코필드 박사가 우리나라에 온 것은 1958년 8월 14일이었다. 정부수립 10주년 기념행사에 초청을 받아 국빈 자격으로 온 것이었다. 오재경吳在璟 공보실장 출영을 받으며 김포공항에 내린 그는 다음 날, 그러니까 광복절 아침에 경무대

스코필드 박사 환영회 모습(좌)과 장례식 모습(우).

로 가 이승만 대통령을 방문했는데, 자유당정권 비정과 이 박사 독재를 비판하는 바람에 이 박사 얼굴 근육이 굳어졌고 두 사람의 회견은 불과 몇 분 만에 끝나버렸다고 했다. 그래서 그런지 우리는 환영대회를 여는 데 커다란 어려움을 겪어야만 했다. 국빈 대우로 온 스코필드 박사인지라 우리는 정부 당국의 적극적인 후원을 기대하고 있었다. 그런데 정부 당국에서는 대회 준비 보조는 그만두고 대회를 진행하는 데도 아무런 도움을 주지 않았으므로 3·1청년학생동지회 친구들은 저마다 시계를 팔고 선배들을 쫓아다니며 손을 벌려야만 했다.

우리는 3·1운동 당시 33인 가운데 유일한 생존자인 이갑성李甲成 옹을 위원장으로 모셨는데, 그가 참으로는 독립운동을 한 것이 아니라 일제 밀정이었다는 것을 알게 된 것은 그 다음이었다. 이 씨만이 아니었다. 밀정까지는 아니더라도 일제 앞잡이로 잘 먹고 잘살았던 친일파들은 정치 동네에 차고 넘쳤다. 그리고 그런 친일파들은 일제 대신 차고앉은 미제 앞잡이 노릇을 하는 친미파가 되어 있었다.

20. 김대중 지원 유세

김대중 씨가 자유당과 관권의 악랄한 공작인 이른바 '후보등록방해사건'으로 말미암아 제4대 민의원선거에 입후보조차 하지 못한 강원도 인제군에서는 자유당 라상근羅相謹 씨가 당선되었다. 2만 727표라는 압도적인 표수였다. 자유당의 방해공작으로 입후보조차 못한 김대중 씨는 그러나 부정하고 야비한 수법으로 당선되어 연설 한마디 제대로 못하고 의석에 앉아 야유만 일삼음으로써 '야유의원'이란 별명을 얻고 있던 라상근 씨의 민의원 자격을 박탈하는 데는 성공했다. 라상근 씨가 가짜 민의원이 된 지 근 1년 만인 1959년 3월 11일 대법원 특별부는 김대중 씨가 제소한 선거무효 소송에 대하여 선거무효 판결을 내렸던 것이다. 제4대 민의원선거 결과 의석수는 자유당 126석, 민주당 79석, 통일당 1석, 무소속 27석이었는데, 선거무효 또는 당선무효 판결을 받아 재선거를 치르게 된 곳이 인제를 비롯하여 6군데였다.

인제 재선거 날짜는 7월 29일이었다. 세상 이목이 집중된 만큼 등록 방해는 못 했지만 선거부정만큼은 총선 때와 하나도 다를 게 없었다. 아니, 다음 해에 제4대 대통령선거가 실시되고 이승만 박사 영구집권을 기도하고 있는 자유당인 만큼 부정의 강도는 총선 때보다도 더욱

민의원 제 4대 정·부의장 선거 개표 상황.

심했다. 인제는 원래 3·8선 이북 지역이었다가 6·25 뒤 한국 측에 편입된 곳이었다. 군대가 주둔하고 있는 최전선으로 군인이 전 유권자의 70~80퍼센트를 차지하고 있었다. 라상근 씨 뒤를 이어 입후보한 자유당 전형산全亨山 씨는 라 씨와는 달리 인제 출신으로 그곳 경찰서장을 지낸 사람이었다. 그가 자유당 공천을 받게 된 것은 라상근 씨가 입후보했을 때 김대중 씨 멱살을 잡고 행패를 부린 공로에 대한 보상이었다.

5월부터 시작된 선거운동에서 자유당 후보를 당선시키기 위한 관권 탄압은 거의 노골적인 것이었다. 관권을 등에 업은 전형산 씨는 막강한 조직과 풍부한 자금을 자랑했는데 김대중 씨는 조직도 약하고 돈도 없었다. 7~8할이 되는 유권자인 군인들 앞에서 김대중 씨는 연설을 할 수도 없었고 선전문을 돌릴 수도 없었다. 원천적으로 막아버렸던 것이다. 민주당에서는 5월 29일 국방부 장관 김정렬金貞烈 씨를 출석시켜 군인의 선거 간섭을 따졌지만 아무런 소용이 없었다. 민주당 대표 최고위원인 유석 조병옥 박사는 다음과 같은 내용의 성명을 발표하였다.

인제군 재선거는 자유로운 선거 분위기가 전혀 이루어지지 않고 있다. 군인들은 야당 후보 연설장에 나갈 수가 없고 연설장에 나가는 군인은 문책을 당한다. 정보에 의하면 백여 명에 달하는 사복경찰관들이 각지를 배회·감시하면서 유권자들을 위협하고 있다. 자유당의 입후보자는 마음대로 각 군부대 내에 자유롭게 통행하면서 선거운동을 하는데 야당 입후보자는 통행의 자유마저 박탈당하고 있다. 우리 민주당에서는 5·15정부통령선거 및 5·2총선거 당시에도 강원도 주둔 각 군부대에서 공개투표가 강행된 사례를 파악하고 있거니와 이번 재선거에서 또한 그러할 것이라는 정보를 갖고 있다. 민주정치하에서 군은 정치에 간섭할 수 없는 것이거니와 하물며 민주주의에 역행하는 반역의 행위임에랴.

선거운동이 중반전에 접어들면서 민주당에서는 대표 최고위원인 조병옥 박사를 비롯하여 이상철李相喆·박순천 씨 등 거물급 간부들이 찬조연설을 다녀가는 등 김대중 씨 당선을 위하여 총력을 기울였다. 자유당에서는 야비한 인신공격을 하는가 하면 '내 고장 사람을 뽑아야지 전라도 사람을 강원도 민의원으로 내보낼 수는 없다'는 식으로 잘못된 지방색과 그 지방색에서 비롯되는 편견을 조장하는 등 온갖 악랄한 방법을 다 동원하였다.

찬조강연에 나선 나는 "국민을 대변하는 의정단상에서 나라의 일을 해야 하는 민의원에는 진정으로 국민의 의사를 대변할 수 있는 사람을 내보내야 한다"고 말했다. "그 사람의 능력과 인물을 보고 투표를 해야지 사적인 정실 관계나 지방색의 잘못된 편견에 사로잡혀 주권 행사를 해서는 민주주의를 발전시킬 수 없으며 우리들 가난한 살림 또한 나아질 수가 없다"고도 했다. 특히 "자유당 일당독재와 만연된 부정부패를 척결하여 모두 함께 더불어 자유롭고 평화로운 나라에서 행복하게 살기 위해서는 권력의 비호를 받는 사람이 아니라 국민의 진정한 자유와 인권의 신장을 위하여 권력과 싸워 나갈 수 있는 능력이 있는 민주투사가 의정단상에 나가야 된다"고 부르짖었다.

개표 결과는 전형산 2만 1,665표, 김대중 8,483표였다.

21. 4·19 혁명

1959년 6월 육군에 자원입대했다. 운명적으로 5대 독자가 되어 군대를 안 가도 되었지만 앞으로 정치 생활을 하는 데는 군대를 갔다 오는 것이 좋을 듯하여 자원입대를 한 것이었다. 부산에 있는 '8기지창' 본부중대에서 서무로 근무했다.

1960년 3월 20일쯤 서울로 휴가를 나왔다가 4·19를 만났다. 나는 학생 시위대에 섞여 서울신문사 앞에서 데모를 했는데, 이승만 대통령 하야 방송이 나왔다. 나는 데모대 앞에서 자제와 수습을 호소하는 연설을 했다. 그리고 국회 해산 등을 요구하는 '국민결의안'을 결의하는 데 앞장섰다.

계엄사령부 대령 한 분이 나를 국회의사당 안으로 데리고 갔다.

"당신의 연설을 잘 들었소. 정국 수습을 도와주시오."

나는 이재형李載瀅 씨와 함께 남산 중앙방송국으로 갔다. 국회부의장이었던 이재형 씨는 '시국수습대책위원회 위원장' 자격이었고 나는 '학생대표' 자격이었다. 밤 9시였다. 이재형 씨가 국회 결의사항 3개항을 낭독한 다음 나는 마이크 앞에 섰다.

"저는 청년학생 대표인 김상현이라는 사람입니다. 국민 여러분, 이

이승만 대통령의 독재에 항의해 시민들이 규탄 집회를 열고 있다.

제 독재정권은 무너졌고 혁명은 성공했습니다. 암흑과 절망의 12년 세월은 물러가고 광명과 희망의 새 시대가 열린 것입니다. 친애하는 애국동포 여러분, 그러나 문제는 정작으로 지금부터라고 저는 감히 생각하고 있습니다. 수많은 청년학생들이 고귀한 피를 흘려 얻은 이 혁명이 성공하느냐 실패하느냐 하는 것은 국민 여러분의 행동에 달렸기 때문입니다. 이 엄청난 변혁의 시기를 슬기롭게 넘김으로써 오늘의 혁명이 우리 모두의 꿈인 민족통일에까지 이르게 하기 위해서는 무엇보다도 먼저 안정을 되찾아야만 합니다. 그러기 위해서 학생은 학원으로 돌아가고 군인은 병영으로 돌아가야 합니다. 모두들 흥분을 가라앉히고 자기 자리로 돌아갑시다."

학생과 시민들은 질서를 지켜 혁명을 슬기롭게 열매 맺자는 요지의 선무방송을 3일간 했다. 계엄사령부에서 내준 지프를 타고 다니며 열흘 동안 뒷수습을 했는데, 데모대한테서 6자루 카빈총을 빼앗아 경찰관에게 돌려주기도 했다.

그해 12월 7일 결혼식을 올렸다. 온양 온천으로 신혼여행을 다녀온 다음 여인숙에 신방을 차렸다. 신부를 볼모로 잡히고 밖으로 나가서 친구들에게 어떻게 간신히 돈을 마련해다가 그날그날 숙식을 해결하는 한심한 생활이 계속되었다. 그러다가 처가에서 혼수로 해준 장롱 찾을 돈으로 돈암동에 사글세방을 얻었다.

그렇게 1년쯤 지내다가 원대복귀를 했다. 헌병대에서 15일간 조사를 받았다. 연락이 잘못되어 탈영보고 되었다는 것과 5대 독자라는 점이 참작되어 풀려났다.

제대특명을 받은 것은 1963년 8월 31일이었다. 공교롭게도 박정희씨가 육군대장으로 예편하는 날이었다.

	한국사	동양사	서양사
1935			이탈리아, 에티오피아 침입
1936	손기정, 베를린 올림픽 대회 마라톤 우승	중국, 시안 사건	에스파냐 내전(~1939)
1937		중일전쟁(~1945) 제2차 국공합작	3국 방공협정(독·이·일)
1938	한글 교육 금지		뮌헨회담, 독일의 수데텐 병합
1939		시암, 국호를 타이로 바꿈	독·소 불가침조약, 폴란드 침공
1940	한국광복군 창설		영국, 처칠내각, 3국 군사 동맹
1941		태평양전쟁 발발(~1945)	독·소 개전, 대서양헌장 발표

UN군 낙동강 방어선 모습.

국경선을 넘어 들어오는 중공군.

	한국사	동양사	서양사
1942	조선어 학회 사건	일본, 미드웨이 해전 패배	
1943			
1944		미국, 필리핀 탈환	
1945	8·15 광복	일본, 무조건 항복 모스크바 3국 외상회의	포츠담 선언, 제2차 세계대전 종결, 유엔 성립
1946	제1차 미·소 공동 위원회 개최	제1차 월남전쟁	파리 강화회의
1947	유엔 한국 임시위원단 구성	중국, 국·공 내전 인도·파키스탄 분리 독립	트루먼 독트린, 마셜계획 발표 코민포름 결성

한강철교를 따라 한강을 건너는 인민군.

	한국사	동양사	서양사
1948	5·10 총선거 실시 대한민국정부 수립	이스라엘 독립, 제1차 중동전쟁	베를린 봉쇄
1949	농지개혁법 공포, 김구 피살	중화인민공화국 성립 인도네시아공화국 성립	동·서독 분리독립 NATO 결성
1950	6·25전쟁		유엔, 한국 파병 결의
1951	1·4후퇴 거창양민학살 사건 이시영 부통령 사임 자유당 창당	샌프란시스코 대일 강화 회의	ECSC(쉬망플랜) 조인
1952	발췌개헌		
1953	휴전협정 조인 제1차 통화개혁 실시 휴전협정 조인 한미방위조약 조인		

1950년 6월 28일 중앙청을 거쳐 남대문을 향하여 달리고 있는 인민군 탱크들.

	한국사	동양사	서양사
1954	사사오입 개헌파동	SEATO 결성, 콜롬보회의 평화5원칙 선언(중·인)	제네바 극동평화회의
1955	이정재 언론인 테러사건 민주당 창당 국회 김성주사건 조사위 보고 국회 불온문서사건	아시아·아프리카회의	제네바 4국 거두회담 바르샤바조약기구 결성 동유럽 상호원조 조약
1956	정·부통령선거 실시 민정당 발기 민주당 대통령 후보 신익회 사망 장면 부통령 저격사건	2차 중동전쟁	흐루시초프, 평화공존 제창 헝가리·폴란드 반공 의거
1957	우리말큰사전 완간 장충단 시국강연회 정치깡패 난동사건 한미우호통상조약 비준	말레이시아연방 성립	소련, 인공위성 발사

스코필드 박사의 장례식 모습.

민의원 제4대 국회 정부의장 선거 개표 상황.

	한국사	동양사	서양사

1958
민참의원 선거법 통과
진보당사건
함석헌 필화사건
보안법 파동(야당국회의원 폭행)

프랑스, 제5공화국 성립

1959
〈프라우다〉지 이동준 기자
판문점 귀순
〈경향신문〉 폐간 조치
김희갑 구타사건
재일교포 북송 개시

중국·인도 국경 분쟁
싱가포르 독립 선언

1960
조병옥 사망
3·15 마산사건 - 김주열
사체 발견
4·19혁명
이승만 대통령 하야
이기붕 일가 자살
이승만 하와이 망명
장면내각 성립
(민주당정권 성립)
서울대생 민족통일연맹 구성

미·일 신안전보장 조약

이승만 대통령의
독재에 항의해
시민들이 규탄 집회를 열고 있다.

	한국사	동양사	서양사
1961	민족통일전국학생연맹 남북학생회담 결의 5·16쿠데타 중앙정보부 발족 장도영 반혁명사건 한국노총 결성 박정희의장 미국 방문	제1회 비동맹 회의	베를린장벽 건설
1962	제1차 경제개발5개년계획 (~1966) 국토건설단 창단 윤보선 대통령 하야 증권파동 제2차 통화개혁 김종필·오히라 메모 개헌안국민투표 실시, 가결		쿠바 위기, 중·소 대립 격화
1963	민주공화당 창당 박정희·윤보선, 대통령 선거 대결 제3공화국 (박정희정부) 성립		대기권 핵 실험 금지 조약 아프리카 통일기구(OAU)결성

1971년 대통령 선거 중 장충단공원에서 유세하는 박정희 후보 내외.

한국 정치 아리랑
1935~1985

2장

1. 정당 입문

제대를 하고 나서 나는 곧바로 민주당에 입당하였다.

나는 민주당 서대문갑구당 부위원장으로 들어갔다. 내가 살고 있는 만리동이 서대문갑구였는데, 그때 서대문갑구 위원장은 조재천 씨였다. 전라남도 광양 출신인 조재천 씨는 경상북도 달성에서 민주국민당 공천으로 제3대 민의원에 당선된 것을 시발로 대구에서 제4·5대 민의원에 잇따라 당선된 삼선의원으로서 박순천 여사가 총재로 있는 민주당 간사장을 맡고 있던 야당 중진이었다.

5·16 군사쿠데타로 단절되었던 정치활동은 1963년 1월 1일부터 '정치활동정화법', 약칭 '정정법'이 풀리면서 재개되기 시작하여 점차 활기를 띠어가다가 1963년 10월 15일에 실시된 제5대 대통령선거를 고비로 그 절정에 올라섰다. 185위 젊은 혼들을 민주제단에 바침으로써 자유당 이승만 독재체제를 무너뜨린 4·19 혁명으로 정권을 잡게 된 민주당 장면정부는 아홉 달이라는 단명 정권으로 무너지고 말았다. 장면정권이 아홉 달을 못 넘기고 무너지게 된 것은 집권 민주당 내부 신·구파 분열과 언론 혼란상 그리고 현실적 조건과 위치를 망각한 일부 혁신세력의 전략적 오류와 끊임없이 계속된 각종 이해집단들의 데모 등을 들

고 있지만, 나는 그것을 조금 다른 각도에서 보고 싶다.

장면정권이 갖는 비극은 스스로 싸워서 얻은 정권이 아니라는 데 있다. 민주당 처지에서 볼 때 4·19혁명은 진보적인 학생세력이 주체가 되어 성공한 타력혁명인 것이다. 스스로 주체가 되어 가열찬 투쟁 끝에 마침내 얻게 된 정권이 아니므로 첫째로 국민들에게 권위가 설 수 없었으며 정권을 유지하고 발전시킬 수 있는 도덕적 근거가 약했던 것이다. 도덕적 근거가 약한 정권이 국민 단결을 가져올 수 없고 국민 단결이 없으면 경제가 안정될 수 없다는 것은 만고불변의 진리로 된다. 그리고 민심이 소란하고 경제가 불안하다는 것을 명분으로 삼아 군사쿠데타가 일어난다는 것 또한 만고불변의 진리로 된다. 그것은 아시아·아프리카·라틴아메리카 여러

정치활동정화법政治活動淨化法

5·16 군사쿠데타 이전 또는 이후에 특정한 지위에 있었거나 특정한 행위를 한 자의 정치적 활동을 일정 기간 정지시키기 위해 '국가재건비상조치법'에 의해 제정된 법률로, 모두 12조와 부칙으로 구성돼 있다. 이 법은 금지되는 정치적 행위의 정의를 명시하고, 정치활동금지자 및 그 적격심판청구와 판정, 정치정화위원회의 설치, 정치적 행위 금지의 해제 등에 관해 규정했다. 이 법은 헌법에 위배 여부와 관계없이 효력을 지속하며, 헌법에 의해 그 개폐가 금지되어 있었다.

정치활동의 정화라 함은 공직선거에서의 후보자가 되는 것, 공직선거에서 특정 후보자의 당선·낙선을 위하여 선거에 관한 연설을 하거나 선거에 영향을 미치는 연설을 하는 것, 정당·정치적 사회단체 결성의 발기 준비를 위한 직위에 취임하거나, 정당·정치적 사회단체에 가입 또는 고문 등 기타 이에 준하는 지위에 취임하는 것, 정치적 집회의 주최자·연사가 되는 것, 위 각 경우의 특정 정당·정치적 사회단체 또는 정치인의 정치활동 등을 원조 또는 방해하는 것을 말한다.

정치활동 피규제자의 범위는 과거의 '반민주행위자공민권제한법'에 해당하는 자, 동법의 공민권 제한의 판정·결정을 받은 자, 1960년 7월 29일부터 1961년 5월 15일까지 국회의원 직에 있던 자, 이 기간 중 국무총리·국무위원·심계원장·감찰위원장·대사·공사의 직에 임명된 자, 이 기간 중 민주당·통일사회당·민족통일당·흥사단 등 군소정당의 간부급에 있던 자이다. 또한, '부정축재처리법'에 의하여 처벌·환수·취소·추징·배상·변제·징수·벌금 및 기타 처분을 받은 자도 포함되었다. 정치활동피규제자는 1962년 5월 31일까지 정치활동정화위원회의 판정을 받게 되며, 1968년 8월 15일까지 정치활동이 금지되었다. 이 판정에 대해서는 행정소송 등 일체의 불복신청이 금지되었다.

5·16 군사쿠데타 다음 날인 5월 17일 장면 국무총리 사임 기자회견.

정치적 후진국 곧 제3세계 나라들에 두루 적용되는 역사적 법칙이라는 것을 우리는 보아왔고 또 지금도 보고 있다.

그러나 이것은 후진국 역사 또는 정치사 일반론을 얘기하는 것이고 국민들 합의에 의하여 세워진 정권을 탱크를 앞세운 무력으로 넘어뜨린 5·16 군사쿠데타세력에게 적용될 수는 없다. 그것은 일부 정치군인들이 장면내각 수립 열사흘째 되는 날에 이미 쿠데타를 모의했었다는 사실이 자신들의 기록에 의해 말해지고 있기 때문이다. 비록 타력혁명으로 정권을 잡은 장면정권이지만 필사적인 노력으로 정국 불안 요인이 가시고 정권이 안정되기 시작했다. 나중에 박정희정권에 의하여 그 중심 구상이 도용되기는 했으나 혁명 주체세력이었던 대학 졸업생과 실업자를 중심 역량으로 한 '국토개발계획'을 세움으로써 경제 수준을 높이려 했던 점과 6월로 예정되었던 장면 총리 방미 계획 등이 그 구체적인 예증이 된다. 문민정치의 기틀을 다져 평화적 정권교체 전통을 세우려 했던 장면정권 붕괴는 한마디로 민족사의 불행이요 역사의 비극인 것이다.

어떤 시대를 막론하고 민중은 정치 현상의 변화를 원하고 정치세력은 통치기구의 재정비를 통한 영구지배를 원한다. 나라의 민주화와 나라의 민주화를 바탕으로 한 민족 자주와 민족 자주를 바탕으로 한 민족 통일만이 우리 민족의 살길이라는 것을 185위 피로써 밝혀준 4·19혁명을 짓밟아버린 5·16 군사쿠데타는 역사의 반동이었다. 민족사가 나아갈 길을 올바르게 가르쳐준 혁명에 대한 반혁명이었던 것이다. 한마디로 냉전 이데올로기를 등에 업은 반민족집단의 반역 행위였다.

그렇다면 극소수 극우 파쇼 정치군인들이 일으킨 5·16쿠데타가 성공할 수 있었던 까닭은 무엇인가? 여러 가지 원근인과 요인이 있겠으나 나는 그것을 미국 힘이라고 본다. 한국을 동북아시아 반공 전초기지로 삼고 일본을 동북아시아 지역 통합사령부로 삼아 소련과 중공 그리고 북한 등 사회주의권에 대한 포위망을 구축함으로써 자본주의 종주국으로서 자기네 나라 이익을 지키려는 미국과 분단체제의 가장 중요한 버팀목이자 한국사회의 가장 강력한 세력인 군부와 이해관계가 맞아떨어졌던 것이다. 박정희 육군소장을 정점으로 하고 김종필金鐘泌 육군중령을 비롯한 육군사관학교 제8기 졸업생들을 중심으로 한 신진 정치장교 집단에서 내건 이른바 '혁명공약'을 봐도 그것은 뚜렷하게 드러난다. '첫째, 반공을 국시의 제일로 삼고 지금까지 형식적이고 구호에만 그친 반공 태세를 재정비·강화한다. 둘째, 유엔헌장을 준수하고 국제협약을 충실히 이행할 것이며 미국을 위시한 자유우방과의 유대를 더욱 공고히 한다'라고 '반공'과 '친미'를 힘주어 강조한 것이 결코 우연한 일이 아닌 것이다. 그들은 다시 '셋째, 이 나라 사회의 모든 부패와 구악을 일소하고 퇴폐한 국민도의와 민족정기를 바로잡기 위하여 청신한 기풍을 진작

4대의옥사건·삼분폭리사건

4대의옥사건은 5·16 군사쿠데타 후 군사정권에 의해 저질러진 4가지 사건을 말한다. 첫째는 증권파동으로, 1962~1963년에 중앙정보부가 증권회사들을 설립하고 대한증권거래소를 직접 장악해 주가조작을 통해 엄청난 부당이득을 챙긴 사건이다. 둘째, 중앙정보부가 주한미군의 휴양지를 마련하여 외화 획득 목적을 빙자해 정부자금으로 종합위락시설인 워커힐을 마련하면서 그중 상당한 액수를 횡령한 워커힐 사건이고 셋째는 중앙정보부가 일본에서 승용차를 불법 반입한 뒤 이를 시가의 2배 이상으로 국내시장에 판매하여 거액의 폭리를 취한 새나라자동차 사건이다. 넷째는 법적으로 금지되어 있는 도박기계인 회전당구기 100대를 재일교포의 재산 반입처럼 세관을 속여 국내에 수입하도록 허용하고, 서울 시내 33곳에 당구장 개설을 승인하려 한 사건을 말한다.

이 사건은 군사정권이 새로이 구성될 민정을 장악하기 위해 필요한 정치자금을 조달하려는 부정·불법사건이었다. 5·16 군사쿠데타세력은 군사정권의 가장 핵심적인 권력기구인 중앙정보부를 통해 민주공화당의 정치자금을 확보하고자 했다. 사건이 드러나자 군사정권은 제2인자이며 초대 중앙정보부장이었던 김종필을 정계에서 일시적으로 은퇴, 외국으로 도피시키고 사건관련자 일부를 군법회의에 구속·송치해 사건을 마무리 지었다. 이 사건은 민정 이양 후인 1964년 야당 측의 끈질긴 공세로 국회의 국정감사에서 어느 정도 윤곽이 밝혀졌으나, 막대한 자금의 행방이 밝혀지지 않은 채 이른바 의욕사건으로 그치고 말았다. 이 사건은 군사정권 최대의 치부를 드러낸 사건으로 5·16 군사쿠데타 이전의 구악舊惡에 대비되는 신악新惡이라는 말까지 등장하게 했다.

삼분폭리 사건은 대통령선거와 국회의원선거를 앞두고 민주공화당이 설탕·밀가루·시멘트 산업의 재벌에게서 불법이득을 취하게 해주는 대가로 3,800만 달러 상당의 뇌물을 받은 사건을 말한다. 이 사건은 민주당 소속 유창렬 의원이 폭로한 데서 비롯되었고, 1964년 새해에 야당연합 원내 교섭체인 삼민회에서 유 의원 주도로 '특정재벌의 국민경제파괴 반민족행위 조사를 위한 특별위원회 구성결의안'이 10명 의원 찬성 날인으로 제출되었으나 2월 1일 아무 해명 없이 원내총무에게 반환되었다. 그러자 찬성 날인했던 민주당 소속의원들이 특정 재벌의 폭리 내용, 특정업자와 결탁한 관리들의 부패, 업자들의 대국회무마진상 등을 폭로함으로써 정치문제가되었다.

시킨다'로 혁명 공약을 내걸었으나 현실은 정반대로 나타났다. 권력과 독점재벌 사이 유착은 오히려 더욱 강화되었고 부당하게 잡은 정권의 안정과 계속적인 집권을 위한 물적 토대를 마련하기 위해 구악을 뺨치는 신악을 저질렀으니, 증권파동·새나라 자동차·워커힐·슬롯머신 등 이른바 4대의옥사건과 밀가루·설탕·시멘트 등 이른바 삼분폭리사건이 그것이다. 군사정권은 1961년 7월 '종합경제재건 5개년계획'이라는 것과 1962년 1월 '제1차 경제개발 5개년계획'이라는 것을 발표했는데 그것은 이미 민주당정권에서 골격을 짜놓았던 것을 슬쩍 훔쳐온 것에 지나지 않았다. 자립적 경제발전을 철저하게 배제하고 외자 도입에 바탕을 둔 군사정권 경제개발계획은 외국 자본에 종속되는 방법으로 경제위기를 벗어나고자 하는 예속경제 길로 들어섰다.

이른바 예속자본주의가 확대·심화된 것이다. 이처럼 경제적 민주주의가 차단된 예속자본주의의 수치상만의 발전에 의해 농촌을 떠나게 된 농민은 도시빈민으로 전락하고 노동자는 빈곤의 악순환에 떨어졌으며 건전한 민족자본으로 육성되어야 할 토착 중소기업은 몰락의 길을 걷게 되었다. 외자 의존적 경제개발정책은 농업을 단지 공업자본 축적을 위한 수탈 대상으로 전락시켰고 노동자의 최저생계비에도 못 미치는 저임금정책을 뒷받침하기 위한 저곡가정책은 농촌을 해체시키고 농민을 분해시켜 도시빈민으로 만듦으로써 과잉노동력을 창출해 저임금·저물가의 악순환을 만들었다. 뿐만 아니라 군사정권은 '계엄포고령'·'국가재건비상조치법'·'반공법'·'노동자의 단체활동에 관한 임시조치법'·'집회와 시위에 관한 임시조치법'·'정치활동정화법' 등 민중을 탄압하여 정권을 유지하기 위한 각종 악법을 제정하고 민주주의 첫 출발점이며 모체라고 할 수 있는 지방자치제를 전면 폐지하고 노동자·농민들의 민주적인 자생 단체들을 해산시켜버렸다. 군정은 또 국군 작전권을 미군에게 헌상함으로써 민족 자존심에 깊은 상처를 주면서 정권 유지를 위한 물적 기반을 확보하고자 외자 도입과 한일회담을 필사적으로 추진하였다.

또 박정희 육군소장은 심복인 김종필 육군중령을 시켜 '중앙정보부'를 만들고 기성 정치인 4,374명 손발을 묶어둔 채로 비밀리에 민주공화당을 조직하여 민정 이양 이후까지 집권 기틀을 다졌다. "나와 같은 불행한 군인이 다시는 이 땅에 나와서는 안 된다"고 울면서 민정 불참을 선언했던 박정희 '국가재건최고회의의장'은 국민과 약속을 몇 번에 걸쳐 '번의'라는 이름으로 깨뜨린 끝에 대통령에 출마하게 된다.

근 2년 만에 정치활동을 다시 시작하게 된 '구정치인'들은 구원과 개인적인 감정 그리고 사적 욕망에 사로잡혀 이전구투를 벌이던 끝에 '국민의당' 허정許政과 '자유민주당' 송요찬宋堯讚이 각각 대통령 후보를 사퇴함으로써 '민정당' 윤보선으로 야권 대통령 후보가 단일화된다. 물론 '추풍회' 오재영吳在泳과 '정민회' 변영태卞榮泰 그리고 '신흥당' 장이석張履奭 등 군소정파 입후보자가 없는 것은 아니었으나 '국민적 합의'에 의한 야권 대통령 입후보자는 윤보선이었다.

구악에 못지않은 신악을 저지르며 기층 민중들의 생존을 위협하는 2년 반 동안 군사독재에 진저리를 치고 있던 국민들 열기로 봐서 윤보선이 대통령에 당선되는 것은 당연한 사실이었다. 그런데 1963년 10월 15일에 실시된 제5대 대통령선거 결과는 박정희 470만 2,640표, 윤보선 454만 6,614표였다. 15만 6,026표를 더 얻은 박정희가 제5대 대통령에 당선된 것이다. 15만 표라는 근소한 표 차이로 낙선을 한 윤보선 씨는 그 뒤 '정신적인 대통령'이라는 유명한 말을 해서 사람들 입에 오르내리기도 했지만, 현실은 박정희 당선이었다. 선거가 도덕적 근거가 없으니 정권의 정통성도 전혀 없던 박정희를 정점으로 한 일부 정치군인들에게 합법적인 정권 옷을 입혀준 것이다.

그러면 군사쿠데타 주역인 박정희 씨가 예상을 뒤엎고 대통령에 당선된 까닭이 어디에 있는가? 합헌적인 대통령 자리에 있으면서 그 합헌성을 부정하는 군사쿠데타를 인정했다가 의견이 맞지 않는다고 다시 부정하는 등 윤보선 씨의 일관성 없는 행동과 부정선거 탓도 어느 정도 있었겠으나, 윤보선 씨가 낙선한 데에는 '사상논쟁'을 벌였던 데 있다고 본다. 윤보선 씨가 일으킨 이른바 '사상논쟁'이라는 것은 '박정희 씨가 제1군 참모장으로 재직 중이던 육군소령 시절 남조선노동당 군사부장으로 복무했으며 1948년 북조선 정부를 지지한 여순반란사건으로 무기징역을 선고받았으나 우인 장교들에 의한 감형 도움을 받아 군에 다시 복무케 됐다'는 전력을 들추어 박정희 후보를 '공산당'이라고 비난하고 나선 것을 말한다. 사실여부를 떠나서 상대방 후보를 '공산당'이라고 매도하고 나서는 윤보선 후보에게 국민들은 염증과 함께 일종의 공포심을 느꼈던 것이다. 또 진위는 확인할 길이 없지만 1956년 5월 15일에 실시된 제3대 대통령선거에서 진보당 공천으로 입후보한 죽산 조봉암 씨가 얻은 216만 3,808표 가운데 상당수가 박정희 후보에게 갔을 것이라고 사람들은 말하고 있었는데, 찍어 말하면 숨죽이며 살고 있던 남로당 유가족들 표가 전 남로당원이었던 박정희한테로 갔던 것이다.

군복을 벗고 양복으로 갈아입은 박정희정권 탄생과 함께 지금까지 '민의원'에서 갑자기 '국회의원'으로 그 이름이 바뀐 채 실시된 1963년 11월 26일 제6대 국회의원선거에서 지리멸렬된 야당은 참패를 면치 못하였다. 제6대 국회의원선거에서 비례대표제라는 전국구가 처음으로 도입되었는데 박정희 대통령이 총재로 있는 민주공화당이 전국구를 포함해 110석을 확보하였고, 민정당 44석, 민주당 13석, 자유민주당 9석, 국민의당 2석이었다. 해위海葦 윤보선 씨가 당수로 있는 민정당은 독자적으로 원내 교섭단체를 만들었고 민주당과 자유민주당 그리고 국민의당은 '삼민회'라는 교섭단체를 구성하여 원내 활동에 들어갔다.

민주당 전국구 의원으로 제6대 국회에 들어가게 된 조재천 씨가 김재광金在光 씨에게 서대문갑구당을 물려주면서 나를 부위원장으로 천거했고, 김재광 씨는 민정당 공천을 받아 국회의원이 되었다.

나는 민주당 서대문갑구당 부위원장 일을 보면서 중앙당 선전부 차장 일을 보았다. 선전부장은 김대중 씨였다. 김대중 씨는 1961년 5월 13일에 실시된 강원도 인제 제5대 민의원 보궐선거에서 당선되었으나 그 사흘 뒤에 5·16 군사쿠데타가 일어나 국회가 해산되는 바람에 사흘 국회의원 신세였다가 제6대 국회의원선거에 고향인 전라남도 목포에서 당선되어 중앙당 선전부장 겸 대변인으로 활동하고 있었다.

김대중 씨는 '정진회正進會'를 조직하고 무교동에 사무실을 내었는데 나는 정진회 사무실을 중심으로 모여드는 정치인 또는 정치 지망 청년들과 시국문제를 놓고 토론을 벌이면서 정치인으로서 꿈을 키워가고 있었다. 선배들에게 가르침을 받고 동료들과 토론을 벌이면서 공부를 하기도 했지만 가장 역점을 두었던 것은 사람을 사귀는 일이었다. 학벌도 재산도 연줄도 없는 외로운 정치 지망 청년으로서 할 수 있는 일이라면 사람을 사귀는 일밖에는 없었고 많은 사람들과 사귀어둔다는 것은 앞으로 내 정치활동에 커다란, 그리고 거의 유일한 자산이 될 것이라는 확신이 있었다.

당시 민정당은 민주당 구파 중심 인맥이었고 민주당은 민주당 신파 중심 인맥이었으므로 민주당 지구당 부위원장이자 중앙당 선전부 차장인 나는 말하자면 신파인 셈이었으나, 신·구파를 초월하여 사람을 사귀었다. 신·구파가 한뿌리에서 나온 정당이므로 언젠가는 결국 합쳐질 것이라는 생각에서라기보다 원래 타고난 성격이 그랬다. 자유당이나 공화당 사람이 아니고 결국은 같은 처지 야당 사람들끼리 서로 계보와 색깔을 따져서 친교를 맺는다는 것은 옹졸한 짓이라는 게 평소 생각이었다. 윤보선·정해영鄭海永·유진산柳珍山·고흥문高興門·김영삼金泳三·김의택金義澤·정성태鄭成太·이충환李忠煥·유옥우劉沃祐·김명윤金命潤·김형일金炯一·정운근鄭雲近·조윤형趙尹衡·이중재李重載 씨 등이 구파 쪽 사람들이었고, 박순천·정일형·조재천·홍익표洪翼杓·박영록朴永祿·정헌주鄭憲柱·현석호玄錫虎·김판술金判述·한통숙韓通淑·최희송崔熙松·이상철·김대중 씨 등이 신파 쪽 사람들이었으며, 김도연金度演·소선규蘇宣奎 씨 등은 '국민의당'을 만들어 나간 이들이었다.

2. 맞고서도 사과

하루는 정진회 사무실로 갔더니 김일룡 씨가 느닷없이 내 멱살을 잡으며 소리쳤다.

"김상현이 너 이놈! 나쁜 놈!"

그러면서 내 따귀를 갈기고 발길질을 하는 것이었다.

"김상현이 너 이놈! 건방진 놈!"

나는 까닭을 모른 채 고스란히 맞고만 있었는데, 사람들이 김일룡 씨를 뜯어말리면서 근처 다방으로 데리고 갔다. 기가 막혔다. 아무리 생각을 해봐도 내가 김 씨한테 잘못한 일이 없는데, 왜 맞아야 되는가? 다른 사람들과는 다 잘 어울리고 선배들한테도 귀여움을 받는데, 김 씨가 저러는 것을 보면 내게 무엇인가 잘못된 점이 있지 않은가? 생각 끝에 나는 내가 사람을 잘 사귀는 성격이어서 사무실이나 중앙당사에 출입하는 신문기자들과도 잘 어울려 가끔 신문에 이름도 나고 함으로써 정진회 2인자 취급을 받는다는 사실을 떠올렸고, 그 점이 바로 정진회 회원들한테 거부감을 주게 된 것이라는 데 생각이 미쳤다. '김상현이 혼자서 이름을 팔아먹는다', '잘났다고 설친다'며 못마땅하게 생각하는 모양이었다. 나는 전혀 그럴 저의가 없었고 평소 성격대로 행동한 것이었으나 내 행동으로 말미암아 조직원들 인화에 조금이라도 금이 가게 된 것이라면 반성을 해야 할 일이었다. 그렇다고 해서 폭행을 당해야 할 이유는 없지만 어쨌든 회원들 반발을 사고 있는 것이라면 내 잘못이 아닌가? 이 조그만 모임에서조차 거부감을 주고 반발을 받는다면 어떻게 국민 전체에게 희망을 줄 수 있는 정치가가 될 수 있단 말인가? 나는 다방으로 갔다. 그리고 김일룡 씨에게 정중한 사과를 드렸다.

"김 선배님, 제가 잘못했습니다. 정말 사과드립니다. 김 선배님이 다른 사람들과 다 잘 어울리면서 유독 저를 지목해서 때린 것은 제게 잘못이 있어서 그러셨을 테이니, 그 잘못을 지적하고 충고해주십시오. 제가 고치겠습니다. 잘못을 고쳐서 앞으로 선배님 기대에 어긋나지 않는 사람이 되겠으니 저를 사람 좀 만들어주십시오. 저로 인해서 우리 정진회 인화에 금이 가는 일이 없도록 최선을 다하겠습니다."

나는 진심으로 사과를 했고, 민주당 제주도지구당 부위원장으로 있는 김일룡 씨가 내 손을 잡았다.

"내가 미안하네."

3. 말새끼 대의원

1965년 5월 3일 민정·민주 양당은 통합선언대회를 갖고 민중당을 발족시켰다. '6·3 사태'가 일어나기 전해인 8월 24일 민정당은 이른바 '제1차 진산파동'을 겪으면서 해위와 진산이 몌별하는 진통을 치렀고, 민주당은 국민의당을 흡수·통합했다. 비상계엄이 해제된 다음 날인 7월 30일 공화당이 단독으로 기습 제안한 악법인 '학원보호법안'과 '언론윤리법안' 통과를 둘러싸고 벌어진 '진산파동'은 윤보선과 유진산의 시국관 차이에서 비롯된 것으로서 말하자면 강경파와 온건파 대립이었다. 창당 때부터 우여곡절을 거듭해온 국민의당은 제6대 국회의원선거에서 당선자를 이상철·한건수韓建洙 둘밖에 내지 못한 데다가 대표 최고위원으로 있던 가인街人 김병로金炳魯의 정계 은퇴와 철기 이범석과 이윤영李允榮의 탈당으로 민주당에 흡수·통합되고 말았다.

민정당과 민주당이 '민중을 위한 정당'을 표방하고 민중당으로 새 출발을 하는 전당대회 전날이었다. 안국동 로터리에서 오후 5시쯤 우연히 김재광 씨를 만나게 되었는데, 김 씨가 말했다.

"내가 김상현 동지를 중앙당의 중요한 자리를 주려고 대의원에서 뺏으니 그리 아시오."

순간적으로 나는 쇠망치로 뒤통수를 얻어맞는 느낌이었다. 대의원이 되어야 중앙위원이 되고 중앙위원이 되어야 중앙상무위원이 될 수 있으며 중앙상무위원은 전당대회에서 결의하지 못한 사항을 결의할 수 있는 권한이 있어서 정치인이라면 누구나 중앙상무위원이 되려고 하였다. 그런데 중앙상무위원 출발점인 대의원에서 나를 빼다니……. 기가 막힐 노릇이었다. 더구나 나는 김재광 씨 밑에서 지구당 부위원장을 지냈으므로 당연히 대의원이 될 것으로 알았고 김 씨가 내게 대의원을 시켜준다고 해서 고맙다고 인사까지 했던 것이다. 아, 김재광이한테 내가 뒤통수를 맞는구나!

예로부터 정치인들은 술수가 능하다더니 정치에 입문하고 나서 처음으로 맛보게 되는 배신감이었다. 눈앞의 이해관계에 얽혀 거짓말과 배신을 떡 먹듯이 한다는 비정한 정치마당을 본 느낌이었다. 이럴 수가 있는가? 분노가 솟구치면서 순간적으로 죽이고 싶은 생각이 들 정도로 그가 미웠다. 나는 잠깐 눈을 감고 마음을 진정시킨 다음 정중하게 허리를 숙였다.

"선배님, 정말 감사합니다. 소생 불학무지한 자 올습니다만 중앙당의 좋은 자리 꼭 좀 부탁드립니다."

다음 날 아침 8시에 통합전당대회가 열리는 시민회관 앞을 왔다 갔다 하고 있는데 김대중 씨가 지나가다가 나를 보았다. 김대중 씨가 이상하다는 눈빛으로 나를 바라보았다.

"자네 왜 안 들어가나?"

"들어갈 자격이 없어서요."

"자격이 없다니?"

"대의원이 못 됐습니다."

"아니, 김재광 의원이 대의원에 안 넣어주던가?"

"예."

깜짝 놀란 얼굴로 잠시 서 있던 김대중 씨는 "도리가 없구만" 하면서 회의장 안으로 들어갔다.

민정당과 민주당 현역 국회의원들은 물론이고 중앙당 간부나 지구당 정·부위원장 그리고 그들 추천을 받은 대의원들이 속속 대회장 안으로 들어가는 것을 바라보고 있자니 착잡한 심정이었다. 김재광 씨가 나를 대의원 명부에서 뺀 것은 내가 '자기 사람이 아니다'라고 생각했기 때문인 것 같았다. 나는 닭 쫓던 개 지붕 쳐다보는 격으로 대책 없이 서 있었는데, 마침 회의장 안으로 들어가려던 김일룡 씨가 나를 발견하였다.

"동생, 왜 안 들어가고 서 있는가?"

"형님, 대의원이 못 돼서 못 들어갑니다."

"자네가 대의원이 안 돼? 김재광 의원이 안 시켜주던가?"

나는 씁쓸하게 웃었고, 김일룡 씨가 펄쩍 뛰었다.

"재광이 이놈 나쁜 놈! 자네를 대의원 안 시켜주다니. 가만 있게. 어디 가지 말고 여기 그대로 좀 있으라구."

그러면서 김일룡 씨가 급하게 대회장 안으로 들어가더니 사람을 하나 데리고 나와 인사를 시켰다. 제주도 출신 대의원인 변 선생이라는 분이었다. 김일룡 씨가 변 선생에게 말했다.

"변 동지야 서울 왔으면 됐지 대의원 같은 게 무슨 소용이 있소. 우리 김상현 동지는 앞으로 우리 민족을 위하여 큰일을 할 사람이니 대의원을 바꾸라고."

지구당 위원장이 대회 당일이라도 대의원 이름을 바꿔서 신고하면 대의원 신분이 보장되었다. 나는 제주도 대의원인 변 선생 명찰을 달고 대회장으로 들어갔다. 의자에 앉아 있는 나를 발견한 김재광 씨가 소리쳤다.

"김상현이 저놈 가짜다!"

나는 못 들은 체하고 가만히 앉아 있었고, 김재광 의원 계보인 김제만金濟萬 씨가 옆으로 다가왔다.

"아니, 김재광 의원이 당신은 대의원이 아니면서 가짜로 들어왔다고 그러는데……, 어떻게 된 거요?"

"말새끼로 들어왔소."

나는 웃었고 김제만 씨가 놀란 얼굴로 나를 바라보았다.

"말새끼라니?"

"제주도 대의원으로 들어왔다고. 김재광 선생이 대의원을 안 시켜줘서 내가 제주도에 내려가 조랑말을 빌려 타고 올라왔다 이 말이요."

4. 레닌이냐, 트로츠키냐

5·16 군사쿠데타에 성공한 직후부터 한일회담 조기 타결을 서두르던 군사정권은 1963년 대통령선거에서 승리함으로써 정권 정통성을 추인받고, 곧이어 실시된 제6대 국회의원선거에서 승리하여 정권 유지에 성공하게 되자 한일회담 타결에 더욱 박차를 가하게 되었다. 해를 넘긴 1964년에 접어들면서 박정희정권은 정권을 더욱 공고히 하고 장기집권 길을 보장받을 수 있는 물적 기반을 확보하기 위하여 한일회담 타결에 정권 사활을 걸게 되었다. 한일회담을 타결시켜 일본 자본을 끌어들임으로써 일본이 자기들 투자 이익을 지키기 위하여 한반도 분단 상태 유지에 좀 더 직접적인 관심과 이해를 갖게끔 하는 데 군사정권 저의가 있었다. 따라서 일본제국주의 쇠사슬 아래 우리 민족이 36년간 받은 고통의 대가로 받게 되는 이른바 대일청구권문제에서 형편없이 적은 금액을 받고 평화선을 폐지하고 영해가 축소되었는데, 이것 때문에 우리 어민들이 받게 될 고통 따위는 애초에 안중에도 없었다.

군정 당시인 1962년 11월 12일 중앙정보부장 김종필을 일본에 보내어 일본 외상 오히라와 비밀회담을 벌이게 한 이른바 '김·오히라 메모'로 타결 실마리를 잡은 한일회담 내용은 지극히 굴욕적인 것이었다.

강도 일제의 총칼 아래 수없는 애국선열들과 민중들이 피를 흘리고 뼛골까지 파먹힌 데다가 국토 분단의 직접적인 원인이 된 일제 강점 36년을 생각한다면 수백 수천억 달러로도 보상받을 수 없을 것이지만, 그러

6·3 항쟁

6·3 항쟁 또는 6·3 시위라고도 하는데, 1964년 6월 박정희 정권의 한일 협상에 반대해 일으킨 운동이다. 1964년 6월 3일 박정희 정부가 계엄령을 선포해 당시 절정에 이른 한일국교정상화회담 반대시위를 무력으로 진압했다. 6월 3일 저녁 8시에 선포한 계엄은 7월 29일 해제되었다.

정부가 한일 교섭을 비밀리에 추진, 조속 타결하려는 움직임은 64년 벽두부터 표면화되었다. 곧 도쿄에서 정치 협상을 하겠다고 서둘렀고 2월이 되자 정부와 여당은 3월 중 대일 교섭의 기본 방침을 밀고 나가겠다는 결정을 발표했다. 64년 2월 22일 민정당에서는 당론으로 확정된 한일 교섭에 관한 대안을 발표했다. 박정권은 일반 여론의 추세를 무시한 채 3억불의 청구권 보상으로 만족하면서 우리 어민들의 생명선인 평화선을 일본에게 내주기로 작정하고 있다는 것이다. 박정희 정부가 일본과 협상을 서두르자 재야 세력이 총궐기하여 구국의 봉화를 들어야 한다는 데 의견을 모으고 준비작업에 들어갔다.

재야세력이 반대작업에 들어가던 와중에 5월 30일 서울대학교 문리대생들이 교정에서 자유쟁취궐기대회를 열어 한일회담 성토와 박정희정권 성토식을 한 다음 단식농성에 들어갔다. 이는 6.3사태의 직접적인 계기가 되었다. 학생회장인 김덕룡(金德龍, 후일 국회의원)은 '오늘의 단식투쟁은 내일의 피의 투쟁이 될 지도 모른다'는 선언문을 낭독하고 단식농성에 들어갔고, 시간이 흐를수록 단식농성에 참여하는 학생 수가 점점 늘어났다.

서울대 문리대에서 단식농성은 다른 학생들을 자극했다. 서울 시내 각 대학생들이 거리로 뛰쳐나와 박정희정권 타도를 외치며 시위를 벌이기 시작했다. 6월 2일 고려대, 서울대 법대, 서울대 상대생 들이 가두로 진출하여 데모를 주도하자 서울의 각 대학생들이 이에 호응해 곳곳에서 시위 사태가 벌어졌다. 6월초 공화당 김종필 의장이 한일국교정상화회담을 위해 일본으로 건너가자 6월 3일 정오를 기해 학생들은 거리 시위를 벌였다. 6월 3일 정오, 일제히 거리로 쏟아져 나온 서울 시내 1만 2000명 학생들은 도처에서 경찰과 충돌, 유혈극을 벌이면서 도심으로 진출했다. 대학생 7~8000명이 중앙청 앞으로 몰려들면서 세종로 일대는 무질서와 혼란에 빠졌다. 중앙청 앞 바리케이트는 이미 무너졌고 경찰은 청와대로 올라가는 통의동 앞에 저지선을 만들어놓았다. 서울대학교 문리대 학생들은 6월 3일 오후 4시 경에 교문을 나섰다. 이들은 데모 학생들과 연도 시민들 박수를 받으며 중앙청 앞에 도착, 데모대 맨 앞에 섰다가 경찰의 최루탄 공세에 밀려 학교로 철수했는데, 이 시위는 6.3 사태를 일으킨 시위의 시발점이었다.

고려대 총학생회장 직무대행이던 법대 학생회장 김재하를 위원장으로, 부위원장 이경우(법대), 박정훈(정경대), 이명박(상대) 등 주도하에 연세대, 서울대생과 함께 서울 18개 대학 1만5천여 명 등 총 3만 명가량이 거리로 몰려나와 격렬한 시위를 벌이고 국회의사당을 점령하기까지 했다. 학생들 데모가 격렬해지자 박정희정권은 6월 3일 밤 9시 40분에 선포하기로 한 계엄령을 오후 8시로 소급해 서울시 전역에 대해 계엄령을 선포했다.

6월 6일 계엄령이 선포된 지 3일 뒤, 무장군인들이 심야에 학생들에게 호의적이던 동아일보사에 침입해 위협·공갈한 사건이 발생했다. 이는 당시 동아일보가 친민주당, 친신민당계 언론이었다는 점 때문이었다. 서울 시내에 경찰과 계엄군이 투입되어 7월 28일 사태는 진압되었고 이튿날인 29일 계엄령은 해제되었다.

나 보상이라는 것이 어차피 돈으로 계산될 수밖에 없는 인간사회 양식이라면 한 푼이라도 더 받아내야 할 것이 아닌가? 그런데 비밀리에 일본 외상과 만나 주고받은 이른바 '김·오히라 메모' 내용이라는 것이 무상공여 3억 달러, 재정차관 2억 달러, 상업차관 1억 달러였다. 그리고 민족 자존심과 어민들 사활이 걸려 있는 어업문제는 평화선 폐지와 우리나라 영해 축소였다.

1964년 3월에 들어서면서 야당과 각종 사회단체·애국인사들은 '대일굴욕외교반대 범국민투쟁위원회'를 결성하여 전국을 순회하며 민중들 애국심에 호소하는 유세에 돌입하였고, 3월 24일 서울대학교 문리과 대학생들을 필두로 한 가두시위가 일어났다. 수만 명 학생과 시민들이 참가한 시위는 날이 갈수록 더욱 요원의 불길처럼 타올라 6월 3일에는 서울 시내를 뒤덮은 시위대가 매판세력 타도와 박정희 군사파쇼정권 퇴진을 요구하기에 이르렀다. 이에 군부정권 존립 자체에 심각한 위기를 느낀 박정권은 그날 밤 8시를 기해 서울특별시 일원에 비상계엄을 선포하고 대대적인 탄압을 시작하였다.

무력으로 민중 저항을 진압한 군사정권은 그해 말부터 한일회담을 다시 시작하여 1965년 6월 22일 마침내 정조인하고 그해 8월 14일 공화당 의원들만 참석한 일당국회에서 한일협정을 비준하였다.

5·16 군사쿠데타가 발생했을 때와 똑같은 이치로 미국과 군사정권의 이해가 일치했다는 데 한일회담 타결 성공 요인이 있다. 일본 자본을 끌어들임으로써 정치적·경제적 난제를 극복하려는 군사정권과 대소방

위 구실을 일본에게 반분 내지는 떠맡김으로써 자국 달러 위기를 극복하려는 미국 이해가 맞아떨어졌던 것이다. 거기다가 핵우산이라는 미국 군사력에 의존하면서 숙원의 해외시장 개척을 성사시키려는 일본 야심이 같은 톱니바퀴로 맞물려 돌아갔던 것이다. 군사정권과 미국 그리고 일본 이해가 맞아떨어졌음을 말해주고 있는 것이 시위대가 청와대 입구까지 밀려들어오던 6월 3일 낮 헬리콥터를 타고 청와대 뜨락에 내린 주한 미국대사와 주한 미군사령관 조언을 들은 박정희가 그날 밤 8시를 기해 서울특별시 일원에 비상계엄을 선포했다는 점이다.

1965년 6월 14일 민중당으로 통합된 전당대회가 열렸는데, 예상을 뒤엎고 박순천 여사가 513표를 얻어 460표를 얻은 윤보선 씨를 제치고 당수인 대표 최고위원에 선출되었다. 윤보선 씨는 고문으로 추대되었고 최고위원에는 우양友洋 허정許政 씨와 월파月波 서민호徐珉濠 씨가 선출되었다.

당시 정국은 '한일협정비준파동'에다가 '월남파병문제'까지 겹쳐 혼란의 극을 달리고 있었다. 야당 국회의원들 단식농성과 학생과 시민들 '한일굴욕외교반대' 시위가 전국적으로 연일 끊어지지 않고 있는 가운데 군사정권은 6월 22일 일본 동경에서 한일협정을 정식으로 조인했고, 7월 2일에는 1개 전투사단 월남파병을 각의로 결정했으며 8월 13일에는 야당이 불참한 가운데 공화당 단독으로 전격 통과시켜버렸다.

한일협정 비준을 막지 못하면 모두 국회의원직을 내놓기로 한 의원총회 결의를 실행에 옮기기 위하여 임시 전당대회가 열렸다. 윤보선 씨 중심 강경파가 주도하여 열린 대회에서 나는 맨 먼저 긴급동의 발언권

1919년에 찍은 스탈린, 레닌, 트로츠키. (왼쪽부터)

을 얻어 단상으로 나갔다.

"한일협정 비준은 한국과 미국과 일본 삼자의 이해가 맞물려 있는 것이다. 도덕적 근거가 전혀 없는 월남전으로 국력을 소모하고 있는 미국이 동북아시아 대소방위 전선에 일본을 끌어들이려는 것과 미국의 핵우산 아래서 경제적 번영을 이룩한 일본의 해외시장 개척을 위한 자본 수출과 한국의 군사파쇼정권이 미국과 일본 자본을 끌어들여 정통성이 없는 정권의 물적 토대를 마련하고자 하는 것과 맞아떨어진다는 말이다. 따라서 우리가 5·16 군사쿠데타를 인정하지 않듯이 군사쿠데타에서 비롯된 현 정권을 인정하지 않는 것이라면 한일협정은 당연히 무효다. 비상계엄을 선포하고 애국적 청년학생과 시민들을 총칼로 위협하는 상황에서 치뤄진 협정을 어떻게 인정할 수 있는가? 따라서 국회의원 여러분의 의원직을 버리고자 하는 애국적 충정은 충분히 이해하고 아울러 경의를 표하는 바이다.

그러나 국회의원은 어디까지나 의회를 지키면서 정치투쟁을 전개하는 것이 옳다고 본다. 단순히 비분강개하여 결사반대만 하는 것은 현실을 바로 보지 못하는 것이다. 여러분이 비준의 국회 통과를 저지하지 못하고 사퇴를 하여 비준이 성립되고 보면 구체적으로 피해를 보고 고통을 당하는 것은 국민 대중, 일반 민중이 아닌가? 특정 정권의 도덕성이나 정통성 그리고 책임 여부를 떠나서 결과적으로는 나라와 국민의 손해가 아닌가? 러시아 혁명 당시 트로츠키는 폭력노선만을 주장했지만 레닌은 차르체제의 의회 안에서 발판을 구축해 그 힘으로 정치적 투쟁을 벌이는 일방 폭력혁명을 추진해야 된다고 했다. 대화와 투쟁의 양면전술을 병행하자는 것이다. 결과적으로 레닌노선이 승리하지 않았는가? 하물며 우리가 폭력혁명 투쟁을 하자는 것이 아닌 이상 그리고 프롤레타리아 혁명투쟁을 하자는 것이 아닌 이상 의회를 발판으로 투쟁해 나가야 한다. 지금의 상황으로는 의회에서 개혁투쟁 이상을 기대할 수는 없다.

이처럼 야당이 분열되어 애국적 청년학생 시민들의 대중적 투쟁을 지속적으로 이끌어갈 조직적 기반이 부실한 상태에서 극한투쟁은 결국 좌절로 끝나고 만다는 것이 역사의 교훈이다. 냉정하게 현실을 인정하고 보수정당으로서 한계를 인정해야 한다. 우리 당이 사회주의정당이나 계급정당은 아니지 않는가? 의원직을 스스로 버리는 것은 비유하자면 전쟁터에서 군인이 스스로 무장을 해제하는 것과 무엇이 다른가? 언론인이나 작가가 붓을 쥐고 있을 때 언론인이고 작가지 붓을 놓고서야 무슨 언론인이고 작가인가? 끝까지 의원직을 지키면서 굴욕외교비준 반대 또는 무효화투쟁을 벌이는 것이 옳다. 그러면서 현실적인 이익을 얻어내는 것이 옳다."

한마디로 대안이 없는 의원직 사퇴를 반대한다는 요지의 발언을 했는데, 강경파 쪽 청년당원들이 뛰어 올라와서 마이크를 빼앗아버렸다. 그리고 그들은 내 멱살을 잡아 연단 밑으로 끌어내렸다. 회의장은 난장

판이 되어버렸다.

　의원직을 총사퇴하고 원외투쟁을 벌여야 한다는 윤보선 중심 강경파와 원내투쟁을 벌이자는 박순천 중심 온건파 대립으로 적전내분을 겪던 민중당은 끝내 효과적인 대여투쟁을 벌이지 못했다. 윤보선이 자신의 소속 지구당인 종로지구당에 탈당계를 제출함으로써 의원직이 상실되었고, 원내총무인 정성태와 김도연·서민호·정일형·정해영·윤제술尹濟述·김재광 의원이 그 뒤를 따랐다.

　8명 강경파 의원들이 의원직을 스스로 물러난 다음 날 야당 의원들이 불참한 가운데 국회에서 한일협정이 비준되었고, 서울과 지방에서 고등학생까지 가담한 수만 명 청년학생들이 비준 무효를 외치며 가두로 달려 나왔다. 8월 25일에는 무장군인들이 고려대학교에 난입하였고 다음 날에는 서울지구에 위수령이 발동되었다. 9월 4일에는 고려대학교와 연세대학교에 무기한 휴교령이 내려졌고, 거리에는 침묵이 깔렸다.

5. 기자단 공천

 국회의원이라는 자리는 꿈에도 생각하지 못했다. 학력, 경력, 자금, 나이 등 주관적·객관적 여건이 전혀 안 되어 있었기 때문이었다. 더구나 서울에서 국회의원에 입후보할 수 있는 정치적 배경이 없었다. 그러기 위해서는 우선 제1야당의 공천을 받을 수 있는 환경을 조성하고, 자금을 만들 수 있어야 하며, 선거구민과 일반 국민들에게 꿈과 희망을 줄 수 있는 정치적 전망이 있어야 한다고 생각했다. 그때를 위해서 주변 선배·동료와 여러 지식인들과 대화와 토론을 하고 자문을 구하고 또 책을 읽어서 생각을 가다듬고는 있었으나, 빠른 시일 안에 그런 기회가 오리라고는 생각하지 않았다. 당시 정치 풍토, 특히 이 땅의 정치 풍토는 파벌이 심해서 파벌 보스 눈에 들지 않고는 당직을 받거나 공천을 받을 수 없었다.

 가까운 시일 안에 지방자치제를 부활한다고 했으므로 나는 서울시의회 의원이 되어보려고 했다. 서울시의회 의원을 재선이나 삼선쯤 하고 나서 그것을 발판으로 시의회 의장 또는 직선제 민선 서울시장이 되어보려고 했다. 그것이 어렵다면 재·삼선쯤 시의원 관록을 배경으로 국회에 진출해보려고 했다. 그래서 선배들이 국회의원 얘기를 할 때도 나는 시의원이 꿈이라고 말하고는 했다. 내가 지방자치제가 부활하면 시의회 의원이 되어보고자 했던 데는 까닭이 있었다.

역사적으로 우리나라 정치 형태를 살펴보면 중앙집권제 일변도였다. 저 통일신라 이래로 고려시대와 조선왕조 500년 그리고 일제 36년은 말할 것도 없고 남한만의 단독정부가 수립된 1948년 이래로 일관되게 지속되어왔다. 지방은 중앙을 위한 모든 물자와 인력 공급 기지로서만 존재했다. 정치는 물론이고 경제·사회·문화 등 사회 모든 부문이 중앙의 일방적이고 획일적인 하달 시책으로 이루어짐으로써 좋은 의미에서 지방색, 곧 각 지방마다 전통적인 특색이 꽃을 피우지 못하였다. 한마디로 지방은 중앙의 식민지였던 것이다. 고속도로가 뚫렸을 때 뜻 있는 이들이 '조공로가 뚫렸다'고 말했듯이 지방은 중앙을 위한 수탈 기지로만 존재했던 것이다.

개인이 모여 가정이 되고 마을이 되고 면이 되고 군이 되고 도가 되고 나라가 되듯이 나라의 모든 일이 밑에서 자생적인 움직임에 의해 결정되어야 정상적인 발전이 이루어지는 것인데, 위에서 밑으로 일방적이고 획일적이며 통제적인 명령과 하달과 지시에 의해서만 움직여지는 게 우리나라 정치 행태인 것이다. 지역 주민들 의사가 도정이나 시정에 반영될 수 있는 통로가 막혀 있고, 주민들 처지와 이익에 위배되는 정책에 대한 반대를 나타낼 수 있는 통로가 막혀 있으며, 행정 관료의 책임을 따져볼 수 있는 통로가 막혀 있는 데다가 정책 결정에 대한 설명과 정보를 요구할 수 있는 통로가 막혀 있다. 따라서 자율적인 재량권이 없는 지방행정기관은 중앙의 지사일 뿐이고 도지사·시장·군수·경찰서장 등 기관장은 중앙정부의 충실한 심부름꾼에 지나지 않는다. 권력의 중간 단계가 없기 때문에 수도꼭지만 고장 나도 중앙정부를 원망하게 되고 도로에 빗물만 고여도 대통령을 욕하게 된다.

평소에 이런 생각을 하고 있었기 때문에 나는 우선 시의원으로 내 정치 생활을 시작하려고 한 것이다. 그래서 선배들한테도 "지자체가 부활되면 서대문지구에서 시의원 공천이나 해주십시오"라고 말했는데, 그래서인지 당내에서 인상이 좋았고, 주변에 적이 없었다.

'한일협정비준반대'를 위하여 의원직을 사퇴한 8명 자리를 메우기 위한 보궐선거가 1965년 11월 9일 실시된다는 공고가 났을 때, 나는 출마를 해보기로 결심했다. 시의회 의원부터 시작해보자고 했지만 지방자치제가 언제쯤 부활될 것인지 막막한 상태였고 무엇보다도 내 정치적 역량을 시험해보고 싶었기 때문이었다. 주관적·객관적인 여건이 도저히 미치지 못했지만 한번 부딪쳐보기로 했다. 공천을 못 받거나 또 공천을 받더라도 낙선을 할 우려가 높지만 최선을 다해서 진실로 진정하게 온몸으로 부딪쳐 싸우다보면 귀중한 경험을 쌓게 될 게 아닌가, 하는 심정이었다. 그런 내 심정을 말했더니 집사람이 깜짝 놀란 얼굴로 나를 바라보았다.

"아니, 무슨 말씀이셔요? 돈 한 푼 없이 어떻게? 그리고 공천이나 받을 수 있겠어요?"

북창동에 개인 사무실을 갖고 있던 김대중 씨를 찾아갔다. 당시 김대중 씨는 무슨 계보를 형성하고 있지 않았으므로 누구한테 공천을 주거나 영향력을 발휘할 힘은 없었지만, 고등학교 3학년 때인 대한웅변인협회 시절에 처음 만나서 10년 동안을 친형제처럼 가깝게 지내던 사이였으므로 제일 먼저 상의를 하고 싶었던 것이다.

"형님, 이번에 서대문갑구에서 입후보를 해보고 싶습니다."

"이 사람아, 국회의원이 그렇게 쉽게 되는 게 아닐세. 간단한 일이 아니야."

"잘 알고 있습니다."

"자네는 이담에 지자체가 실시되면 시의원이나 나가소."

당연히 반가워하며 힘껏 밀어주겠다고 할 줄 알았던 나는 순간적으로 야릇해지는 느낌이었다. 세상에 이럴 수가 있는가. 누구는 처음부터 국회의원을 보장받고 태어났단 말인가. 몹시 서운했다. 그러나 내 여건을 생각해보면 당연한 말이기도 했다. 나는 아랫배에 힘을 주었다.

"저는 이번 경우가 어쩌면 절호의 기회일 수 있다고 생각합니다. 그러니 형님은 제가 공천받는 데 방해만은 하지 말아주십시오. 한번 최선을 다해서 부딪쳐볼 테니까요."

나는 웃음 띤 얼굴로 말했고. 김대중 씨가 말했다.

"내가 도와줘서 자네가 국회의원이 될 수 있다면 내가 옷을 훌떡 벗고 광화문 네거리를 백 바퀴라도 돌겠네. 하지만 이제 막 겨우 국회의원이 된 내가 무슨 힘이 있겠나? 포기하소."

"아닙니다. 반드시 해보겠으니 제발 방해만은 말아주십시오."

"정 그렇다면 경험삼아 한번 나가보소."

나는 서대문갑구에 공천 신청서를 냈다. 공천 신청자는 변호사와 전직 국회의원 3명 등 모두 14명이었다. 서울대학교 총학생회장 출신 등 쟁쟁한 인사들을 제치고 나는 공천을 받았다. 완전히 예상을 뒤엎은 공천이었다. 내가 공천을 받았다는 말을 듣고 중앙당 선배 두 분이 다음과 같은 말을 주고받았다는 것을 나중에 들었다.

"김상현이를 공천해주다니 말도 안 돼."

"시골도 아니고 더구나 서울에서 그런 이름도 없고 돈도 없고 경력도 없는 젊은 친구를 내보낸다면 망신은 누가 하지?"

"당연히 당이 망신하는 거지. 민중당엔 사람도 없다고 할 거야."

"글쎄 뚜껑을 열어보면 알겠지만 그 친구 한 마흔 표나 얻게 될까?"

"마흔 표만 얻어도 잘 얻는 거지."

무시를 당한 것 같아서 화가 났으나 가만히 생각해보면 그렇게 말한 선배들에게는 아무런 잘못도 없었다. 국회의원에 당선되기 위해서는 입후보자의 학력과 경력과 자금력이 절대적인 몫을 차지하고 그것이 우리 정치 풍토인데, 나는 그 가운데 어느 것 한 가지도 갖추지 못했으므로 사람들이 나를 깔보는 것은 당연한 일이었던 것이다. '억울하면 돈을 벌고 출세하라'는 항간의 유행어는 잘못된 현실과 현실 풍토를 정곡에서 찔러주는 말이었다. 그러고 보면 마흔 표 정도 얻으면 성공이라는 그들 말은 오히려 나를 너그럽게 봐준 것이었다. 나로서는 단 한 표밖에 자신이 없었다. 잘났든 못났든 내 가족만큼은 틀림없이 나를 찍어주겠지만 주민등록을 한 사람은 불행하게도 나 하나밖에 없었던 것이다. 서대문갑구에는 민중당원들도 몇 명은 있고 또 내 친구며 아는 사람들도 있었지만 그들이 반드시 나를 찍어준다는 보장은 없었다. 아는 사람이라고 해서 나를 찍어주리라고 믿는 것처럼 어리석은 일은 없다. 15살 때 서울로 온 이래로 자력갱생이 내 좌우명이었고, 오로지 나 자신을 믿을 뿐이었다.

내가 예상을 뒤엎고 공천을 받자 사람들은 '기자단 공천'이라는 말들을 했다. 야당 출입기자들이 적극적으로 나를 추천했다는 것이다. 야당 출입기자들이 박순천·유진산·이상철·이중재 등 공천 심사의원들에게 '김상현은 우리 기자들이 밉니다'라며 적극적으로 나를 추천했다는 것이다. 출입기자들의 적극적인 추천과 4·19부상동지회 회장인 김면중金冕中 등 4·19 세대 뒷받침과 그리고 나 자신의 노력이 합쳐져서 기적이 이루어진 것이었다. 내가 공천을 받았다는 것을 알고 제일 놀란 것은 김대중 씨였다. 서울로 올라와서 겪은 지난 10년 세월, 아니 고향을 떠나서 겪은 지나간 15년 세월이 주마등처럼 눈앞을 스치고 지나갔다.

나처럼 춥고 배고프고 외로운 사람들이 자유롭고 평등하고 평화로워서 사람답게 살 수 있는 세상을 만들기 위하여 정치가가 되어야겠다는 결심을 한 저 '남산의 밤' 이래로 나는 나 자신보다는 남을 위하는 삶을 살고자 노력하였다. 학벌도 재산도 능력도 인격도 없는 내가 정치가의 꿈을 이루기 위해서는 이처럼 불리한 최악의 상황을 극복하는 길밖에는 없었다. 그러려면 먼저 모든 것을 체계적이고 과학적으로 조직화하는 조직의 힘을 빌리는 수밖에 없었다. 인격의 조직화, 능력의 조직화, 자금의 조직화가 그것인데 이 모든 것에 앞서서 이루어져야 할 것은 나의 인격을 조직화하는 것이었다. 인격의 조직화는 어떻게 이루어질 수 있는가? 그것은 믿음이다. 깊은 신뢰의 끈으로 굳건하게 맺어진 인간관계만이 모든 악조건들을 극복할 수 있다. 단돈 1,000원이라도 생기면 나는 나보다는 남을 위하여 쓰고자 노력했다. 김기철 씨나 조재천 씨 같은 이들에게 고임을 받으면서도 나는 무엇인가 그분들을 위하여 도움을 드리고자 했다. 그분들 이름자 하나라도 실린 게 있으면 오려두었다가 갖다드렸고, 형편이 어려운 선배들에게는 하다못해 달걀 한 꾸러미라도 갖다드리고자 애를 썼다. 정치에 뜻을 둔 다음부터 누구를 찾아갈 때는 무엇이든지 조금이라도 도움을 주러 갔지 도움을 받으러 가지는 않았다. 그런 결심으로 살아왔고 그런 상황을 만들지 않으려 노력했다. 그렇게 살았기 때문에 사람들은 내가 하룻밤 잘 곳과 한 끼 끼니가 없어 걱정하는 줄은 모르고 경제적인 능력이 있는 줄로 알 정도였다. 그러나 나는 15년 동안을 한 끼 밥과 하룻밤 잠자리를 해결하기 위해 구두를 닦고 신문을 팔고 또 피를 뽑아 팔면서 살아왔고 그때까지도 그런 형편은 별로 나아지지 않았다.

민중당 중앙당사가 있는 인사동 남궁다방에는 전·현직 정치인들이 많이 나왔다. 나는 오랜만에 만나는 한 선배 정치인을 모시고 근처 식당으로 갔다. 그리고 설렁탕을 한 그릇 시켰다.

"왜 한 그릇만 시키나?"

"예. 저는 먹었습니다."

"어, 일찍 먹었군."

선배 정치인이 설렁탕을 맛있게 먹는 것을 바라보며 나는 엽차를 계속 마셨는데, 사실은 세 끼를 굶고 있었다. 그리고 내 주머니에는 설렁탕 한 그릇 값 400원을 주고 나면 100원밖에 남지 않았다. 끼니때가 되면 선배들은 물어왔다.

"자네 밥 먹었나?"

"예. 먹었습니다."

"그럼 먹고 올 테니까 기다리게."

"예. 잡숫고 오십시오."

나는 아무것도 없는 하늘을 바라보며 식당 앞을 왔다갔다 했다. 그러면서 어떤 인연으로든 한 번 만난 사람과는 맺은 인연을 아름다이 지속시키고자 땀을 팔고 피를 팔고 눈물을 팔며 노력하였다. 이렇게 살다 보니 주변에 적이 없었고 민주당 때 신·구파를 막론하고 나에게 호의적이었다.

6. 선거운동

서대문갑구 보궐선거에는 모두 7명이 입후보하였다. 출마자들은 제2·3대 민의원을 지낸 재선의원으로 자유당 말기에 서울특별시장을 지낸 임흥순任興淳 씨를 비롯해 전직 국회의원과 목사 등 이른바 학식과 덕망과 그리고 재력을 갖추고 있는 쟁쟁한 인사들이었다.

그때 내 형편은 지금 돈으로 쳐서 3만 원도 없었다. 집사람이 친정살이를 이태가량 하면서 정미소에서 나오는 쌀겨나 양조장에서 나오는 술지게미를 사료로 해서 돼지와 누에를 치고 사이다 등 음료수 장사를 하고 해서 만리동에 집 한 칸을 장만했다. 돼지를 키운 것도 첫아이 돌 때 들어온 금반지를 팔아서 시작한 것이었다. 동대문에서 헌책방을 하던 박영희·김철·강원채康源采 씨 등이 선거 홍보비를 모아줬고, 역시 동대문시장에서 포목장사를 하던 이북 출신 황종률 씨와 한영우 그리고 이석점·이남식·박영선 씨 등이 적극적으로 자기 일처럼 도와주었다. 당과 김대중 씨도 물론 나를 도와주었다.

"전라도 땅 장성에서 태어난 김상현이올시다."

나는 유권자들 앞에 깊숙이 허리를 숙여 인사를 올린 다음 지금까지 자라오고 살아온 환경을 쭉 이야기하고 엽차를 한 모금 마셨다. 그러고 나서 말을 이었다.

"저는 구두닦이도 하고 신문배달도 하고 때로는 한 끼 밥과 하룻밤 잠자리를 얻기 위하여 피를 팔기까지도 하면서 살아왔습니다. 단순히 제 한목숨을 지탱하기 위하여 살아온 것이 아니라 저를 포함해 저처럼 춥고 배고프고 외롭고 쓸쓸해서 죽고 싶지만 죽지 못해서 살아가고 있는 사람들을 자유롭고 평등하고 평화로워서 행복하게 살 수 있는 세상, 그런 새 세상을 만들기 위하여 살아왔습니다. 그러기 위해서는 정치가가 되어 이 세상의 모든 잘못된 질서를 뜯어고쳐 새 세상을 만드는 수밖에 없다는 깨달음에서, 저를 포함한 우리 모두의 꿈을 실현할 수 있게 하기 위하여 국회의원이 되고자 이 자리에 나왔습니다. 지금 제 앞에 서 계신 여러분의 구두를 닦은 손이 바로 이 손이고 여러분의 가정에 신문을 집어넣은 손이 바로 이 손입니다. 제가 비록 지금은 신사복을 입고 목에는 넥타이를 매고 있습니다만, 이것은 겉모습에 지나지 않을 뿐이고 제 이 손만큼은 그때나 지금이나 똑같습니다. 전혀 달라지지가 않았습니다. 아니 달라질 수가 없습니다. 구두를 닦는다는 것은 더러운 것을 깨끗하게 한다는 것이요, 신문을 배달한다는 것은 새롭고 올바른 세상 소식을 전해준다는 말입니다. 저는 언제나 신문을 배달하고 구두를 닦는 심정으로 정치를 할 것임을 굳게 약속드립니다.

제가 하고자 하는 것은 어느 특정 계급과 특정 계층만을 위한 정치가 아니라 모든 사람들이 더불어 함께 잘살 수 있는 그런 정치를 하겠다는 것입니다. 어느 특정한 계급 특정한 사람들만 잘 먹고 잘 입고 잘

자고 잘사는 정치는 독재정치지 민주정치가 아닙니다. 우리나라는 언필칭 민주주의체제라고 하고 정치 지도자들, 특히 권력을 잡고 있는 자들은 자기들이 민주정치를 하고 있다고 하는데, 대다수 사람들이 춥고 배고프고 외롭고 쓸쓸해서 죽고 싶은 나날을 죽지 못해서 겨우 살아가는 지옥 같은 세상이 어떻게 민주정치 세상입니까? 우리는 진실로 진정한 민주주의를 이 땅에 건설하기 위한 민주정치를 해야만 합니다.

그러면 민주정치란 무엇입니까? 학식과 덕망이 높은 분들은 민주주의를 여러 가지로 어려운 문자를 써서 뭐라고 하시는지 모르겠습니다만, 저는 그것을 사람의 세상이라고 말하고 싶습니다. 사람이 사람답게 사람대접을 받으며 행복하게 살 수 있는 사람의 세상이며 자유의 세상이라고 말하고 싶습니다. 그런 세상을 만들자는 것입니다. 사람의 땅 자유의 나라를 말씀입니다. 더러운 구두를 닦듯이 이 세상에 가득 차 있는 온갖 썩고 병들고 찌그러지고 구부러진 것들을 깨끗이 닦아내고 바로잡으며 신문을 배달하듯이 올바르고 새롭고 아름다운 소식을 여러분 머리맡에 옮겨드리겠다는 각오와 결심으로 나선 이 사람이 정치를 할 자격이 없다면 표를 찍지 마십시오. 학력이 없고 경력이 없고 금력이 없으므로 정치할 자격이 없는 것이라면 여러분의 판단이 옳습니다. 그러나 이런 조건의 사람을 통해서, 저를 통해서 여러분의 꿈과 희망을 이룰 수 있다는 결론이 났다면, 여러분이 훌륭한 가문에 태어나지 못했다면, 그래서 공부를 하지 못했다면, 돈이 없다면, 배가 고프다면, 춥다면, 쓸쓸하고 외로우시다면, 그런 분은 저한테 표를 찍어 주십시오."

임흥순 씨를 비롯한 다른 출마자들은 모두 길을 넓히고 아스팔트를 깔아준다, 하수도를 놓아준다, 노인정을 세워준다 등 화려한 공약을 하고 있었다. 그러나 나는 한 가지 공약도 하지 않았다. 일찍이 19살 나이 때부터 전국 유세장을 따라다니며 선배 정치인들 연설을 듣고 또 지원연설을 해주면서 느낀 것은 첫째로 정치인들이 진실하지 못하고 감당할 수 없는 공약을 남발한다는 점이었다. 여당이든 야당이든 극소수의 진실하고 양심적인 정치인을 빼놓고는 한결같이 다리를 놓아주고 도로를 포장하고 공장을 세워준다는 등 무책임한 공약만 남발할 뿐 지켜지지 못한 공약에 대해서 한 번이라도 사과하는 정치인이 없었다. 처음부터 도저히 지킬 수 없는 헛공약이 대부분이었던 것이다. 그럴 수는 없는 것이다. 정치라는 것이 기본적으로 국민과 한 언약이므로 국민에게 신뢰를 받아야 하는데 이건 도무지 처음부터 거짓말로 시작하는 것이다.

정치는 첫 출발도 그리고 마지막도 믿음이다. 일찍이 공자님께서도 정치의 요체를 묻는 제자에게 정치는 첫째가 신(信)이요 둘째가 식(食)이며 마지막은 병(兵)이라고 말씀하셨다. 병과 식 곧 군사와 밥은 없어도 되지만, 신 곧 믿음이 무너지고 나면 그 나라는 아무리 식량과 군사가 많다고 하더라도 지켜질 수 없다는 뜻이다. 정치가 또는 정치지도자가 제아무리 기가 막힌 정치적 구상이나 전망을 갖고 있다고 하더라도 국민들에게 신뢰를 받고 있지 못하다면 그 기막힌 정치적 구상이나 전망은 아무런 소용이 없는 것이다. 그러나 국민들에게 신뢰를 받고 있다면 제아무리 어려운 정치·경제·사회 그리고 여러 문제가 있다고 하더라도 반드시 해결할 수 있는 길이 있는 것이다. 나는 말했다.

"입후보하신 여러분들이 모두 많은 공약을 하셨는데 저는 서대문구만의 발전을 위해서, 서대문구만의 번영을 위해서, 그리고 서대문구민만의 복지를 위해서 일하는 국회의원은 안 되겠다고 여러분에게 분명히 말씀드립니다. 이것이 제 공약입니다. 상수도를 설치하고 아스팔트를 깔기 위해서 국회의원을 뽑겠다는 분이 있다면 훌륭하신 임흥순 선생 그리고 다른 훌륭한 분들에게 투표하십시오. 표를 얻기 위해서 여러분을 속이고 싶지는 않습니다.

제가 국회의원이 된다고 하더라도 국회에는 이백 명이 넘는 국회의원이 있으며 다들 지역구를 가지고 있습니다. 국가 예산을 편성하는 데는 우선순위가 있습니다. 예를 들어서 경상도 지방에 수리시설이 필요하다면 서대문구 아스팔트포장 예산을 경상도로 돌리고, 전라도 지방에 수재가 났다면 서대문구 상수도 시설 예산을 전라도로 돌려야 합니다. 대한민국이라는 나무가 있는데 서대문구는 작은 가지에 불과합니다. 저는 대한민국나무라는 그 자체의 뿌리를 튼튼하게 하기 위하여 물을 주고 비료를 뿌려서 대한민국이라는 나무 전체를 가꾸자는 사람이지 뿌리는 썩는데 서대문이라는 작은 가지 하나를 보호하는 데 급급한 사람이 되고 싶지는 않습니다. 대한민국은 망해도 서대문구 하나만 살리겠다는 국회의원은 되고 싶지 않다는 말씀입니다. 저는 부분에 집착하기보다 전체를 보는, 전체를 근본적으로 해결하려고 노력하는 국회의원이 되겠고, 또 그것을 국회의원의 사명으로 알고 있습니다.

불행하게도 우리나라는 아직 지방의회가 구성되지 않았는데 그런 부분적인 지방 사업들은 지방의회에서 지방의회 의원들이 해결해야 합니다. 저는 그러기 위해서 지방의회를 구성할 수 있는 '지방자치제의 조기 실시'를 위해 싸우겠습니다. 그러니 단순히 서대문만의 발전을, 눈앞의 작은 이익만을 생각하는 분은 저한테 표를 찍지 마십시오. 속된 말로 저는 서대문은 망하더라도 대한민국이 잘돼야 된다고 생각하는 사람이올시다. 서대문의 개발이 좀 늦어지더라도 대한민국 전체의 개발이 앞서야 합니다. 서대문의 발전을 위해 싸우는 작은 정치인은 되고 싶지 않습니다. 그런 뜻으로 찍는 표라면 저는 사양하겠습니다."

홍은동 산꼭대기 판자촌으로 갔다. 50명가량 나이든 주민들이 모여있었다. 주민들이 말했다.

"임흥순 씨를 비롯한 모든 후보자들이 우리 동네에 상수도를 놔주겠다는 약속을 했다. 그런데 합동정견 발표장에서 당신 말을 들어보니 서대문이 아니라 나라 전체의 발전을 위하여 싸우는 정치인이 되겠다고 했다. 우리는 그 말에 깊은 감명을 받았다. 당신에게 표를 찍어주겠다. 우리 동네 표가 모두 이천 푠데 우리가 그 대표다. 그러니 상수도를 놔주겠다는 약속만 해라. 그러면 당신을 찍어주겠다."

"여기 계신 분들이 모두 저의 아버님 같고 숙부님 같고 또 형님 같은 어른들이신데, 여러분들이 지금 저더러 돈을 달라시는 것도 아니고 다만 약속을 하라고 하시는데, 임흥순 선생을 비롯한 여러 입후보자들이 한 약속을 하면 저한테 표를 주시겠다는 말씀에 우선 깊은 감사를 드립니다."

나는 막걸리를 한 대접 마시고 나서 말을 이었다.

"그러나, 저는 돈이 없는 사람이올시다. 제가 돈이 있다면 제 돈으로라도 상수도를 가설해드리겠습니다. 수돗물도 안 나오는 이 높은 산꼭대기에서 고생하시는 여러분의 형편을 잘 압니다. 하지만 제가 국회의원이 된다고 하더라도 국가 예산에는 그 집행에 우선순위, 크고 작고 늦고 빠른 정도에 따라서 그 집행 순서가 있을 테니, 저로서는 이 자리에서 약속의 말씀을 드릴 수가 없습니다. 국가 예산을 일개 국회의원이 마음대로 할 수 있는 게 아닙니다. 부모형제 같은 여러분에게 저는 자신 없는 약속을 드릴 수 없습니다. 지키지 못할 약속을 하고 국회의원에 당선되어 그 약속 때문에 괴로워하느니 차라리 낙선을 택하겠습니다. 보궐선거로 뽑힌 국회의원 임기가 일 년 반 남짓인데, 그동안에 못 지킬 약속이 빤한데 어떻게 거짓말을 합니까? 거짓말을 해서 일 년 반짜리 국회의원이 되고 싶지는 않습니다. 가짜 국회의원이 되고 싶지는 않습니다.

저는 지금은 비록 보잘것없으나 적어도 먼 장래를 내다보는, 먼 장래에 이 나라 전체 살림살이를 제 손으로 꾸려보는 큰 정치인이 되고자 하는 사람입니다. 지키지 못할 약속을 하는 것은 사기꾼인데, 여러분이 저보고 그런 약속을 하라고 하신다면 저더러 사기꾼이 되라는 말씀입니까? 제가 설령 그런 약속을 공약으로 말씀드린다고 하더라도 저보다 나이 더 자신 어른들이 '네 이놈! 그래서 되겠느냐. 네가 정치를 바로 해야지. 이제 정치의 첫발을 내딛겠다고 나선 놈이 무슨 돈이 있느냐. 정치를 바로 하겠다면 우리가 찍어줄 것이고 그렇게 못한다면 안 찍어주겠다. 한마디로 올바른 정치인, 진정한 정치인, 진실로 국가와 민족을 위하는 큰 정치인이 되어야 한다' 이렇게 충고하고 채찍질 해주셔야 제가 앞으로 성장할 수 있지, 새빨간 거짓말을 하라고 하시면 저보고 사기꾼이 되라는 말씀입니까?

제가 국회의원 안 하면 안 하지 사기꾼이 되고 싶지는 않습니다. 일 년 반짜리 국회의원 하기 위해서 거짓말은 하지 않겠습니다. 저는 열다섯 살에 서울로 온 이래로 거짓말을 하지 않는 것을 첫째 신조로 살아왔습니다. 따라서 저는 실천하지 못할 약속은 안 합니다. 개인 사이에서도 그런데 하물며 국민과 하는 언약이겠습니까? 이번 선거에서 떨어지는 한이 있더라도 지키지 못할 공약을 해서 불신받는 정치인이 되고 싶지는 않습니다. 비록 낙선이 되더라도 신뢰받고 존경받는 명예스러운 정치인이 되고 싶습니다.

그렇다고 해서 제가 연습 삼아서 장난하려고 입후보한 것은 아닙니다. 꼭 당선이 되어야겠습니다. 저도 여러분의 지지를 받기 위해서는 다른 후보자들처럼 지역구 발전을 최우선으로 하는 공약을 해야 된다는 것을 잘 알고 있습니다. 저도 그 이상의 공약을 할 수 있습니다. 말로 하는 언약만이 아니라 필요하다면 혈서를 써서라도 보여드릴 수 있습니다.

그러나 일 년 반 안에 그 약속을 못 지킨다면 어떻게 됩니까? 이 김상현이는 사람인데, 진실로 진정한 사람이 되고자 하는데, 사람 피로 쓴 글이 개 피로 쓴 글만도 못 하게 되지 않습니까? 저는 개가 되고 싶지는 않습니다. 국회의원이 못 되더라도 사람으로 대접받고 싶지 개가 되어 한평생을 괴로워하고 싶지는 않습니다. 저는 그런 약속은 못 합니다."

일제히 박수가 쏟아졌다. 주민들 가운데 노인 한 분이 말했다.

"좋다. 그런 정신과 자세를 영원히 간직해라. 우리는 지켜볼 것이다. 그리고 우리는 모두 당신을 찍어주겠다. 그런데 다른 사람들한테 이런 이야기를 어떻게 일일이 설명하느냐?"

"표가 안 나와도 좋습니다. 여러분이 저의 진실만 알아주신다면 당락에 관계없이 여러분의 은혜를 잊지 않겠습니다."

개표 때 그곳에서는 80퍼센트 몰표가 쏟아졌다.

정치에 뜻을 둔 19살 때부터 나는 사과하는 인생을 살아왔다. 정치가는, 그리고 정치가야말로 사과하는 인생을 살아가야 할 것이라고 믿었다. 정치가는 많은 공약을 하게 된다. 그러나 공약을 못 지키게 되는 경우도 있다. 그러므로 정치가는 그 누구보다도 겸손하고 진실하며 그리고 잘못된 점이 있다면 그 잘못된 점을 떳떳하게 밝히고 용서를 구하는 삶을 살아야 할 것이다.

국민을 두려워해야 된다. 그렇게 하는 것이 비록 정치적인 성장 속도가 느리고 또 어떤 목적을 달성하는 데 차질을 빚거나 끝내는 그 목적을 달성하지 못하게 된다고 하더라도 후배들에게 모범은 될 수 있는 것이다. 모든 인간의 생명이 진실이지만 정치인에게는 더구나 특별하게 요구되는 것이 진실이다.

정치인을 포함하여 인간은 때로 실수를 할 수도 있다. 오판을 할 수도 있다. 그러나 곧바로 자기 잘못을 깨닫고 뉘우쳐서 고쳐 나갈 수 있는 사람, 자기 수정 능력이 있는 사람은 발전 가능성이 있지만 그렇지 못한 사람은 발전하지 못한다. 저자거리 필부匹夫·필부匹婦도 그러하거늘 하물며 사람다운 사람의 세상을 만들어보겠다고 사람들 앞에 나선 정치인임에랴.

나는 선거구민들에게 무엇을 해주겠다고 약속을 하지 않고 당선이 되더라도 이러이러한 것은 내 능력 밖이므로 해드릴 수가 없다고 말했다. 다만 선거구민 여러분들, 나아가서는 우리 모두의 꿈, 공동의 꿈을 이루기 위하여 노력하겠다고 말했다. 춥고 배고프고 외롭게 소외된 민중의, 서민의, 나아가서는 민족의 꿈을 이루기 위하여 노력하겠다고 말했다. 많은 박수를 받았다. 정치에 뜻을 둔 19살 때부터 하루 한 끼니 밥과 하룻밤 잠자리를 위하여 전전긍긍하면서도 그 꿈을 대변하는 사람이 되기 위하여 용기를 잃지 않고 살아온 삶의 역경을 얘기했을 때, 눈물을 흘리는 사람들이 많았다.

신순범愼順範 씨 등 웅변협회에 관계했던 사람들이 전부 서대문으로 몰려와서 찬조연설을 해줬다. 그때는 100번이든 200번이든 선거연설이 자유롭던 시절이었다. 지금까지 관계가 지속되고 있는 사람도 있고 이미 세상을 떠난 사람도 있지만, 나와 비슷한 환경에 있던 수많은 선배와 동료 그리고 후배들이 서대문으로 서대문으로 몰려왔다.

신순범·서호석·주준수·조진혁·김구룡·김원식·김면중 같은 동지가 각 동별로 책임을 맡아서 운동을 해줬는데 조직책은 엄창록嚴昌祿 씨였다. 엄창록 씨는 이북 출신으로서 조직의 명수로 알려진 사람이었다.

엄창록 조직에 관계했던 조직원들은 엄창록을 한결같이 신처럼 생각하고 받들었다. 그렇게 하게끔 훈련을 시킨다고 했다. 명령에 절대복종해야 하는 것이 조직원의 의무며 사명이지만, 엄창록의 경우 그것이 혹독하달 정도로 철저했다는 말이다. 담을 넘어가라면 담을 넘어가고 죽으라면 죽는 시늉이라도 해야 되는 것이 꼭 사교의 교주와도 같았다고 한다.

예를 들자면 대현동의 누구누구를 찾아서 주고 오라며 돈이 든 봉투를 주는데 그것이 열 명이라면 그 가운데 한두 명은 반드시 가공의 인물이라는 것이다. 그러면 조직원 가운데는 다 찾아서 주고 왔다고 하면서 가공의 인물 몫은 자기 주머니에 집어넣기도 하는데 그 조직원은 엄의 조직에서 잘리거나 크게 혼을 나며, 아무리 찾아봐도 그런 사람은 없더라고 정직하게 보고하는 조직원에게는 '정보(주소)가 잘못된 모양'이라며 시치미를 떼는 식이다. 그리고 조직원 뒤에는 반드시 감시원을 딸린다고 했다. 고정간첩이 접선하는 식의 점조직이다. 인제·목포 선거에서 경우를 들어보면, 김대중 씨 운동원이 지금 같으면 솔을 피우면서 상대방 후보 운동원이라고 하며 유권자에게 새마을 같은 하급 담배를 줌으로써 불쾌감을 유발시킨다거나 무슨 선물을 주고 나서 잘못 전달된 것이라고 다시 찾아온다고 했다. 이른바 '마타토어 전술'로써 엄은 흑색선전의 대가였다. 김대중 씨가 실질적인 내용과 관계없이 강경한 급진과격

파로 인상 지워지게 되고 일부 사람들에게 두렵다는 인상을 주게 된 것이 사실이라면, 엄에게서 연유한 것이 아닌가 하는 생각을 해본다.

조직이든 무엇이든 사람과 사람이 모여서 이루어지는 일에는 기본적으로 믿음이 바탕되어야 한다. 여야를 막론하고 선거 때만 가동되는 조직에는 문제가 있다. 믿음을 바탕으로 하지 않고 당장의 이해관계로만 만들어진 조직은 그 이해관계가 끝나면 무너져버리게 마련이다. 믿음이 바탕되지 않은 조직 또는 공동체는 힘이 없고 돈이 없을 때는 무너지게 마련이다. 조직은 그 구성원 숫자도 문제지만 핵심을 이루는 세력이 서로 깊은 믿음으로써 맺어져야 한다. 진실이 바탕되지 않고는 지속성이 없다.

남양에서 양조장을 하던 장인이 술을 갖다주셨고, 처남 도움을 받기도 했다. '인촌仁村 아들이 출마했다더라'는 소문이 떠돌기도 했다. 그때에 나는 김상흠金相欽 의원과 형제처럼 가깝게 지냈으므로 김상흠 의원 부인이 서대문구 주민들에게 "이번에 내 시동생이 출마했다"고 말한 모양이었다.

선거전이 치열해지면서 후보자끼리 서로가 서로를 물고 늘어지는 공격, 특히 인신공격이 심했다. 나는 첫 선거 전략회의 때부터 이 점을 강조했다.

"절대로 같은 후보자들을 비방하거나 인신공격을 하지 않는다. 선거라는 것은 입후보자들끼리 싸움이 아니라 입후보자와 선거구민과의 싸움이기 때문이다. 예를 들어서 내용이 부실한 물건을 아무리 아름답고 호화롭게 포장을 해서 시장에 내놓는다고 하더라도 한 번은 어떻게 팔릴지 모르지만 두 번째부터는 절대로 팔리지 않는 법이다. 하물며 죽어서 죽은 그 뒤에까지도 이름을 짊어지고 있게 될 정치인으로서야 두말할 필요가 있겠는가?"

일찍이 선배 정치인들 유세장에 찬조연사로 따라다니며 후보자끼리 서로 중상모략하고 인신공격을 하는 진흙밭의 개싸움과 같은 모습을 보고 환멸을 느꼈던 나는 절대로 상대방을 비방하거나 인신공격을 해서는 안 된다는 점을 강조했다. 그런 철칙 아래서 인맥구성과 연고자 중심 활용 전술로 나갔다. 철저하게 유권자들을 상대로 하는 일 대 일 전술로 나갔다. 정당 조직이 약했으므로 정당 조직과 비선 조직으로 조직을 나누어 비선 조직을 연고자 조직으로 활용하는 작전이었다. 이를테면 내 선거운동원 한 사람 한 사람이 모두 김상현이라는 상품 판매원이 되어 '김상현 판매 주식회사'를 설립한 것이었다.

합동정견 발표회 때는 무슨 수를 쓰더라도 반드시 임흥순 씨 옆자리에 앉았다. 나는 만 29살 무명청년이었으므로 끝자리에 앉아 있으면 유권자들이 볼 때 '아, 저 친구는 나이도 어리고 존재도 없는 사람이구나' 할 것이므로 일부러 자유당 때부터 거물 정객인 임흥순 씨 옆자리에 앉아 말을 걸어 이야기를 나누고 있노라면 사람들 시선이 쏠리게 마련이었다. 그리고 다른 입후보자들 연설을 열심히 경청하면서 때로는 수첩에 적기도 함으로써 유권자들에게 진지하고 당당한 모습을 보여주었는데, 말하자면 내 식의 선거 전술이었다.

입후보자들은 하나같이 임흥순 씨를 물고 늘어지면서 나 따위는 전혀 안중에도 두지 않는 눈치였다. 그들은 입을 모아 임흥순 씨를 '3·15 부정선거의 원흉'이요 '장면 부통령 저격사건의 배후 주동인물'이라고 공격하였다. 9명 입후보자 가운데 가장 강자가 임흥순 씨였는데 임흥순 씨는 4·19 세대며 제1야당 공천을 받고 나온 내가 어떻게 나올까 하고 굉장히 긴장을 하고 있었다.

"여기에 앉아 계신 임 선생님은 춘추도 제일 많으시고 서울특별시장과 국회의원을 지내시면서 많은 행정과 정치 경험 그리고 관록을 쌓으신 정계의 원로이십니다. 그런데 아까 제가 임 선생님께 무슨 말씀을 드렸는가 하면 '임 선생님, 자식 같은 저를 키워주시는 의미에서 입후보를 사퇴하십시오' 하고 말씀드렸습니다. 그 말씀을 임 선생님께서 받아들이신다면 얼마나 고맙겠습니까? 정계의 대선배이신 임 선생님께서 젊은 후배를 위하여 사퇴를 하셔서 제가 의정단상에 서게 된다면 참으로 훌륭한 귀감으로 역사의 평가를 받으시게 될 것입니다."

연단 밑으로 내려오는데 임흥순 씨가 내 손을 꼭 잡았다. 그리고 조금은 떨리는 목소리로 말했다.

"고맙소."

입후보자들은 끈질기게 임흥순 씨를 '3·15 부정선거의 원흉'과 '장면 부통령 저격사건의 배후 주동인물'이라고 물고 늘어지면서 이따금 나한테도 '구두닦이와 신문팔이나 하던 양아치'요 '젖비린내 나는 애송이'라고 공격해왔는데, 나는 웃으면서 익살로 받아넘겼다. 양정중고등학교 교정에서 열린 마지막 합동정견 발표회장에서였다. 온갖 공격을 다 받고난 임흥순 씨가 단상으로 올라갔다.

"갈 길이 머지않은 늙은 몸으로 여러분에게 마지막 호소를 드립니다. 나를 마지막으로 한 번만 더 국회에 보내주신다면 평생을 두고 그 은혜를 잊지 않을 것입니다. 그러나 나를 찍지 못하시겠다면 여기 젊은 청년 기호 이 번 김상현 군을 찍어주시오!"

임흥순 씨 이 한마디가 결정적인 계기가 되었다. 나는 전 조직원을 동원하여 '임흥순 씨가 김상현이를 찍어주라고 했다'라고 홍보를 하게 했다. 이 말은 곧 술집이나 다방에서 화제가 되었고 나중에는 '임흥순이가 후보를 사퇴했다'는 말로 바뀌어서 퍼졌다.

개표 당일 나는 서대문 사거리 옆에 있는 농협 강당에서 밤을 새웠다. 나를 찍어준 유권자를 위해서 당락에 관계없이 끝까지 지켜보아야 된다는 생각이었는데, 당선이었다. 기자들이 내 입에 마이크를 들이대며 소감을 말하라고 했다.

"이십칠점공이 퍼센트란 저조한 투표율 속에서 당선됐다는 것은 결코 자랑스럽거나 영광스럽게 생각할 수 없습니다. 이십칠점공이 퍼센트란 사상 유례없이 저조한 투표율은 바로 오늘날 우리 국민이 얼마나 정치와 정치인을 불신하는가를 여실히 드러내고 있다고 봅니다. 따라서 무엇보다도 앞으로 제가 할 일은 국민들에게 이런 불신을 씻어내고 신뢰받는 정치인이 되어 실추된 정치인의 명예를 회복하는 데 최선을 다하는 것입니다. 정책적인 대결로 여당의 독주와 부정부패를 막고 건전

야당의 자세를 바로잡는 데 최선을 다하겠습니다."

투표율이 저조한 것은 서대문갑구만이 아니었다. 서대문갑구는 그래도 서울의 중구, 서대문을구, 용산 4개 가운데서 가장 높은 투표율이었고, 광주갑구를 포함한 5개구 보궐선거 평균 투표율은 26.10퍼센트였다. 내가 당선된 서대문갑구 후보자별 득표수는 다음과 같았다.

김상현金相賢	1만 1,402표
임흥순任興淳	9,103표
정인소鄭寅笑	4,095표
김형근金瀅根	2,919표
김상순金相淳	1,953표
고담룡高湛龍	719표
김진태金振泰	438표

7. 29살짜리 국회의원

"본 의원은 국헌을 준수하고 국민의 자유와 복리의 증진에 노력하여 국회의원의 직무를 성실히 수행할 것을 엄숙히 선서합니다."

1965년 11월 17일

국회의원 김상현

제6대 국회의원 175명 가운데 본회의에 참석한 150여 명 국회의원들이 모두 일어선 가운데 의원선서를 한 나는 곧바로 당선 인사를 했다.

"존경하는 의장, 그리고 선배 의원 여러분, 조국의 역사 앞에 수치스러운 유산을 남기지 않기 위해서 저의 모든 정열과 성의와 노력을 다할 것을 다짐합니다. 본 의원은 정치인으로서 가장 명예스러운 행동을 실천함으로써 영광을 얻고자 하는 것이 저의 최대의 이상이라는 것을 말씀드리면서 인사의 말씀을 대신합니다. 고맙습니다."

나는 문교공보위원회에 소속되었다. 민중당 소속 문공위원은 이희승李喜承·유청柳青·유진柳津·고형곤高亨坤 의원이었고, 민주공화당 소속 위원은 최영두崔永斗·예춘호芮春浩·육인수陸寅修·차지철車智澈 의원 등이었으며, 문공위원장은 공화당 최영두 의원이었다. 문교부 장관은 권오병權五柄 씨고 공보부 장관은 홍종철洪鍾哲 씨였는데, 열 달 만에 불신임안이 국회에서 통과되어 자리를 물러날 때까지 문교부 장관을 했던 권오병 씨와 홍종철 공보부 장관이 나를 가장 어려워했다.

5·16 군사쿠데타에서 비롯된 군사정권, 아니 8·15 해방 이래 누적되어온 온갖 부정부패와 사회경제적인 불안, 그리고 중앙정보부로 대표되는 정보강압정치에 대한 반발을 반일이라는 기치 아래 분출시킨 6·3 항쟁을 무력으로 진압한 군사정권 아래서 국민들은 숨을 죽이고 있었다. 6·3 항쟁을 주도했던 학생들은 그러나 1965년 말까지 끈질기게 항쟁을 계속함으로써 수많은 학생들이 '정치학생'으로 몰려 체포·구속·제적당했고 존경받는 양심적이고 진보적인 교수들은 '정치교수'로 몰려 학원을 떠나야만 했다.

내가 의원선서를 한 다음 날부터 국회에서는 1966년 국가 예산안을 심의하는 예산국회가 열렸는데, 나는 문공위원회 예산안 심의에 앞서 의사진행 발언권을 얻었다. 그리고 정부의 학원정책에 대해 그 잘못된 점을 조목조목 따져 들어갔다. 나는 권오병 문교부 장관을 상대로 '정치학생'·'정치교수'라는 말 자체가 잘못되었으며 학원이 학원으로서 기능을 되찾기 전에는 끊임없는 제2, 제3의 '정치학생'·'정치교수'가 나올 것인데 그때마다 '정치학생'·'정치교수'라는 이름을 붙여 학원에서 쫓아낼 것이냐고 따졌다.

공화당이 제출한 9,600만 불 규모의 대일청구권자금 제1차년도 사용계획 동의안을 저지하기 위하여 민중당 의원들은 17시간에 걸친 이른바 '릴레이 필리버스티'를 벌이기도 했다. 김상흠 의원의 반송결의안 제출에 뒤이어 이중재·홍영기·한통숙·나·진기배陳基培·신인우申仁雨·이충환 의원이 차례로 등단하여 의사진행을 방해했는데, 네 시간 반 이상을 계속한 내 발언이 그중 가장 길었다. 발언 도중 내가 '5·16은 4·19의 반동'이라고 한 말에 자극된 여당 의원 가운데 조남철趙南哲 의원이 신인우 의원에게 달려들어 멱살을 잡고 시비를 벌이는 것을 비롯해, 몇 차례나 여야 의원 사이에 욕설과 주먹이 오가며 정회가 거듭되고 여야 총무회담이 열리는 등 완전히 아수라장이었다. 3월 6일 새벽 2시 35분 반송결의안이 폐기되자 민중당 의원들은 전원 퇴장했다. 열일곱시간에 걸친 강행군에 지친 이효상李孝祥 의장은 혈압이 200까지 올라가 주치의 치료를 받았고, 새벽 네시경 공화당 김호칠金好七 의원 질의가 끝났을 때는 졸다 못해 잠든 사무처 직원을 깨워서야 다음 발언자를 소개하기도 했다고 신문에서 꼬집었을 정도였다.

    나는 또 '경찰 증원'을 반대하고 '창경원 입장료 인상'을 반대하며, 초·중·고등학교 의무교육을 실시하고 교원 봉급을 현실에 맞게 인상할 것을 요구하기도 했는데, 허망한 것이었다. 한마디로 나라 살림살이 근본이 되는 정치의 대들보가 잘못 올려졌는데 문교 또는 문화의 서까래가 제대로 걸쳐질 이치가 없기 때문이었다.

8. 경향신문 녹음 폭로

군사독재정권은 1966년에 접어들어서도 벽두부터 '한독당 내란음모사건'을 조작 발표하는 등 자기들 독재 통치기반을 강화하는 데 온갖 술수를 다 동원하고 있었다.

그러던 어느 날 점잖게 생긴 한 부인이 나를 찾아왔다. 자기는 경향신문사 이준구李俊九 사장 부인인데 중앙정보부 제5국 부국장 겸 검사인 길기수가 찾아와서 협박을 한다고 했다. 청와대 지시라며 경향신문사를 정부에 바치면 남편을 석방시켜줄 것이고, 그렇지 않으면 평생을 두고 감옥에서 썩게 하겠다고 한다는 것이었다. 그래서 야당 의원들을 찾아다니며 남편의 구명운동을 좀 해달라고 아무리 통사정을 해도 아무도 들어주는 사람이 없다고 했다. 청와대 지시라는 말 한마디에 모두 손을 내저으니 생각다 못해 나를 찾아온 것이라며 그 부인은 울음을 터뜨렸다. 보궐선거에 당선해 이제 갓 국회의원이 된 처지인 만큼 때 묻지 않은 정의감이 있지 않겠냐며 남편을 살려달라고 녹음테이프를 내밀었다. 나는 두 손으로 그 부인 손을 잡았다.

"염려 마십시오. 저는 바로 이 사장처럼 권력에 의하여 부당하게 인권과 재산을 침해받고 있는 사람들의 억울함을 풀어주고자 국회의원이 된 사람이올시다."

국회 문공분과위원회에 홍종철 공보부 장관을 출석시켰다.

"경향신문사에 대한 탄압을 즉각 중지하고 이 사장을 풀어줘라."

"전혀 탄압한 적이 없다."

"명백한 증거가 있다."

"……."

"앞으로 일주일 안에 탄압을 중지하고 이 사장을 석방하지 않으면 그 증거를 폭로하겠다."

다음 날 새벽 중앙정보부 언론담당 과장 강관수가 나를 찾아왔다.

"김 의원, 국회의원이 된 지도 얼마 안 된 처지에 우리 부와 싸워서 어쩌자는 거요? 부와 싸워서는 김 의원의 정치생명만 끝장납니다. 세상을 좀 아시고 정치를 좀 더 배우시오."

강관수는 내가 3·1청년학생동지회 등 청년학생운동을 할 때부터 아는 사이였다. 강관수가 다시 말했다.

"김 의원은 자꾸 결정적인 증거가 있다고 하는데 도대체 무슨 증거가 있단 말이요? 잘못하면 김 의원만 다칩니다. 김 의원의 정치적 장래를 생각하시오. 그리고 이건 내 말이 아니라 우리 부장님 말씀이요. 우리 부장님을 한번 만나시오."

"나는 일찍이 조실부모하고 만고풍상을 다 겪으며 살아온 사람입니다. 내가 오대 독자가 됐는데 만으로 쳐서 서른아홉에 돌아가신 우리 아버지가 가장 장수하신 편으로 마흔 살을 넘긴 조상이 없습니다. 따

반공법과 국가보안법 위반 혐의로 구속된 이준구 당시 경향신문사 사장(왼쪽).

라서 나는 지금 죽어도 이듭이요, 항상 오늘이 내 인생의 마지막이라고 생각하고 사는 사람이요. 오늘에만 최선을 다합니다. 내일은 생각지 않습니다. 그러니 중앙정보부가 언론탄압을 중지해야지 나더러 손을 떼라는 것은 말이 되지 않습니다. 부당한 쪽이 손을 떼야지 정당한 쪽에서 어떻게 손을 뗍니까? 내게 증거가 있다는 것을 안 믿는 모양인데, 만약 이 증거가 폭로되면 무엇보다도 중정에서 가장 치명적인 타격을 입게 될 거요. 그러니 부장한테 말하시오. 이 사태에서 손을 떼면 나도 증거를 포기하겠다고. 나는 명예로운 정치인이 되고자 하기 때문에 양심에 부끄러운 인생을 살지는 않겠소. 나한테 협박은 안 통합니다. 일주일 안으로 경향신문을 원상복구 시키시오."

그러나 중앙정보부에서는 나한테 증거가 있다는 말을 믿지 않고 미행만 계속했고, 김형욱金炯旭 중앙정보부장이 만나자는 말을 전해왔다. 나는 단호히 거절하고 약속대로 일주일 뒤 국회 본회의장으로 녹음테이프를 들고 나갔다. 나는 경향신문사에 대한 제안 설명을 하면서 정일권丁一權 국무총리에게 물었다.

"경향신문이 단순히 채무를 이행치 못했기 때문에 경매를 한 것인가? 그렇다면 이 자리에서 연체된 대기업체 열 개를 밝히고 이에 대해서도 경매 여부를 분명히 밝혀라.

이준구 씨와 경향신문을 별도로 처리할 것인가? 아니면 이 씨가 반공법 위반 피고이기 때문에 경향신문을 경매할 것인가? 팔백만 원 예금 인출을 거부한 것은 모 기관 국장 명의로 된 수사종결 지시까지 예금 인출을 중지하게 한 공문 한 장으로 거부했는데, 이것을 합법적으로 보는가?

본 의원은 정부의 어느 기관이 치명상을 입기를 원치 않는다. 그러나 정부와 여당이 무성의하기 때문에 그 증거의 일부를 공개하겠다. 그간 정부 모 기관 국장과 경향신문사 간부 간 대화를 녹취한 내용 일부는 이렇다."

나는 녹음기 단추를 눌렀다.

"그러니까 말하자면 경향신문사를 손에 넣어야만 이 사장을 내놓겠다 이거지요? 쉽게 말하면 사장과 신문사를 맞바꾸자는 거 아닙니까?"

"그렇죠. 쉽게 말해도 그렇고 어렵게 말해도 그렇고……."

"요컨대 정부에서 신문사가 필요하니 달라는 거 아닙니까? 만약 그렇게 하지 않으면 어떻게 됩니까?"

"사람은 징역 가고 신문사도 운영 못 하고……. 요컨대 정부에서 신문사가 필요하니 크게 밑지는 가격으로 달라는 그겁니다."

"경매한다면서요?"

"경매하면 누가 입찰하겠습니까? 아무도 못 할 겁니다. 누가 입찰하려고 하면 그냥 두겠습니까? 가만히 두겠어요? 쇼를 하겠지요. 누가 입찰하는 것처럼."

정일권 국무총리가 대답했다.

"경매는 어디까지나 채권자와 채무자 간 문제지 언론기관이라고 해서 법을 초월할 수는 없다. 이준구 씨가 경향신문사에 영향력을 미치는 한에 있어서는 경향신문사와 이준구 씨를 별도로 생각할 수 없다. 실제에 있어 사주와 논설 및 경영을 분리하기 어렵다고 본다. 반공을 국시로 한 우리나라에서 연체액수가 적더라도 사주가 반공법을 위반한 이상 정부가 동사를 정책적으로 지원해주기 어렵다. 경향 공매에 정치 압력은 없었으며 정부 기관에서 법에서 벗어난 행동을 했다면 응당 법에 의해 조치를 취하겠다."

김정렴金貞濂 재무부 장관은 이렇게 대답했다.

"경향 공매에 정치성이 개입된 일이 없다. 경향 이외 열 개 대기업체 연체는 그 명단을 가지고 있지 않아 지금 말할 수 없다. 시중 은행장의 경향 연체 처리와 관련된 재경위 증언 후에도 경향 측에서 하등 성의 표시가 없었고 성의 표시를 촉구하다보니 소정 절차를 밟아 공매 처분된 걸로 안다."

국무총리와 재무부 장관의 엉터리 답변을 듣고 나서 다시 질문을 시작해 4시간 40분 동안을 발언하고 있는데, 김영삼 총무가 쪽지를 보내왔다. '협상이 끝났으니 내려오라'는 내용이었다. 그러나 나는 하던 발언을 계속했다. 김상흠 의원이 귀띔을 해주었다.

"장기영張基榮 부총리 겸 경제기획원 장관이 그러는데……, 똑똑하고 장래가 촉망되는 젊은 사람이 그렇게 강경일변도로만 나가면 정치생명이 끝나니 발언을 취소하라고 그러더먼. 잘 생각해서 하소."

"죽이면 죽지 전 그렇게는 못합니다."

이것이 군사독재정권에서 저지른 언론 탄압의 구체적인 첫 경우였고 시발점이라는 것을 아는지 모르는지 다른 신문사들에서는 전혀 냉담했다. 오히려 깐깐한 경쟁지 하나가 없어지니 다행이라는 식으로 좋아하는 기색이었다. 그러나 단순히 한 경쟁지의 불운으로만 생각해 수수방관하지 않고 한 배를 타고 있는 공동운명체임을 똑똑하게 인식하여 전 언론이 일치단결 싸워 나갔더라면, 언론의 형편이 조금은 달라지지 않았을까?

내 발언 파문으로 길기수 등 관련자는 쫓겨나고 이준구 사장은 얼마 뒤에 석방되었다. 그리고 이 사장은 당시 시가보다 2억쯤 더 받고 결국 신문사를 넘기고 말았다. 이 사장 부인이 고맙다며 집으로 녹용가루를 보내왔다.

8대 국회에서 내무위원이 되었을 때 공화당 전국구 공천을 받아 국회에 들어오게 된 김형욱 씨를 만났다. 술자리에서 김형욱 전 중앙정보부장이 말했다.

"김 의원, 나는 김 의원을 존경하오. 김 의원한테 비록 내가 당했지만 그런 패기 있는 야당 의원이 있어야지요. 야당 의원들이 나한테 와서 어떻게 하는지 아시오? 걸레 같은 놈들 많습니다."

9. 외유와 공부

문공위원으로 있으면서 '아시아 지역 교육실태조사'라는 명목으로 일본·대만·태국·필리핀 네 나라를 방문하게 되었다. 이른바 '외유'라고 국민들에게 비웃음을 받는 국회의원 해외출장이었는데, 나는 그냥 놀다가 돌아오지만은 않았다. 물론 난생 처음 보게 되는 다른 나라 풍경이며 문물들이 신기하여 여기저기를 기웃거리기도 하고 그 나라 정부 관리와 의회 의원들한테 대접을 받기도 했지만, 한 가지라도 공부를 하고자 했다.

그래서 일본에 갔을 때는 '재일본조선인총연합회' 약칭 '조총련' 교육시설 및 그 환경과 '재일본대한민국거류민단' 약칭 '민단'의 그것을 비교해 조사하였다. 10 대 1 비율로 민단이 낮았고 신용금고 같은 경제 활동도 역시 10 대 1 비율로 약세였다. 그때까지 재외 한국인에 대한 우리 정부의 교민 정책은 전무한 상태였다. 기민棄民 정책은 있어도 교민僑民 정책은 없었다. 충격을 받은 나는 앞으로 일본을 비롯한 재외 한국인들 실태 조사를 여야 공동으로 해야겠다는 구상을 하였다.

6대 국회 끝 무렵에 내가 '교포문제연구소' 소장으로 취임하여 광화문에 사무실을 내고 본격적인 연구에 들어간 것도 그때 구상을 현실화한 것에 지나지 않았다.

10. 술

 나는 체질적으로 술이 잘 받는다. '영웅호걸은 주색을 좋아한다'는 봉건 시대의 낡은 고정관념에서 벗어나지 못했다. 해공이나 유석 같은 선배 정치인들도 경륜이나 그 경륜을 현실화할 수 있는 정치적 역량을 따지기 이전에 주색을 좋아했다는 점을 멋지게 보았을 정도였다. 술에 대해서는 사양을 해본 적이 없다. 마치 술을 잘 마실수록 큰 정치인이 될 수 있다고 생각한 것처럼 많은 술을 마셨다. 선거구 상갓집에는 밤 10시에서 새벽까지 다녔는데 심지어는 여덟 집까지 다닌 적도 있다. 그때마다 주는 술을 사양하지 않아서 어떤 때는 상갓집에서 바로 국회로 출근을 하기도 했다.

 홍종철 공보부 장관과 술을 마시게 되었다. 홍천이라는 공보국장을 대동한 홍 장관과 함께 한남동에 있는 요릿집에서 시작해서 세 곳이나 자리를 옮겨가며 마셨다. 새벽 3시쯤 홍 장관이 만세를 부르고 사라진 다음에도 홍 국장과 둘이서 맥주잔에 조니워커를 따라서 주거니 받거니 했다. 다음 날 10시 10분에 예산심의가 있어 국회로 나갔더니 홍 장관이 들어오다가 나를 보고 놀라며 다시 나갔다. 나중에 홍 국장이 일본 주재 공보관으로 자리를 옮겼을 때 들은 얘긴데, 사실은 그것이 정략적인 술

자리였다는 것이다. 술에는 육군 대표선수로 이름이 날 만큼 강자인 홍 국장이 나를 붙잡고 늘어져 대작을 함으로써 내가 예산 국회에 참석치 못하게 하자는 것이었는데, 그만 홍 국장이 먼저 떨어져버린 것이었다. 그 바람에 사표를 쓸 뻔했다는 홍천은 정훈장교 출신으로 5·16 때 육군 대령이었는데, 5·16이 성공하면 청와대 대변인으로 내정되어 있었으나 5·16이 실패할 것 같아 쿠데타 주체에 끼지 않았다는 사람이었다.

한번은 강기천姜起千 해병대 사령관과 술을 먹게 되었다. 해병대 준장 하나를 대동하고 나온 강 사령관은 육군사관학교 생도처럼 단정한 자세로 앉아 맥주잔에 조니워커를 가득 따르더니 단숨에 마셔버렸다. 그리고 내게로 잔을 넘겼다.

"김 의원, 내일은 일요일입니다."

"강 장군, 내일은 일요일이 아니라 목요일입니다."

"우리가 오늘 밤 뻗어서 내일 아침 출근을 하지 못하면 그게 바로 일요일 아닙니까?"

이런 식으로 두 번을 만났는데 두 번 다 내가 졌다. 현역 해병대 사령관을 술로라도 이겨봐야겠다는 오기가 생겼다. 나는 강 사령관에게 술을 마시자고 먼저 청한 다음 오후 5시쯤 목욕탕으로 갔다. 뜨거운 탕 속에서 충분히 피로를 풀고 나서 로스구이를 잔뜩 먹었다. 그리고 인삼 가루를 먹고, 강 사령관을 만났다. 나는 맥주잔 가득 조니워커를 따라서 단숨에 마신 다음 강 사령관에게 잔을 건넸다.

"내일은 일요일입니다."

"그렇지요."

빠른 속도로 석 잔씩 마시고 났을 때 강 사령관이 말했다.

"잠깐, 한 말씀 묻겠소."

"물으십시오."

"오늘 저녁에 뭘 자시고 오셨소?"

"먹긴 뭘 먹습니까? 늘 먹는 밥이지요."

잔을 비우고 난 강 사령관이 다시 말했다.

"우리 털어놓고 얘기합시다. 여기 오기 전에 뭘 자셨소?"

나는 그만 참지 못하고 웃음을 터뜨렸다.

"로스구이 오 인분을 먹고 왔습니다. 인삼가루하고."

"아하!"

강 사령관이 무릎을 쳤다.

"나는 삼 인분밖에 못 먹었는데……, 오늘 저녁은 내가 졌소."

"아니, 무슨 말씀이세요? 계속 끝까지 마셔보십시다."

다시 한 잔씩을 마시고 났을 때 강 사령관이 변소에 다녀온다며 방을 나갔다. 그러고는 돌아오지 않았다. 벽에는 양쪽 어깨에 별 세 개가 달린 해병대 중장 정복 윗도리가 걸려 있었다.

11. 전국구 당선

1967년 2월 7일 서울 시민회관에서 통합야당으로 신민당이 출범했다. 1965년 6월 14일에 창당된 민중당과 1966년 3월 3일 창당되었던 신한당이 하나로 합쳐진 것이었다. 8·15 직후 한국민주당에서 출발하여 민주당정권 시절 신·구파를 거쳐 5·16 군사쿠데타 이후 오랜 분규를 거듭하던 끝에 마침내 단일 야당이 된 것이다. 신민당 당수는 재야에서 영입해온 헌민號民 유진오俞鎭午 박사였고, 5월 3일 실시될 제6대 대통령선거 입후보자는 해위 윤보선 선생으로 결정되었다.

김대중 대변인이 국무성 초청으로 미국을 방문하는 바람에 1966년 2월 21일부터 임시대변인을 맡아 민중당 입 노릇을 하고 있던 나는 김대중 대변인 다음가는 부대변인으로 윤보선 후보와 함께 전국유세에 나섰다.

국민 저항을 무력으로 진압하고 한일협정을 성사시킨 군사독재정권은 월남파병을 시작했다. 청부대리 전쟁을 반대하는 야당과 청년학생들 저항을 강권으로 누르며 1965년 2월에 시작한 월남파병은 1966년에는 파병 인원이 총 5만 5,000명에 이르렀다. 한일협정 체결을 통한 동북아시아 한·미·일 삼각군사동맹 토대 마련에 만족하지 않고 한국군을 베트남전쟁에 끌어들이기를 희망한 미국의 강력한 압력 때문이었다. 정권 안보를 위하여 미국 압력에 굴복한 군사독재정권은 대일청구권자금과 막대한 경제차관 그리고 월남파병으로 비롯된 인력 수출·상품 수출·군납 등 이른바 '월남특수'를 통한 외화 획득으로 정권의 물적 토대를 강화하는 데 성공했다.

1961년 3,000여 명 특무부대 요원들로 출발해 1964년에 이미 37만여 명이라는 방대한 정보조직으로 확대된 중앙정보부를 중심으로 사회 통제에 성공한 박정권은 외세 지원과 어느 정도 수치적 경제성장에 성공하여 장기집권 토대를 이미 구축하고 있었다. 야당은 제5대 대통령선거에서 실패했던 윤보선을 다시 후보로 내세워 박정희와 싸우고는 있었으나, 싸우기도 전에 이미 패배 분위기에 휩싸여 있었다. 군사독재정권에서 퍼부어대는 허구적 경제성장 수치와 공포 강압정치 수법에 마취되고 세뇌되고 움츠러든 대중의 정치의식을 일깨워 군사독재 철벽을 돌파해내기에는 야당 힘이 너무 미약하였다.

결국 박정희가 다시 대통령에 선출되었다. 미국의 강력한 지원을 받고 있는 박정희가 다시 당선되고 선거는 결국 요식행위에 지나지 않는다는 것은 충분히 예견된 일이었다. 116만여 표 차이로 윤보선 후보는 다시 쓴잔을 들게 되었는데, 재미있는 것은 통한당 오재영吳在泳 후보가 거물 정객인 민중당 김준연金俊淵과 한국독립당 전진한錢鎭漢 후보를 누르고 26만 4,533표를 얻어 3위를 차지했다는 사실이다. 그리고 박정희 후보는 윤보선 후보에게 전국적으로 패배했으나 출신지인 경상도

중앙선거관리위원회에서 제7대 국회의원선거에서
사용될 선거 기호 번호를 추첨하고 있다.

일대에서만 압도적인 지지를 받았다는 점이다.

대통령선거가 끝나자 곧바로 제7대 국회의원선거가 실시되었다.

보궐선거로 당선된 나는 다시 공천을 받는 것이 문제였다. 갈라졌던 살림살이가 합쳐지면 자기 밥그릇을 다시 챙겨야 되듯이 나뉘어졌던 야당이 단일 야당으로 새 출범을 하고 보니 옛 주인이 나타난 것이다. 내 지역구인 서대문갑구에는 김재광 씨가 다시 지구당위원장이 되었다. 서대문을구에는 윤제술 씨가, 중구에는 정일형 씨가 각각 다시 지구당위원장 및 입후보 공천을 받게 되었다. 서대문을구와 중구에 각각 공천 신청을 했던 홍영기 의원과 신인우 의원은 윤제술 씨와 정일형 씨에게 밀려난 다음 무소속으로 출마했으나 결국 떨어지고 말았다.

나는 1년 6개월 동안 원내 활동을 통해 정치역량을 높이 평가받았다. 김대중 씨 등 주위의 많은 사람들이 김재광 씨와 공천 경합에 나설 것을 권해왔고, 심지어는 정치에 관심이 없는 장인어른까지도 공천을 안 주면 탈당을 하라고까지 할 정도였다. 만약 공천을 못 받을 경우에는 조재천 씨가 다시 창당된 민주당 공천을 받도록 해주겠다고도 했다. 나는 공천 마감시간인 오후 5시까지 생각해보겠다고 말했으나 생각은 이미 보궐선거에 당선된 순간부터 정해져 있었다. 김재광 씨가 신청하면 나는 포기하기로. 김재광 씨는 내가 신청하기를 기다리고 있을 것이었다. 손이 아니라 발가락 한 개로도 가볍게 물리칠 수 있을 것이므로.

나는 생각했다. 갑자기 생각해낸 것이 아니라 평소에 늘 생각하고 있던 내 신념이며 자세였다. 첫째, 정치인은 명분 없는 행동을 해서는 안 된다. 둘째, 자기가 몸담고 있던 정당을 떠날 때는 대의에 입각한 명분, 곧 뚜렷하게 정치적인 이유가 있어야지 개인의 이해관계 또는 감정으로 떠나서는 안 된다. 셋째, 정치적인 판단의 잘잘못은 제쳐두고 국회의 원직을 버린 김재광 씨의 용기와 결단을 높이 사줘야 한다. 그의 사퇴로 말미암아 국회의원이 된 내가 당사자인 그와 맞서 공천 싸움을 벌인다는 것은 전혀 명분이 없는 일이며 무엇보다도 정치도의에 어긋나는 일이다. 따라서 김재광 씨와 싸운다는 것은 바로 자살행위와 다름없는 것이다.

나는 마감시간이 임박하여 마포구에 공천신청서를 냈다. 지구당을 맡고 있던 박순천 여사가 신민당 전국구 1번으로 자리를 옮겼기 때문이었다. 마포구에는 14명이 공천 신청을 했는데 광복군 소장 출신인 김홍일金弘壹 장군과 내가 마지막까지 경합을 벌이다가 결국은 내가 탈락하고 말았다. 많은 사람들이 탈당을 권유했다.

"당을 위하여 온몸을 던져 싸운 투사를 알아주지 않는 당에 더 머물러 있을 이유가 어디 있는가?"

서대문갑구당 당원 300여 명과 태화관에서 점심을 먹는 자리에 김재광 씨를 모셔왔다. 그리고 당원들에게 부탁하였다.

"나는 마포에서 떨어졌지만 김 선생은 서대문갑구에서 공천이 되셨다. 그러니 나를 밀어주듯이 김 선생을 적극 도와 이번 선거에서 압승을 하게 해달라."

당원들 가운데는 혈서까지 쓰며 반발하는 사람도 있었으나 간곡한 설득 끝에 김재광 씨를 돕게 했다.

지역구 공천에 떨어지고 나서 국회의원아 될 수 있는 유일한 길은 전국구 후보가 되는 것이었다. 전국구 후보로 나가려면 당에 헌금을 해야 했는데 최하가 1,500만 원이었다. 그런데 나에게는 돈이 없었다. 국회의원이라고 하지만 집으로 세비라는 월급봉투를 가져가 본 적이 없었다. 월급봉투는 그만두고 단돈 5만 원을 저축하거나 집에 들여놓은 적이 없었다. 집안 살림은 마누라가 어떻게 꾸려가고 있었다. 그래서 대통령선거 지원 유세를 다닐 때도 기자들과 같이 여인숙에서 자며 전국을 돌아다녔다. 그런 사정은 삼선국회의원이 된 8대 국회의원 시절까지 마찬가지였다.

유진오 당수를 만났다.

"선생님, 자라나는 싹을 잘라서야 되겠습니까? 어떻게 원내에 들어갈 수 있게 해주십시오. 절대로 부끄러운 정치인이 되지 않겠습니다."

유당수가 말했다.

"십사 번에 넣어주지."

14번까지 헌금을 받았다.

"……."

"천만 원만 만들어보게."

"전 그런 큰돈이 없습니다."

"어떻게 한 팔백만 원이라도 안 되겠나?"

"…… 삼백만 원이라면 어떻게 해보겠습니다."

"음. 그러면 어렵겠는걸. 자네도 알다시피 전국구 공천을 나 혼자서 하는 것도 아니니 말일세."

나는 포기했다. 그리고 공부를 하기로 했다. 국회의원에 당선되어 국회에서 처음 하게 된 일이 예산심의였는데, 막막하였다. 물론 나를 도와주는 보좌관과 비서관과 전문위원들이 있었지만 주인이 알아야 머슴도 부린다고 어느 것에도 막힘이 없게끔 스스로 실력을 갖추고 있어야 하는 것이다. 배운 것도 없고 문견도 부족했으며 인격 또한 완성되지 못했다. 오직 불의와 타협하지 않겠다는 용기와 정의감 그리고 추진력은 있었지만 그것들도 제대로 힘을 얻기 위해서는 실력이 뒷받침을 받아야 하는 것이다. 나는 문공위원 때 알게 된 어떤 대학 총장에게 유학을 갈 수 있는 '스칼라쉽'을 얻게 도와달라고 부탁을 해서 허락을 받았다. 나를 위로해주는 박순천 여사와 김대중 씨에게 말했다.

"공천을 못 받았다고 해서 탈당을 할 수는 없습니다. 그것은 평소의 제 인생관과 어긋납니다. 그렇게 살지는 않겠습니다. 공천은 떨어졌지만 전력을 다해서 국회의원선거를 돕겠습니다. 공천에 떨어졌다고 해서 다방에 앉아 당과 선배들이나 비난하는 그런 철새 정객은 되지 않겠습니다. 유학을 가겠습니다. 유학을 가서 사 년이든 팔 년이든 공부를 해서 부족한 실력을 쌓겠습니다. 그래서 사 년 또는 팔 년 뒤에 더 성숙한 인간, 더 성장한 인간이 되어 돌아오겠습니다. 그렇게 되게끔 좀 도와주십시오."

박순천 여사와 김대중 씨가 동시에 말했다.

"걱정 말게. 여비는 물론이고 자네 가족도 보살펴주겠네."

그런데 전국구 후보자 명단이 발표된 것을 보니 내가 17번으로 등록되어 있었다. 15번까지는 당에 1,500만 원에서 2,000만 원까지 헌금을 한 사람들이고 16번부터는 당에 공로가 있는 사람이었는데, 당선 예상은 14번까지였다. 그랬는데 17번이었던 내가 16번이 되었다. 3,000만 원을 내고 전국구로 들어왔던 재일교포 김재화金載華 씨가 불순자금반입 및 외환관리법 위반혐의로 중앙정보부 조사를 받다가 구속되는 사건이 일어나는 바람에 한 단계 윗 번호로 올라가게 된 때문이었다.

나는 선거 사흘 전에 목포로 내려가 김대중 씨 지원 유세를 하고 있었다. 그리고 개표 결과를 지켜보고 있는데 기자들이 달려왔다.

"김 의원, 축하합니다."

12. 전문 영역

1년 반 동안 국회의원 생활을 하면서 내게는 '부정과 불의에 타협하거나 굴복하지 않고 투쟁하는 용기 있는 정치인'이라는 이름이 붙여졌다. 나는 국회의원에 당선되기 전부터 그러니까 정치에 뜻을 두었던 열아홉 살 때부터 두 가지 결심을 하였다. 그것은 정치인 이전에 인간으로서 진실로 진실한 인간이 되자는 것과 불의나 부정과 타협하지 않겠다는 것이었다. 그것은 어떤 경우에도 변할 수 없는 내 신념이었다. 그리고 그런 신념을 지켜내었다.

그러나 냉정하게 스스로를 돌아보면 국정을 논할 수 있을 만한 정치의 밑바탕이 되는 철학과 그 철학에서 나오는 경륜이 부족했다. 한마디로 공부가 부족해 실력이 달리는 것이다. 전문적인 이론으로 무장된 구체적인 지식이 부족한 것이다. 원내 활동을 하면서 부족한 공부를 한다는 것은 참으로 어려운 일이었다. 우선 시간이 없는 것이다. 그래서 7대 국회의원선거에서 공천을 못 받았을 때 차라리 잘된 일이라고 생각했다. 부족한 실력을 채우기 위하여 내실을 다지는 계기로 삼고자 했으며 그런 내 뜻을 주변 사람들에게 늘 이야기하고는 했다. 봄·여름·가을·겨울 네 계절 가운데 겨울을 어떻게 보내고, 밤을 어떻게 보내고, 노년기를 어떻게 보내는가, 어떻게 활용하는가에 인생 승부가 달려 있다고 믿었다.

그런 생각이었는데 우여곡절 끝에 전국구 공천으로 다시 7대 국회에 들어가게 되고 보니, 아직 공부를 할 수 있는 팔자가 못되는 모양이었다. 본격적인 공부는 다음으로 미루고 우선 원내 활동을 어떻게 할 것인지가 문제였다. 무엇인가 이 문제 하나만은 김상현이가 일인자라는 전문 분야를 개척해야 한다고 생각했다. 투사라는 이름 하나만으로는 내가 지향하는 큰 정치를 하기 위한 정치가가 될 수 없다는 생각이었다. 투사로서 이름과 함께 자신을 가질 수 있는 전문 분야를 확보해야 되는 것이었다. 그러기 위해서는 다른 정치인들이 관심을 갖지 않거나 소홀히 다루고 있지만 실제로는 심각하고도 중요한 분야를 택해야 될 것이었다.

그래서 생각한 것이 노동문제와 공해문제와 재외한국인문제였다. 나는 자유당 때부터 노동문제에 깊은 관심을 가지고 있었다. 인간 활동의 최고 형태며 최고 가치인 노동이 천시되고 노동자가 천대되는 우리나라 풍토에서 노동문제에 관심을 갖는다는 것은 지극히 당연한 것이다. 더구나 평화시장 봉제노동자였던 내 동생 계수는 스물 몇 살 꽃다운 나이로 자살을 하지 않았는가? 자유당정권 때 노총위원장을 하던 노동운동가 김말룡金末龍 씨와도 가깝게 지내며 가르침을 받았다. 그래서 철도노조에 들어가서 노동운동을 해보려는 생각을 하기도 했었다. 그러나 노동문제는 군사독재정권에서 가장 금기로 여기는 부문이어서 전문적인 노동운동가들에게 맡기기로 했다. 공해문제 또한 마찬가지였다. 그래서 나는 전혀 불모의 영역으로 방치되어 있는 재외 한국인 곧 해외 교포문제를 파고들기로 했다. 나는 '교포문제연구소'를 좀 더 확장시킨 다음 우선 일본에 있는 교민들 실태를 조사하기로 뜻을 세웠다.

7대 국회에서는 내무분과위원회에 소속되었다. 신민당 소속 동료의원 31명 서명을 받아 '재일교포실태조사 결의안'을 본회의에 제출했다. 그런데 김진만金振晩 공화당 원내총무가 결의안을 통과시켜줄 수 없다고 통보해왔다. 정치적으로 이용될 가능성이 있기 때문이라는 것이 그 이유였다. 김진만 총무를 만나서 따졌다.

"정부 수립 이후 단 한 번이라도 해외교포에 대한 실태를 조사한 적이 있느냐? 교민 정책은 없고 기민 정책만이 있을 뿐인 상황에서 이 결의안마저 통과시켜주지 못하는 국회라면 도대체 무엇을 하자는 국회냐?"

"안 된다."

"그렇다면 본회에서 필리버스티 곧 의사진행 방해연설을 해서 다른 안건들을 통과되지 못하게끔 하겠다. 본회의장에서 쓰러질 때까지 필리버스티를 하겠다. 그러나 통과시켜준다면 절대로 정치적으로 이용하지 않겠다."

"나로서는 어렵다."

이효상 국회의장을 만났다.

"결의안을 철회할 테니 의장 직권으로 국회 조사단을 파견할 수 있게 해주십시오. 본회의에서 통과되지 않더라도 의장 직권으로 국회 조사단을 파견할 수 있는 국회법이 있지 않습니까? 많은 인원도 필요 없고 입법조사관 한 사람만 수행시켜주시면 됩니다."

"그렇게만 해주면 필리버스티를 하지 않겠소?"

"할 필요가 없지 않습니까?"

"좋소. 의장 직권으로 해주리다."

김준환金駿煥 국회도서관 입법조사국 입법조사관과 함께 40일간 일정으로 일본으로 간 것은 1968년 7월이었다.

13. 재일교포 실태 조사

일본에 도착해 도쿄 데이고쿠호텔에 숙소를 정한 다음 주일대사관으로 엄민영嚴敏永 대사를 찾아갔다.

"국회 조사단으로 재일교포 실태 조사를 왔습니다."

"협조해드리겠습니다."

말은 그렇게 하면서도 엄민영 대사는 전혀 아무런 협조도 할 생각을 하지 않았다. 주일 특파원들이 와서 엄 대사가 "국회 조사단이라면서 어떻게 야당 의원 한 사람만 올 수 있느냐? 가짜가 아니냐?"고 한다고 했다. 그때 대사관으로 이효상 국회의장 이름으로 된 협조 요청 공문이 왔다. 엄 대사가 그때서야 물어왔다.

"뭘 협조해드릴까요?"

"우선 지역 안내가 필요합니다. 그리고 민단과 협의하여 일정을 짜서 교포 거주 지역을 집중적으로 조사하겠으니 도와주십시오."

참사관 한 명을 보내주었다. 재일거류민단 본부에서 기자회견을 갖고 대한민국 건국 이래 처음으로 나온 실태 조사에 협조해줄 것을 요청한 다음, 조사에 들어갔다.

고베로 가서 100여 명 교포가 수용되어 있는 나병환자 수용소를 방문하여 선물을 주고 위로하고, 교토 교도소를 찾아 교포 수감자들을 위로하고 영치금을 넣어주었다. 또 오오무라 수용소를 방문해 수용소장한테 브리핑을 받고 수용자들을 위로·격려하였다.

'백두학원'을 방문했다. 대사관 유 참사가 대사관과 백두학원이 대화를 할 수 있게 해달라고 부탁해왔다. 백두학원은 조총련 자금으로 운영되는 정규 중고등학교였다. 민단에서 운영되는 학교는 정규 중고등학교 허가를 못 받은 간이학교로서 그곳을 졸업해도 대학 진학이 불가능한 실정이었다. 나는 오사카 총영사관의 백 영사·유 참사·김 조사관과 함께 갔는데, 교장 이하 전 직원들이 정문에서부터 환영해주었다. 백두학원에는 대한민국 태극기도, 조선민주주의인민공화국 국기도 걸려 있지 않았다. 교장이 말했다.

"난 민족주의자요. 남북통일이 되면 그때 비로소 통일된 조국 국기를 걸겠소. 민단에서는 태극기를 걸면 학교 운영자금을 준다고 하지만, 난 장사꾼이 아닙니다. 운영자금을 받기 위해서 태극기를 걸 수는 없습니다. 그건 인격을 모독하는 겁니다."

내가 말했다.

"태극기를 걸지 마십시오. 교육자를 장사꾼 취급했다면 그건 안 될 말입니다. 도와주려면 아무런 조건도 없이 도와줘야지요. 대사는 물론이거니와 본국에 가서도 이야기하겠습니다. 순결한 민족적 자부심을 지키시겠다는 교장 선생님 말씀에 감명을 받았습니다. 그런 자세를 견지하면서 대사관과 대화를 하십시오."

교장 선생과 함께 교토 임간학교에 가서 학생들과 저녁을 함께 먹었다. 2년 뒤에 백두학원 이사장이 한국을 방문했고 태극기를 걸게 되었다.

교민들을 만날 때면 내 여비와 어떤 교포의 도움을 받아 진지를 대접하고는 했는데, 거절하는 교포에게는 이렇게 말했다.

"이건 제 돈이 아니라 조국 국민들이 낸 세금의 일부입니다. 따라서 이것은 조국의 국민들이 여러분에게 대접하는 것입니다."

"대한민국이 우리에게 무엇을 해주었습니까?"

"저는 장관도 아니고 단지 한 사람의 야당 국회의원에 지나지 않습니다. 하지만 책임을 통감하고 있습니다. 귀국하면 정부에 건의해 여러분의 어려운 문제들을 해결하는 데 작은 힘이나마 기울일 것을 약속드립니다."

조사를 끝내고 귀국한 나는 200자 원고지로 해서 1,200장가량 〈재일교포실태조사보고서〉를 작성해 국회에 제출했다. 이것을 민단 계열 신문에서 3개월에 걸쳐 전재하기도 했고, 국내 신문에서도 크게 다룸으로써 사각지대로 방치되었던 재일교포문제에 국민들 여론이 쏠리게 되었다. 그 뒤 보고서를 토대로 더 보완해 《재일한국인-교포80년사》라는 책을 만들어 12쇄까지 발간했다.

12월쯤 정일권 총리한테서 만나자는 연락이 왔다. 정 총리가 말했다.

"각하께서 김 의원 책을 보고 다량으로 구입하여 일본으로 보내라고 신범식申範植 공보부 장관에게 명령하셨습니다. 공화당에도 김 의원

《재일한국인 - 교포80년사》.

같은 국회의원이 있어야 한다며 대단히 높이 평가하고 계십니다."

그런데 공보부 예산에 도서 구입비가 없어 장차관회의와 국무회의를 거쳐 대통령 결재를 받아 예비비 지출을 신청하자, 어떻게 일개 야당 국회의원 책을 구입하는 일을 안건으로 국무회의 결의를 할 수 있느냐고 다른 장관들이 반대하는 것을, 대통령 지시라는 말로 무마시켰다고 했다. 5,000부를 공보부에 납품하고 책값으로 600만 원짜리 정부 수표를 받았다. 김학렬金鶴烈 부총리 겸 경제기획원 장관이 말했다.

"김 의원 덕분에 대통령 각하와 골프를 쳤습니다. 김 의원 책 구입을 위한 예비비 지출은 대통령 결재사항이어서 결재를 받으러 갔더니 일요일에 별 일 없으면 골프나 치자면서 앞으로 김상현 같은 국회의원이 많이 나와야 된다고 하십디다."

14. 4·19 민주상

정부수표로 받은 600만 원을 자본금으로 '해외교포문제연구소'를 확대·개편하고 종합교양 잡지인 《월간 다리》를 창간했다. 그리고 '4·19 민주상'을 만들어 미완으로 끝난 4·19 혁명 정신을 계승·발전시키고자 재단법인을 신청했다. 장을병張乙炳·정을병·윤형두·김면중·김혁동金赫東·송일헌宋一憲·이중범李仲範·탁희준卓熙俊 씨 등으로 이사진을 구성했는데, 설립 허가가 나오지 않았다. 길전식吉典植 공화당 사무총장을 만났더니 '4·19 민주상' 문제를 놓고 청와대 회의까지 열렸다고 했다. 신범식 공보부 장관을 만났더니 내가 아닌 다른 사람을 이사장으로 하면 검토해 보겠다고 했다. 이병도李丙燾 박사를 만났다. 거절하는 것을 "5·16 민족상 부이사장은 하면서 왜 4·19 민주상 이사장은 못하시느냐"고 따져 허락을 받았는데, 끝내 허가가 나오지 않았다. 4·19 단체 간부들한테서 집으로 사무실로 협박 전화가 걸려왔다.

"야, 네가 4·19 했냐? 우리는 4·19 때 부상당한 사람들이다. 네가 무슨 자격으로 4·19 민주상을 만들려고 하느냐?"

"손을 떼지 않으면 너희 집을 폭파해버리겠다."

그들은 중앙정보부 사주를 받고 있었다. 뉴코리아호텔 찻집에서

4·19회 중앙본부 추은석秋恩錫 회장과 오성섭吳聖燮 부회장을 만났다.

"너 이 새끼 죽을라고 환장했냐? 4·19는 우리가 했지 네가 했냐? 4·19에서 손 떼지 않으면 병신을 만들어버리겠다!"

"너희들 협박에 내가 승복하리라고 생각했다면 그건 너희들이 나를 잘못 봐도 크게 잘못 본 것이다. 이런 공갈과 협박이 4·19 정신이냐? 4·19 정신을 모독하지 마라. 4·19는 공갈이나 폭력이 아니라 민주주의를 이룩하기 위한 이 나라 민중들의 피어린 항쟁이었다."

재떨이를 던지며 그들은 "쳐라!", "죽여라" 아우성을 쳤다. 나중에는 신문 광고까지 내면서 나와 '4·19 민주상'을 중상모략으로 비방했다. 4·19와는 아무런 관계도 없는 김상현이라는 자가 자기가 마치 혼자서 4·19를 한 것처럼 '4·19 민주상'을 만들려고 한다며.

나는 '4·19 민주상 설립준비위원회' 간판을 건 다음 4·19 10주년 기념논문과 기록사진들을 현상 모집하고 기념강연회를 열었다. 그런 다음 예총회관 전시장을 빌어 '민주혁명의 기록'이라는 이름 아래 '4·19 10주년 기념사진전'을 열었다. 방해 공작이 치열해서 밤중에 몰래 작업을 해서 새벽에 전시 준비를 끝냈다.

15. 역테러사건

전시회를 마치고 밤 11시쯤 집으로 갔더니 집사람이 사색이 되어 있었다. 우리 집 대문 앞에 웬 청년 하나가 머리가 터져 피투성이가 된 상태로 쓰려져 있는 것을 세브란스병원 응급실로 옮겼는데, 스물여덟 바늘이나 꿰맸다는 것이었다. 병원으로 달려가 보니 아는 청년이었다. '4·19회 중앙본부' 중앙위원으로 있는 홍수범 군으로 홍 군은 내 한영고등학교 후배이기도 했다. 혼수상태에서 홍군이 헛소리를 했다.

"삼백만 원을 줄 테니 김상현이를 죽이라고? 그래, 죽여주마! 아나! 못 죽여! 내가 왜 김 선배를 죽여!"

나는 홍 군 말을 녹음하고 부상당한 모습을 사진으로 찍은 다음 특실로 옮겼다. 새벽 3시쯤 집으로 가서 잠을 자고 아침 9시쯤 병원으로 갔더니 홍 군이 없어져버렸다. 병원 당국 말로는 가족이 와서 퇴원을 시켰다는 것이었다.

사무실로 가서 김계원金桂元 중앙정보부장에게 전화를 했다.

"이놈, 이 나쁜 놈! 죽이려면 나를 죽이지 왜 죄 없는 사람을 죽여!"

"무슨 말씀이시오?"

"몰라서 묻나? 이 살인자야! 홍수범이란 청년을 시켜 나를 죽이려다가 말을 안 들으니까 폭로할 것이 두려워 역테러로 대신 죽였지? 이 나쁜 놈!"

"김 의원, 무슨 말씀인지 도무지 못 알아듣겠는데……, 우리 만나서 얘기합시다."

"만나기는 왜 만나! 살인자와 만나서 나는 할 말이 없어!"

나는 떨리는 목소리로 쏘아붙이고는 전화를 끊어버렸다. 잠시 후 중앙정보부 제3국장인 정무식鄭武植이 찾아와서 자기 부장을 한번 만나달라고 사정을 했다. 살인마와는 만날 필요가 없다고 펄펄 뛰다가 감정이 조금 가라앉은 다음 세종호텔 306호실로 갔다.

"당신들이 나를 죽이려고 홍수범이에게 돈을 줬다가 홍수범이가 돈만 받고 나를 죽이지 않으니까 폭로가 두려워 홍수범이를 죽였지 않소? 두말할 것 없이 당장 홍수범이를 찾아내시오."

"세 시간만 여유를 주시오. 맹세코 나는 사건의 내용을 모릅니다."

7시에 다시 만났을 때 김계원 부장이 말했다.

"한마디로 김 의원께 사죄드립니다. 밑에 아이들이 그런 짓을 한 모양입디다. 담당 조정관은 해임 조치하겠고 과장까지 징계 조치하리다. 홍수범이는 다른 병원으로 옮겼는데 생명은 절대로 안전하니 노여움을 푸시오. 김 의원께서 끝까지 폭로를 하시겠다면 어쩔 수 없으나……, 이번 한 번만 눈감아주신다면 두 번 다시 이런 일이 없을 것임을 맹세합니다."

김계원 부장은 솔직하게 자기들 잘못을 시인하면서 비교적 진실한 자세로 용서를 구해왔다. 죽음을 각오하고 현직 중앙정보부장에게 대들었던 나는 김 부장의 정보부장답지 않게 진실한 자세에 그만 맥이 빠져버렸다. 정보부장으로서 자기들 행위와 잘못을 시인하는 것은 처음 있는 일이었다. 나는 말했다.

"정보부란 데가 근본적으로 이런 짓을 잘해야 능력이 있다고 인정받고 출세하는 그런 풍토를 없애자는 것인데, 과장이나 계장 한두 사람 목 떼자는 것이 아닙니다. 나는 어떤 경우에도 사람을 살리는 정치를 하자는 사람이지 사람을 죽이는 정치를 하자는 사람이 아닙니다. 김 부장께서 앞으로 얼마 동안이나 정보부장을 더 하실지는 모르나 오늘 이런 횡포와 인권유린과 정보정치·공작정치를 하지 않겠다고 약속해주신다면 내 문제는 백지로 할 수 있습니다. 약속하실 수 있습니까?"

"어떻게 하루아침에 모든 것을 다 폐지한다고 약속할 수 있겠소? 앞으로 그런 환경이 되게끔 만들어 나가겠습니다. 그렇게 되도록 최선을 다해보겠다는 약속은 해드릴 수 있습니다. 언론 자유도 풀어주고 인권유린도 정보정치도 없도록 노력하겠습니다."

"좋습니다. 약속을 믿고 문제 삼지 않겠습니다. 다만 홍수범이는 끝까지 완벽하게 치료해주고 또 보상을 해주십시오. 그리고 부하들에게는 훈계와 경고나 해주고 파면은 시키지 마십시오."

16. 통곡하는 민주주의

'6·8부정선거'에 항의하여 6개월 동안 등원을 거부하던 신민당 소속 제7대 국회의원선거 당선자 45명은 공화당한테 부정선거 특별조사위원회 설치와 선거법 개정을 약속받고 등원하기로 결정하였는데, 약속은 지켜지지 않았다. 약속을 지키지 않았을 뿐만 아니라 공화당은 한술 더 떠서 1968년도 예산안을 단 3분 만에 날치기로 통과시켜버렸다.

1968년 5월 24일, 김종필 공화당 의장을 1971년 선거에서 대통령에 옹립하려던 김용태金龍泰 의원이 '국민복지연구회사건'이라는 이름으로 제명되었고, 그 며칠 뒤 김종필 씨는 정계은퇴를 선언했다. '복지회사건'에 대한 강력한 항의 뜻도 있었지만 박정희와 정권투쟁에서 밀려나버린 것이었다.

1969년 1월 6일 길재호 공화당 사무총장이 개헌을 검토한다는 발표를 한 것을 시발로 박정희 삼선과 나아가서 영구집권을 위한 움직임이 본격화되기 시작했다. 개헌 추진세력의 핵심인물은 김형욱 중앙정보부장과 이후락李厚洛 청와대 비서실장 그리고 백남억白南檍·김성곤金成坤·길재호吉在號 등 공화당 간부였다. 야당에 가세하여 1969년 4월 권오병 문교부장관 불신임안을 통과시킨 이른바 '항명파동'으로 마지막 저항을 시도해보던 김종필계는 양순직楊淳稙·예춘호·박종태朴鍾泰·김달수金達洙·정태성鄭泰成 등 5명 의원만 제명당한 채로 주저앉고 말았다. 이승만 독재정권이 그러했듯이 박정희 군사독재정권 또한 독재정권의 자기운동 논리에 따라 영구집권의 큰 길로 접어들게 되는 것이다.

영구집권의 물적 기반이 한일협정과 월남파병이었음은 물론이다. 제5대 민의원 당시 통일당 당수였던 김준연 의원 폭로에 따르면, 김종필 중앙정보부장은 1962년 11월 12일 '김·오히라회담' 때 5개년계획 자금으로 1억 3,000만 불을 사전에 받았다고 한다. 1963년 공화당은 다시 25억 불 상당의 자본과 일본상품 수입을 알선해준 재일교포에게 960만 불 수수료를 받았고 또 이른바 '삼분폭리사건'으로 국내 재벌들로부터 3,800만 불 뇌물을 받았다고 한다. 월남파병으로 얻게 된 미국의 차관 공여와 이른바 월남특수로 벌어들인 달러가 정권 유지와 확대재생산에 기여했음은 물론이다. 한일국교 정상화에는 대소 방위체

> **국민복지연구회사건國民福祉研究會事件**
>
> 1968년 민주공화당 김종필 계열의 '한국국민복지연구회'에서 박정희 대통령을 위한 삼선개헌은 저지되어야 한다는 주장을 개진했던 일종의 당내 항명파동을 말한다.
>
> 공화당 내에 비공식적으로 생긴 한국국민복지연구회가 조직을 확대하기 위해 900여 명의 포섭 대상자들에게 배포한 정세보고서에 박정희를 모독하는 내용을 게재해 문제가 발단돼, 공화당은 1968년 5월 24일 소집한 당기위원회에서 관련자들을 해당(害黨) 행위자로 규정하고 제명처분하였다. 이때 제명처분을 당한 사람은 국회의원 김용태(당무위원)와 최영두(6대 국회 문공위원장), 송상남(중앙위원)이었고, 제명 사유는 이들이 활동해온 한국국민복지연구회는 당초의 목적과 달리 포섭 대상을 주로 당내 청년봉사회에 두어 당 조직체계에 큰 차질을 가져오게 했으며, 당 발전에 크게 해로운 행위를 했다는 것이었다.
>
> 문제가 된 정세판단서에는 박정희의 시정방향을 신랄하게 비판하고 결론 부분에 삼선개헌 저지 운운하는 대목이 들어 있었다. 이것은 1971년 선거를 내다본 김종필 측의 정치적 포석이었다는 점에서 그동안 음성적으로 벌여온 공화당 내 주류와 비주류 간 세력 다툼이 1971년 선거의 후계자 지명 경쟁을 둘러싸고 표출된 것으로 볼 수 있다. 이 사건으로 5월 30일 김종필은 공화당을 탈당해 모든 공직을 떠나 정계에서 은퇴하겠다는 뜻을 밝혔다.

제로서 한·미·일 삼각 안보체제 형성이라는 미국의 극동정책이 작용하고 있고 월남파병 또한 대소 방위망 확보라는 미국의 세계전략에 수동적으로 끌려들어감으로써 미국과 지배예속 관계에 놓여 있는 군사독재정권의 매판성을 여실히 보여준 것이다. 이처럼 자기 나라 노동자·농민·도시빈민 등 기층민중 희생과 제3세계 민중들의 민족해방투쟁을 억누르는 용병 노릇을 한 대가로 얻어진 차관으로 물적 기반을 굳힌 군사독재정권이 영구집권 길을 가게 되는 것은 필연적인 귀결이었다.

6월 중순부터 격렬한 가두시위를 전개하기 시작한 학생들은 7월 3~4일 이틀에 걸쳐 경찰과 충돌해 259명 부상자가 발생했으나, 언론은 한 줄도 보도하지 못하였다. 7월 17일 재야와 함께 '삼선개헌반대 범국민투쟁위원회'를 구성한 신민당은 유진오 총재를 앞세우고 전국유세에 들어갔다. 나도 전국을 돌아다니며 삼선개헌의 부당성과 군사독재정권의 영구집권 음모를 알리는 연설을 하였다.

"박정희 씨가 명예스러운 대통령이 되는 길은 오직 한 가지, 헌법을 지키는 것이다. 그런데 그는 헌법을 파괴하려 하고 있다. 왜냐하면 그는 지금 술에 취해 있기 때문이다. 바로 권력이라는 이름의 술이다. 그에게 더 이상 술을 줘서는 안 된다. 그것이 그를 살리는 길이고 나를 살리는 길이며 나아가서는 우리 모두를 살리는 유일한 길이다."

야당과 재야·학생 등 온 국민들이 벌떼처럼 들고 일어나서 삼선개헌의 부당성과 독재정권의 불의함을 성토하는 데도 불구하고 군사독재정권은 자기들 계획대로 삼선개헌 그림을 착착 그려가고 있었다. 신민당 소속 세 의원이 '개헌을 반대해서 박 대통령을 물러나게 하는 것은 국가를 위해서 도움이 안된다'는 성명을 내고 개헌안 찬성으로 돌아섰다. 그리고 변절한 조흥만曺興萬·성락현成樂鉉·연주흠延周欽 의원의 의원직을 자동 상실케 하기 위한 편법으로 9월 5일 신민당을 자진 해산했다. '신민회'로 이름이 바뀐 신민당 소속 국회의원 42명은 본회의장을 점거하고 바리케이드를 쌓은 채로 농성을 벌이고 있었다. 3,000여 명 대학생들이 의사당 밖에서 농성을 벌이고 있던 9월 13일 이효상 국회의장은 9월 15일 회의를 속개하기로 하고 산회했다. 다음은 〈가설의 기습과 의사당의 통분〉이라는 제목의 9월 15일자 《동아일보》 기사다.

> 여야 대결치고는 너무 허무한 결말이었다. 새벽의 기습으로 '가설 본회의장'에서 개헌안을 변칙처리한 후 고개를 못 들고 어둠 속으로 사라지던 찬성 의원들이나 '진짜 본회의장'에서 농성을 하던 반대 의원들이나 한결같이 허무한 표정이었다. 14일 새벽 2시 50분, 그 말썽 많던 개헌안은 야당을 감쪽같이 속이고 국회 제3별관에서 여당이 일방적으로 단 25분 만에 전격적으로 변칙처리되고 만 것이다. '역사적'인 개헌안 표결이 있은 후 국회의사당 건너편 옛날 외무부 자리인 3별관 3층 특별회의실은 뒤집혀진 투표함과 명패 등이 너절했고 뒤늦게 소식이 전해진 야당 의원들의 농성장은 통곡과 노호로 뒤범벅이었다.
> 13일 오후 5시 국회 본회의가 정회된 후 각 상임위원회별로 대연각·앰버서더·뉴코리아호텔 등에서 비상 대기 중이던 공화당과 정우회 및 일부 무

소속의 개헌 찬성의원 122명은 자정을 넘기고 14일 새벽 2시경 반도호텔에 자리 잡은 사령탑의 지령에 따라 은밀히 국회 쪽으로 향했다. 이들은 승용차를 반도호텔 앞에 놔두고 모두 삼삼오오 걸어서 의사당 앞을 피해 시청 뒤 어두운 무교동 길을 거쳐 제3별관 후문으로 소리를 죽여가며 들어갔다. 행여 큰 길 건너 본회의장 쪽에서 기척을 알아차릴까 가로등 불까지 껐고 의원들의 담배마저 전혀 금지돼 칠흑 같은 어둠 속에 싸인 3별관 주변은 200여 명의 '사복'이 삼엄한 경비를 폈고 중부소방서 뒤쪽 길도 겹겹이 막고 있었다.

별관 후문 앞에 도착한 의원들은 '사복'에 일일이 안내됐고 출입문 안에 들어가서는 국회사무처 직원과 의원 비서들이 3층 회의실까지 안내를 했다. 3층 계단과 회의실 문 앞은 여당 의원과 비서들로 2중 바리케이드가 쳐졌다. 의원들이 회의실에 입장 완료한 것은 2시 10분경이었는데 방 안에 벌써 기표소와 투표함, 명패함 등이 마련돼 있었다. 속기사를 비롯한 사무처 직원들도 대기하고 있었다. 그러나 의원들이 회의실에 들어설 때까지도 실내에 불이 켜 있지 않아 깜깜한 속을 더듬다 몇몇 의원들은 책상에 무릎을 찧기도 했다. 불이 켜지자 미리 와 있던 이효상 의장이 임시 사회석에 동그랗게 혼자 앉아 있는 모습이 나타났다.

회의장에는 의석이 스무 개 정도밖에 되지 않아 대부분의 의원들은 서서 있었다. 새벽 2시 25분. "제6차 본회의를 개회합니다." 이의장이 방망이를 두들겨 회의는 시작됐다. 이의장은 헌정사상 유례가 없는 본회의장 장소 변경에 대해 "야당이 본회의장을 점거 농성하고 있어 부득이 여기로 장소를 변경한다"고 설명한 후 공휴일인 일요일 회의 개최에 대해선 "공화당 김택수金澤壽 의원 외 66명의 본회의 재개 요구가 있어 재개코자 한다"고 간단히 넘겼다. 곧이어 2시 30분께 개헌안의 표결이 선포됐다. 국회사무처 권효섭權孝燮 의사국장의 호명에 따라 의원들은 미리 마련한 기표소를 통해 기명투표를 했는데 몇몇 의원은 그냥 반공개적으로 기표하기도 했으며 투·개표는 불과 10분 만인 2시 40분께 끝났다.

신민회 의원들에 대해서는 호명도 하지 않았고, 개표가 끝난 뒤 야당 측에게 통고할지의 여부로 한동안 머뭇거리기도 했는데, 이 의장은 사무처 직원으로 하여금 이 사실을 통고하도록 했다. 여러 의원들은 밖에서 인기척이 나자 야당 의원들이 몰려오는 줄 알고 출입문을 가로막기도 했는데 개표 10분 만인 2시 50분 떨리는 목소리로 개헌안 가결을 선포한 후 곧이어 국민투표법안을 상정, 김용진金容鎭 의원의 심사보고를 듣고 질의와 토론을 생략한 채 통과시켰다. 김의원은 심사보고를 하면서 연방 출입문 쪽을 곁눈질로 바라보기 바빴다. 의원들은 곧이어 퇴장하기 시작했는데 이때 시간은 2시 53분경이었다.

맨 처음 7, 8명의 경호원들이 사회자인 이효상 의장을 얼싸안다시피 하고 나왔고 윤치영 당의장 서리, 오치성 사무총장 등이 뒤를 따랐다. 대부분 고개를 숙인 채 종종걸음을 했다. 이때 3별관의 후문과 정문 앞에 수많은 '사복'이 겹겹이 서서 몰려든 사진기자들의 취재를 끈덕지게 가로막고 카메라를 낚아채기도 했다. 카메라 플래시를 피해 고개를 숙이고 오의원을 부축하고 나오던 청년이 본사 사진부 송호창宋鎬昶 기자를 서너 차례 치고 밀치는 등 폭행을 가하는 사건이 발생하기도 했다. 의원들은 카메라 플래시 세례를 피하다 못해 마지막엔 별관 정문을 열고 빠져 나갔는데 차를 타고 오지 않아 갈팡질팡하는 모습도 보였다. 회의장을 나오는 여당 의원들을 향해 김상현 의원은, "나 김상현이다. 이 강도들아, 강도들" 하고 고함치며 몸부림치다 3층 회의실에 뛰어들어 기표소와 명패함 등을 닥치는 대로 때려 부수면서 "이게 무슨 짓이냐"고 울부짖었다.

이날 새벽 2시 40분 조금 지나 신민회 의원들이 농성 중인 국회 본회의장에 공화당 의원들이 반도호텔을 출발, 국회 쪽으로 향했다는 정보가 들어왔다. 이때 대부분의 의원들은 단상과 단하 이곳저곳에 이부자리를 깔고 잠자고 있었는데 깨어 있던 김영삼 원내총무는 즉각 의원들에게 비상을 걸어 본회의장 출입문에 의자를 높이 쌓아올려 봉쇄하는 등 임전태세를 갖췄다. 여당 측이 본회의장으로 오는 줄만 알고 주섬주섬 옷을 입은 의원들은 "전쟁도 새벽에는 쉬는데 이건 '베트콩'보다 더하다"고 투덜대며 대기태세로 들어갔다. 조금 뒤 국회 제3별관에서 개헌안이 벼락치기로 통과됐다는 소식이 연달아 날아들자 모두 아연실색, 젊은 김상현 의원은 쏜살같이 달려갔다. 김의원이 제3별관 후문에 다다른 무렵인 2시 55분경 '찬성 의원'들은 하나둘 빠져 나오고 있었다.

한편 본회의장에서 변칙처리 소식을 확인한 신민회 의원들은 격노, "이따위 국회는 있으나마나한 것"이라고 소리치며 의장석을 뒤집어엎고 사회봉과 마이크를 마구 부쉈으며 의원들 명패도 산산조각을 내버렸다. 김영삼 총무는 목을 놓아 울었고 고흥문 의원은 "이제 망하는구나. 망하려면 곱게 망하지" 하고 개탄했으며 신민회 의원들과 함께 농성하던 양순직·예춘호 의원도 "정말 환멸을 느낀다"고 흐느끼는가 하면 제3별관에 뛰어갔다온 김상현 의원도 소리 내어 울었다. 본회의장은 야당 의원들의 통곡과 노호와 탄식으로 뒤덮였다. 야당의 분노는 오래도록 그치지 않아 긴급 의원총회를 마친 후인 4시 50분 김 총무를 비롯 김형일金炯一·김수한金守漢·이기택李基澤 의원 등이 의장실에 뛰어 들어가 집기와 책상 등을 마구 때려 부쉈다.

이날 새벽의 기습 작전을 짠 공화당은 처음부터 연막전술로 속임수를 썼다. 13일 오후 5시 본회의가 정회된 후 밤 10시에 속개된다는 설이 있었으나 본회의는 자정을 넘기면서도 열리지 않았다. 이때 의장실을 나와 공관으로 간다고 밝히면서 이효상 의장은 "자정이 넘었기 때문에 본회의가 자동유회됐다"고 말했으며 권효섭 의사국장도 "본회의의 사전 결의 없이 일요일에 회의를 못 연다"는 견해를 밝혀 신민회 측은 "오늘은 그냥 넘어가는가 보다" 하고 일단 안심했다. 그러나 이에 앞서 공화당 측은 의장실에서 김택수 총무와 김재순 대변인 등이 모여 권 의사국장과 함께 일요일 본회의 개회 방법을 협의, 국회법 8조 2항의 휴회 중 재개 요구 규정을 원용토록 방침을 세웠었다. 신민회 측은 공화당의 기습 변칙을 경계하며 밤 12시 반이 넘자 집에서 가져온 이부자리를 깔고 잠을 청했다.

새벽 2시경 공화당 김 대변인이 본회의장에 홀로 나타났는데 마침 잠을 안 자고 있던 김영삼·조윤형 의원 등이 "뭐냐. 나가라 나가" 하며 소리소리 질러 그를 당황케 했다. 김 대변인은 제3별관에서의 변칙처리를 앞두고 연락관계로 국회에 들러 농성장 분위기도 살피고 갔다. 2시 반경에 신민회 김 총무가 다시 "이 안에 정보원이나 여당의원 비서가 있으면 즉각 나가라"면서 농성장을 정리했다. 이때 여당의원 비서 2명이 쫓겨났다는데 이 일이 있은 후 10여 분 만에 공화당의 국회향발 정보가 들어왔던 것이다.

본회의장에서 신민회 의원들과 함께 농성하던 무소속의 서민호 의원(대중당 당수)이 밤 11시 20분경 갑작스레 졸도, 농성 의원들을 긴장시켰다. 서 의원은 자기 의석에 앉아 있다 갑자기 앞으로 쓰러졌는데 마침 뒷자리에 있던 양순직·예춘호 두 무소속 의원이 부축해 가까스로 일으켜 세워 바닥에 누이고 국회 의료실 의사가 응급조치를 취했으나 계속 혼수상태. 한동안 서 의원을 안정시킨 후 앰뷸런스로 의식불명의 서 의원을 한일병원에 옮겨 입원시켰는데 혈압 관계인 듯하다고.

돌아오지 않는 다리를 건너간 민주주의에 대한 장송곡인 듯 그날 영호남 지방에 내린 집중호우로 304명이 목숨을 잃었다. 야당과 애국적인 청년학생들의 날치기 통과 무효를 부르짖는 줄기찬 투쟁에도 불구하고 10월 17일 국민투표에 부쳐진 개헌안은 막대한 자금 살포에 의하여 통과되고 말았다. 군사독재정권의 장기집권을 위한 탄탄대로가 열린 것이다.

17. 박정희와 대화

1967년 6월 8일에 실시된 제7대 국회의원선거는 공개투표·대리투표·무더기투표·투표위조·투표인매수·개표방해 및 각종 폭력과 협박 등으로 얼룩진 사상 유례없는 부정선거였다.

 여당인 공화당은 전국구를 포함해 130석을 확보함으로써 개헌선인 117석을 훨씬 웃돌게 되었고, 야당은 신민당 44석과 대중당 당수인 서민호가 당선되었을 뿐이었다. 전국적으로 벌어진 부정선거 규탄 시위를 휴업령 선포와 '동베를린 간첩단사건' 발표로 냉각시킨 정부·여당은 부정선거를 시인하는 담화문을 박정희 대통령 이름으로 발표하였다. 공화당 단독으로 국회를 연 정부는 백남억·김진만 의원을 내세워 신민당 윤제술 의원과 부정선거 처리를 위한 협상을 벌였으나 이내 결렬되고 말았다.

 해가 바뀌고 1968년 1월 21일 무장공비침투사건과 1월 23일 미국 해군 첩보함 푸에블로호가 원산 앞바다에서 북한 해군에게 나포되는 사태가 일어났다. 중진회담을 열어봐야 아무런 소용이 없고 모든 권력의 핵심인 대통령을 만나야 된다고 생각했다. 나는 의원총회에서뿐 아니라 만나는 선배·동료 의원들에게 그런 말을 했는데, 대통령과 만나면 사꾸라로 몰리는데 누가 대통령과 만나겠느냐고 모두들 반대했다. 그때마다 나는 말하고는 했다.

"정치인이라는 것은 국가와 민족에게 이로움이 된다면 때로는 오해도 받고 희생을 당할 수도 있는 일이다. 자기 정치생명에 타격을 입거나 다음 선거 당락에 영향을 미칠까봐서 그런 오해를 두려워한다면 정치인

동베를린 간첩단사건

동베를린을 거점으로 한 반정부 간첩단사건으로, '동백림사건(東伯林事件)'이라고도 한다. 재독 음악가인 윤이상 씨를 포함해 교수·예술인·의사·공무원 등 194명이 동베를린(동백림) 소재 북한대사관을 왕래하면서 이적 활동을 하고 일부는 입북 또는 조선노동당에 입당한 뒤 국내에 잠입해 간첩활동을 했다고 발표되었던 사건이다.

1967년 7월 8일 김형욱(金炯旭) 중앙정보부장이 국내 언론에 발표한 이 사건은 관련자인 임석진(당시 34세, 철학박사)이 귀국해 자수함으로써 밝혀졌다. 검찰 공소장에 의하면, 북한은 1957년부터 공산 진영과 자유 진영의 통행이 비교적 쉬운 동베를린에 거점을 두고 대남공작 경험자 박일영을 동독 대사에 임명했다. 또 조선노동당 연락부 대(對) 유럽 공작총책인 이원찬을 상주시키고 막대한 공작금을 동원해 서독을 비롯한 서유럽에 재학 중인 유학생 및 각계각층의 장기체류자들에게 심리적인 공작을 시작했다는 것이다. 이들 관련자들은 서신·문화·주민의 남북 교류와 미군 철수, 연립정부 수립, 평화통일이 불가능할 때의 무력남침 등에 대비하는 각종 교육과 암호해독 등 간첩 교육을 받았고, 그중 11명은 평양까지 다녀온 후 해외유학생·광부·간호원 등의 명단을 입수해 평화통일 방안을 선전하고, 국내 민족주의비교연구회(민비연)와의 연계(連繫), 정계 등의 각계 요인 포섭, 선거에서 혁신인사 지지 등의 지령과 7만여 달러의 공작금 및 난수표를 받고 간첩 활동을 벌여왔다는 것이다. 1967년 12월 3일 선고공판에서 관련자들에게 국가보안법·반공법·형법(간첩죄)·외국환관리법 등을 적용해 조영수·정규명에게는 사형, 정하룡·강빈구·윤이상·어준에게는 무기징역 등 피고인 34명 모두 유죄판결을 받았다. 이 사건을 계기로 정부는 '상주장학관'을 급파해 유학생 및 해외인사들의 반정부 활동을 감시했다. 관련자들은 1970년 광복절 특사로 모두 풀려났다.

2006년 1월 26일 '국가정보원 과거사건 진실규명을 통한 발전위원회(진실위)'는 이 사건을 재조사한 후 이 사건은 당시 박정희정권이 정치적 목적을 위해 간첩단으로 조작한 것이라고 발표했다. 3~4명이 대북 접촉 및 활동을 했지만 그 정도는 약한 편이었으며, 중앙정보부원이 당시 대표적인 학생서클이었던 서울대학교 민족주의비교연구회로 수사를 확대하고 이례적으로 수사 도중 10일 동안 7차례에 걸쳐 사건을 대대적으로 발표한 것은 이 사건을 1967년 6·8 부정총선 규탄시위를 무력화하기 위해 정치적으로 이용하기 위해서였다고 한다. 특히 중앙정보원은 범죄 혐의를 과장·확대하고 특정사실을 왜곡하는 등 사건의 외연과 범죄 사실을 확대 발표했다고 밝혔다. 또한 해외 거주 관련자에 대한 불법 연행, 조사 과정에서의 가혹행위, 간첩죄의 무리한 적용과 사건 외연 및 범죄의 확대·과장 등은 모두 잘못된 것이었다고 밝혔다.

으로서 직분을 스스로 포기하는 것이다. 대화와 협상이 언제나 사꾸라로 몰리고 거리에서 데모나 하고 강경한 내용의 성명서만 발표해야 애국자고 선명야당으로 인정받는 그런 풍토를 깨뜨려야 된다. 상황에 따라서 강경하게 나가고 데모를 해야 될 때는 데모를 해야지만 대화나 협상을 포기해서는 안 된다. 나를 강경파라고 한다면 그것은 잘못된 것이다. 나는 상황에 따라서 때로는 능히 강경파가 되고 때로는 능히 온건파도 될 수 있다. 나는 원칙을 지키는 데는 강경하지만 협상과 대화에는 온건하다. 다만 원칙을 협상의 대상으로 삼을 수 없지만 협상은 자유스러워야한다고 믿는다."

나는 당시 정치 상황이야말로 여야 영수회담이 필요한 때라고 생각했다. 유진오 당수를 찾아가서 영수회담을 제의할 것을 제안했다.

유 당수가 말했다.

"내가 영수회담을 제안한다고 해서 박 대통령이 받아주겠소?"

"받아주고 안 받아주고는 일단 면담 신청을 해본 다음의 문제지요."

"사전 양해도 없이 면담 신청을 할 수는 없소."

"제가 국회의원 입장에서 면담을 신청해보겠습니다. 한 달 동안 기다려봐서 응답이 없으면 그땐 국회에서 따지겠습니다."

유 당수 비서인 박찬세 씨한테 이후락 청와대 비서실장에게 연락을 하라고 부탁하고 유 당수 댁을 나왔다.

이튿날 이후락 비서실장한테서 청와대로 들어오라는 연락이 왔다.

청와대 비서실로 갔더니 이 실장이 말했다.

"각하께서 열두 시부터 기다리고 계십니다."

이 실장 안내를 받아 대통령 집무실로 들어갔다. 확대경으로 무슨 사진을 들여다보고 있던 박 대통령이 말했다.

"잠깐만 기다리시오."

그러더니 손짓으로 나를 불렀다.

"김 의원, 이걸 좀 보시오. 김신조金新朝가 얘기한 비행장 시설을 고공 촬영한 것인데 이북 사람들이 비행장 시설 하나는 참 잘해놨지 않소?"

나는 박 대통령과 함께 책상 위에 놓여 있는 북한 비행장 사진을 들여다보았다. 비행장은 박 대통령 말대로 시설이 훌륭해 보였다. 박 대통령이 의자에 앉았다.

"잘 오셨소. 김 의원."

"국정에 참여하고 있는 국회의원의 한 사람으로서 제가 보고 느낀 점을 사실대로 말씀드림으로써 각하께서 국정을 펴 나가시는 데 참고가 되지 않을까 싶어 면담을 요청했습니다."

"우리 정치 이야기 한번 해봅시다. 야당이 극한으로만 주장하고 반대를 위한 반대만을 하며 심지어는 경제정책마저도 극한적으로만 반대하는데, 나는 이해하기 어렵소."

"반대를 하기 위한 반대가 아니라 잘못된 부분을 비판하는 것이지요. 비판을 전제로 하지 않는 건설은 있을 수 없으니까요."

"1·21 사태 이후 김성은金聖恩 국방장관과 이호李澔 내무장관 불신임 결의안을 내서 김 국방을 해임했소. 사실은 김 국방을 해임하지 않으려고 했지만 석유세법이 국회서 통과돼야만 고속도로 건설을 할 수 있는데, 야당이 그 문제까지도 극한적으로 물고 늘어져서 장관을 해임시키지 않으면 석유세법을 통과시켜줄 수 없다고 해서 부득이 김 장관을 해임시킨 거요. 이럴 수가 있소? 정치문제는 정치문제고 경제문제는 어디까지나 경제문젠데 이걸 싸잡아서 반대하면 나라는 도대체 어쩌자는 거요?"

"그건 각하께서 상황을 정확하게 판단하시는 것이 아닙니다. 1·21 사태라는 것이 북한 무장부대가 청와대 부근까지 침입한 중대 사태인데, 소위 국방과 국민의 치안 책임을 맡고 있는 국방부 장관과 내무부 장관이 책임을 느끼고 물러나는 것은 정치적으로나 도덕적으로나 지극히 당연한 일입니다. 그리고 저는 정치문제와 경제문제가 다르다고 생각지 않습니다. 정치가 경제를 규제하고 경제가 정치를 규제하므로 정치와 경제 또는 경제와 정치는 한 고리로서 맞물려 있다고 봅니다. 한 얼굴의 두 이름인 거지요. 석유세법문제 또한 그렇습니다. 고속도로를 뚫는데 경부고속도로가 먼저냐 호남고속

> **1 · 21사태**
>
> 1968년 1월 21일 북한의 124군부대 무장 게릴라 31명이 청와대를 습격하기 위해 서울에 침투한 사건이다.
> 게릴라전 특수훈련을 받은 무장간첩 31명은 1968년 1월 13일 북한군 정찰국장 김정태(金正泰)로부터 청와대 습격의 지시를 받고, 우리 국군의 복장으로 18일 자정 휴전선 군사분계선을 넘은 뒤 야간을 이용해 20일 10시경 서울시내 세검정 고개 자하문 초소까지 잠입했다. 초소에서 검문을 받은 그들은 정체가 탄로나자 검문경찰에게 수류탄을 던지고 기관단총을 난사했으며 지나가던 버스에도 수류탄을 던져 많은 시민을 살상했다. 이날 밤 현장을 지휘하던 최규식(崔圭植) 총경이 전사하고 경찰관 2명이 중상을 입었으며 민간인 5명이 살해되었다. 사건 후 곧바로 출동한 군경 합동수색진에 의해 31일까지 28명이 사살되고 김신조(金新朝) 1명을 생포했으나 2명은 도주했다. 이 사건은 북한이 대남적화공작을 위한 유격전 활동을 전개하기에 앞서 시도한 탐색행위로서 국민들에게 커다란 충격을 주었으며 향토예비군 창설의 직접적인 계기가 되었다.

도로가 먼저냐 하는 우선순위를 가지고 문제 삼는 것이지, 고속도로 건설 그 자체를 가지고 반대하는 것이 아닙니다."

"그래요?"

"그렇습니다. 그건 보고를 잘못 받으신 겁니다. 오히려 우리당 김영삼 총무는 여야 총무회담에서 두 장관 해임 결의안을 놓고 김 국방장관만 해임시키면 이 내무장관 불신임 결의안은 철회하겠다고 주장한 것으로 저는 알고 있습니다. 그렇게 합의를 해서 신민당 의원총회에 보고를 하니까 반발이 일어나서 김 총무 입장이 곤란해졌습니다. 윤제술 씨 같은 원로급 의원들이 여야 총무회담에서 합의가 되었으면 약속을 지키는 것이 정치도의에 맞지 의원총회에서 거부해버리면 김 총무가 뭐가 되겠냐고 했습니다. 불신을 받게 된다고 했습니다. 대화와 협상을 통해서 운영되는 게 국흰데 스스로 협상과 대화의 문을 닫아버리면 안 된다고 강력하게 주장해 통과시켰습니다. 이처럼 우리 당은 시시비비를 가리는 대정부투쟁에서도 유연성을 가지고 있습니다."

"나는 그런 보고를 받지 못했소."

"각하께서 여당 인사만 접촉하시고 각하 정책에 반대하는 입장에 있는 야당 인사는 만나지 않으시므로 그런 결과가 온 것입니다. 자고로 권력 주변에는 잘 보이려고 하는 사람만 많이 모여들어서 잘못된 것은 다른 사람에게 책임을 넘기고 잘된 것은 자기 공으로 내세우려고 하기 때문에 그렇습니다."

박 대통령은 빙그레 웃었다.

"그래서 지금 내가 김 의원을 만나고 있는 것 아니요? 오늘 오전 시민회관에서 전국 도지사회의에 참석하고 나오는데 이 실장이 김 의원의 면담 신청에 대해서 말하길래 열두 시부터 기다리고 있던 참이오. 지금 나에게 면담 신청을 한 여당 국회의원이 예순 명이오. 그걸 제쳐두고 김 의원을 만나기로 한 겁니다."

"고맙습니다. 처칠이나 루즈벨트 같은 이들이 항상 반대 정당 당수와 영수회담을 자주 갖고 야당 당수 의견을 국정에 반영했던 데 대해서 저는 감명을 받고 있습니다. 우리나라 정치도 그런 식으로 발전해야 된다고 생각합니다. 정치인들이 국민들에게 뭔가 꿈과 희망을 줘야 하는 이런 어려운 시기야말로 여야 영수회담이 열려야 될 적기라고 봅니다. 저는 유 당수에게 영수회담을 건의했습니다."

"좋습니다. 유 당수가 면담 신청을 제의해오면 언제든지 수락하겠소. 내 쪽에서 면담 신청을 하는 게 유 당수 입장에서 좋다면 내가 먼저 하겠소. 그리고 장소도 꼭 청와대가 아니라 우이동 같은 데도 좋습니다."

그때 이후락 비서실장이 말했다.

"각하, 김상현 의원이 각하께 면담 신청을 한 것은 오늘의 야당 분위기로는 대단한 용기가 아닐 수 없습니다. 야당에서 이 사실을 알면 김 의원은 사꾸라로 몰려서 정치생명까지 위험하기 때문입니다."

"그렇소? 김 의원 입장이 그렇다면 오늘 김 의원이 오신 걸 비밀로 해두지."

"그 점에 대해서는 조금도 염려하실 필요가 없습니다. 공인으로서 사명을 다하고 있느냐 아니냐에 대해서만 염려를 하고 있지 오해받는 것을 두려워하지는 않습니다. 오해받는 것이 두려워 정치인으로서 사명을 다하지 못한다면 대립의 악순환이 끊어지지 않을 것입니다. 저는 갈등과 대립 속에서 공존의 조화를 창조하는 것이 정치라고 믿고 있습니다. 저는 공개하는 것이 좋다고 생각합니다."

"좋소. 그건 김 의원이 알아서 하시오. 그리고 내 임기가 앞으로 한 이태밖에 남지 않았소. 만약에 앞으로 내가 장기집권을 꾀한다든가 국민의 기본권을 유린하는 일이 있다면 김 의원이 앞장서서 극한투쟁을 하시오."

"각하, 만에 하나라도 그렇게 불행한 일이 있어서는 안 됩니다. 그러나 만약 그런 일이 있게 된다면 극한투쟁을 하겠습니다. 각하와 약속을 지키겠습니다."

이후락 비서실장이 신범식 청와대 대변인에게 전화를 걸었다.

"김상현 의원이 박정희 대통령과 면담해서 한 시간 사십 분 동안 국내외 정세를 논의했다고 발표하시오."

집무실을 나오는데 박 대통령이 말했다.

"난 군대에서 하도 소주를 많이 마시는 바람에 속을 다 버렸소. 김 의원 주량은 어떻소?"

"제 처가 양조장집 딸이올시다."

"너무 술 많이 하지 마시오. 나처럼 속 버립니다. 언제 시간을 내서 같이 한잔합시다. 이 실장, 앞으로 김상현 의원한테서 연락이 오면 언제든지 즉각 나에게 보고하시오."

박 대통령이 손을 내밀었다.

"김 의원한테는 문을 열고 기다릴 테니 언제든지 연락하시오."

박 대통령은 이후락 실장 귀에 대고 뭐라고 귓속말을 하더니 집무실로 들어갔다. 이 실장이 잠깐 자기 방에 들렀다 가라며 2층으로 나를 데리고 갔다. 이 실장이 옆방에 갔다 오더니 흰 봉투를 하나 내밀었다.

"각하께서 드리는 것입니다. 김 의원 정치자금으로 쓰시오. 이건 각하한테 전례가 없던 일입니다."

"대단히 감사합니다. 그러나 저는 지금 정치자금이 필요 없습니다. 저의 세비만으로도 정치활동을 하는 데 아무런 불편이 없습니다. 뜻만은 감사히 받겠다고 각하께 말씀이나 전해주십시오."

"김 의원, 이건 나와 김 의원과 각하만 알고 있는 일입니다. 받아두십시오."

"못 받겠습니다. 이걸 받으면 제가 여기에 온 뜻이 없어집니다."

18. 대화와 사꾸라

필동 유진오 당수 댁에는 나와 박정희 대통령과 면담 사실을 방송으로 듣고 달려온 20명가량 신문기자들이 나를 기다리고 있었다.

"무슨 얘기를 나누셨습니까?"

"여야 영수회담을 하겠다고 합니다."

이발을 하다 말고 달려온 유 당수가 말했다.

"대통령 면담 때 제의할 내용들을 메모해서 내일 아침까지 가져다주시오."

"이번은 첫 면담이니만큼 무엇을 한몫에 얻겠다는 것보다는 오늘의 시국 전반에 대해서 국민들 분위기를 전하고 우리 당 입장을 설명해주는 것으로 만족해야 된다고 봅니다. 이번 회담을 계기로 여야 영수회담 길이 지속적으로 발전될 수 있게끔 요구하고 결렬된 부정선거 처리 합의의정서 건을 다시 거론할 수 있게끔 하는 게 좋겠습니다."

이튿날 아침 현민 댁으로 갔더니 현민 안색이 안 좋았다.

"다 틀렸소. 다 틀렸소."

"무슨 말씀이십니까?"

"만일 영수회담을 하면 사꾸라로 몰려 정치생명이 죽을 뿐만 아니라 수억 원의 돈을 받은 것으로 되어 나만이 아니라 우리 신민당까지도 존재 의미가 없어진다는 거요."

"누가 그럽니까?"

"누군 누구겠소. 당의 중진들이지."

"만약 이번 기회를 놓치면 앞으로 영수회담을 할 기회가 없어질 뿐 아니라 정국 자체가 대단히 어려워질 텐데요."

보름 동안 아침마다 현민 댁으로 출근을 했다.

"선생님, 신민당 당수 자리가 무슨 재건국민운동 본부장 자리가 아닙니다."

신민당 안에서는 나에 대한 반발이 심하게 일어났다.

"김상현이가 뭔데 대통령 면담을 하느냐? 당수도 있고 원내총무도 있고 중진들도 많은데 제가 왜 나서느냐? 저자가 몇 억 받아먹고 나왔다. 저런 사꾸라는 제명시켜야 한다."

중앙당사에서 부차장회의가 열린다고 했다. 그 자리에서 나를 성토하고 화형식까지 한다고 했다. 부차장 10명이 집으로 찾아와서 그들을 설득시키던지 아니면 오히려 이쪽에서 먼저 그곳으로 쳐들어가 회의를 방해하든지 해야 된다고 했다. 나는 말했다.

"모든 일에는 찬성과 반대가 있습니다. 내가 내 문제를 결정하는 데도 잘잘못을 구별하기 어려운 때가 많은데 다른 사람이 나의 행동을 모두 이해하기를 기대하기는 어렵습니다. 자기의 의견에 반대하고 대립하는 세력을 항상 소외시키고 적으로 여겨 원수같이 지내온 게 지금까지 우리 정치 현실입니다. 나에 대해 오해를 해서 비판하고 매도하고 나아가서는 화형식까지 한다고 해도 나는 그것을 받아들이겠소. 왜냐하면 나는 전혀 꿀릴 것이 없기 때문이오. 눈곱 만큼이라도 부끄러운 행동을 한 적이 없기 때문입니다. 절대로 부차장회의를 방해하지 마시오. 나에 대한 징계결의문을 채택하고 화형식을 하더라도 동지들은 그냥 구경만 하시오. 절대로 반대 의견을 말하지 마시오. 다만 화형식을 꼭 하겠다면 대표자한테 말하시오. 김상현이가 사람의 체구는 작지만 화형식에 사용할 허수아비만큼은 좀 큰 것으로 해달라고 말이오."

박철용·김제만·이광호 씨 등이 주동이었는데, 김제만 씨가 말했다고 한다.

"당신들 왜 가만히 있어?"

"김 의원이 그러는데 화형식을 하려거든 이왕이면 허수아비를 크게 만들어서 하라고 합디다."

"그 친구 돌았구만."

누군가 이 문제에 대한 김상현 의견을 직접 들어보자고 했고 박철용·김제만·이광호 씨가 찾아왔다.

"다섯 시 회의에 참석해서 김 의원 입장을 해명하시오."

"나는 약속이 있어서 못 나갑니다. 그리고 여러분 말대로라면 내가 수억의 돈을 받아먹었는데 그 자리에 나가서 무슨 말을 하겠소? 이미 돈을 받아먹은 것으로 결정해버린 사람들이 내가 가서 안 받아먹었다고 한다고 해서 믿어주겠소? 내가 그 자리에 안 나가야 당신들 뜻대로 수억을 받아먹은 것이 되지 않겠소?"

결국 화형식은 하지 못하고 성토로만 끝났다.

19. 막 내리는 60년대

벽두에 터져 나왔던 4·19 혁명 반동으로 일어난 5·16 군사쿠데타세력이 야당과 청년학생 그리고 기층 민중들 가열한 민주화투쟁을 무력으로 짓밟고 군사독재정권의 필연적 귀결인 장기집권을 위한 삼선개헌을 통과시킨 것을 끝으로 60년대는 막을 내렸다.

70년대에 접어들면서 세계정세는 커다란 전환을 맞이하게 되었는데 미국의 긴장완화정책이 그것이다. 2차대전 이후 세계자본주의를 주도해 오던 미국은 한국전쟁에 이어 베트남전쟁을 수행하기 위하여 달러를 다량으로 살포함으로써 달러 위기와 달러 위기에 따른 국제통화 시장 위기를 맞이하게 되었다. 여기에 2차대전 상처에서 벗어난 유럽과 일본의 경제부흥 그리고 중동전쟁에 따른 석유파동 등으로 스태그플레이션이 심화되어 금본위 제도의 금태환이 불가능해졌기 때문이다. 제3세계 여러 나라에서 일어난 민족해방운동의 확산은 비동맹운동을 결속시켰고 스페인·포르투갈에서 극우보수세력 붕괴 및 유럽 코뮤니즘 대두는 세계자본주의를 근저에서 동요시키는 것이었다. 지금까지 누려왔던 세계경제에서 절대 우위를 상실한 미국이 정치·군사적인 측면에서 힘을 이용해 새로운 세계전략을 수립하게 되는 것은 따라서 당연한 일이었다. 이른바 '닉슨 독트린'이 그것으로 일본·유럽과 힘을 결합해 사회주의국가인 중국과 국교를 정상화시킴으로써 미국 주도 아래 세계의 체제를 유지·온존시키자는 것이다. 여기서 '한국의 안전은 일본의 안전에 긴요하다'는 69년 닉슨·사토 성명이 나오고 '한반도의 평화는 일본을 비롯한 동남아시아에서 평화와 안전에 필요하다'는 75년 포드·미키 공동성명이 나오게 된다. 일본의 힘을 강화시켜 아시아에서 미국 구실을 일본에게 나누어주고 중국과 손을 잡아 소련을 견제하자는 것이다. 일본 구실을 강화시키기 위하여 필요한 것이 한일국교정상화였고 중국과 손을 잡기 위하여 필요했던 것이 한국군 월남파병이었다. 미국과 일본과 중국이 손을 잡고 소련을 포위하자는 것이다. 그러기 위하여 한반도 냉전 상태는 커다란 장애요인이 되므로 미국은 중공을 통하여 북한에 압력을 넣고 일본과 함께 남한에 압력을 넣어 긴장 완화를 꾀하게 되는 것이다. 그 결과로 나타게 된 것이 1971년 7월 12일에 시작된 남북적십자회담이고 1972년 7월 4일 남북공동성명이었다.

이런 배경 아래서 박정희 군사독재정권은 70년대에 들어서면서 위기를 맞이하게 된다. 닉슨 독트린의 구체적 적용인 주한미군 3분의 1 철수 통고와 PLO 480호 중단으로 일어난 미국에서 식량 수입과 종전에 다다른 월남전으로 인한 월남특수 퇴조, 그리고 미국의 한국 직물 수출에 대한 쿼터제 할당 등으로 국제수지가 악화된다. 거기다 소비 위주의 방만한 경제정책으로 부실기업이 속출하였다. 그리고 외채상환 압력과 최저생계비에도 못 미치는 저임금과 농촌경제를 파탄시킨 저물가정책

등으로 나날이 심화되는 빈부격차에 의한 계급모순이 첨예해졌다. 여기에 군정 이래 누적되어온 온갖 부정부패와 사회경제적인 불안 그리고 정보강압정치에 대한 반발심으로 국민들 분노는 폭발 직전이었다.

	한국사	동양사	서양사
1964	삼분폭리사건 새나라자동차 의옥사건 대일 굴욕외교 반대 데모 비상계엄령 선포	제2회 비동맹 회의	
1965	국군 베트남 파병 한일협정 반대 데모 한일협정 조인	제2차 베트남 전쟁 카슈미르 분쟁	
1966	한·미행정협정 조인	중국, 문화 대혁명	
1967	제2차 경제개발 5개년 계획(~1971) 5·3 대통령 선거 6·8 국회의원 선거 동베를린 간첩단 사건	제3차 중동 전쟁	루마니아, 서독과 수교

	한국사	동양사	서양사
1968	1·21 사태 향토예비군 창설 공화당 국민복지회 사건 김종필 공화당 탈당, 공직 사퇴 주민등록증 발급 국민교육헌장 선포	중국 규사오치 숙청	체코, 민주화 선언에 소련군 개입 핵확산 금지조약 조인
1969	김수환 대주교, 추기경에 서임 삼척·주문진 무장공비 사건 북한 지하공작단 사건 경인고속도로 개통 삼선개헌안 국회변칙 통과 대한항공기 납북	중·소 국경 분쟁	미국, 유인 우주선 달착륙 닉슨 톡트린 발표

한국 정치 아리랑
1935~1985

—

3장

1. 김대중 대통령 후보

'40대 기수론'을 처음 제창한 것은 김영삼이었다. 삼선개헌이 통과되고 나서 모두 깊은 절망에 빠져 있던 1969년 11월 8일 신민당 원내총무인 41살 김영삼이 성명을 발표했다.

"우리 야당은 빈사 상태를 헤매는 민주주의를 회생시키는 데 새로운 결의와 각오를 다져 민주화투쟁에 앞장서야 할 사명 앞에 서 있다. 이 중대하고 심각한 선거에 신민당 대통령 후보로 나설 결의를 당원과 국민 앞에 밝힌다."

뒤를 이어 46살 이철승과 47살 김대중이 대통령 후보 지명전에 뛰어들었다. 해방 직후 창당된 한국민주당 이래로 60대 이상 원로급에 의해 주도되어온 야당 풍토에서 40대 대통령 후보 도전은 파천황적인 것이었다. 한마디로 상상을 초월하는 충격이었다. 1970년 1월 26일 전당대회에서 이재형과 정일형 도전을 뿌리치고 당권을 잡은 유진산 당수는 말했다.

"아직 정치적 미성년자에 지나지 않는 사십대들이 대통령 후보로 나서겠다는 것은 구상유취口尙乳臭한 짓이다."

한마디로 40대 정치인 세 사람이 대통령 후보 경쟁에 나선다는 것은 젖비린내나는 이야기라는 것이다. 그러면서 유 당수는 자기는 후보로 나서지 않을 테니 대신 자기에게 후보 지명권을 달라고 했다. 신민당 안에서 대통령 후보 경쟁에 나서겠다는 사람은 김영삼·이철승·김대중 말고도 유진오·김홍일·박기출朴己出 등 모두 7명이나 되었고 당 밖의 이범석·백락준·허정·이인 등 재야 원로들도 후보로 거론되고 있었다. 여기에 유진산 자신의 대통령 후보 가능성도 배제할 수 없었다. 양일동·정성태 등 중진과 진산 직계 당원들은 40대 세 사람의 단일화가 이루어지지 않을 경우, 그것을 명분으로 진산 자신이 대통령 후보로 나서야 된다는 운동을 벌이고 있었다.

상도동 진산 댁에서 40대 세 사람이 만나 진산의 후보 지명 여부를 논의하기로 한 전날 저녁 뉴코리아호텔에서 김대중 씨와 만났다. 김대중 씨가 말했다.

"진산에게 지명권을 맡길 수는 없지 않나?"

"진산에게 지명권을 맡길 경우 형님이 지명받지 못할 것은 너무도 빤한 일입니다. 그렇다고 해서 무조건 거부한다는 것도 명분이 약하니 우선 생각할 시간을 달라고 합시다."

다음 날 12시 뉴서울호텔 옆 '풍림'이라는 한식집에서 정일형·김응주 씨와 점심을 하기로 약속되어 있었다. 10분 전쯤 나갔더니 두 분은 벌써 나와 있었다. 두 사람이 11시쯤 나온 《경향신문》과 《신아일보》 가판을 내밀었다. 김영삼·이철승 씨는 유진산 당수에게 후보 지명을 맡겼는데 김대중 씨만 거부함으로써 신민당이 파국에 직면하게 됐다는 기사가 실려 있었다. 정일형·김웅주 씨가 말했다.

"김 의원, 어떻게 된거요? 김대중 의원만 반대해서 당이 깨지게 되지 않았소."

"그래서 선생님들과 상의를 드리려고 이렇게 모신 것 아닙니까?"

그때 김대중 씨가 들어왔고 정·김 씨가 다시 신문을 펼치며 공박했다.

"진산에게 지명권을 맡기시오. 그래서 단합된 모습을 보여야지 당이 깨져서야 되겠소?"

"알겠습니다. 내일 세 시까지 당사로 가서 유 당수에게 가부를 알려 드리겠습니다."

김대중 씨 말을 받아 내가 말했다.

"당수인 진산 선생이 대통령 후보로 나서지 못하는 것은 국민적인 지지를 못 받고 있기 때문이라는 것을 스스로 인정하는 것 아닙니까? 그런데 그런 진산 지명을 받아가지고 대통령 후보로 나간다면 어떻게 막강한 권력의 현역 대통령과 싸울 수 있겠습니까? 박 대통령과 대결하기 위해서는 우선 대의원들 지지를 받아야 합니다. 전당대회서 대의원들 지지를 많이 받는 사람이 후보로 뽑히는 민주적인 절차를 밟아야지, 어떻게 국민적 지지 기반이 없는 진산 지명을 받아 현역 대통령과 싸웁니까?"

"그러니 어쩌면 좋겠소?"

"진산 요구에 응하느냐 마느냐를 가지고 시비를 벌일 게 아니라 우리가 진산에게 거꾸로 제안을 하십시다."

"거꾸로 제안을 하다니?"

"우리 당에는 원로들이 계시지 않습니까. 윤보선·박순천·유진오·이상철 선생 등 고문단과 여기 계신 선생님들과 양일동·홍익표·정무회의 부의장 그리고 이재형·김홍일·서범석·윤제술 선생 등 원로들과 합의해서 단일후보를 내면 수락하겠다고 하자는 겁니다. 아니면 전당대회에서 민주적인 절차에 따라 대의원들 심판을 받겠다고 말씀입니다."

"좋은 의견이오."

정일형·김응주金應柱 씨가 고개를 끄덕이는데, 김대중 씨가 상 밑으로 발가락을 찔러왔다. 변소에 가는 척하고 복도로 나가자 김대중 씨가 말했다.

"이 사람아, 어쩌자고 그런 말을 하나?"

"주사위를 한번 던져보는 겁니다. 진산이 우리 제안을 받아들이면 형님은 지명받지 못합니다. 하지만 진산은 지금 흥분해 있습니다. 자기 권위를 인정하지 않는 우리 제안을 진산이 감정적으로라도 받아들일 까닭이 없습니다. 그러면 당을 깨는 것은 진산이지 형님이 아니잖습니까? 우리가 진산 하나를 이기지 못한다면 어떻게 박정희를 이길 수 있단 말입니까? 주사위를 던져보는 겁니다."

김대중 씨가 말없이 고개를 끄덕였다.

다음 날 하오 3시 김대중 씨와 나는 당사로 갔다. 지그시 눈을 감고 있던 진산이 말했다.

"어떻게 하기로 했소?"

"여기 있습니다."

김대중 씨가 봉투를 내밀었다. 봉투 속에는 첫째, 당수 혼자서 지명하는 후보는 수락할 수 없다. 둘째, 당수가 고문단·원로들과 협의해서 만장일치로 후보를 지명한다면 수락하겠다. 셋째, 그렇지 않을 경우 전당대회서 대의원들 심판을 받겠다는 내용이 들어 있었다. 진산 얼굴에 가벼운 경련이 일어났다.

"내일 아침 열 시까지 통고하겠소이다."

진산은 불쾌한 어조로 딱 한마디를 던지고 나서 다시 지그시 눈을 감았는데, '이놈들, 내가 누군데……. 건방진 놈들, 너희들 맘대로 될 줄 알아' 하는 표정이 역력했다. 당사를 나오면서 김대중 씨한테 말했다.

"틀림없이 거부할 거요."

다음 날 아침 신문에 유진산 당수가 후보단일화문제를 고문단·원로들과 협의하는 것을 거부했다는 기사가 나왔다.

그 다음 날 중앙상무위원회 회의 자리에서 진산이 말했다.

"사십대 세 사람 가운데서 가장 젊고 연부역강한 김영삼 동지를 대통령 후보로 지명하겠소. 그러니 전당대회서 김영삼 동지를 적극적으로 밀어주시오."

김대중 씨는 국제극장 옆 건물 3층에 '한국내외문제연구소'라는 사무실을 열고 있었다. 7대 국회의원에 당선되면서 연구소 문을 연 김대중 씨는 6대 국회에서 한 발언들을 모은 《분노의 메아리》라는 책자와 유인물을 꾸준히 지구당과 유권자들에게 내려 보내는 작업을 해왔다. 그는 또 8개 도에 도책을 두어 조직을 관리하면서 전국 대의원들에게 연구소에서 매달 발간되는 책자와 각종 자료들을 보내주는 등 계파를 초월해서 모든 당원들과 꾸준히 인간관계를 맺어왔다. 그의 조직참모는 조직의 천재라고 불리는 엄창록 씨였다.

그러나 48명 신민당 소속 국회의원 가운데 김대중 씨를 지지하는 사람은 나 하나밖에 없었고 박순천·정일형·김응주씨 등 민주당 신파 출신 원로들은 중립을 지켰다. 소속의원 대부분이 김영삼 씨를 지지했으므로 당내 분위기 또한 김영삼 씨 후보 지명을 당연한 것으로 여기고 있었다. 김영삼 씨는 3대 민의원 시절부터 진산과 민주당 구파로 계보를 같이 해온 정치적 동반자였다. 그러다가 5·16 군사쿠데타 이후 민정당 시절부터 독자적인 행동을 하면서 탈진산계를 추구해 나감으로써 진산계와 틈이 벌어지기 시작했다. 5·16 군사쿠데타 이후 정치활동정화법에 묶여 미국에서 10년 간 정치방학을 하다 돌아온 이철승과 유진산은 오랜 연고를 가지고 있었다. 1946년 '대한청년단' 단장으로 반공·반탁운동을 해온 유진산과 '전국학생연맹' 위원장으로 역시 반공·반탁학생운동 전위였던 이철승은 첫 출발부터 정치노선을 함께 해온 처지였다. 게다가 이철승 숙부인 한국민주당 소속 제헌의원 이석주와는 보성고등보통학교 시절부터 친구사이였다. 세브란스병원에 입원해 있던 이석주가 두 손에 유진산과 이철승 손을 나눠 잡고 "진산, 내가 죽거든 철승이를 잘 돌봐주게. 이 아이는 우리 집안의 기둥이야"라고 말하며 이철승에게는 "진산 선생을 아버지로 알고 모시며 가르침을 받으라"는 유언을 남겼을 정도였다. 그러나 3대 국회에 처음 진출한 이철승은 신파에 가담하여 구파 영수인 조병옥과 조병옥 제1참모인 유진산을 격렬하게 공격하는 데 앞장섬으로써 진산과 틈이 벌어져 있었다. 그러다가 진산의 당권 도전을 밀어주는 대신 대통령 후보 지명에 지원을 받는다는 조건으로 신민당에 입당한 이철승 부인에게 당수가 된 진산이 이렇게 말했다고 한다.

"금년 말부터는 자부께서 바빠지실 거요."

이런 상황이었으므로 두 사람은 각각 자기 쪽이 유리하다고 생각했겠으나, 객관적인 분위기나 여건으로는 김영삼 씨가 가장 유리했고 그 다음이 이철승 씨였으며 김대중 씨는 아예 언급도 되지 않았다.

전당대회 전날 초저녁부터 나는 김대중 씨를 모시고 조직원들과 함께 대의원들이 투숙하고 있는 여관을 돌아다니며 대의원들에게 호소하였다.

"이번에 만약 김대중 선생마저 진산의 후보 지명권을 맡겨달라는 제의에 수락했다면 여러분이 어떻게 서울에 올라오실 수 있었겠습니까? 또 서울에 올라오셨다고 하더라도 그저 형식적인 박수나 치고 내려가시지 않았겠습니까? 여러분 보십시오. 적어도 모든 권력을 한손에 틀어쥐고 있는 박정희라는 독재자와 맞서 싸우기 위해서는 국민들한테 폭넓은 지지를 받고 있어 국민들에게 꿈과 희망을 줄 수 있는 참신하고 역량 있는 사람이 나와야지, 어떻게 국민 지지를 못 받는 진산 지명을 받은 사람이, 진산 바짓가랑이 밑에서 나온 사람이 박정희와 싸울 수 있단 말입니까? 그래가지고는 그 싸움은 하나마나입니다. 반드시 진다는 것이 불을 보듯이 빤한 사실이다 이 말씀이올시다."

나는 밤새도록 그리고 새벽까지 소주병을 들고 수십 군데 여관을 돌아다니며 대의원들에게 거의 눈물로 호소를 하였다.

"여러분, 국민의 대표성을 갖고 있는 대의원 여러분에게 심판을 받지 않고, 진산 한 사람에게 심판받은 후보가 나간다는 것은 처음부터 정권교체 의지가 없다는 것이 아니고 그 무엇이겠습니까? 우리 김대중 선생은 당내 민주주의를 위해서, 그것의 구체적 총화인 고문단과 원로들 협의에 의한 합의면 승복하겠다고까지 했는데, 진산은 그것을 일방적으로 파기했습니다. 이것은 무엇을 말하는 것입니까? 정권교체는 그만두고 우리가 싸워서 이뤄야 될 세상으로 가는 첫걸음인 당내 민주주의부터 하지 않겠다는 것이 아니고 무엇이겠습니까? 여러분, 여러분의 손에 민주주의의 사활이 걸려 있습니다. 이 점을 명심하셔서 누가 우리 당의 대통령 후보로 나서야 되겠는가, 누가 과연 절망에 빠져 있는 국민들에게 꿈과 희망을 줄 수 있는 진정한 민족의 지도자인가를 생각하셔서 표를 찍어주십시오."

1970년 9월 29일 아침 7시 반 서대문지구당 청년당원 200명을 피켓과 플래카드를 들고 전당대회장인 시민회관 앞에 모이게 했다. 김대중 씨의 잘생긴 얼굴이 담긴 사진 피켓과 '민주 승리의 기수 김대중', '김대중 대통령 후보로 군사독재 끝장내자' 등의 내용이 적혀 있는 플래카드를 들고 시민회관 입구와 옆 골목을 돌아다니며 시위를 벌였다. 나는 그들 앞에 서서 구호를 선창하며 기세를 올렸다. 우리가 사진피켓과 플래카드를 들고 흔들며 구호를 외치고 '김대중, 김대중'을 연호함으로써 그런 것을 하지 않은 김영삼·이철승 씨 측을 압도했고, 대의원들에게 김대중 씨 혼자서 후보 지명 경쟁에 나선 것 같은 인상을 주었다. 우리는 또 입장하는 대의원들에게 김대중 씨의 정치 철학과 국회 연설문이 담긴 소책자를 나눠주었다. 사진 피켓과 플래카드와 구호 연창과 후보 이름 연호 그리고 소책자 등 홍보물 배부는 야당집회 사상 처음 있는 일로써 내 독창적인 발상이었다. 그리고 나는 뉴서울호텔에서 김대중 씨가 후보 지명 경쟁에 뛰어든다는 기자회견을 하는 자리에 허장강許長江·신영균申榮均·구봉서具鳳書·김희갑金喜甲·김지미金芝美·신성일申星一·최지희崔智姬·패티 김·김상희金相姬 씨 등 연예인들한테서 꽃다발을 받게 함으로써 분위기를 잡기도 했는데, 역시 처음으로 시도한 일이었다.

그러나 이런 모든 노력에도 불구하고 오전 11시쯤에 나온 《동아일보》·《신아일보》·《경향신문》 등 석간신문에는 '김영삼 씨 신민당 대통령 후보 확실'이라는 기사가 대문짝만하게 실려 있었다. 나는 내가 할 수 있는 최선의 노력을 다 기울인 끝에 천지신명께 기도하는 심정으로 개표를 기다렸는데, 결과는 다음과 같았다.

김영삼 421표

김대중 382표

백지　 78표

기타   4표

총대의원 885명 가운데 지명에 필요한 과반수는 443명이었다. 진산 지명을 받은 김영삼 씨는 과반수에서 22표가 모자라서 지명 획득에 실패했다.

나는 2차 투표에 들어가기 위하여 잠시 휴회된 틈을 이용하여 이철승 씨 조직참모들을 만났다. 조연하趙淵夏·송원영宋元英·오홍석吳洪錫 씨가 그들로서 조연하 씨가 총참모장이었다. 대회 벽두 "유진산 당수 뜻에 따라 김영삼 씨를 지지해달라"는 신상발언을 한 다음 종암동에 있는 산업은행 정구장으로 가면서 이철승 씨는 전당대회 현장의 모든 일을 조연하 씨에게 일임한 상태였다. 나는 조연하 씨를 만나서 김대중 씨를 도와달라는 호소와 설득을 했다. 1차 투표에서 백지로 낸 78표는 이철승 씨 표였으므로 이철승 씨 표만 잡으면 과반수 지지를 얻을 수 있다고 판단했기 때문이었다. 조연하 씨는 각서를 요구했다. 나는 곧바로 김대중 씨한테 '앞으로의 모든 정치문제는 소석素石과 협의하여 결정하고, 앞으로 소석이 당권에 도전하는 경우 적극적으로 돕겠다'는 내용의 각서를 받아서 조연하 씨에게 건네주었다. 2차 투표 결과를 알리는 김홍일 전당대회 의장 목소리는 가느다랗게 떨려 나왔다.

"총투표자 팔백팔십사 명 가운데 김대중……."

김대중 458표

40대 기수론을 주창한 김영삼 의원과 1970년 신민당 대통령 후보로 당선된 김대중 의원.

김영삼 410표

기타   16표

김영삼 씨 측에서는 당연히 김영삼 씨가 후보 지명을 받을 것으로 알고 중앙당사 안에 후보로 지명 받은 것을 사례하기 위하여 1,000여 명이 먹을 수 있는 음식을 장만해놓았었는데, 그것을 치우느라고 난리가 났다. 김대중 씨를 지지한 대의원들은 김대중 씨를 앞세우고 인사동에 있는 중앙당사까지 진하며 "으쌰 으쌰, 김대중, 김대중"을 목이 터지라고 외쳐대었다.

어떤 경우에도 상황을 객관적으로 관찰하고 분석해서 대처·응전하는 전략의 개념 확립 없이 부분적인 인식으로 전체 문제를 해결하고자 해서는 안 된다는 게 평소 생각이었다. 부분적인 불리함을 보고 전체를 비관하거나 마찬가지로 부분적인 유리함을 보고 전체를 낙관해서는 안 된다는 것 또한 평소의 생각이었다. 그래서는 한 가정의 가장이나 한 회사 사장이나 한 집단 대표나 한 정치가나 한 당의 당수도 될 수 없는 것이거늘, 하물며 한 나라와 한 민족의 지도자가 될 수 있겠는가. 부분이 아니라 전체를 보고 전체적인 관점에서 생각하는 교육이 필요한 것이다. 단순한 지식 습득 교육이 아니라 전인全人을 위한 교육이 필요한 까닭이 여기에 있다. 합리적이고 이성적인 인간을 만드는 데 교육의 초점이 맞춰져야 한다. 상황을 개선하여 문제를 해결함으로써 더불어 함께 하는 조화 속에 새로운 세계를 창조할 수 있기 때문이다.

김대중 씨가 유진산 당수에게 역제안을 하지 않았더라면 대통령 후보 지명을 받지 못하였을 것이다. 역제안으로 진산의 감정을 건드렸고, 진산이 그 감정을 억제하지 못하고 역제안을 수락하지 않음으로써 명분을 잃어버리게 만든 데 김대중 씨 승리의 핵심이 있었다. 사람은 어떤 경우에도, 특히 정치인은 상대방을 과대평가하는 것도 곤란하지만 상대방을 과소평가하는 것은 더욱 곤란한 일이다. 진산과 김영삼 씨가 김대중 씨를 과소평가했다는 점에 그들 패배 원인이 있었다. 우리가 역제안을 하는 것을 보고 "가슴이 섬뜩하더라"고 어떤 기자가 말했다.

2. 일곱 달 전쟁

선거기간 중 최고 의결기구로서 제8대 국회의원선거에서 공천권까지 행사하게 될 31명 운영위원회 위원이 선출되었다.

유진산, 김대중, 양일동, 홍익표, 김영삼, 고흥문, 정해영, 박병배朴炳培, 김형일, 김원만金元萬, 김홍일, 김응주, 이철승, 정성태, 박기출, 윤제술, 이충환, 윤길중尹吉重, 최용근崔容根, 이태구李泰九, 정일형, 정헌주, 김재광, 김은하金殷夏, 이중재, 우홍구禹弘矩, 정상구鄭相九, 조영규趙泳珪, 신도환辛道煥, 김준섭金俊燮, 박영록.

그런데 진산과 당권을 겨루었던 비주류 거물인 이재형 고문과 주류 측 서범석 씨가 빠져 있었다. 나는 김대중 씨 집으로 찾아갔다.

"선거를 하자는 겁니까 말자는 겁니까? 열 명이라도 운경雲耕이 들어가야 되고 다섯 명이라도 운경이 들어가야 될 만큼 운경은 당의 중진인데, 하물며 서른한 명 운영위원회에서 운경을 뺀다면 도대체 어쩌자는 겁니까?"

나는 흥분해서 소리쳤고, 김대중 씨가 말했다.

"이 사람아, 내가 뺀 게 아니라 진산이 뺐어. 진산이."

"당수와 후보가 합의해서 집행부서를 짜도록 되어 있는데 진산이 뺐다는 것은 결국 형님이 뺀 거 아닙니까?"

뒤에 들은 얘기로는 진산이 김대중 씨한테 "운경은 돈이 많은 사람이니 이억을 내라고 하시오. 그러면 운영위원에 넣어주겠다"고 말했다고 한다. 그래서 김원만 씨를 교섭대표로 사직동 이재형 씨 집으로 보냈는데, 이 씨가 거절했다는 것이다. 운영위원회에서 탈락한 이재형 씨계 당원 100여 명이 중앙당사에 찾아와 집단으로 항의 시위를 벌였고, 그중 이옥동李玉童 씨 같은 이는 김대중 씨 집으로 찾아가서 재떨이로 탁자를 치면서까지 격렬한 항의를 하기도 했다. 이재형 씨는 결국 각 신문지상에 진산과 김대중 씨를 격렬하게 비난하는 5단 통광고를 내면서 신민당을 탈당해버렸다.

선거대책본부장에는 정일형 박사가 임명되었고 나는 대통령 후보 비서실장을 맡게 되었다. 처음에는 경기도 가평지구당 위원장인 천세기千世基 씨가 물망에 올랐는데, 원내 인사한테 비서실장을 맡겨 비중과 권위를 높여야 한다는 여론이 일어나 내가 맡게 되었다. 자유당 시절 조재천 씨나 김기철 씨가 자기들 비서관을 하라고 할 때 밥을 굶는 형편이면서도 거절했을 만큼 스스로 우뚝 서보겠다는 것을 늘 생활신조로 삼고 있던 나로서는 뜻밖의 일이었다.

나는 《동아일보》 주필로 있던 천관우千寬宇 씨에게 언론에서 재야와 대학생들로 선거참관인단을 구성하여 각 투표장마다 파견할 수 있게 해달라고 부탁을 했다. 천관우 씨가 중심이 된 언론계와 재야의 도움을 받아 만 명이 넘는 대학생과 기독교 신자 그리고 변호사 등 지식인들로 선거참관인단을 만들어 각 선거구로 파견하였는데, 누구 권유를 받아서가 아니라 스스로 간 사람들도 많을 만큼 우리는 재야와 청년학생들 도움을 많이 받았다. 나는 김대중 씨 사진이 들어 있는 메달을 수만 개 만들어서 청년학생들과 전국 지구당 조직요원들에게 나눠주었다. 그러자 공화당에서는 "김대중이가 대통령에 당선되기도 전에 청와대에 드나들 수 있는 신표로써 메달을 팔아먹었다"고 공격을 해오기도 했다.

우리는 먼저 다음 세 가지 사항에 초점을 맞춰 선거전 기본전략을 마련했다.

첫째, 참신하고 과학적인 정책으로 박정권을 압도한다.

둘째, 우리들 목숨까지를 던질 각오 밑에 결사적으로 싸움으로써 국민들 신뢰와 지지를 얻어낸다.

셋째, 우리들의 결사적인 투쟁으로 얻어낸 국민들 힘으로 박정권을 포위하여 정권을 획득한다.

이런 기본전략 아래 김대중 후보는 첫 기자회견을 갖고 집권 구상을 밝혔다.

'희망에 찬 대중의 시대를 구현하자'는 구호 밑에, 극소수 특권층만이 비대해지는 경제 및 사회구조를 개혁하여 전체 대중이 잘살 수 있도록 자유경제 원리를 준수하는 동시에 정직하고 근면한 사람들이 성공하는 시민사회를 육성하겠다는 것이었다. 첫째, 국민총화 둘째, 대중경제 셋째, 사회개혁 넷째, 민족외교 다섯째, 정예국방 등 5개 정책기조로서,

구체적으로는 대통령 삼선 허용 조항을 폐지하는 내용의 개헌 단행과, 향토예비군 제도 폐지와, 남북한 간 서신 교환 등 비정치적인 접촉, 그리고 비적대적 공산권과 외교 모색이 그것이었다.

김대중 후보는 유진산·김영삼·이철승 씨와 함께 전국을 누비며 유세를 벌였는데, 박정권 안마당 격인 부산에 50만 명이 모이고 박정희 대통령 고향 격인 대구에서는 20만 명 청중이 모일 정도로 대성황이었다. 김대중 후보는 정권 유지를 위한 도구로 전락한 향토예비군 제도를 폐지하고 국방비를 감축하겠으며, 저소득층을 위하여 갑근세를 내리고 특별소득을 가진 자들한테서 부유세를 거두어 골고루 잘사는 세상을 만들겠다고 공약했다. 유세 때마다 예비군에 해당되는 젊은이들과 소외된 기층 민중들로부터 열렬한 환영을 받았음은 물론이다. 그리고 또 민족의 행복을 위한 평화통일 방안으로 미·소·중·일 4강대국에 의한 한반도 안전보장론을 얘기했다. 그러자 공화당에서는 곧바로 '향토예비군을 폐지하는 것은 대공방위체제에 중대한 위협이며, 중공과 소련에 우리의 국가안전보장을 맡긴다는 것은 국기를 뒤흔드는 중대한 발언'이라며 반발하고 나섰다.

실수였다. 잘못된 것은 김대중 후보 공약 자체가 아니라 미묘한 부분의 정책 제시를 너무 빨리 내놓음으로써 박정권으로 하여금 반격할 시간 여유를 주었다는 점이었다. 특히 향토예비군을 폐지한다는 것은 투표 사흘 전쯤에 발표함으로써 박정권 측에게 반격할 시간 여유를 주지 않았어야 되는 것이었다.

나는 곧바로 김혁동 비서관과 잡지 《다리》 참여인사들의 자문을 받아 〈향토경비대안〉을 만들었다. 무조건 반대가 아니라 대안이 있다는 것을 보여주자는 것이었다. 나는 그것을 육군소장 출신으로 안보문제 전문가인 김점곤金點坤 교수에게 보여주고 자문을 구했는데, 단 한 자도 보태고 뺄 것 없이 완벽한 법안이라는 말을 들었다. 그 뒤 박정권은 '방위병' 제도라는 것을 만들었는데, 우리 '향토경비대안'을 이름만 바꾼 것이었다. 〈4대국 안전보장론〉도 마찬가지로 그 뒤 키신저가 똑같은 제안을 했고 박 대통령 또한 1년도 못 돼서 똑같은 제안을 한 것으로 봐서 김대중 정책의 탁월함과 앞을 내다보는 안목을 알 수 있다. 그것은 37만 명에 달하는 선의의 병역 미필자인 제1보충역을 구제하는 데도 큰 뜻이 있는 대안이었는데, 벌떼처럼 들고 일어나 아우성을 쳐대는 공화당 반격은 그치지를 않았다. 박준규朴俊圭 · 백남억白南檍 씨는 입을 모아 소리쳤다.

"김대중이가 피리 불면 김일성이가 북 치고 김일성이가 장구 치면 김대중이가 징 친다. 김대중이는 빨갱이다."

김대중 씨가 선거 공약을 만드는 데는 참모들 도움도 물론 받았지만, 스스로 참신하고 획기적인 정책을 개발하고 연구한 것이었다. 여당 쪽은 말할 것도 없고 야당 안 다른 어떤 선배나 동료 정치가보다도 전체적으로 살펴서 문제의 핵심을 짚어내는 탁월한 역량이 있었다. 물론 끊임없이 책을 읽고 연구를 하고 자문을 구해서 자기 것으로 만드는 노

장충단 공원 100만 인파 속에서 대선 유세하는 김대중 후보.

력도 뒷받침됐지만 그것은 거의 천부적인 것이었다. 한마디로 '비전'이 있는 정치가였다.

우리는 혼신의 힘을 다하여 죽을 작정으로 싸웠고, 환호하는 국민들 열기는 뜨거웠다. 김대중 후보는 '철인'이라는 별명이 붙을 정도로 초인적인 강행군을 계속하였다. 1시간가량 연설을 하루에 10차례 이상 되풀이하면서 자동차로 1,000리에서 2,000리가 넘는 길을 달렸다. 윤제술 씨 같은 이는 "김대중이는 신들린 사람"이라고 했을 정도였다. 4월 18일에 있었던 장충단공원 서울 유세에는 100만 명이 넘는 인파가 모였다. 인사동 중앙당사에서 장충동까지 자동차 행진을 벌였는데, 서울 시내 상가가 대부분 철시한 상태였다. 차에서 내려 연단까지 올라가는 데만 1시간이 넘게 걸렸다. 김대중 후보는 말했다.

"공화당은 중단 없는 전진을 내걸고 있지만 민주주의도 남북통일도 농촌과 중소기업들 모두가 후퇴하고 있는데 오직 전진하는 것이 있다면 그것은 부정부패다. 나는 되도록 박 대통령의 개인 인격에 관한 것은 말하고 싶지 않지만, 다만 박 대통령은 부정부패에 아무 책임이 없고 주위 사람이 썩었다는 말은 참을 수가 없다. 박 대통령은 부정부패에 관한 법적·행정적 책임만 있는 것이 아니라 사실상의 책임까지 지고 있다. 바로 박 대통령 측근들이 몇 십억 원 몇 백억 원씩 축재하고 있는데 어째서 박 대통령의 책임이 없다는 말인가? 게다가 신문·방송·대학교 등 500억 원 재산을 가진 5·16 장학회가 개인 것이라는 것이 그 사정을 아는 사람들 이야기다. 이 장학회는 말만 장학회지 갖은 특혜를 다 받으면서도 실제 장학금은 5백억 원 재산의 500분의 1인 1억 원의 정기예금 금리 2,400만 원뿐인 것이다. 또 부정부패해서 긁어모은 돈은 일단 집권자 손으로 들어갔다가 다시 부정선거하는 데 쓰이고 있다. 청와대에서 지난번 2억 원 이상 330억 원까지 부정축재 공직자를 조사했더니 여당 정치인이 300명이나 나왔다. 박 씨는 지금 그 명단을 손에 쥐고 있지만 손을 댔다가는 공화당이 머리에서부터 꽁지까지 결판이 날 것이기 때문에 손도 못 대고 있다. 만약 이번 선거에서 정권교체를 이룩하지 못할 경우 여러분에게는 자유롭게 투표로써 대통령을 뽑을 수 있는 기회가 영원히 오지 않을 것이다. 왜냐하면 박정희 씨가 영구집권을 위한 총통제를 실시할 것이기 때문이다."

사흘 뒤에 같은 장소에서 있은 공화당 유세에서 박정희 후보는 눈물을 흘리며 말했다.

"유권자 여러분! 오늘 이 자리에서 분명히 말씀드리거니와, 내가 이런 자리에 나와서 여러분에게 나를 한 번 더 뽑아주십시오 하는 정치 연설은 오늘 이것이 마지막이라는 것을 확실히 말씀드립니다."

박정희 후보 장충단공원 유세.

나는 이후락 중앙정보부장에게 면담 요청을 했다. 궁정동에 있는 부장실에서 만났다.

"이번 대통령선거는 신사적으로 싸웁시다. 박·김회담을 주선해주시오."

"닉슨이 왜 떨어졌는지 아시오? 케네디와 공동으로 텔레비전 인터뷰를 안 했더라면 안 떨어졌을 거요."

"선거 기간 중 김 후보의 신변 보장을 해주시오."

"좋소. 대신 박 대통령 각하나 주변에 대한 인신공격을 말아주시오."

"그건 염려 마시오."

그런데 트럭이 달려와 김대중 후보가 탄 승용차를 들이받는 사건이 일어났다. 계획적인 사고였다.

《워싱턴포스터》지에 이른바 '정인숙 여인사건'에 대한 특집 기사가 실렸는데, 정일권 국무총리가 관계된 것처럼 되어 있었다. 이 기사를 《민주전선》 주간인 편용호(片鎔浩) 의원이 번역해 특별히 인쇄를 해놓았다는 말을 듣고 편 의원을 만났다.

"야당 기관지인 《민주전선》에 특정인의 사생활을 들추어 싣는 건

점잖지 못한 일입니다. 그래 봐도 결국은 정 총리만 당하고 말지 큰 게 없습니다. 인쇄를 중단합시다."

"당수의 특별지십니다."

"안 됩니다. 정책 대결로 당당하게 싸워야 됩니다."

나는 김대중 씨를 만나 인쇄를 중단시킬 것을 건의했고, 김대중 씨가 말했다.

"진산이 그런 모양인데, 자네 말이 옳네."

수백 명 당원들이 중앙당사 텔레비전 앞에 모여 있었다. 맨 처음으로 개표 결과가 발표된 지역이 경남 울산이었다.

박정희 52,066표

김대중 10,970표

당원들 입에서 탄식하는 소리가 터져 나왔다. 박정희 후보가 압도적으로 우세한 지역을 골라서 첫 발표를 함으로써 개표장에 있는 야당 참관인들 사기를 죽이자는 공화당 전략이었다. 유진산 당수가 몸을 일으키며 침통한 표정으로 말했다.

"흠, 다 틀렸구만."

양일동 부당수를 비롯한 간부들이 뒤따라 당사를 나갔고, 잠시 뒤에는 당사가 텅 비어버렸다. 당사에는 나와 몇 명 청년당원들만 남아 있었다. 나는 대통령선거가 진행되는 한 달 동안 한 번도 집에 가서 잔 적이 없었다. 당사 대통령 후보실에 야전 침대를 갖다놓고 24시간을 떠나지 않았다. 텔레비전에서는 개표 결과 발표와 함께 공화당사와 신민당사 모습을 번갈아서 보여줬는데, 비참했다. 수백 명 사람들이 바글거리는 가운데 웃음소리와 박수소리와 환호하는 아우성소리가 울려 퍼지는 공화당사에 비해 신민당사는 너무도 초라한 것이었다. 당락에 관계없이 이럴 수가 있는가?

밤 11시 반쯤 동교동으로 갔더니 김대중 씨는 자리에 누워 있었다.

"형님, 중당당사에 아무도 없습니다. 설령 진 싸움이라고 할지라도 형님이라도 가셔야 합니다. 몸이 불편하시더라도 가서 누워 계셔야 합니다. 당사를 지켜야 합니다. 그것이 형님을 찍어준 국민들을 위한 예의입니다."

기진맥진한 상태로 탈진해서 누워 있는 김대중 씨가 억지로 몸을 일으켰다.

"가세, 자네 말이 맞으이."

김대중 씨는 야전 침대에 누워 있는 자세로 우리는 당사에서 밤을 새웠다.

우리는 온갖 악조건 속에서 필사적으로 싸웠지만 결국은 졌다. 가장 큰 패인은 물론 부정선거였다. 선거인 등록 방해와 대리투표를 위한 이중 삼중 선거인 등록과 릴레이투표·매수·환표·개표 부정 등 온갖 악랄한 방법을 다 동원한 부정과 약 300억 원을 쓴 것으로 알려진 여당 선거 자금에 비해, 우리는 중앙정보부 협박으로 자금원을 봉쇄당하여 100분의 1도 못 되는 자금으로 선거를 치르게 하는 등 일일이 헤아리기도 어려울 정도의 원천적인 부정선거였다. 공공연한 관권 개입과 의도적인 지역감정 부채질이었다. 경상도 지역에서 김대중 후보를 지지하는 사람들에게는 "전라도 놈의 앞잡이를 없애버리자"며 겁을 주는가 하면 돈을 주어 매수를 하기도 했다.

그러나 이런 모든 이유에 앞선 첫째 이유는 김대중 씨가 당권을 장악하고 있지 못했다는 점이었다. 당권이 없었기 때문에 집중적으로 당 조직을 동원해 필승의 선거체제를 구축할 수 없었기 때문이었다. 신민당 전 지도부와 전 당원이 한마음 한뜻으로 똘똘 뭉쳐 싸웠다면 반드시 정권교체가 이루어질 수 있었다고 확신한다. 그런데 불행하게도 그리고 슬프게도 신민당 안에서 정권교체를 바라지 않는 세력이 다수를 이루고 있었다. 당 지도부에서는 김대중 후보를 당선시켜 정권교체를 하고자 적극적으로 운동을 하지 않고 오히려 방해하기까지 했다. 방해를 한 정도가 아니라 망쳐버렸다. 공화당보다 더 심하게 훼방을 놓았다. 예를 들어 경상도 지역에서는 원내외 신민당 지구당 위원장들이 "대통령에는 박정희를 찍고 국회의원에는 나를 찍어달라"고 공공연히 외치고 다녔다. 또 고위 간부들이 "대통령선거는 적당히 하고 국회의원 당선될 생각이나 해. 이 선거는 다 그른 거여, 이 사람아"라고 말하며 돈을 주면서 돌아다니기도 했다. 경상도 일부 지역에서는 참관인이 개표 도중 퇴장을 하기도 하는 등 선거에 전혀 뜻이 없었다. 김영삼 씨 같은 이는 부산

유세에서 "김영삼이는 누가 뭐라고 해도 여러분이 원하는 것처럼 언젠가는 대통령 후보가 될 것입니다. 나는 약속을 지킬 것이며 약속을 지키는 것이 김영삼이의 자랑입니다. 경상도 사람은 의리가 있습니다. 다음 번에 대통령에 나올 사람은 나요"라고 말하기도 했다. 김대중 후보를 위한 말은 단 한마디도 하지 않았다.

야당 내부의 자체 모순에 의하여 정권교체의 좋은 기회를 놓치고 오늘까지 불행한 역사가 이어지고 있는 것은 어쩌면 자업자득의 당연한 업보일 것이다. 당시 야당의 모순에 대해서는 조윤형 씨와 신상우 씨가 잘 알고 있다. 이것은 뒷날 역사에서 반드시 올바른 심판을 해줄 것이라고 믿고 있다. 우리나라 야당이 걸어온 역사에 대하여 사실대로 얘기하면 대단히 어려운 상황에 부딪치게 될 사람이 한둘이 아니다. 그 사람들은 지금도 살아 있고 또 살아서 야당 정치인으로 활동을 하고 있으므로 여기서 굳이 이름을 밝히지는 않겠다. 그러나 자기의 잘못을 뉘우치지 않고 계속해서 그런 반민주적이고 반역사적인 행동을 한다면 입을 열겠다는 것을 분명히 밝혀둔다.

나는 말했다.

"부정선거로 졌지만 부정을 막지 못한 것도 따지고 보면 우리 역량 부족이고 우리 책임입니다. 깨끗하게 패배를 승복하고 박정희에게 당선 축하 화분을 보내십시오."

김대중 씨는 그러겠다고 했다. 다음 날 아침이었다.

"축전과 화분을 보내셨으면 신문에 날 텐데 어떻게 된 겁니까?"

"이 사람아, 자네 말 들었으면 큰일 날 뻔했네."

김대중 씨는 벌컥 화를 내며 소리를 질렀다.

"전국에서 부정선거라고 들고 일어나 아우성을 치는데 박정희의 당선을 인정하면 어떻게 되는가 말이야?"

"형님, 승부는 끝났습니다. 우리가 진 겁니다. 부정을 못 막은 것도 우리가 능력이 없기 때문 아닙니까? 깨끗하게 패배를 인정합시다. 우리는 정치인이고 정치는 힘입니다. 저쪽에서 아무리 반칙을 했다고 하더라도 결국은 우리가 힘이 없어서 당한 것 아닙니까?"

며칠 뒤 나는 또 다시 취임식에는 꼭 참석하시라고 말했고, 김대중 씨는 그러겠다고 했다.

취임식 날 아침 9시 10분쯤 뉴코리아호텔 다방에서 동교동으로 전화를 했더니 김대중 씨가 받았다.

"아니 취임식에 안 가고 왜 형님이 전화를 받으십니까?"

불쾌한 목소리로 김대중 씨가 말했다.

"이 사람아, 만나서 얘기해."

아이쿠, 큰일 났구나. 이렇게 되면 우리와 같은 정치상황에서는 서로 원수가 되고, 그러면 견디기가 어려운데, 살기가 어려운데……. 나는 큰 걱정이 되었다. 어떤 경우에도 마지막 말은 하지 않고 악화시켜 절망적인 상황으로 몰고 가서는 안 된다는 생각을 하고 있는 나로서는 김대중 씨 앞날이 여간 걱정되는 게 아니었다. 아이구, 이래선 안 된다. 김대중 씨가 가면 갈 필요가 없지만 김대중 씨가 안 갔으니 나라도 가봐야겠다고 생각했다. 나는 택시를 탔다. 중앙청 앞으로는 못 가게 해서 청와대 입구 쪽으로 돌아서 제7대 대통령 취임식장으로 들어갔더니, 막 박정희 대통령 연설이 끝나는 참이었다. 길재호 씨와 김성곤 씨가 나를 보더니 반색을 했다.

"아이쿠, 김 의원이라도 나와줘서 고맙소."

3. 《다리》지 필화사건

　월간《다리》지를 창간한 것은 1970년 9월이었다.

　《재일한국인》이라는 책 5,000부를 팔고 박정희 대통령의 구입 명령으로 받은 정부 수표 600만 원 일부가 그 창간 자금이었는데, 원래는 '4·19 민주상'을 만들 예정이었다. 그런데 4·19 민주상이 재단법인 설립 허가가 나오지 않는 바람에 '4·19 민주상 설립위원회'라는 간판을 걸고 먼저《다리》지를 창간한 것이었다. 그리고 '민족통일문제연구소', '한국사회조사연구소', '농촌문제연구소', '해외교포문제연구소' 등 연구소와 부설로 '석당인쇄소'를 세웠다. 탁희준卓熙俊·이홍구李洪九·장을병張乙炳·이어령李御寧·정광모鄭光模·남재희南載熙·한승헌韓勝憲 등 학자·언론인·법조인·작가를 편집위원으로 하여 '민국활로의 가교'를 목적으로 창간된《다리》는 시사종합 교양지였다.

　　그런데 문학평론가 임중빈任重彬과 주간 윤형두 그리고 사장 윤재식이 반공법위반 혐의로 구속되는 사건이 일어났다. 1971년 2월 12일이었다. 젊은 문학평론가인 임중빈 씨가 전해 11월호에 쓴 〈사회참여를 통한 학생운동〉이라는 글이 문제가 된 것이었다. 임중빈 씨 글은 드골체제를 뒤흔든 프랑스 5월 혁명을 주도한 다니엘 콩방디의 혁명사상과 미국의 뉴레프트, 곧 신좌익운동을 소개하면서 광주학생운동으로부터 비롯되어 4·19 혁명과 6·3 항쟁을 거쳐 70년대까지 이어지고 있는 우리나라 학생운동사의 정당성을 지적하는 내용이었다. 그 글 어디를 살펴보아도 친공 또는 용공 냄새가 나지 않는 지극히 온건한 내용인데도 불구하고 박정권에서는 반공법으로 걸어버린 것이다. 두어 달 앞으로 다가온 김대중의 정권 도전에 당황하고 있던 박정희가 뽑아든 야당과 언론 탄압 서막이었다.

민단 초청으로 일본에 있던 나는 그 소식을 일주일 만에야 알게 되었다. 나는 서둘러 귀국하고자 했는데 신민당 부총무 양회수梁會璲 씨가 지금 귀국하면 구속된다며 국회가 개원된 다음에 오라고 했다. 국회 회기 중에는 현행범이 아닌 경우 국회의원을 구속할 수 없기 때문이었다. 나는 보름쯤 더 있다가 귀국하였다. 그리고 곧바로 시작된 대통령선거 기간 중 이후락 중앙정보부장을 두 번 만났는데, 그때 구속시키려는 것을 자기가 막았다고 생색을 냈다. 임중빈·윤형두·윤재식 씨는 6개월 반 만에 무죄판결을 받고 석방되었는데, 목요상睦堯相 씨가 담당판사였다. 그리고 이것이 그 뒤에 벌어지게 된 이른바 '사법파동'의 실마리가 되었다.

《다리》지는 그 뒤로도 김지하金芝河 시인의 문제 희곡인 〈구리 이순신〉과 〈나폴레온꼬냑〉 그리고 담시 〈비어蜚語〉와 김한수金漢洙 의원의 〈국회속기록〉 등을 실었다가 당국의 압력을 받아 자진 휴간과 정간을 되풀이하던 끝에 10월유신을 맞아 끝내는 문을 닫고 말았다.

나는 《다리》지를 통해 여러 진보적인 지식인들과 사귀게 되면서 그들로부터 많은 가르침을 받았고 그것이 내 정치 행로에 중요한 계기가 되었다.

일본에 갈 때 나는 나중에 《다리》지 편집장을 지낸 박창근朴昌根 씨와 함께 갔었다. 박창근 씨는 6·25 때 전상을 입어 팔이 하나 없었는데 사진 촬영에 능했다. 나는 박창근 씨에게 의수를 맞춰주었다. 귀국했을 때 가방 속 의수를 보고 무슨 선물이나 사왔나 하고 가방을 열어보던 집사람이 기절을 했다. 진짜 팔처럼 너무 정교했던 것이다. 유신 때 박창근 씨도 연행되었는데 수사관이 다그쳤다고 한다.

"왜 김상현이 같은 자를 따라다녀?"

"팔을 만들어준 고마운 분인데 그런 분을 따라다니지 않고 그럼 누굴 따라다닙니까?"

그 뒤 다시 잡혀갔을 때 마침 박창근 씨를 담당했던 수사관이 나를 맡게 되었다.

"당신은 언제나 강경투쟁만 해서 판을 깨는 혁명간 줄 알았는데 들어보니 인간성이 훌륭하오."

그러면서 고문을 하지 않았다.

4. 브라질 교포 문제

 어느 날 브라질 대사관으로부터 연락을 받고 밀튼 대사를 만나게 되었다. 브라질 사람 하나가 정보부에 연행되어 갔으니 어떻게 좀 알아봐 달라고 했다. 브라질 시민권을 가지고 있는 한국 교포로 교민회 회장을 지낸 김홍기金弘基라는 사람이었다.

 브라질에 이민 간 교포는 약 9,000명가량 되었는데 대부분이 상파울로에 모여 살고 있었다. 교민들은 김홍기 회장을 중심으로 한 신파와 한국문화원을 중심으로 한 구파로 나뉘어 날카로운 대립을 벌였다. 신파는 전세버스를 3대 빌려 상파울로에서 1,000리가 넘는 대사관까지 달려가서 싸움을 벌였고, 그 사건은 국내 신문에도 보도되었으며 상파울로 신문에는 기동경찰이 출동해 교민들을 끌어내는 사진까지 보도되었다. 그런 상태에서 김홍기 씨가 입국하자 정보부에서 연행을 해간 것이었다. 브라질 시민권을 갖고 있는 사람을 그럴 수 있느냐며 밀튼 대사는 펄쩍 뛰었다. 나는 김형욱 정보부장을 만나 설득을 하였고, 그날 중으로 김홍기 씨는 석방되었다.

 나는 브라질로 가기로 결심했다. 명색이 교포문제연구소장으로 있는 사람으로서 브라질 교포사회에 문제가 있다는 데 가만히 있을 수는 없는 일이었다. 정부나 국회에서는 그런 문제에 전혀 관심이 없었으므로 개인적인 자격으로 가보는 수밖에 없었다.

일본에서 브라질까지 비행기로만 28시간이 걸렸다. 나는 장창국張昌國 대사에게 교민들 실태를 조사하겠다고 하면서 특히 김홍기 씨 등 교포 3명을 대사가 현지 경찰에 고소해 구속시켰던 사건의 진상을 밝히자고 했다. 절대로 그런 일이 없다고 극구 부인하며 대사는 모략이라고 펄쩍 뛰었다. 저녁을 먹고 대사관을 나오는데 참사관 한 명이 따라 나와서 술집으로 가게 되었다. 참사관이 말했다.

"여기 리우데자네이루에서 상파울로까지는 천 리 길이 넘습니다. 가봐야 싸움판인데 그 먼 데를 뭐하러 가십니까? 여기서 쉬시면서 좋은 데 구경이나 하시지요."

뭔가 올바르지 못한 일이 있는 게 분명했다. 나는 상파울로로 가서 판사를 만났다. 고소장 사본을 내주며 판사는 현지 대사가 자기네 나라 교포를 고소하는 것은 처음 본다고 했다. 고소장 내용은 김홍기 씨 등 세 사람이 공산주의자며 아울러 테러리스트라는 것이었다. 우리나라처럼 군부세력이 장기집권을 하고 있는 엄격한 반공 국가인 브라질에서는 세 사람을 즉각 체포하였는데, 조사 결과 혐의가 없어 무죄석방시켰다는 것이다.

나는 신·구파를 화해시켜야 되겠다고 생각했다. 한마을에 살면서도 신·구파는 갈등과 반목이 심해 길에서 만나도 서로 인사도 않고 지내는 형편이었다. 나는 신·구파 대표 100여 명을 중국집으로 초대한 다음 술잔을 권했다. 그러고 나서 간절하게 호소했다.

"여러분, 이렇게 이역만리 먼 곳까지 와서 서로 싸우고 미워해서야 되겠습니까? 사랑하는 부모형제와 사랑하는 조국을 떠나와서까지 서로 싸워서 어쩌자는 것입니까? 저는 신파다 구파다 패를 갈라서 서로 인사도 않고 지내는 것을 보고 깊은 충격을 받았습니다. 이렇게 원수처럼 싸우며 지내니까 마음이 편하고 행복하십니까? 여러분, 오늘의 이 만남을 계기로 다시 옛날로 돌아갑시다. 서로 부둥켜안고 형제로 돌아갑시다."

신·구파 대표가 서로 손을 잡고 내가 가운데 서서 사진을 찍었는데, 지금도 해외교포 사진전을 하면 꼭 그 사진이 등장하고는 한다. 나는 스스로 청해서 '가고파'를 불렀다. 노래를 부르다 말고 나는 울음을 터뜨렸고, 신·구파로 갈라졌던 교민들도 서로 끌어안고 울음을 터뜨렸다.

장창국 대사에게 말했다.

"대사께서는 고소를 한 사실이 없다고 하셨는데, 가보니 그렇지 않습니다. 대사라는 것은 한 나라를 대표하는 것인데, 정말 유감스럽습니다."

대사관을 나오는데 참사관이 쫓아 나오며 제발 고소장을 돌려달라고 하였다. 돈까지 쥐어주며 며칠만 쉬어 가시라고 통사정을 하는 것을 나는 모든 서류를 벌써 항공 편으로 부쳐버렸다고 거짓말을 하였다. 나는 브라질 정부 법무차관인 루이마샬드 박사를 만나 한국인도 포함되어 있는 3,000~4,000명 불법체류자들에게 영주권을 달라고 부탁하여 호의적인 반응을 얻었다.

　　귀국 즉시 법무부에 요청해 루이마샬드 박사를 초청하여 이민문제에 대한 교섭을 벌이게 하였다. 나는 그에게 고전 병풍을 하나 선물하면서 우리 교포들에 대한 배려를 부탁했는데, 다음 해 다시 브라질에 가게 되었을 때 보니 그 집 응접실에 놓여 있었다.

　　나는 또 브라질 이민청장을 만났다. 그 딸이 교민 청년과 약혼한 처지여서 한국에 대하여 우호적인 사람이었다. 나는 그에게서 일본사람들이 브라질 이민에 성공한 비결을 들은 다음, 우리 정부에 브라질과 이민협정을 맺을 것을 건의하면서 그를 초청하게 되었다. 상파울로를 방문하여 주의회 의원인 듈세 씨를 만나기도 했다. 대학 교수이며 가수인 그 여자 남편은 상파울로시 부시장 겸 중소기업회 회장이었는데, 우리 교민들로부터 '한국의 어머니'라는 호칭을 받고 있었다. 나는 그 여자 주선으로 상파울로 주의회에서 짤막한 즉흥연설을 하기도 했다. 귀국한 후 '천우사' 전택부全澤鳧 씨와 경비를 나누어 듈세 의원을 초청하여 한복을 한 벌 맞춰주고 판문점 등을 보여주었는데, 그 여자가 귀국한 지 이틀 뒤에 10월유신이 일어났다. 브라질에서 텔레비전을 보는데 은행 강도가 들어온 보도가 나왔다. 그런데 강도를 잡을 생각을 안 하는 경찰이 말했다.

　　"처자식이 있어서……."

　　대통령선거를 한 달쯤 남겨놓았을 때 포르투갈 축구단이 우리나라에 온 일이 있었다. 그런데 그 축구단 단장이 포르투갈에서도 손꼽히는 보석밀수꾼이었다. 그가 시가 5,500만 원어치 금과 보석을 몰래 갖고 들어와 팔다가 붙잡혔다. 포르투갈 축구단은 단장만 남겨둔 채로 귀국해버렸다. 그 부인이 키신저와 유엔 사무총장 등에게 남편 석방을 도와달라는 편지를 보냈지만 아무 소용이 없었다.

나는 밀튼 대사 부탁을 받고 교도소를 찾아가서 포르투갈 밀수꾼을 세 번 만났다. 그는 포르투갈 말로 뭐라고 떠들었고 교도관은 죽을 상이었다. 무슨 말인지 알아들을 수 없는데 하루 종일 울기만 한다는 것이었다. 나는 통역을 통하여 그와 얘기를 나누었는데, 무조건 살려달라고 매달렸다.

나는 2통의 편지를 써서 백두진 국회의장 서리와 이후락 중앙정보부장에게 보냈다. '포르투갈과는 국교가 없는 상태지만 특별히 석방한다면 우리나라와 포르투갈과의 관계에 좋은 계기가 될 수도 있지 않겠는가? 이미 물건은 모두 압수한 상태인데 여기다 징역까지 살려서 굳이 좋을 것이 있겠는가? 게다가 브라질 대사가 형제 나라로서 체면을 좀 살려달라고 애원을 하고 있다. 그러니 우리나라와 브라질의 관계를 생각해서라도 그를 석방시키는 것이 일거양득이 아니겠느냐'는 것이 요지였다.

포르투갈 밀수 왕초는 곧 석방되어 자기 나라로 돌아갔다.

그 뒤로 밀튼 대사한테서 다시 연락이 왔다. 무슨 잘못인가를 저질러 구속된 영국 사람 2명이 있는데 영국대사가 포르투갈 밀수꾼을 빼낸

비법을 가르쳐달라고 한다는 것이었다. 아직 내 얘기를 안했지만 어떻게 도와줄 수 없겠느냐고 했다. 도와주겠다고 약속했는데, 곧바로 10월 유신이 터졌다.

5. 서승 사건

'재일교포 대학생 4명을 포함한 간첩 10명 검거'

신문을 펼치다 말고 나는 벌떡 몸을 일으켰다. 대통령선거를 일주일 앞으로 남겨둔 1971년 4월 20일 아침이었다. 나는 우뚝 선 채로 다시 한 번 신문을 들여다보았다.

국군보안사령부는 선거기를 틈타 민중봉기를 유도하고 정부를 전복시키려고 암약하여 온 강장운(22세, 고려대 이공대 물리과 3년) 등 재일교포 출신 4명을 포함한 북괴 간첩 10명과 그들을 중심으로 한 4개 그룹의 간첩 관련자 41명, 총 51명을 지난 17일 서울, 부산, 제주 등지에서 일제검거했다고 발표.

재일교포 출신 4명 가운데 서승徐勝이란 이름이 들어 있었다. 교포문제연구소 일 관계로 자문을 구할 겸 우리나라에 와 있는 재일교포 유학생 가운데 재주는 있으나 가난한 학생이 있으면 소개해달라고 김혁동 비서관과 내 일을 도와주고 있던 김응삼金應三 씨에게 부탁하였고, 소개받게 된 사람이 서울대학교에 재학 중이던 서승 군이었다. 그는 우리 집에서 2년 가까이 숙식을 함께하며 한 식구처럼 지냈다. 그러다가 사건이 발표되기 한두 달 전에 우리 집에서 나갔다.

선뜻 짚이는 게 있었다. 박정희가 김대중과 나를 잡기 위해 사건을 조작하는구나. 나는 김대중 씨를 만나 사건의 심각성을 이야기했다.

"서승이가 우리 집에 있었는데 우리를 배후로 잡으려는 것 아닙니까? 기관에서 족치면 우리 집에 있었다고 할 텐데……. 큰일입니다."

김대중 씨는 침통한 얼굴로 묵묵히 앉아 있었고, 대책이 없었다. 대통령선거전 분위기는 부정만 막아내면 정권교체가 된다는 쪽이었고 나는 현역 의원으로서 대통령 후보 비서실장이었다. 며칠 뒤 기관으로부터 만나자는 연락이 왔다.

약속 장소인 서린호텔로 갔더니 간부 1명과 수사관 1명이 기다리고 있었다.

"김 의원 댁에 있었던 서승이는 평양을 두 번씩 다녀온 간첩입니다."

"서 군이 우리 집에 오기까지 행적에 관해서는 당신들이 더 잘 알 것 아니요? 문제가 있었다면 그때 문제 삼을 것이지 왜 이제 와서 그럽니까? 선거가 불리해지니까 우리를 잡으려는 것 아니요?"

"사실대로 다 털어놓으시죠."

나는 고래고래 소리를 질렀다.

"당신네들 선거가 불리하니까 한 건 하자는 거지. 우리 이 따위로 저질 장사하지 말고 솔직하게 나가자구. 당신들이 나를 간첩으로 몰아서 죽이겠다 이건데, 그래서 김대중 선생도 같이 엮어 보겠다 이건데, 어디서 유치한 수작 부려. 차라리 나를 눈 가리고 차에 태워서 삼팔선에 데려다 노면 될 거 아냐. 그러고 나서 뒤에서 총을 쏴라 이거야. 김상현이가 월북하려고 해서 사살했다고 하면 간단하잖아. 이 정권이 꼭 하나를 희생시켜야 되겠다면 내가 죽어주지."

간첩단 사건에 연루돼 재판을 받는 서승(오른쪽)·서준식 형제.

그들은 끈질기게 나와 서승 관계를 물어왔는데, 서 군은 본국에 유학을 와 있던 가난한 재일교포 대학생일 뿐이어서 도대체 감추고 말 것이 없었다. 나와 김대중 씨는 혐의가 없는 것으로 밝혀졌지만 문제는 서승 군이었다. 서승이라는 한 순정한 재일교포 학생 생각만 하면 기가 막혀서 눈이 꼭 감겨지니, 끔찍한 고문을 견디지 못한 그가 시뻘건 난로를 들어 제 몸에 들씌워 온몸에 중화상을 입었던 것이다. 천행으로 목숨을 건졌다지만 얼굴이며 팔과 윗몸이 온통 짓뭉그러졌고, 그런 모습으로 19년 징역을 살았다. 동생 서준식은 15년 징역을 살았다. 한겨레 2011년 4월 25일치에 실린 인터뷰 기사에서 서승은 이렇게 말하였다.

"내가 감옥에서 어려울 때마다 어머니가 면회를 오셔서 나를 지켜 주었습니다. 어머니는 무학자였으나 나와 동생의 면회를 다니기 위해 50나이에 글을 배웠지요. 면회를 오셔서는 늘 '마음 강하게 먹어라 의롭지 못한 인간들에게 결코 굴복하지 마라' 그랬습니다. 보통 어머니들과는 좀 다르셨지요. 돌아가실 때까지 10년 동안 50번이나 일본에서 한국 교도소로 면회를 오셨습니다."

6. 진산 파동

정부·여당의 원천적인 부정선거로 평화적 정권교체 기회를 놓쳐버린 국민들은 실망, 분노, 좌절, 체념 그리고 극심한 허탈감에서 오는 일종의 집단허무주의에 빠져버렸다. 거대한 악의 세력과 평화적인 경쟁을 벌여 민주주의를 이룰 수 있다는 이른바 선거혁명이 본질적으로 환상이었다는 것을 깨닫게 된 것이다. 기층 민중들은 깊은 침묵으로 빠져들었고, 학생들과 종교계 그리고 재야 민주세력에서는 제8대 국회의원 총선거를 거부하자는 '총선보이콧' 운동이 일어났다. 총선에 응함으로써 부정한 방법으로 연장하게 된 권력을 추인해줄 이유가 없다는 것이었다.

재야와 함께 총선을 거부하기로 선언했던 신민당 당수 유진산 씨는 잠시 후 재야의 격렬한 비난을 받으며 총선 참가로 태도를 바꿔버렸다. 그리고 나서 유진산 씨는 자신의 선거구인 서울 영등포갑구를 포기하고 마감 날 마감 시간 직전에 전국구 1번으로 등록을 했다. 영등포갑구에는 박정훈朴正勳이라는 무명청년을 등록시켰는데, 박정훈은 자유당 출신 3·4대 민의원을 지낸 박세경朴世經 변호사의 장남이었다.

영등포갑구에는 박정희 대통령 처조카사위인 장덕진張德鎭 씨가 공화당 공천으로 입후보해 있었는데, 서울에서는 공화당 후보가 단 1석도 당선되기 어려운 분위기였다. '진산이 정부·여당과 뒷거래해 수억을 받고 선거구를 팔아먹었다'는 소문이 나돌았다. 국회의원 입후보자에 대한 공천은 원래 당수인 유진산 씨와 대통령 후보였던 김대중 씨가 상의해 하게 되어 있었다. 그랬는데 대통령선거에서 낙선한 다음 김대중 씨 발언권은 급속도로 무시되었고, 진산이 독자적으로 결정한 것이다.

지역구와 전국구 공천에 불만을 갖고 있던 수백 명 청년당원들이 상도동 진산 댁으로 몰려갔다. 해질 무렵인 하오 7시쯤부터 기물을 때려 부수며 격렬한 항의를 하던 청년당원들은 밤 12시쯤 진산이 정계은퇴·당수직 사퇴·전국구 후보 사퇴 중 하나를 택하겠다는 약속을 받아내고서야 항의를 멈추었다. 다음 날 중앙당사로 몰려간 청년당원들은 유진산 당수 사진을 떼내 불을 지르고 사무실 집기들을 부수다가 양일동 부당수 얼굴에 담뱃불을 들이대는 등 난리를 치른 끝에 양일동 씨로부터 탈당계를 받아냈다. 김대중 씨는 수습대책 6인위원회의 정일형·홍익표·고흥문 씨와 상의하여 진산을 제명하고 스스로 당수권한대행을 맡기로 했다. 그러나 김대중 씨 측 결정을 논의하기 위해 운영위원회가 열린 중앙당사에 양일동 씨 측 청년당원 수백 명이 몰려와 아수라장이 되는 바람에 회의 자체가 성립될 수 없었다. 다음 날부터 진산의 반격이 시작되었고 양일동 씨도 여기에 가세했다. 김대중 씨 측 사주를 받은 청년당원들이 난동을 부렸는데 그것을 김상현이가 앞장서서 조종했다는 것이었다.

참으로 안타까운 노릇이었다. 힘을 합쳐 싸워야할 적은 따로 있는

데 한집안 식구끼리 비렁뱅이 자루 찢는 싸움을 벌였고 나 또한 그렇게 권유했던 것이다. 그것은 김대중 씨를 위하는 길도 아니고 나 자신을 위하는 길도 아니었으며 나아가서는 김대중 씨와 내가 큰 정치인으로 나가는 길을 스스로 제한한 결과였을 수도 있다는 깨우침이 들었다. 사람이 궁지에 빠져 있을 때 그 사람을 구해주는 사람이 되고 그런 정치가 돼야지, 다른 사람이 궁지에 빠진 것을 빌미삼아 밟아버리는 사람이 되고 그런 정치가 되어서는 안 되지 않는가? 오히려 김대중 씨한테 이렇게 말하도록 권유했어야 되었다. 지역구로 가려는 것을 내가 당수가 자기 지역구에 매달리지 말고 자유스러운 몸으로 전국을 돌며 지역구 후보들을 도와주는 것이 당을 위해서 유익하다고 판단되었기 때문에 전국구로 가도록 권유했다. 그랬더라면 큰 정치인 큰 지도자로서 김대중 씨를 국민들에게 보여줄 수 있고 나아가서는 유신선포라는 제2의 쿠데타를 막는 계기가 될 수도 있지 않았겠는가? 그것이 앞날을 좀 더 멀리 그리고 깊게 내다보는 정치인 자세가 아니었겠는가?

7. 아나운서와 양아치

'5·6 전국구 파동', 곧 '제2의 진산 파동'으로 만신창이가 된 신민당은 김홍일 당수권한대행체제로 제8대 국회의원 총선거를 치르게 되었는데, 괴로웠다. 열화 같은 국민 지지와 성원을 조직된 힘으로 결집하여 정권교체를 이룩하지 못한 주제에 또다시 비렁뱅이끼리 자루 찢는 진흙밭의 개싸움을 벌이는가? 이따위 한심한 정당에게 우리 운명을 맡길 수 있는가 하는 회의와 실망을 국민들한테 주었던 것이다. 무슨 낯으로 단상에 올라가 국민들을 본단 말인가? 첫 합동정견 발표회는 세검정국민학교 운동장에서 열렸다.

"오륙 파동으로 여러분의 신뢰를 잃게 된 점을 무엇보다도 먼저 사과드립니다. 삼선개헌을 막지 못한 것을 사과드립니다. 또한 사이칠 대통령선거에서 부정을 막지 못함으로써 정권교체를 이룩하지 못한 점을 사과드립니다. 이 모든 것들을 우리 신민당의 책임이기에 앞서 신민당을 이루고 있는 한 사람인 저의 책임으로 알아 깊이 사과드립니다."

나는 잠깐 말을 끊고 청중들에게 깊숙이 허리를 숙여 진실로 사과를 드렸다.

"그러나, 그렇다고 해서 좌절하고 실의에 빠져 절망하여 두문동杜門

洞으로 갈 수는 없다는 데 저의 고민이 있습니다. 아니 우리 모두의 고민이 있는 것입니다. 우리가 아무리 어려운 경우에 닥치고 슬픔에 빠져 있을 때라도 밥을 먹고 또 잠을 잘 수밖에 없는 것처럼 어떤 경우에도 정치는 있고 또 있어야만 합니다. 이것이 현실입니다. 비록 명색에 지나지는 않지만 우리의 체제가 자유민주주의체제이고 또 그 안에서 살고 있는 이상은 의회를 포기할 수는 없습니다. 자유민주주의의 핵심은 국회고 국회의 핵심은 국회의원입니다. 따라서 다시 한 번 저한테 기회를 달라는 말씀을 드릴 수밖에 없습니다. 다시 한 번 저를 국회로 보내주신다면 지금까지의 실패와 오류를 거울삼아서 똑같은 오류와 실패를 되풀이하지 않겠습니다. 지금까지보다는 한발이라도 앞서 나가는 정치인이 되어 여러분에게 공동의 꿈과 희망을 드릴 수 있는 정치를 하겠습니다. 독재 정치를 제도적으로 막을 수 있는 입법투쟁을 벌이겠으며 군인들의 정치 개입을 막을 수 있는 새로운 정치문화의 건설을 위하여 싸우겠습니다.

제가 그동안 《다리》지를 만들어 새로운 정치문화 창조에 작으나마 일익을 담당하고 있고 지금까지 그 누구도 눈을 돌리지 않았던 수백만 해외교포 실태를 조사하여 그들 처지를 개선해주고자 한 것도 다 나름대로는 여러분의 기대에 따르고자 했기 때문이었습니다. 여러분이 잘 아시다시피 저는 양아치올시다. 저는 천민이고 상민이고 서민이올시다. 정치에 뜻을 둔 열아홉 살 때부터 죽을 고생을 하면서도 오늘이 내 인생의 마지막 날이 될지도 모른다는 생각으로 살아왔습니다. 나름대로는 최선을 다하여 살아왔다는 말씀입니다. 제가 살아 있는 동안은 오늘에 최선을 다하여 시간을 활용하고 가치 있게 보냄으로써 보다 많은 사람들에게 기쁨을 주고 희망을 주고 평화를 주기 위하여 살아왔고 또 그렇게 살 것입니다. 저는 정치가 바로 저의 생활이요, 저의 생활이 바로 정치입니다. 정치와 생활 또는 생활과 정치가 구별되어 본 일이 없습니다. 여러분 위에 군림할 사람을 뽑겠다면 저를 찍지 말고, 여러분과 같이 생활하고 여러분과 같이 고통을 느껴서 여러분의 입장을 대변할 수 있는 사람을 뽑겠다면 저를 찍어주십시오."

나와 함께 서대문을구에 출마한 사람 가운데는 유명한 아나운서 출신 임택근씨가 있었다. 공화당 공천을 받은 임택근 씨는 '문화방송' 전무로서 임흥순 씨 조카였다. 보궐선거 때도 임흥순 씨가 제일 강자였는데 이번에도 제일 강자는 임택근 씨였다. 참으로 묘한 인연이 아닐 수 없었다.

임택근 씨는 너무 유명한 사람이어서 그가 유세장에 나타나면 아이들이 백여 명씩 따라다니며 환호성을 지르고는 했다. 아이들은 나한테는 전혀 관심이 없었다. 나는 불리한 싸움을 하게 됐다고 생각했다. 그런데 임택근 씨는 말은 청산유수로 잘하지만 신념과 철학을 바탕으로 하는 진실된 말이 아니었으므로 사람들에게 별다른 감명을 주지 못하는 것 같았다. 나는 말은 그보다 못하지만 평소 신념대로 소신껏 말했다. 내가 정견발표를 하고 연단을 내려오면 고등학생 이상 어른들과 부인네들이 몰려와 사인을 해달라고 했다. 나는 선거는 같은 후보끼리 싸움이 아니라 유권자와 싸움이라고 생각한다. 유권자들에게 있는 그대로 나를 알림으로써 유권자들 스스로 판단하게 해야지 다른 후보자를 인신공격하는 따위는 옳지 못하다고 생각한다. 나는 말했다.

"여기 계신 임택근 씨는 어린아이들까지도 잘 아는 아주 유명하신 분으로서 국보적인 존재입니다. 아나운서로서 국보적인 존재라는 말씀입니다. 그런데 여러분이 행여 실수로 임택근 씨를 국회로 보내신다면 다시는 임택근 씨의 목소리를 들을 수 없게 될 것 아니겠습니까? 이것은 임택근 씨 목소리를 좋아하는 이들을 실망시키는 일이며 따라서 불행한 일이 됩니다. 그러니 국보적인 아나운서 임택근 씨는 방송국으로 보내고 정치가인 이 김상현이를 국회로 보내주십시오."

신촌역 앞 광장에서 마지막 유세를 하는 날이었다. 김대중 씨가 지원연설을 해주기로 했는데 도무지 나타나지를 않았다. 뒤늦게 김대중 씨가 나타났는데 목에 붕대를 감고 팔을 늘어뜨리고 있었다. 김대중 씨는 그때 사정을 《행동하는 양심으로》라는 책에서 이렇게 말하고 있다.

그때 우리는 포장된 순탄도로를 한참 달리고 있었는데 이때 우리 차 맞은편에서 14톤짜리 대형 트럭이 한 대 달려오고 있었다. 순탄대로를 차들이 서로 마주 스쳐가는 것은 당연하므로 나는 아무렇지도 않게 생각했다. 그런데 갑자기 그 트럭이 내 차를 향해 거의 90도 각도로 덤벼든 것이다. 너무나도 무시무시한 광경이어서 지금 생각해도 소름 끼치는 순간이었지만, 다행히도 내 차 운전사가 재빨리 맹렬한 속력을 내면서 달렸기 때문에 정면으로 덤벼든 차를 피할 수 있었다. 그래서 그 대형 트럭은 내 차 뒤꽁무니 쪽 오 분의 일 정도만을 들이받았는데 만약 오 분의 이 정도만 부딪쳤어도 나는 즉사했을 것이다. 불과 일 초에 십 분

사고 직후 응급치료를 마치고 기차 편으로 상경하는 김대중 후보와 권노갑 당시 비서 등 일행.

의 일 초 사이에 발생한 사건이었다. 결국 그 대형 트럭은 내 차 뒤를 바짝 따라오던 일반 택시를 들이받아 택시 안에 타고 있던 승객 3명이 즉사, 3명이 부상당했다. 내 차는 오른쪽 길로 튕겨지면서 논길에 박혔다. 이때 나는 팔의 동맥이 두 군데나 잘렸고, 나의 경호책임자는 중상을 입게 되었다. 나는 크게 부상당했지만 그 길로 곧 기차를 타고 서울로 달려갔다. 그러고는 몸에 붕대를 감고 팔을 늘어뜨린 몸으로 연설을 하면서 서울 시내 각 선거구를 지원차 계속 돌아다녔다.

　우리는 손을 맞잡은 채로 환호하는 청중들에게 꽃다발을 높이 추켜올렸다. 김대중 씨가 말했다.

　"김상현 씨는 저와 어머니의 배만 다를 뿐 친형제나 다름없습니다. 김대중이 하면 김상현이고 김상현이 하면 김대중입니다. 김상현의 승리는 김대중의 승리고 김대중의 승리는 김상현의 승리인 것입니다."

　개표 결과는 다음과 같았다.

김상현　63,575표

임택근　37,210표

윤형남尹亨南 575표

주만진朱萬珍 337표

계성범桂性範 136표

8. 진산의 반격

　204석 재적 과반수에서 13석이 모자라는 89석을 확보해 의정사상 최초 균형국회를 이룩한 신민당은 예상 밖의 성원을 보내준 국민들 뜻을 헤아려볼 겨를도 없이 곧바로 싸움에 들어갔다. 자유당 소속으로 3·4대 민의원을 지낸 진산계의 최용근崔容根 강릉지구당 위원장이 '김대중 씨가 대통령선거 결과에 책임을 지고 국민 앞에 사과해야 된다'는 결의안을 중앙상무위원회에 제출한 것이다. 진산계의 반격이었다. 서로 아우성을 치는 가운데 나는 의사진행 발언을 얻어 앞으로 나갔다. 그리고 최용근 씨가 제출한 결의안을 받아들이겠다고 했다. 그러자 양쪽 사람들 모두가 깜짝 놀란 표정으로 내 얼굴을 바라보았다. 나는 말했다.

　"국민들의 열화 같은 지지를 받으면서도 선거에서 패배한 김대중 선생은 이유야 어쨌든 국민에게 잘못을 저질렀습니다. 정치인은 어떤 경우에도 자기 잘못에 대하여 책임을 져야 합니다. 당에 대해서도 책임을 져야 하고 국민 앞에도 책임을 져야 합니다. 국민 앞에 사과하라는 최용근 위원 말씀은 따라서 너무도 당연합니다. 받아들이겠습니다. 그런데 김대중 선생의 사과와 함께 덧붙여야 될 것이 있습니다. 당수이셨던 유진산 선생께서 대통령선거전에서 전력을 다하지 않으셨다는 것을 함께 사과해야 됩니다. 아니 사과만으로는 안 되고 국회의원선거에서 전국구 파동을 일으키신 것까지를 책임지는 의미에서 정계은퇴를 선언하셔야 합니다. 그렇게 하는 것이 형평의 원리에도 맞는다고 생각합니다."

그러자 진산계 청년당원들이 단상으로 뛰어나오며 "김상현이 죽여라!" 하고 아우성을 쳤다. 나는 꼼짝도 하지 않고 맞받아 소리쳤다.

"이 김상현이를 죽일 수 있는 사람은 다 나오시오! 내 말이 틀렸다고 생각하는 사람은 누구든지 나와서 나를 죽이시오! 그래서 이 땅에 민주주의가 이루어질 수 있다면 백 번이라도 죽어주겠소!"

수십 명 청년당원들이 "김상현이 죽여라!" 하고 소리치며 뛰쳐나왔지만 아무도 내 몸에 손을 대지 못했다. 마이크를 빼앗으면서 계속해서 죽이라고 소리만 지를 뿐이었다. 민주당 시절 신·구파 때도 그랬지만 나는 사람을 사귀는 데 무슨 계보나 색깔을 따지지 않고 모두 친하게 지냈으므로 차마 어떻게 하지 못했던 것이다. 내가 만약 계파를 달리한다고 해서 평소에 그들과 사이가 나빴다면 아마 크게 다쳤을 것이다. 뒤에 김제만·최정택 씨한테 들었는데 그때 소리를 지르던 사람들은 진산에게 불려가 혼이 났다고 했다.

'진산 파동'으로부터 비롯된 김홍일 과도체제를 정상화하기 위한 전당대회가 열린 것은 7월 20일이었다. 당권의 뒷받침이 없이 치룬 대통령선거에서 이기고도 진 결과를 빚은 김대중 씨는 4년 뒤를 내다보고 당수 출마를 선언하였다. 범주류 추대를 받은 김홍일 씨와 주류 한 가닥을 이끌고 진산으로부터 독립을 선언한 양일동 씨 3파전이었다. 원내 의원들 지지비율에서는 김홍일 씨 측이 단연 우세했다. 진산계와 김영삼·고흥문계 그리고 이철승계 등 43명 지지를 받는 데 비해, 김대중 씨는 홍익표·윤제술·김응주씨 등 14명 지지밖에 받지 못했고 양일동 씨는 유청·유성권·김기섭 씨 등 단 세 명이었다. 그러나 김대중 씨는 대통령선거에서 받은 540만 표가 말해주듯 국민들 뜨거운 지지가 큰 힘이었고 대의원들 사이에서 고조되고 있는 반진산 분위기를 업고 있었다. 거기다가 양일동 씨에 의한 범주류 분산이 가능성을 높게 하였다. 1차 투표 결과 누구도 과반수를 얻지 못했다.

김홍일 407표
김대중 302표
양일동 172표

2차 투표 결과 역시 마찬가지였다.

김홍일 425표
김대중 340표
양일동 111표

2차 투표 결과 무효표 5표를 뺀 56표 양일동 씨 표 가운데 18표가 김홍일 씨한테 갔고 38표가 김대중 씨한테 왔다. 우리는 이 56표 가운데 정일형·박병배 씨 계열 표가 김대중 씨한테 왔고 구자유당계와 진산계 청년당원들 표가 김홍일 씨한테 넘어간 것으로 봤다. 김대중 씨 표는 움직이지 않는 고정표로써 당내에서 제일 큰 단일세력인 것이 입증된 셈이었다. 범주류는 김영삼·이철승·고흥문·김재광·김형일·정해영·신도환·한건수 씨 등 이른바 8명 사단장이 모여 이룬 연합체였는데, 그들은 각기 앞으로 당권 향배나 당직 배분 등에 이해를 달리하였으나 반김대중이라는 점에서만은 이해를 함께하고 있었다. 이튿날로 넘어간 3차 결선 투표에서는 결국 김홍일 씨가 당선되었다.

김홍일　444표

김대중　370표

무　효　61표

완강한 보수 벽과 반김대중 세력을 확인하는 것으로 김대중 씨 당권 도전은 우선 막을 내렸다. 그러나 무슨 수를 쓰던지 '캐스팅보트'를 쥐고 있고 더구나 같은 전라도 출신인 양일동 씨와 연대를 이룩해내지 못했다는 점이 아쉬움으로 남았다. 결국 재기를 위한 진산 반격이 성공한 것이었다.

대회를 마친 사람들이 퇴장하는데 욕설과 고함소리가 하늘을 찔렀다. 지방에서 올라온 당원과 서울시민 등 수천 명 김대중 씨 지지자들이었다. 그들은 시민회관 정문 위에 걸려 있는 김홍일 당수 초상화를 끌어내려 불태우면서 김대중 씨 사진이 들어 있는 피켓과 몽둥이 그리고 우산대 등으로 주류 측 사람들에게 뭇매를 가하기 시작했다. 김영삼·김수한·최형우 의원이 흥분한 군중들에게 맞아 얼굴에 피를 흘렸고 길을 건너 전매청 쪽으로 달아나던 김영삼 의원은 뒷덜미를 잡히기도 했다. 걷잡을 수 없는 분위기였다. 나는 휴대용 확성기를 잡고 흥분된 분위기를 가라앉히기 위하여 애를 썼다.

"여러분, 진정합시다. 여러분이 흥분하면 김대중 선생을 위하는 것도 아니고 신민당을 위하는 것도 아니고 또한 이 나라를 위하는 것도 아닙니다. 여러분, 해산하십시오."

그런데 며칠 뒤에 열린 정무위원회에서 이중재 위원이 "전당대회 날 난동의 주동자는 김상현이며 김상현이가 조직적으로 난동을 계획했으므로 징계를 해야 된다"고 했다는 말이 들려왔다. "나도 분명히 김 의원이 휴대용 확성기를 잡고 소란을 말리는 것을 봤는데 이중재 위원이 그럴 수 있느냐"며 홍영기 의원은 혀를 찼다.

9. 민중의 함성

작업환경 개선을 위해 투쟁하던 종업원이 당국과 업주의 불성실한 태도에 반발, 분신자살을 했다. 13일 하오 1시 30분께, 서울 중구 청계천 6가 피복제조상인 동화시장 종업원 전태일全泰壹 씨(23, 성북구 쌍문동 208)가 작업장 안 시설 개선을 요구하는 농성을 벌이려다 출동한 경찰에 의해 제지당하자, 온몸에 석유를 뿌리고 분신자살을 기도해 메디컬센터를 거쳐 성모병원으로 옮겼으나 이날 밤 10시께 끝내 숨졌다.

전 씨는 지난 10월 7일 청계천 5~6가 동화시장·평화시장·통일상가 등 4백여 피복제조상 작업장 시설을 근로기준법에 맞게 개선해달라는 진정서를 노동청에 냈으나 두 달이 넘도록 아무런 시정도 없어 이날 낮 1시 20분, 3개 시장 재단사친목회 회원 10여 명과 함께 시장 앞에서 농성을 벌이려 했다. 전 씨 등은 '우리는 기계가 아니다', '근로기준법을 준수하라'고 쓴 플래카드를 미리 출동한 경찰에 뺏기자, 전 씨 혼자 평화시장 앞길에서 분신자살을 기도한 것이다.

1970년 11월 14일자 《한국일보》는 사회면 머리기사로 〈16시간 과로, 우리는 기계가 아니다〉는 제목 아래 스스로 몸을 불살라 죽은 한 청년노동자 이야기를 보도했다.

같은 해 11월 25일에는 노동조합을 결성했다가 분회장이 납치당하여 행방불명됨으로써 노조를 해산당했던 한미합작투자업체인 조선호텔 종업원들이 노조를 재건하려다 주동자 5명이 해고당한 데 반발, 이삼찬李三燦 씨가 휘발유병을 들고 분신자살을 기도하였다. 11월 27일에는 의정부 '외기노조원' 21명이 사용자 측 노조운동 방해에 항의해 농성투쟁을 벌이면서 전원 분신자살을 기도하였고, 12월 21일에는 전태일 씨 동료 12명과 그 어머니 이소선李小仙 여사가 노조 조직을 방해하는 경찰 처사에 항의하여 평화시장 건물 옥상에서 농성하면서 전원 분신자살을 기도하였다.

해를 넘긴 1971년 2월 2일에는 서울 중구 북창동에 있는 음식점 '한국회관' 종업원 김차호金且湖 씨가 '월급 4,500원을 받으면서 하루 18시간씩 노동할 수 없다. 평화시장 전태일 선배의 뜻을 따라 우리같이 딱한 전국 요식업체 종업원들의 근로조건 개선을 죽음으로 호소하겠다'며 50여 명 동료 종업원들이 지켜보는 가운데 동 회관 한 방에서 프로판 가스통을 틀어놓고 약 2시간 정도 경찰과 대치하며 농성하다가 성냥불을 켜 분신자살을 기도하였으나, 경찰관이 달려들어 불을 꺼버린 사건이 발생하였다. 3월 18일에는 '한영섬유노조' 김진수金珍洙 씨가 의문의 죽음을 당하였다.

70년대 벽두에 '전태일사건'을 도화선으로 터져 나온 기층 민중의 격렬한 생존권투쟁은 가히 조선조 말 민란을 방불케 하였다.

1971년 9월 15일에는 이른바 '월남특수'로 재벌이 된 '한진상사' 파월 노동자와 그 가족들 400여 명이 체불임금 149억 청산을 요구하며 대한항공빌딩을 점거하고 방화하는 폭동을 일으켰다.

1971년 6월 28일에는 시민아파트 주민 3,000여 명이 서울시청 앞에서 항의 시위를 벌였는데, 1970년 4월 8일 부실공사로 무너져 33명 사망자와 40명 중경상자를 낸 '와우아파트사건' 이래 심화되기 시작한 도시빈민들의 처절한 생존권투쟁은 1971년 8월 10일의 '광주민란'으로 절정에 달하였다.

서울시 판자촌 철거 조치에 의해 허허벌판인 광주대단지로 밀려난 5만여 주민들은 항의 집회를 갖고 실업자를 구제해 생활대책을 세워줄 것, 토지불하가격을 철거민 경우와 같이 평당 2,000원에 5년 할부납부로 해줄 것, 7대 대통령과 8대 국회의원 선거 공약대로 각종 세금을 면제해줄 것을 양탁식梁鐸植 서울시장에게 요구했다. 그러나 양탁식 서울시장이 나타나지 않는 데 분노한 5만여 명 주민들은 '배고파 못 살겠다 일자리를 달라'는 플래카드를 앞세워 경찰차를 불태우고 파출소를 파괴하는 등 격렬한 충돌을 벌여 6시간 동안 광주대단지 전역을 장악하기에 이르렀다. 뿐만 아니라 영세상인들도 과중한 세금에 저항하여 철시하고 노점상인들과 함께 집단적인 시위에 들어갔다.

이처럼 죽음을 마다하지 않는 노동자와 도시빈민들의 처절을 극한 생존권투쟁이 터져 나오게 된 배경에는 5·16 당시 불과 3백만 석을 도입했던 미곡이 10년 뒤인 1971년에는 8배인 2,500만 석을 도입하게 되었다는 데서도 알 수 있듯이 우리 농촌이 군사독재와 군사독재를 뒤에서 조종하는 제국주의 수탈 기지로 전락해버린 데 있다. 농촌에서 살길이 없게 된 농민들은 저마다 남부여대하고 도시, 특히 서울로 몰려들 수밖에 없었고 이들은 서울 변두리에 하꼬방을 짓고 살길을 찾게 되었는데, 이들이 바로 도시빈민인 것이다. 10년 동안 농촌에서 밀려나 도시로 흘러들어온 농민 수는 거의 400만 명에 이르렀다. 도시빈민 가운데 노동력이 있는 젊은이들은 공장으로 가 노동자가 되고 노점상이 되며 또 다방·식당·술집 종업원이 되는 것은 정해진 길이었다.

박정희정권 10년간 GNP 곧 국민총생산은 연평균 성장률 10퍼센트를 기록했다고 한다. 확실히 놀라운 일이 아닐 수 없다. 그러나 튼튼한 농업의 바탕 위에 기간산업을 발전시키고 민족자본을 육성하여 국제경쟁력을 갖춘 산업 시설을 확장한 데서 온 성장이 아니라는 데 문제가 있었다. 다른 나라에서 빌려온 차관에 의존한 수출입국 정책은 취약한 국제경쟁력을 가져올 수밖에 없고 이것은 노동자 저임금으로 보완할 수밖에 없었다. 노동자 저임금을 유지하기 위해서는 생산비에도 못 미치는 저곡가정책을 유지할 수밖에 없으며 농업은 단지 공업자본 축척을 위한 수탈 대상으로밖에 되지 않았다. 여기서 농민의 하강분해와 도시빈민과 노동자문제가 나왔다. 잘사는 사람은 점점 더 잘살게 되고 못사는 사람은 점점 더 못 살게 된 것이다.

전태일 열사가 죽은 지 사흘째 되는 날 서울대학교 법과대학생들이 '민권수호학생연맹'을 발족한 것을 시발로 상과대학·문리과대학, 이화여자대학교, 연세대학교, 고려대학교, 한국외국어대학교 학생들은 6·3 이래 좌절감에서 벗어나 노동자·도시빈민과 연대하여 격렬한 반정부투쟁을 벌이기 시작했다. 여기에 진보적 기독교인과 지식인들이 가세함으로써 반정부투쟁은 '6·3 항쟁' 이후 최고조에 올랐다.

    냉전논리에 입각한 국가안보 이데올로기와 함께 군사독재정권 강압통치를 지탱해왔던 경제성장의 허구성이 드러나게 된 박정권은 무력에 의한 무자비한 탄압과 강경책으로 맞섰다. 여기에 '예비군 폐지'와 '노자 공동위원회구성' 그리고 '비정치적 남북교류'와 '4대국 보장론' 등을 선거공약으로 내걸고, 박정권의 안보 논리와 경제성장론의 허구성을 정면에서 공격함으로써 선풍적인 대중 지지를 받은 김대중 씨를 부정·불법·금권선거로 겨우 막아낸 박정권은 그 뿌리에서부터 흔들리게 되었다. 따라서 도덕적 근거가 전혀 없는 군사독재정권에게 남은 수단은 무력밖에 없다는 것은 동서고금의 철칙이다. 노동자·농민·도시빈민·청년학생·진보적인 지식인 등 민중들의 줄기찬 항쟁을 위수령과 휴업령 그리고 경찰력으로 겨우 막아내던 박정권은 끝내 1971년 12월 6일 '국가비상사태'를 선언하고, 12월 27일에는 '국가보위에 관한 특별조치법'을 발동시키기에 이르렀다. 다시 암흑에 빠져버린 세상을 슬퍼하는 듯 12월 25일 저녁에는 서울 대연각호텔에서 불이 나 167명이 죽는 참으로 끔찍한 사건이 일어났다.

한국사	동양사	서양사

1970
- 새마을운동 시작
- 정인숙 여인 피살사건
- 김지하 〈오적〉 필화 사건
- 경부고속도로 개통
- 김대중, 신민당 대통령 후보 지명
- 평화시장 노동자 전태일 분신자살 사건
- 호남고속도로 개통

일본·중국 인공위성 발사

SALT 시작

1971
- 고리 원자력 발전소 기공
- 박정희·김대중 대통령 선거
- 신민당 진산 파동
- 남북적십자회담 시작
- 실미도 공군특수부대원 난동사건
- 비상사태 선포
- 최초 민공방 훈련 실시

1972년 12월 30일 밤 0시 30분, 유신반대 투쟁이 문제가 돼 검찰조사를 받은 후 서대문 형무소로 이송되고 있는 조윤형, 김상현, 조연하 의원.

3선개헌 통과 항의 차 공화당 의원들을 기다리고 있는 김상현 의원. (1969년 9월 14일)

유신반대 투쟁으로 구속되었다가 가석방된 조윤형, 김상현, 조연하 의원. 마중 나온 김영삼 신민당 총재와 함께 손을 잡고 기뻐하고 있다. (1974년 12월 9일)

《다리》지 필화 사건 공판의 증인으로 참석한 남재희 당시 《조선일보》 논설위원과 창간인 김상현 의원. 그 옆으로 사건의 피고인 윤재식, 윤형두, 임중빈. 월간 《다리》지는 《사상계》가 폐간된 후 이를 잇는 다리 역할을 하고자 하는 지식인들의 뜻을 모아 김상현이 창간한 잡지다. 김대중, 리영희, 장을병, 김지하 시인 등의 글이 이 잡지를 통해 발표되면서 언론탄압 표적 1호가 되었다. 《다리》지 필화 사건은 1971년 7월, 대법원에서 무죄 판결을 받았다.

1976년 '명동 3·1구국선언'으로 구속된 김대중 선생과 시 〈오적〉 사건으로 구속된 김지하 시인 등 민주인사들의 석방을 요구하며 농성하고 있다. (오른쪽부터 김상현, 김홍일, 이희호, 공덕귀, 윤보선 전 대통령, 뒷줄 오른쪽 문동환 목사)

민주당에 입당한 김상현 의원이 기자회견을 하고 있다. 입당 후 김상현 의원은 민주당 대통령 후보 단일화 촉구 백만 명 서명운동을 시작했다. (1987년 9월 22일)

3·6전면 해금 조치로 4년 만에 동교동에서 만난 김대중과 김영삼이 활짝 웃으며 포옹하고 있다.
이희호 여사와 김상현 의원이 함께 하고 있다. (1985년 3월 6일)

1987년 대선의 민주당 김영삼 후보의 강동유세장. 단상에서 손을 들어 인사하는 김영삼 후보와 김상현. 야권 후보 단일화의 실패는 민주세력 집권 실패로 이어졌다. (1987년 12월 15일)

민자당 단독으로 원을 구성하는 것을 저지하기 위해 1992년 8월 5일 오전 박준규 국회의장의 본회의장 진입 저지조로 의장실에 파견된 김상현 민주당 최고의원이 박의장과 몸을 밀착한 채 설전을 벌이고 있다.

한국 정치 아리랑
1935~1985

—

4장

1. 유신 쿠데타

회계감사부터 시작하여 도정 전반에 대한 문제점 지적과 정책 질의를 하는 등 진지하게 전라남도와 광주시 국정감사를 하고 있는데, 국회에서 오후 감사를 하지 말고 상경하라는 연락이 왔다.

전날 하오에 국정감사반을 따라왔던 어떤 신문기자에게서 17일 하오 7시에 정부의 중대 발표가 있는데, 아마 국회가 해산될 것 같다는 귀띔을 들었다. 그래서 공화당 오치성 내무위원장 이하 내무위원회 감사반 의원들에게 얘기했더니, 모두 말도 안 되는 소리라며 믿지 않았다. 스스로 생각해보아도 도저히 믿기지가 않았다. 국회를 해산하려면 계엄령을 선포해야 되고 계엄령을 선포하려면 '6·3항쟁' 정도쯤 되는 중대 사태가 있어야 되는데, 그런 일이 전혀 없었던 것이다. 70년대 벽두부터 위수령과 국가비상사태 선언 그리고 국가보위에 관한 특별조치법 발동 등 생존권투쟁을 무력으로 진압한 박정권은 강압적인 정권 안정기에 접어들고 있었다. 거기다가 '7·4남북공동성명'을 발표함으로써 2차 대전 이후 계속되어왔던 냉전 구조가 허물어지고 긴장완화의 새로운 물결이 한반도 주변에도 넘실거리는 것으로 믿어지는 상황이었다. 객관적 조건이 없었으므로 도저히 믿어지지는 않았지만 자신들 권력 유지를 위해서라면 무슨 일이라도 저지를 수 있는 게 독재정권, 특히 군사독재정권의 속성이므로 예감이 안 좋았다.

서울에 도착한 것은 하오 5시쯤이었다. 나는 광화문 도렴동 삼육빌딩에 있는 다리사로 갔다. 윤형두 사장 이하 직원들과 함께 뉴스를 들었다. 17일 19시를 기해 전국에 비상계엄이 선포되고 국회가 해산되며 정당 및 정당활동이 중지되는 등 헌법 효력이 중지된다고 하였다. 쇳소리 나는 박정희 목소리가 라디오를 통해 흘러나왔다.

"민족적 사명을 저버린 무책임한 정당과 그 정략의 희생물이 되어 온 대의기구에 대해 과연 그 누가 민족의 염원인 평화통일의 성취를 기대할 수 있겠으며 남북대화를 진정으로 뒷받침할 것이라고 믿겠습니까. …… 우리 헌법과 각종 법령 그리고 현 체제는 동서 양대체제하의 냉전시대에 만들어졌고 하물며 남북의 대화 같은 것은 전연 예상치도 못했던 시기에 제정된 것이기 때문에 오늘과 같은 국면에 처해서는 마땅히 이에 적응할 수 있는 새로운 체제로의 일대 유신적 개혁이 있어야 하겠습니다."

비통한 심정이었다. 5·16 군사쿠데타라는 불행한 역사를 시작한 박정희가 제2의 쿠데타를 일으켰구나. 이성을 잃었구나. 삼선개헌으로 이미 이성을 잃더니 이제는 완전히 상황 판단력을 상실해버렸구나. 우선 신변에 대한 불안감이 왔다.

다리사 옆 동양통신사 건물 지하에 있는 석굴암다방으로 갔다. 커피를 한 잔 마시고 나서 밀튼 브라질 대사에게 전화를 했다. 밀튼 대사는 곧바로 자기 공관으로 오라고 했다.

그날 밤은 밀튼 대사 공관에서 잤다. 미국과 일본 대사는 16일에 통고를 받았고 자기를 포함한 다른 나라 대사들은 17일 상오 10시에 통고를 받았다고 했다. 밀튼이 걱정스러운 얼굴로 말했다.

"당신은 구속된다. 어쩌면 구속되는 정도에서 끝나는 게 아니라 대단히 어려운 경우에 처하게 되는지도 모른다. 그러니 망명을 해라."

순간 눈물이 핑 돌았다. 내 나이 이제 겨우 서른여섯에 지나지 않는데, 망명이라니. 소설이나 영화에서 보던 망명이라는 것이 내게 닥쳤구나. 내가 이제 소설이나 영화 속 주인공이 되는구나. 나는 어떻게 되고 내 가족과 주변 사람들은 어떻게 되며, 그리고 이 나라와 이 민족 운명은 어떻게 되는 것인가? 나는 말없이 눈물만 흘렸고, 밀튼이 다시 말했다.

"망명을 하겠다면 당장이라도 미국 대사에게 연락을 해서 미국으로 망명할 수 있게 해주겠다. 아니면 브라질로라도."

오랜 군정 아래 잦은 정변을 겪은 브라질의 밀튼 대사는 '어려운 상황에서는 무엇보다도 먼저 현장을 피해야 되며, 그래야 산다'고 알고 있는 것 같았다. 울음을 그치고 나는 말했다.

"조국을 버리고 어떻게 망명하는가? 적군이 쳐들어왔더라도 지하운동을 하고 독립운동을 할 판인데, 독재자의 이성을 잃은 판단으로 나라가 이 지경이 된 마당에 어떻게 내 한 몸 살자고 망명을 하는가? 그럴 수는 없다. 여기서 당당히 싸우겠다."

"유탄이라도 맞을 필요가 없다. 어쨌든 살아남아야 된다. 정치가든 전략가든 혁명가든 운동가든 어쨌든 살아 있어야 싸울 수 있다. 죽은 뒤에는 목적을 달성할 수 없다. 그러니 우선은 피해야 된다. 망명을 하기 싫다면 한 삼 개월 만이라도 우선 피해 있어라. 그 장소는 내가 제공하겠다. 어떤 해안 지대 공공장소인데 절대 안전한 곳이다. 내일 새벽에 내가 직접 운전해서 데려다주겠다. 드르륵 소리가 날 때는 우선 피해야 된다. 어떤 사태든지 처음 시작할 때와 끝날 때가 중요한 법이다. 삼 개월이면 대강 정리된다. 그동안만 피해 있어라."

"식구들은 어떻게 하는가?"

"걱정 마라. 생활문제는 내가 도와주겠다."

밀튼 대사의 간곡한 권유를 듣고 보니 마음이 솔깃해졌다. 겁도 났다. 박정희 삼선개헌과 장기집권 음모에 앞장서서 강력하게 반대해왔으므로 꼭 안 좋은 일이 있을 것만 같았다. 만 7년 동안 3번에 걸친 국회의원 생활 동안 정권 측에게 찍힐 대로 찍힌 나였으므로 어떤 경우를 당하게 되는지도 모른다는 나약한 생각이 들기도 했다. 그러나 가만히 생각하니 그것은 안 될 일이었다. 비겁한 일이었고 스스로 다짐과 그리고 무엇보다도 국민들과 약속을 저버리는 일이었다. 망명을 하거나 피한다면 내 한 몸은 안전할지 모르지만, 내 가족과 내 비서진과 내 운전수와 내 친구와 그리고 또 내가 벌려놓은 잡지사며 연구소 사람들은 어떻게 되는가? 얼마나 고통을 받겠는가? 나는 힘껏 도머리를 쳤다.

이튿날 아침 밀튼 대사가 5,000불을 줬다. 눈물이 날 만큼 고마웠지만 돈은 있으니 염려 말라며 거절했다. 밀튼 대사가 대한극장 앞까지 태워다줬는데, 못 이기는 체하고 받을 걸 하는 후회가 일어났다. 사실은 돈이 없었던 것이다.

집에 전화를 해봤다. "어제 저녁부터 오바오바 하는 무전기 든 사람이 둘 와 있다"는 아내 말을 듣고 교포문제연구소로 다시 전화를 해봤다. 보안사령부 정보처장한테서 몇 번 전화가 왔는데, 나더러 "집에 가 있으라고 한다"고 했다. 교포문제연구소 이구홍李求弘 사무국장과 국제극장에 가서 찰톤 헤스턴이 일본 사무라이와 싸우는 짬뽕 서부영화를 보았다. 그리고 호놀룰루에서 온 재미교포 손님들과 저녁을 먹은 다음 집으로 갔다.

무전기를 든 보안사령부 직원 2명이 지키는 가운데 연금이 시작되었다. 착잡한 심정으로 정치적 상황과 시대의 진로 그리고 나 자신의 운명에 관하여 많은 고민을 하고 있는데, 강창성姜昌成 보안사령관한테서 만나자는 연락이 왔다. 11월 5일이었다. 강 사령관이 말했다.

"김대중 씨는 앞으로 귀국하기 어려울 것은 물론이고 박정권 아래서는 살아남기 힘들 거요."

김대중 씨는 마침 유신이 선포되기 일주일 전쯤 일본으로 떠나고 국내에는 없었다. 강 사령관은 말을 계속했다.

"김 의원 댁에 나가 있는 애들 말 들으면 김 의원이 자꾸 유신은 말도 안 되고 민주주의가 어떻다고 말씀이 많다는데, 그러지 마시오. 과격한 발언하지 말고 협조하시오."

"박 대통령이 유신을 선포함으로써 국가가 일대 위기에 빠졌는데, 일개 국회의원으로서 그것을 막을 힘은 없지만 얘기는 해야 될 것 아닙니까? 잘못된 것이라고 얘기라도 해야 될 것 아닙니까? 그러니 박 대통령과 면담을 하게 해주십시오."

"왜 그러시오?"

"이처럼 비민주적이고 반민주적인 처사를 하면 결과적으로 박 대통령은 불행해집니다. 과거 박 대통령과 면담 시 박 대통령이 일당독재 일인독재를 하고 비민주적인 처사를 하거든 나보고 극한투쟁을 하라고 했고, 나는 약속을 지키겠다고 했습니다. 그런데 지금 박 대통령은 국민의 기본권을 유린하면서 장기집권 아니, 영구집권의 길로 들어섰습니다. 약속을 지키기 위해서라도 나는 박 대통령을 만나야겠습니다. 그때 이후락 비서실장도 옆에 있었는데, 서로 약속했습니다. 그러니 박 대통령한테 내 말씀을 전해드리고 만나게 해주십시오."

"아니, 누굴 죽이려고 그러시오? 말도 안 되는 소리 하지 말고 집에 가만히 있으시오."

"이런 식으로 나가면 불행해집니다. 박 대통령도 강 사령관도, 그리고 우리 민족 모두가."

"다른 야당 의원들이 어떻게 되는지 아시오? 이종남·최형우·이세규·조윤형·홍영기·조연하·김록영·강근호·박종률·나석호·유갑종 의원들은 모두 고문을 당해서 병신이 됐어요. 내가 당신을 지금까지 지켜주고 있다는 것만 아시오. 하지만 김 의원이 앞으로도 계속 그런 식으로 강경하게 나간다면 나로서도 지켜줄 자신이 없다는 것을 아울러서 알아두시오."

동료 의원들이 고문을 당해서 병신이 됐다는 말을 들으니, 겁이 났다. 지금까지는 괜찮지만 언제까지나 나를 그대로 놔둔다는 보장이 없었다. 타협이냐? 투쟁이냐? 내가 선택할 수 있는 길은 두 가지였다. 이 사람들과 적당히 타협해서 정치를 계속하고 싶다는 나약한 생각이 들기도 했고, 병신이 되고 감옥에를 가더라도 지금까지 내가 살아온 방식대로 끝까지 투쟁해야 된다는 생각이 들기도 했다. 괴로웠다. 나는 본래 타협이나 절충 또는 협상 같은 민주적인 정치방식을 지향하는 사람이라 방법을 놓고는 얼마든지 협상할 수 있으나, 원칙 자체를 놓고는 협상할 수 없다는 게 평소 신념이었다. 유신은 원칙의 문제였던 것이다. 나는 유신에 협조할 수 없다는 것을 분명히 밝힌 다음 병원에 입원을 하게 해달라고 부탁했다. 감옥에 가는 것은 시간문제일 것이므로 건강진단이나 받아보고 싶었던 것이다.

며칠 뒤 세브란스병원에 입원을 했다. 완벽하게 건강하다는 진단이 나왔고, 감옥에 갈 자신이 생겼다.

11월 19일 중앙정보부 제3국장으로 있는 조일제趙一濟 씨가 찾아왔다. 마침 집사람도 와 있었는데 집사람은 보안사령부에서 나온 수사관들이 지키고 있는 방에 있었고, 나는 조 국장과 3시간 동안 이야기를 나눴다. 조 국장은 "이것은 내 얘기인 동시에 이후락 부장 말씀도 됩니다"라고 전제한 다음 얘기를 꺼냈다.

"김대중 씨는 이 정권이 존속하는 한 한국에 못 돌아옵니다. 그런데 박 대통령과 이후락 부장 그리고 강 사령관은 김 의원을 살리고자 합니다. 그러니 유신에 협조해주시오. 그리고 김 의원은 다시 국회의원을 하시오."

"나는 협상은 어디까지나 자유롭게 하지만 원칙만큼은 절대로 협상하지 않는 사람입니다. 이번 경우는 원칙입니다. 그러므로 나는 협상하지 않습니다. 자유민주주의 원칙을 부정하고 나선 유신에는 결코 협력하지 않겠다는 말씀이올시다."

"강하면 부러집니다. 부드럽게 하시오. 민주주의, 좋습니다. 그러나 국회에 들어가서 하시오. 김 의원 혼자 자살할 필요 있습니까? 다른 사람들은 다 유신 지지하고 서명하고 돌아다니면서 연설하고 있습니다. 당신한테 서명해달라거나 지지연설 해달라고 하지는 않겠으니, 가만히만 있어주시오. 가만히 있으면서 국회의원 하시오."

그러면서 조 국장은 누구누구 하는 야당지도자들 이름을 대면서 다 서명하고 지지연설을 했다고 말했다. 나중에 알게 된 것이지만 당수 등을 지낸 야당 지도자들도 다 해제되었고 그때까지 연금당해 있던 사람은 나 하나였다고 한다. 나는 11월 21일 국민투표 전날에야 연금이 풀렸는데, 나 하나만 마지막까지 묶여 있었다는 것이 일본 신문에도 났었다는 것을 나중에 김대중 씨한테 듣게 되었다. 조 국장은 다시 말했다.

"다른 사람들은 다 죽었습니다. 이종남 의원은 창자가 터졌어요. 그래도 당신 하나는 우리가 살리려고 하는데 고집 세우지 말고 협조하시오. 우리한테도 당신을 살려줄 수 있는 명분을 줘야 할 것 아니요?"

"원칙은 협상의 대상이 아닙니다."

"좋소. 당신의 성격이라든가 정치 노선을 잘 아는 만큼 더 이상 협조를 요구하지는 않겠소. 그러나 지구당 부위원장한테 유신을 지지하라고 얘기해주시오. 우리도 명분이 있어야 할 게 아닙니까?"

"여보, 하려면 내가 하지 나는 하지 않으면서 어떻게 다른 사람보고 유신을 지지하라고 하란 말요?"

"허허. 그럼 가만히만 계시오."

"허허. 내가 왜 가만히 있습니까? 나는 박 대통령과 약속을 지킬 것이오."

"강하면 부러집니다."

"국가에 큰 변혁이 있을 때 다른 사람은 몰라도 적어도 정치가 한 사람 정도는 희생당할 필요가 있다고 봅니다."

"김 의원, 그러면 보복당합니다."

"감옥 간다는 말씀입니까?"

"그렇소. 김 의원의 정치생명은 종말이 옵니다."

"정치적 종말이 아니라 내 인생의 종말이 와도 좋습니다."

"좋소."

조 국장이 몸을 일으켰다.

"이틀간의 여유를 주겠소. 이틀 안으로 내게 전화를 해주면 가만히 있는 것으로 알고 그대로 둘 것이고, 전화가 없으면 구속입니다. 김 의원은 앞으로 끝납니다. 적어도 박정권 아래서는 더 이상 정치를 못합니다."

"좋습니다. 정치적 종말만이 아니라 인생의 종말이 온다고 해도 나는 박 대통령과 약속을 지킬 것입니다."

나는 되풀이해서 유신에 반대할 것임을 강조했고, 조 국장은 방을 나갔다. 그런데……, 사람의 마음이란 참으로 약한 것이었다. 알 수 없는 것이었다. 조 국장이 방을 나가는 순간 나는 이대로 죽을 수는 없다는 생각이 들었다. 까닭 모를 공포와 전율이 밀려왔고, 나는 이틀 안으로 전화를 하기로 작정해버렸다. 길어야 1분쯤 시간이 지난 다음 집사람이 들어왔다.

"무슨 말씀을 그렇게 오래 하셨어요?"

"유신에 협조하든가 감옥에 가든가 양자택일을 하라길래, 감옥 가겠다고 했소."

"잘하셨어요. 당신이 선거 때 국민에게 나라와 민족을 위해서 목숨을 바치겠다고 약속했는데, 여기서 꺾인다면 낮에만 야당 하고 밤에는 여당 하는 다른 의원들과 다를 게 뭐겠어요. 당신이 국민들과 약속을 배반하고 꺾인다면 창피하고 부끄러워서 어떻게 얼굴을 들고 나가며, 나가서 선거구민들을 보며, 그리고 무엇보다도 무슨 낯으로 자식들 얼굴을 볼 수 있겠어요. 잘하셨습니다."

순간 쇠망치로 뒤통수를 얻어맞는 느낌이었다. 마음이 약해진 나는 이미 변절이 된 상태였던 것이다. 아이고, 내가 감옥 가면 빚이 1,000만 원 이상인데 우리 집은 알거지가 되는구나. 나는 다시 양아치가 되는

구나. 조 국장 말도 일리가 있다. 우선 국회에 들어가야 투쟁할 수 있는 게 아닌가? 인생의 종말이 어쩌고 단호한 결의를 보였던 내가 불과 1분 사이에 마음이 변하고 만 것이다. 나는 오늘 밤 생각을 해보고 내일 아침 전화를 할 작정이었다. 전략적으로 보더라도 최악의 상태로만 달릴 것이 아니다라는 명분을 준비하고 있었다. 내가 감옥 가겠다고 말하면 집사람이 "아이고, 당신이 무슨 통뼈라고 그러세요. 다들 꺾였는데 당신 혼자서 강하게 나가면 뭐합니까? 더구나 우리 집 빚이 얼만데······. 부드럽게 조금 숙여서 국회의원 다시 하시고······" 할 줄 알았던 나는 양심이 부끄러워서 순간적으로 등에 찬물을 끼얹은 것 같았다. 나는 두 손으로 집사람 손을 덥석 잡았다.

"고맙소. 당신은 참으로 훌륭하신 부인이요. 당신 말대로 하리다."

2. 통닭구이와 떡값

연금이 해제된 것은 '유신헌법'에 대한 찬반을 묻는 국민투표가 실시되기 전날이었다. 국민투표가 실시되는 1972년 11월 21일 오후 7시쯤 전 국회부의장인 윤제술 선생 댁에 인사를 드리고 나오는데 2명의 보안사령부 요원이 기다리고 있었다. 나는 강제로 지프에 태워진 채로 서빙고동에 있는 보안사 대공처로 끌려갔다.

그들은 나를 지하실로 데리고 가더니 무조건 옷을 벗겼다. 그러고 나서 손을 묶어 무릎에 끼우더니 양다리 사이에 막대기를 넣어 거꾸로 매달았다. 이른바 '통닭구이'라는 고문이 시작된 것이었다. 그들은 몽둥이로 발바닥을 때리며 김대중 씨를 위한 내 정치자금 조달 방법과 김대중 씨와 내 군부 관계, 친분 관계 그리고 정부비판 이유 등을 집중적으로 따져 물었다. 모른다고 하면 다시 몽둥이로 발바닥을 때렸고, 내가 까무러치면 찬물을 끼얹어 정신을 차리게 한 다음 다시 물어왔다. 그들은 또 아무나 지나가면서 발길로 걷어차거나 주먹으로 때렸는데, 아픔보다도 더 견딜 수 없는 것은 수모였다. 고문은 끈질기게 되풀이해서 이어졌다. 한번은 의자에 앉아 묶인 채로 2층에서 아래층으로 떠밀어버리는 고문을 당하기도 했는데, '사우나'라고 했다.

시멘트 바닥을 때리는 둔중한 구둣발 소리만 들려오면 나는 가슴이 뛰고 숨이 막히면서 금방이라도 터져버릴 것처럼 오줌보가 부풀어 오르고는 했다. 언제나 견딜 수 없는 것은 그 순간이었다. 구둣발 소리가 멈추고 몽둥이가 발바닥에 닿거나 발길과 주먹을 맞게 되는 때는 차라리 편안해지는 기분이었다. 기다림의 시간, 그 1분도 채 못 되는 시간이 견딜 수 없었다. 기다림이란, 더구나 고문을 기다리는 것이란 정녕 견딜 수 없는 고통인 것이었다.

김대중 씨와 군부 또는 자금조달 방법 등에 대하여 아무런 답변도 얻어내지 못한 그들은 이번에는 내 정치자금 관련에 대하여 집중적으로 추궁해오기 시작했다. 그러나 아무리 추궁해봐도 누구누구한테 5만 원이나 10만 원 받은 것이 고작이라 "천하의 김상현이가 이럴 리가 없다"며 다시 고문 강도를 높이기 시작했다. '통닭구이'·'사우나'·'전기고문'. 그리고 또 '통닭구이'·'사우나'·'전기고문'. 몽둥이로 발바닥을 무차별 난타. 하도 맞다보니 국회의원을 하면서 추석 때 '떡값'을 받은 것이 생각났다. 나는 사실대로 털어놓았다. 거짓말로 자백을 받는 데는 고문 이상 가는 무기가 없고 항우 같은 장사라도 고문 앞에서는 쓰러질 수밖에 없는 것이었다.

8대 국회 당시 나는 내무위원회 신민당 측 간사였다. 공화당 측 간사는 김용진 의원이었고 위원장에는 오치성 의원이었다. 당시에는 연말이나 설 그리고 추석 같은 명절이면 '떡값'이라고 해서 국회 각 분과위원회 위원장이 소속 분과위원들에게 20~30만 원 정도씩을 나누어주는 게 하나의 관례였다. 6대 국회에 처음 들어갔을 때부터 받았다. 모두들 관례로 알고 있었으므로 당연히 받는 것으로 알았고 따라서 부끄럽다거나 하는 양심의 가책을 느끼지 못했다. 오히려 적게 주는 것을 불평했다. 서울시장이나 각도 지사 등 내무위원회와 관계 있는 기관의 장들이 20~30만 원이라도 주면 '아, 그래도 나를 알아주는구나' 하고 흐뭇했고, 정종 한두 병 보내고 그만두면 '이자가 나를 무시하는구나' 하는 생각에서 불쾌했다. 누구도 일말의 회의나 양심의 가책을 느끼지 않고 받아들이는 풍습으로 굳어져버린 관례였으므로 잘못된 일이라는 생각을 해본 적이 없었다.

이런 태도를 깊이 반성하고 뉘우치게 된 것은 그 뒤 형무소에서 《맥아더 회고록》인가를 보고 나서였다. 1920년대 미국 대공황 시절에 의회에서 회계감사를 하게 됐는데, 당시 상무장관이 친구에게 개인적인 편지를 쓰는데 공사를 분별하지 않고 상무성 용지를 쓴 것이 문제가 되어 도의적인 책임을 지고 장관직을 물러났다는 것을 알게 된 나는 깊은 충격을 받았다. 편지 용지 한 장을 쓴 것이 문제 되어 장관직을 내놓았다는데 나는 어떠했는가? 가만히 돌이켜보니 기가 막힐 노릇이었다.

예를 들어 비서관을 시켜 국회사무처에 원고지 2,000장만 보내달라고 했을 때 다 보내주면 좋지만, 1,000장만 보내주면 '이런 나쁜 놈들. 나를 무시하는구나' 싶어 원망을 했던 것이다. 그런데 미국 상무장관이 공용 용지로 편지를 썼다면 몇 천 장을 썼겠는가? 그리고 그 문제로 해서 불신임결이나 탄핵을 받은 것도 아닌데 공인으로서 도의적인 책임을 느끼고 스스로 물러났다는 것을 알게 되었을 때, 나는 내가 형무소에 들어와도 천만 번 들어와야 마땅한 놈이라며 스스로를 꾸짖었다.

추석이 되었는데도 오치성 내무위원장은 도대체 떡값을 못 만들었다. 위원장은 평소에도 위원들에게 단돈 10만 원을 마련해준 적이 없었다. 그러자 송원영·김수한·박일·노승환·박병배 의원 등 신민당의 쟁쟁한 내무위원들이 "건설위나 재경위 같은 데서는 오십만 원씩 돌렸다는데 우리 내무위는 단돈 십만 원도 없고 이게 뭐냐"고 불평들을 했다. 그래서 나는 오치성 위원장과 김용진 간사를 만났다.

"우선 나부터도 돈이 하나도 없어 선거구민들한테 아무것도 못해주고 있는데, 서울시장한테 얘기해서라도 어떻게 한 오백만 원만 만들어보십쇼."

오치성 위원장·김용진 간사와 함께 김현옥 서울시장을 점심식사에 초대하였다. 여당 사람들은 원래 장관이나 시장에게 그런 부탁을 하지 못하므로 주로 내가 얘기했다.

"딴 분과위에서는 위원장이 알아서 관례대로 하지만 우리 분과위원장은 그러질 못하니 시장께서 오백만 원만 마련해 주십쇼."

가만히 듣고만 있던 오치성 위원장과 김용진 간사도 한마디씩 거들었다.

"오죽하면 이러겠소?"

"김 의원 말이 맞습니다. 좀 도와주십쇼."

김현옥 시장이 말했다.

"제가 현금을 마련해서 드릴 수는 없고……. 그러니 건설공사를 하나 드릴 테니 업자한테서 갖다 쓰시지요."

친구 가운데 '서일건설' 전무로 있는 송일헌宋一憲이라는 사람이 있었다. 그 친구한테 용돈도 얻어 쓰고 술도 얻어먹으면서 아무런 도움도 못 주고 있던 나는 '절호의 기회가 왔다'고 생각했다. 위원장과 간사에게 얘기를 했더니 자기들도 아는 업자가 있고 신세를 갚아야 할 사람이 있으련만 흔쾌히 내 부탁을 들어주었다. 나는 곧바로 친구한테 김용진 간사에게 5,00만 원을 갖다 주라고 했고, 위원당 20만 원씩 나누어 받았다. 20만 원이 남아서 김용진 간사와 내가 10만 원씩 나눠 가졌는데, 오치성 위원장은 한 푼도 받지 않았다. 청렴한 인물이라고 속으로 존경했는데, 나중에 알고 보니 금으로 만든 송아지를 받은 것이었다.

결국은 송일헌이도 잡혀왔다. 큰 덕도 못보고 어쨌든 나로 인해서 잡혀오게 되었으니 친구한테 못할 일을 한 것 같아 여간 마음이 아픈 게 아니었다. 주선은 했지만 내가 직접 돈을 받은 것은 아니었다. 김용진 간사가 받아서 오치성 위원장과 상의하여 나눠줬던 것이다. 그런데 가만히 생각하니 두 사람이 다칠 것 같았고 그 가운데서도 오치성 씨가 크게 다칠 것 같았다. 이른바 '10·2 항명파동'으로 불신임결의를 받아 내무부 장관직을 물러났을 만큼 오치성 씨는 박정희 대통령 총애를 받고 있었다. 그런데 이제는 무슨 트집을 잡아 그를 제거하려고 하는 것을 보면 과연 박정희의 이른바 용인술은 절묘한 바가 있었다. 하기야 오랑캐로서 오랑캐를 친다는 이이제이 수법을 애용해온 것이 바로 독재자들이고 보면 새삼스럽게 절묘할 것도 없는 것이기는 하지만. 나는 오치성 위원장과 김용진 간사는 말 한 마디도 하지 않았고 전혀 모르는 일로 내가 전부 주선해서 나눠주었다고 했다. 수사관은 어이가 없는 모양이었다.

"네가 위원장이냐?"

"위원장은 아니지만 내가 했소."

"오치성이 한 거잖아. 임마."

"아니오. 업자가 내 친구라서 내가 다 한 거요."

나로 인해서 더 이상 다른 사람들에게 피해를 줘서는 안 된다는 생각이었다. 직접 돈을 받아서 나눠주지는 않았지만 어쨌든 내가 주선해서 그렇게 된 일이었으므로 끝까지 책임을 져야 되는 것이었다. 결국은 수사관이 만세를 불렀다.

"당신 참 훌륭한 사람이오. 누구를 물고 들어가지 못해서 환장들을 하고 따귀 한 대에 은혜를 원수로 갚는 세상인데 자기가 하지도 않은 일을 가지고 끝까지 혼자 뒤집어쓰려고 하니……."

재판 때도 그대로 밀고 나갔다. 송일헌이는 사실대로 김용진 의원한테 500만 원을 줬다고 하는 바람에 더 맞았다고 했다. 나는 집사람을 시켜 송일헌에게도 말을 맞추게 한 다음 재판정으로 나갔다. 결국은 이것이 문제가 되어 뇌물알선과 뇌물수수 혐의로 추징금 500만 원을 선고받게 되었다. 그런데 나중에 김용진 의원이 자신의 선거구인 전주를 왕래하다가 교통사고로 사망한 것을 담당검사한테서 들어 알게 되었다. 아하, 이거 사실대로 얘기했으면 괜찮았을 걸 혼자 책임진다고 거짓말을 하는 바람에 유죄 판결을 받았구나. 정보를 몰랐던 것이 죄로구나. 법정에 섰을 때는 이미 김용진 의원이 별세한 뒤였다. 그렇다고 이미 돌아가신 분을 놓고 야비하게 다시 뒤집어서 진술을 번복할 수는 없는 일이었다.

3. 서대문교도소

　아흐레 만에 풀려났는데, 몽둥이로 무수히 발바닥을 난타당한 탓에 발이 부어 구두를 신을 수가 없었다. 간신히 뒤축을 쭈그려 구두를 신었는데 이번에는 걸음을 옮길 수가 없었다. 두 사람의 보안사 요원이 양쪽 겨드랑이를 부축해줘서 간신히 집으로 갔다.
　연금된 상태에서 뜨거운 물수건 찜질을 받으며 누워 있다가 검찰청으로 소환을 당했고, 다시 세검정에 있는 올림피아호텔로 끌려갔다. 조연하·조윤형·김록영·이세규·최형우·박종률·강근호·김경인·홍영기·이종남·유갑종·라석호 의원들과 같이 조사를 당했는데, 구속영장이 떨어진 것은 나와 조연하·조윤형 의원 세 사람이었다.
　"김 의원님을 존경하는데, 차마 수갑을 채울 수가 없습니다."
　검찰청에서 나온 수사관이 수갑을 든 채로 울먹였고, 나는 말했다.
　"개인적인 사정으로 수갑을 채우는 게 아니잖습니까? 당신은 지금 상사의 명령에 의해서 공무집행을 하고 있는 것이니 염려 마시오. 그리고 차라리 나를 이해해주는 사람한테 수갑 채움을 당하니 좋습니다. 채우시오."
　그런데 수갑이 마침 두 개밖에 없어서 나는 조윤형 의원과 함께 차게 되었다. 지프를 타는데 여인들 울음소리가 귀청을 찢는 것 같았다. 조연하·조윤형 의원 부인과 집사람이었다. 통금시간을 10분~20분쯤 남겨놓은 12월 31일 밤, 그러니까 1973년 새해를 눈앞에 둔 섣달 그믐날 자정 무렵이었다.

사람 사람이 다 제가 보고 듣고 느끼고 생각한 대로 말하고 쓰고 움직여서 더불어 함께 자유롭고 평등해서 행복하게 살 수 있는 민주주의를 위하여 싸웠다는 죄목으로 형무소에 가게 되는 지아비를 위하여 통곡하는 지어미들 뒤로 하고 밤 깊은 세검정길을 달려 서대문형무소로 가는 심정은 찢어질 것만 같았다. 고갯마루 하나만 넘으면 거기가 바로 청와대인 것이어서 더욱 야릇해지는 기분이었다.

350여 년 전 이곳에서 흐르는 물에 칼을 씻으며 반정 결의를 다지던 이귀李貴·김류金瑬 등 심정은 어떠했을 것인가? 자하문 고개를 넘어 경복궁으로 짓쳐 들어가던 반정군들 심정은 또 어떠했을 것이며. 기천 명 남짓한 군대를 이끌고 쿠데타를 일으켜 합법적 정통 민간정부를 짓밟아버린 박정희 육군소장은 엉뚱하게도 윤보선 대통령에게 "요번 거사는 광해군 때 인조반정과 같습니다"라고 말했다는데, 쿠데타가 어떻게 반정이 되는가?

자정이 넘어서 도착한 서대문형무소 육중한 철대문 앞에는 수십 명 기자들이 기다리고 있었다. 속으로는 통곡을 해도 시원치 않을 심정을 누르며 나는 웃었다. 그리고 손을 흔들어주며 철대문 안으로 들어갔다.

건물 안에까지 따라 들어와 교도관들과 신병 인수인계를 끝낸 검찰청 수사관이 담배를 권했다. 마지막 담배를 꽁초까지 힘껏 빨아들이고 난 나는 배당된 방으로 들어갔다. 양재기로 된 밥그릇과 숟가락을 들고 막 문지방을 넘어서는데 일제히 욕설이 날아왔다.

"야, 이 개새끼야! 발 밟지 마!"

"뼁끼통으로 찌그러져!"

"내일 아침이 네 제삿날이다!"

나는 대여섯 명 기감자들 발치를 돌아 '뼁끼통'이라고 불리는 변소 앞에 찌그러졌다. 난생 처음으로 들어오게 된 감옥이었다. 감옥은 그만두고 서른여섯 해를 살아오는 동안 경찰서 유치장이나 파출소 한 번 들어가본 적이 없었다.

딱 한 번 경찰서에 끌려갈 뻔했던 적이 있었다. 백병원에 가서 피를 팔아 밥을 사먹을 때였다. 사흘을 굶던 끝에 신신백화점 옆 서점에서 책 한 권을 훔쳐 가슴에 품고 나오다가 들켰던 것이다. 주인아저씨가 나를 옆 골목으로 끌고 가더니 어느 학교에 다니느냐고 물었다. 허기가 진데다가 부끄러움과 두려움까지 겹쳐 팥죽 같은 식은땀만 흘리고 있던 나는, 한영고등학교 3학년까지 다니다가 월사금을 못 내서 그만두었다고 얘기했다. 말없이 내 얼굴이며 추레한 차림새를 바라보던 주인아저씨가 지금 돈 1,000원쯤을 손에 쥐어주며 밥이나 사 먹으라고 했다. 나는 그 돈으로 청진동에 있는 해장국집으로 달려가서 국밥 한 그릇을 곱배기로 시켜 먹었는데, 급하게 퍼 올리는 숟가락 위로 눈물이 떨어졌다.

나는 지금도 사람들을 만나면 누구를 막론하고 첫 인사가 "밥 먹읍시다"이다. 절대로 "밥 먹었느냐?"고 묻지 않는다. 밥을 먹었다고 하면 "밥 안 먹은 사람 있습니까? 한 그릇 더 먹읍시다"라고 말한다. "밥 먹었느냐"고 두 번만 물어보면 "안 먹었습니다" 하고 얻어 먹고 싶은데, 사람들은 한 번밖에 안 물어줬던 것이다. 너무 배 고프게 살아서 '밥'에 한이 맺혀 있는 나는 그래서 지금도 끼니때가 되면 다른 것은 몰라도 밥만큼은 넉넉하게 짓도록 한다. 그런데 모든 사람들이 다 함께 편안한 마음으로 밥을 먹을 수 있는 세상을 만들겠다는 것도 죄가 되는가? 뺑끼통 옆에 찌그러져서, 나는 울었다.

감옥에서 동료 의원들을 만났을 때, 중앙정보부나 보안사령부로부터 협조해주면 감옥에 보내지 않겠다는 제의를 받은 사람이 하나도 없었다는 것을 알게 되었다. 중앙정보부 제3국장 조일제 씨와 나눴던 얘기를 했더니 모두들 "적당히 협조한다고 하고 들어오지 말 것이지 뭐하러 버티다가 들어오느냐"고 했다. 그런 얘기를 들으니 나를 감옥에 보낸 사람들한테 이상하게도 적대감이 들지 않았다. 그들이 나를 감옥으로 보내지 않으려고 얼마나 애를 썼나 하는 생각이 들었고, 나는 나 스스로가 원해서 감옥에 온 것이라는 결론을 얻었다. 오치성·김용진 씨한테도 피해를 주지 않기 위하여 끝까지 내가 한 것으로 했다는 말을 듣고 난 조연하·조윤형 의원들은 나를 공박했다.

"아니, 공화당 놈들도 같이 들어와야지 왜 자네가 뒤집어써? 더구나 사실도 아닌데 그놈들한테 뒤집어씌워야지. 우리가 누구 때문에 고생을 하는데……."

"이념이나 노선의 문제가 아닌 이상 같이 정치하는 사람으로서 여야가 어딨습니까? 제가 뒤집어쓰고 들어오는 게 낫지요. 손해나 피해를 본다면 제가 봐야지요."

"허허. 자네는 부처님 가운데 토막일세 그려."

"무슨 큰 결심이나 대단한 뜻이 있어서가 아니라, 그렇게 살아왔고 또 그렇게 살아갈 작정이올시다."

'뇌물알선 뇌물수수'·'대통령선거법 위반'·'국회의원선거법 위반' 죄목으로 7년 구형을 받았다. 비둘기장에서 만난 동료 의원들은 최후진술을 하지 말라고 했다. 독한 말을 해서 굳이 더 찍힐 필요 없이 어떻게든 동정을 받아 나가보자는 것이었는데, 나는 맨 먼저 최후진술을 했다.

"제가 오늘 수갑을 찬 모습으로 이 법정에 서게 된 데에는 까닭이 있으므로, 먼저 그 까닭을 말씀드리겠습니다. 지난 일천구백육십구 년도에 박정희 대통령과 이후락 비서실장 배석하에 한 시간 사십 분 동안에 걸쳐 국내외 정세를 놓고 면담을 했던 적이 있습니다. 그때 저는 이렇게 말씀드렸습니다."

나는 박정희 대통령과 면담 시에 나누었던 이야기를 간추려서 얘기했다.

"각하, 저는 평소에 늘 적을 대하더라도 진실을 가지고 진심으로 대해야 된다는 신념으로 정치를 하고 생활을 하는 사람이올시다."

"김 의원, 내 임기가 이제 일 년 구 개월 남았소. 내가 앞으로 국민의 기본권을 유린하거나 장기집권을 하려고 하거든 김 의원이 앞장서서 투쟁하시오. 극한투쟁을 하시오."

박 대통령은 두 번씩이나 강조해서 말씀하셨고, 저는 그러겠다고 하였습니다. 우리는 약속을 한 것입니다. 대하라는 술집에서 김형욱 정보부장이 말했습니다.

"삼선 반대하더라도 적당히 살살하시오."

"나는 지금 박 대통령과 약속을 지키고 있는 것입니다. 일개 장사꾼도 약속을 지켜야하는 것이거늘, 하물며 정치인이겠습니까?"

"그런 약속은 안 지켜도 되니 지키지 마시오."

"자기가 유리할 때만 지키는 게 약속이라면 그것은 사기꾼이 더 잘 지킵니다. 내가 생각하는 약속의 개념은 김 부장과는 다릅니다. 이 약속을 지키면 경제적으로 손해를 봐, 이 약속을 지키면 감옥에를 가, 이 약속을 지키면 마침내는 죽어……. 이처럼 자기에게 불리할 때일수록 반드시 지켜져야 하는 것이 약속이라고 나는 생각합니다.

그런데 박 대통령은 약속을 어겼습니다. 헌법을 자기 맘대로 고쳐 삼선개헌을 했고 이번에는 아예 헌법을 없애버리고 유신이라는 장기집권 아니 영구집권의 길을 가고 있습니다. 박 대통령을 포함하여 우리 국민 모두가 불행해지는 최악의 길로 가게 된 것입니다. 쉽게 말해서 국민을 행복하게 하자는 것이 정칩니다. 따라서 저는 누구보다도 앞장서서 삼선개헌을 반대했고, 유신을 반대했고, 그 결과가 오늘의 이 수갑이올시다. 그런데 명색이 삼선 국회의원인 저를 실오라기 하나 없이 발가벗겨 가지고 돼지 묶듯 두 손과 두 다리를 묶은 사이로 막대기를 끼워 거꾸로 매단 다음 말 못할 고문을 했습니다. 그때 제 심정이 어떠했을 것인가 하는 점은 현명하신 재판장께서 충분히 상상하고도 남으실 줄로 압니다."

재판정은 물을 뿌린 것처럼 조용했다.

"제가 감옥에 들어오기 전에 신문을 보니 미국 대통령 존슨이 자기의 애완용 강아지를 귀엽다고 귀를 잡아 올리는 사진이 난 것을 보고 시민들이 동물학대라며 들고 일어났다고 합니다. 박 대통령은 이 김상현이가 귀여워서 발가벗겨 가지고 거꾸로 매달았는지 모르지만, 제가 그래 백악관의 강아지만도 못하다는 말씀입니까?"

방청석에서 웃음이 터졌다.

"명색이 삼선 국회의원인 저의 인권이 이처럼 참혹하게 유린되고 있을 때 그나마 돈 없고 빽 없고 힘 없는 일반 민중들의 인권이 어떻게 다루어지고 있는가 하는 점은 굳이 말씀드릴 필요가 없겠지요. 그래서 문제가 되는 것이 민주주의올시다. 바람이 불고 비가 내리고 눈보라가 휘몰아쳐서 나무가 쓰러졌을 때 자기의 뿌리 힘이 굳지 못하여 쓰러진 것을 생각지 못하고 바람만 원망해봐야 무슨 소용이 있겠습니까? 그 어떤 폭풍에도 쓰러지지 않게끔 튼튼한 나무로 가꾸기 위해서는 뿌리를 북돋아주는 수밖에 없습니다. 민주주의는 누가 가져다주는 것이 아닙니다. 우리가 타는 목마름으로 그리워해 마지않는 나라의 민주화와, 나라의 민주화를 바탕으로 한 민중의 해방과, 민중의 해방을 바탕으로 한 민족의 통일은 누가 가져다주는 게 아닙니다. 싸워야 합니다. 싸워서 피홀리고 얻은 민주주의만이 참된 민주주의입니다. 저는 또다시 발가벗겨 거꾸로 매달려 고문을 당하는 한이 있더라도 싸울 것입니다. 모든 사람에게 꿈과 희망을 줄 수 있는 그런 민주주의의 새 세상을 만들기 위하여 제가 가지고 있는 모든 것을 던져 싸울 것입니다. 이것은 저와 국민과의 약속입니다. 박 대통령은 저와의 약속을 저버리고 멸망의 길로 들어섰습니다만, 저는 국민과의 약속을 지킬 것입니다. 그러기 위해서 비록 감옥 안에서나마 최선을 다할 작정입니다. 감사합니다."

방청석은 울음바다가 되었다.

내가 아직 감옥에 있을 때 일본 도쿄에서 납치되어 돌아온 김대중 선생이 열댓 명 젊은 동지들과 만난 자리에서 내 최후진술을 예로 들며 이렇게 말했다는 것을 들었다.

"만약에 김상현이가 공화당으로 가자고 하면 여러분은 다 따라가시오. 그 사람은 절대로 사심을 가지고 일을 하지 않습니다. 뭔가 나라를 위하고 뭔가 민족을 위하고 뭔가 민중을 위하여 전략적으로 필요하기 때문에 그러는 거지, 절대로 자기 한 몸 잘되자는 사심을 가지고 그러는 게 아니기 때문이오."

나라고 해서 절대로 사심이 없는 것은 아니다. 나 역시 맛있는 음식 앞에서는 군침을 흘리고 예쁜 여자를 보면 가슴이 두근거리고 돈을 보면 갖고 싶다. 나도 남들과 똑같이 개인주의를 갖고 있고, 개인주의로부터 비롯되는 이기주의를 갖고 있고, 이기주의로부터 비롯되는 파쇼적 편견을 갖고 있고, 파쇼적 편견으로부터 비롯되는 제국주의적 속성 또한 갖고 있다. 요컨대 인간인 것이다. 저잣거리 필부·필부들이 갖고 있는 것은 사인私人의 사심私心이다. 사인이 사심을 갖는 것은 인간의 속성으로서 큰 허물이 되지 않는다.

그런데 나는 정치가다. 진실로 진정한 정치가가 되어 더불어 함께 자유롭고 평등하고 평화로워서 행복한 민주주의 새 세상에서 살고자 몸 전체를 죽창삼아 뚫고 나가자는 사람이다. 따라서 나는 공인公人이다. 공인은 공심公心을 가져야 한다. 끊임없이 일어나는 내 마음의 개인주의와 내 마음의 이기주의와 내 마음의 제국주의를 극복하여 공심으로 행동하고자 노력할 뿐이다. 아무리 훌륭한 자동차라고 할지라도 스스로 욕망을 억제하는 자제력과 균형 감각이 없으면 파탄에 이르고 마는 것이다.

4. 하루 13시간씩 공부

한 끼 밥과 하룻밤 잠자리를 찾아 방황하던 시절이 떠올랐다. 가난한 친구 하숙방이나 자취방을 찾아가는 것도 미안해 서울역 대합실이나 학교의 빈 교실에 들어가 새우잠을 잔 것이 몇 번이었는지 모른다. 날씨가 따뜻한 봄이나 여름에는 그래도 어떻게 견딜 만했지만, 추운 겨울밤에는 참으로 견디기 어려운 고통이었다. 잠잘 곳을 찾아 찬바람 몰아치는 거리를 헤매다가 정 견딜 수 없으면 길거리 공중변소로 들어가서 언 손을 맞부비고는 하였다. 그러다가 마포에 있는 이창배라는 친구 집을 찾아가기도 했다. 이 군 집은 밤이 깊도록 헌 신문지며 회 부대종이 따위로 봉투를 만들어 팔아 살아갔다. 썩은 것이 많은 싸구려 고구마를 사다가 삶아서 짠지하고 먹었는데 그것도 잘해야 하루에 두 끼고 어떤 때는 한 끼로 때울 때가 많았다. 그러나 그 집에서는 언제나 웃음이 떠나지 않을 정도로 화목하였다. 나는 잠잘 곳을 찾아 돌아다니다가 정 갈 곳이 없으면 그 집으로 가서 밤새도록 봉투를 붙이고는 하였다.

그런데 꼬박꼬박 시간에 맞춰서 세 끼 밥 주지, 이부자리 있지, 비바람 눈보라가 몰아쳐 올 걱정이 없는 이런 좋은 데를 놔두고 내가 왜 10여 년 세월 동안 방황했단 말인가, 하는 생각이 들기도 했다.

먹고 자는 일에 걱정이 없어진 나는 역사·경제 등 사회과학 분야의 기본 서적들을 집중적으로 읽기 시작하였다. 사마천의 《사기》를 읽고, 사무엘의 《경제학》을 읽고, 그리고 육군사관학교 교재를 대본으로 해서 '전사戰史' 공부를 했다. 내가 고대에서 현대까지 전사들을 두루 읽어보았던 것은 제3세계 여러 나라에서 빈번하게 일어나고 있는 군사쿠데타의 본질과 속성을 알아내 그 대비책을 세워보자는 뜻에서였다.

처음 국회의원이 되고 나서 나는 능력이 부족함을 절감하였다. 무엇보다도 지식의 한계를 통감하였다. 그래서 학문적인 이론 부분은 지식인들 도움을 받되 부정·불의와 타협하지 않고 원칙을 관철시켜 나가는 정치인이 되고자 했다. 용기 있는 투사의 영상을 갖춘 정치인이 되겠다는 원칙을 세워 간신히 부끄럽지 않은 국회의원 생활을 할 수 있었다. 7대 국회에서는 아무도 관심을 갖지 않으나 실제로는 절실한 문제를 나의 전문 분야로 개척해야겠다는 생각에서 '해외교포문제'를 파고들었다. 그리고 이제부터 본격적인 공부와 활동을 벌이려고 하던 8대 국회의원 생활 1년 남짓 만에 유신이 터져버린 것이다. 나는 가까이 지내던 주변 사람들 특히 윤형두·정을병·구중서具仲書·임헌영任軒永 씨 같은 이들에게 평소에 늘 말하고는 했었다. 내가 진실로 진정한 정치인이 되기 위해서는 공부를 해야 한다. 그런데 지금은 그럴 틈이 없는 게 안타깝다. 내가 진실로 '정치인'이 될 운명이라면 앞으로 기회가 올 것이다. 그 기회란 이렇다. 첫째, 낙선하여 4년간 쉬게 될 경우. 둘째, 병이 들 경우. 셋째, 감옥에 가게 될 경우. 그 기간을 이용하여 참으로 진정한 정치인이 될 수 있을 것이다. 그러나 이런 상태로 어영부영 나간다면 국회의원을 비록 30~40년 한다고 할지라도 역사 발전에 기여하는 바가 별로 없는 별볼일없는 정치인이 될 것이다. 그런데 말이 씨가 된다더니, 결국은 기회가 오고 만 것이다. 나는 하루에 13시간씩 공부를 했다.

내가 항상 웃는 얼굴로 즐거워하자 교도소장이나 교도관들은 "여기가 무슨 김 의원님의 별장인 줄 아십니까?" 하면서 놀리기도 했다. 그리고 동료 의원들은 "김 의원은 형무소 체질로 타고난 사람이야"라고 역시 놀리고는 했다. 물론 집안 걱정 나라 걱정이 없는 것은 아니었으나, 그렇다고 해서 대책이 없는 고민을 하느라고 잠을 못 이룬 적은 없었다.

나를 조금 모질게 다루던 김이라는 수사관이 있었다. 그 사람 얼굴이 가끔 떠오를 때면 이다음에 내가 잘되면 가까이에 그 사람을 두어야겠다는 생각을 했다. 사람과 못은 쓰기에 달린 것이기 때문이었다. 아무리 정직한 사람이라도 사기꾼 사장 밑에서 경리를 보고 있으면 자연히 사기꾼이 되는 것이고, 아무리 불량한 사람이라도 훌륭한 사람과 함께 생활하다 보면 결국에는 그 사람을 따라가게 되는 것이다. 시세에 따라 움직이게 마련인 것이 인간이다. 《성경》에 보면 하나님의 아들 예수가 뽑은 12제자가 예수가 곤경에 처하게 되자 모두 도망갔다. 가장 신임을 받던 베드로마저 예수를 부인했거늘 하물며 우리 같은 범인임에랴.

그런 생각을 하고 있었음에도 불구하고 야당 지도자라는 사람들이 조윤형 의원만 교도소장실로 불러내어 면회를 하고 갈 때는, 여간 서

운한 것이 아니었다. 아니, 슬펐다. 같은 야당 국회의원끼리 계보가 다르다고 해서 자기 계보 사람만 불러내어 면회를 하고 같은 교도소에 있는 나만 빼놓고, 또 법정에 한 번 안 나오고, 이럴 수가 있는가? 이런 비정한 사람들과 같이 막강한 철벽의 독재정권과 싸워서 어떻게 민주주의를 이뤄낼 수 있단 말인가? 아무리 세를 따르는 것이 정치라고 하지만 민주화하자고 같이 싸우던 동지라는 사람들끼리 이럴 수가 있단 말인가?

그러나 1년쯤 뒤 안양교도소로 옮긴 다음부터는 야당 지도자와 야당 국회의원들이 경쟁적으로 면회를 왔다. 전당대회를 앞두고 내 영향력을 빌어 대의원들 표를 얻어볼 수 있으리라는 현실적인 계산 때문이었다.

안양교도소에 김동길金東吉 교수와 유근일柳根一 씨 등 반박정희 인사들과 혁신계의 권대복權大福 씨 그리고 수많은 '민청학련' 관련 학생들이 들어왔다. 나는 교도소 고참으로서 그들에게 신문도 넣어주고 때로는 담배도 넣어주면서 그들을 격려하였다. 서대문교도소에 있을 때는 내가 신입인 탓도 있었지만 비교적 규율이 엄격하여 자유가 없었으므로 어쩌다 꿈에 떡 맛보기로 구한 담배 한 가치를 대여섯 명 같은 방 식구끼리 돌려 피우는 것이 고작이었다. 술이나 다른 생각은 나지 않고 또 견딜 만한데 담배만큼은 그렇지가 못했다. 담배만 자유롭게 피울 수 있다면 징역살이도 할 만하다는 생각이 들 정도로 담배 때문에 많은 고통을 받았다. 그런데 안양교도소로 옮기고 나서는 국회의원들이 면회를 많이 왔으므로 그들을 통해서 '범치기' 해온 담배를 어느 정도 피울 수 있었다. 서대문교도소에 있을 때 두 번 면회 온 적이 있었던 김동길 교수를 보고 나는 웃었다.

"김 교수께서 저한테 면회를 오면서 감옥 오는 연습을 하더니 끝내는 직접 오셨습니다 그려."

하루는 어렸을 적부터 친구인 윤형두 군이 면회를 와서 아무개가 "김상현이는 끝났다"며 길에서 집사람을 만나도 인사도 하지 않는다는 것이었다.

"자네 다음부터는 제발 사람 좀 가려서 사귀게. 어찌 이럴 수가 있는가?"

이런 나쁜 놈이 있나. 순간적으로 견딜 수 없는 기분이 되었다. 그 친구는 내가 국회의원으로 밀어주려고 내 딴에는 애를 썼던 사람이었다. 나쁜 놈. 그러나 이내 마음을 가라앉혔다. 내가 뭔가? 그 친구에게 해준 게 뭐 있다고 화를 낸단 말인가? 그 정도면 그래도 괜찮지 않나. 대놓고 욕하거나 침 뱉지 않고 집 안 부수고 돌 안 던지고 불 안 지르는 것만도 오히려 고맙지 않나. 나는 말했다.

"예수가 불리할 때 열두 제자가 다 도망갔고 가룟 유다는 은 서른 냥에 예수를 팔기까지 하지 않았는가? 그래도 나는 행복한 놈일세."

이런 마음으로 누구를 원망하지 않고 시기하지 않고 질투하지 않고 미워하지 않으니, 나는 항상 편안하였다.

바둑을 두는데 중반전의 난소에 접어들게 되었다. 상대는 조연하 의원이었다. 바둑알은 밥풀을 이겨 만든 것이었고 바둑판은 목공소에 부탁해서 만든 것이었다. 교도소장 호의로 낮에는 운동도 하고 서로 만나 이야기도 나눌 수 있는 등 비교적 자유로운 분위기였다. 아무리 봐도 날카로운 묘수가 안 보여 한 20분쯤 장고를 하고 있는데, 조연하 의원이 벌떡 일어나더니 바둑판을 엎어버렸다. 다 진 바둑을 붙잡고 늘어져 약을 올리는 것으로 오해를 한 것이었다. 나는 조연하 의원의 두 팔을 붙잡고 백배사죄를 하였다.

"아이고 성님, 제가 죽을죄를 졌으니, 고정하십쇼."

운동 시간에는 정구를 했다. 조윤형 의원은 나한테서 처음 정구를 배웠는데, 형편없는 선생한테 배워서 자기 정구 실력이 늘 그 모양이라고 우스갯소리를 하고는 했다.

안양교도소에는 1965년 군내 일부 장교들이 박정희정권에 도전했던 '5·7사건' 주동자인 원충연元忠淵 대령과 이인수李仁洙 대령 등이 수감되어 있었다.

윤필용尹必鏞 소장과 손영길孫永吉 준장을 만난 것도 그곳에서였다. 나는 조연하·조윤형·김한수 의원, 그리고 윤필용 소장과 함께 정구를 하고는 했다. 나는 윤필용 소장한테 슬쩍 물어보았다.

"칩실일 년도 대통령선거에서 만약에 김대중 후보가 당선되고 박정희 후보가 떨어졌다면, 군부의 반응이 어땠을까요?"

윤필용 소장은 두 손을 들어 올리더니 기관총 쏘는 시늉을 했다.

"드르륵……."

김대중 씨가 일본 도쿄에서 납치되어 행방불명되었다는 소식을

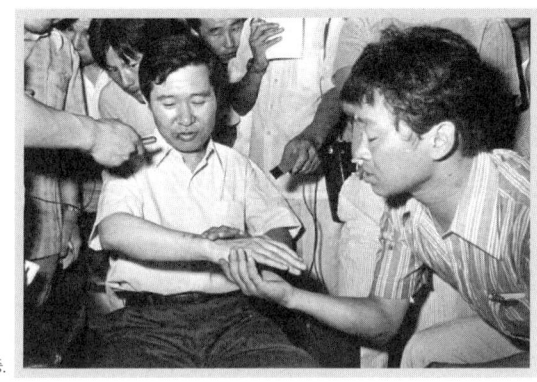
납치되었다 돌아온 김대중.

들었다. 비통한 심정으로 천지신명께 기도를 드렸다. 며칠 뒤 살아서 돌아왔다는 소식을 듣고 안도의 한숨을 내쉬었다.

박정희 대통령이 암살당했다는 소식이 들어왔다. 반신반의하고 있는데 박 대통령이 아니라 그 부인인 육영수陸英修 여사가 암살된 것으로 밝혀졌다.

나는 하루에 13시간씩 공부를 하며 편안한 마음으로 감옥 생활을 하고 있었지만, 마음에 걸리는 것이 김한수金漢洙 의원이었다. 김한수 의원은 1971년 대통령선거 유세에서 박정희 후보를 비난한 것이 북한을 이롭게 했다 하여 반공법 위반 혐의로 구속이 되었는데, 사실은 나 때문이었다. 《창조》지에 발표된 김지하 시인의 담시 〈비어〉를 김 시인한테 받아서 김한수 의원에게 주며 "국회에서 밝히라"고 했던 것이다. 김한수 의원은 〈비어〉를 국회 본회의 대정부 질문석상에서 낭독했고, 그것이 원인이 되어 구속이 된 것이었다. 그래서 나는 감옥 생활을 하면서도 김한

수 의원한테 특별한 관심과 미안한 마음을 갖고 그를 위로하고자 하였다. 교도소 당국에서는 일주일에도 몇 번씩 그를 불러내어 이른바 '전향서'를 쓰라고 애를 먹였다. 나는 조연하·조윤형 의원과 함께 "전직 국회의원한테 이럴 수가 있느냐"며 항의했지만, '상부의 지시'라고 했다. 김한수 의원은 그래서 2년간 징역을 살면서 다른 사람들보다 더 큰 시련과 역경 속에서 고생을 했다. 그의 부인은 아파서 면회도 못 왔다. 그는 나중에 가톨릭 영세를 받았는데, 민주당정권 시절 국방부 장관이었던 현석호玄錫虎 씨를 위시한 가톨릭 교인들과 부인이 불편한 몸으로 떡·과자·과일 등을 차려가지고 와서, 덕분에 배를 채우기도 했다. 김한수 의원과 현석호 씨가 나한테도 영세를 받으라고 했으나, 나는 거절했다. 하나님을 믿는다는 사람들이 《성경》 말씀처럼 살지 않고 말로는 하나님 예수님 찾으면서 일상생활에서는 전혀 그렇지가 않은 데 실망했고, 무엇보다 내가 지금 고통 속에 있다고 해서 하나님을 찾는다는 것이 뭐한 것 같다는 마음에서였다.

교도소에서는 한 달에 한두 번씩 토요일날 텔레비전을 보여줬는데, 하루는 한승헌 변호사 얼굴이 보였다. 워커힐에서 열린 '미스코리아 선발대회'에 임택근·신성일 씨 등과 함께 심사위원으로 나온 것이었다. 그 뒤로 한 변호사를 만나면 "세상에 심사위원 할 사람이 없어서 술집 가서 술도 잘 못 마시고 여자에 대해서는 숙맥인 이런 한심한 양반을 심사위원으로 뽑았으니 알 만하다"고 농담을 하고는 했다. 마침 그 대회에서 미스코리아 진·선·미가 다 전라북도 출신이었어서 "지방색으로 전북 출신만 뽑았다"는 농담과 함께.

많은 분들이 도와주신다고 면회를 온 집사람이 말했다. 쌀도 팔아주고 돈도 주고 또 위로를 해주신다고. 외롭지 않구나. 나는 용기를 갖고 감옥 생활을 할 수 있었다.

까뮈의 소설에선가 읽은 기억이 났다. 사형수나 무기수를 보고 일반 사람들은 불쌍하다고 하지만 절대로 그들은 그렇지가 않다는 것이다. 자기들이 갖고 있는 사상이나 이념 또는 그 사상이나 이념으로부터 비롯되는 행동에 동조하는 사람이 없다는 것을 알았을 때 비로소 절망한다고 했다. 동료가 없기 때문에 불행하다는 것이다, 외롭기 때문에. 혁명가들은 자기는 감옥에 있고 사형장으로 가지만 밖의 동료들이 자기와 같은 사상과 이념을 가지고 투쟁하고 있다는 것을 알았을 때, 웃으며 징역을 살고 사형장으로 간다고 했다. 이 세상 사람들이 자기에게 무관심하다는 것을 알았을 때 가장 고독하고, 절망하고, 불행한 것이라고.

12월 보름쯤 면회를 온 집사람한테 영어 공부를 할 수 있는 기본 서적을 넣어달라고 부탁했다. 사회과학 분야 공부를 어느 정도나마 했으므로 새해부터는 하루에 5시간씩 영어 공부를 할 작정이었던 것이다. 그런데 영어 공부를 할 수 없게 되었다. 1년의 형기를 남겨놓은 채로 형집행정지처분을 받아 가석방이 되게 된 것이었다. 1974년 12월 20일이었다.

조연하·조윤형 의원은 얼마 전에 나갔고 김한수 의원만 남게 되었다. 나는 김 의원과 같은 방을 썼는데, 차마 석방된다는 말을 할 수가 없었다. 나는 교도관한테 특별히 부탁을 해서 '빼갈' 세 병을 얻었다. 빼갈을 마시며 우리는 많은 이야기를 나누었다. 아침을 먹고 나서 비로소 오늘 석방된다는 얘기를 했다.

5. 출옥

안양교도소를 나온 다음 날 김대중 씨 댁을 찾아갔다. 출감하던 날은 김대중 씨를 비롯한 수백 명 선배·동지들 마중과 방문을 받았다. 나는 말했다.

"형님이 지난번에 살아 돌아오신 것은 정말 천지신명의 도움이라고 생각합니다. 형님이 박정희에 의해서 사경을 헤매고 저 또한 박정희에 의해서 감옥 가고 말 못할 고문까지 당했지만, 박정희가 지난번 암살사건 때 죽지 않은 것은 이 나라를 위해서도 다행이고 박정희를 위해서도 다행한 일입니다. 어떤 폭력사태에 의하여 정권이 타도되어서는 안 된다는 말씀이지요. 어떤 돌발적인 사태로 인해서 집권자가 망함으로써 야당이 불로소득으로 정권을 잡게 되어서는 악순환이 되풀이될 뿐입니다. 사람을 키우고 정책을 개발해서 국민의 지지를 받아 정정당당하게 정권을 잡아야지, 상대방의 실수나 파멸에 의한 어부지리를 기대해서는 안 된다는 말씀이지요."

김대중 씨는 그 뒤 술좌석에서 나를 놀리고는 했다.

"김상현이 이놈은 부처님 예수님 합친 사람이니까."

《동아일보》와 《동아방송》 광고 무더기 해약사태가 해를 넘겨 이어지고 있는 것을 본 나는, 박정희 대통령을 만나야겠다고 생각했다. 천관우 씨를 찾아갔다.

"이대로 가다가는 계엄령이라든가 더욱 강경한 조치가 발동될 것이고 그렇게 되면 많은 사람들이 다치게 될 텐데 큰일입니다. 불행을 사전에 예방하는 것이 정치인의 책무 아니겠습니까? 정치는 의사와 비교할 수 있는데 의사는 치료도 잘 해야겠지만 예방을 잘 하는 것이 더 중요하다고 봅니다. 머지않아 불행한 사태가 올 것인데, 이것을 막을 수 있는 것은 대통령밖에 없습니다. 그러니 박 대통령을 만나야겠습니다."

"참 좋은 생각이십니다. 그러나 지금 이 상황에서 박 대통령을 만나면 사꾸라로 몰릴 위험성이 있습니다."

"사꾸라가 아니라 사꾸라 할아버지로 몰리더라도 괜찮습니다. 제가 박 대통령을 만나 단 한 명의 희생으로 오늘의 상황을 풀어낼 수 있다면, 저는 박정희를 만나겠습니다."

김수환 추기경을 만났다.

"저는 특정한 종교의 신앙은 갖고 있지 않습니다만 고해하는 심정으로 드리는 말씀입니다. 시국은 지금 대단히 불행한 사태로 치닫고 있습니다. 마치 브레이크가 고장 난 자동차가 달려가고 있는 형국으로 남은 것은 어디쯤 가서 충돌하느냐는 것뿐입니다. 벤츠든 롤스로이스든 제아무리 훌륭한 자동차라고 할지라도 브레이크가 고장 나면 움직이지 못하는 법인데, 이 나라는 지금 브레이크가 고장 난 상태에서 마구 달리고 있습니다. 입법부와 사법부 그리고 청년학생 지식인 등의 브레이크를 빼버린 채로 달리는 박정희라는 권력의 자동차가 언젠가는 충돌해서 부서진다는 것은 불을 보듯이 빤한 일입니다. 그렇게 되면 박정희라는 개인의 불행으로 끝나는 것이 아니라 이 나라 국민 모두의 불행이 됩니다. 불행은 막아야 됩니다. 그래서 제가 박 대통령을 만나려고 합니다. 그러니 추기경님께서 주선을 좀 해주십시오."

"동감입니다. 그러나 나로서는 길이 없습니다. 한 번은 사람을 보내어 만나자고 합디다. 그런데 공교롭게도 만나자는 날 그 시간이 미사 계획을 발표한 뒤였습니다. 그래서 죄송하지만 하나님의 사제로서 미사 집전 약속을 어길 수 없다고 했고, 이해한 것으로 알았습니다. 두 번째로 사람이 왔을 때는 몸살감기로 열이 높아 정말 움직일 수 없는 상태였습니다. 그래서 결국 만나지를 못했는데 박 대통령은 그것을 면담 거부로 오해를 한 모양입니다. 정의평화구현전국사제단도 내가 배후에서 조종하고 있다고 생각하는 것 같고……. 그 뒤로는 대화가 단절되었습니다."

최석채崔錫采 씨가 박 대통령과 대화가 가능하다는 얘기를 들었다.

"이 악순환으로부터 벗어나기 위해서는 제가 박 대통령을 만나서 이야기를 좀 해야겠습니다. 제가 구상한 바가 있으니 만날 수 있게 주선을 좀 해주십시오."

"사실은 나도 대통령을 만날 기회가 없습니다. 또 만나게 될 경우에도 이진희 비서관을 통해서 연락을 해야 되니, 이 비서관에게 연락을 해주리다."

아무런 연락이 없었다. 어느 날 우연히 어떤 결혼식장에서 이진희李振義 씨를 만났다. 이진희 씨는 청와대 정무담당 수석비서관이었다.

"이렇게 강경하게만 나가면 큰일이 납니다. 시국을 풀어야 할 게 아니오. 면담을 좀 주선해주시오."

그는 이렇다 저렇다 말이 없이 다만 "알았다"고만 말했다. 여전히 소식이 없었다. 뉴코리아호텔 그릴에서 또다시 우연히 그를 만나게 되었다. 나는 그를 붙잡고 통사정을 했다. 여전히 아무런 소식이 없었다.

6. 고문폭로

내가 박 대통령을 만나서 얘기하려고 했던 것은 한마디로 제3공화국 헌법으로 돌아가자는 것이었다. 국민이 직접 대통령을 뽑게 하자는 것이었다. 입법부와 사법부 기능을 회복시키고 언론을 자유롭게 하고 애국적인 청년학생과 지식인들 의견을 받아들이라는 것이었다. 민주화를 이루는 것만이 명예스러운 대통령이 될 수 있는 길이므로 적어도 유신임기 안에서만이라도 그것을 이루어달라는 것이었다. 그리고 면담에 앞서 육영수 여사 죽음에 조의를 표하겠다고 했다. 만약 면담을 허락해준다면, 먼저 국립묘지로 가서 육영수 여사 묘소에 참배를 한 다음 박 대통령을 만나겠다고 했다. 또 박 대통령이 정치 얘기를 꺼내지 않는다면 나도 정치 얘기를 꺼내지 않겠다고 했다. 한마디로 어떤 조건이라도 다 받아들일 테니 다만 만나만 달라는 것이었다. 이것은 김대중 씨한테도 비밀로 했다. 혹시 내가 잘못됨으로 해서 그한테까지 누를 끼쳐서는 안 될 일이기 때문이었다.

그런데 도무지 만날 길이 없는 것이었다. 내 뜻이 박 대통령한테 전달되었는지 안 되었는지도 알 길이 없었다. 힘 있는 사람만 상대하고 힘없는 사람은 상대도 안 해주는 게 권력자 속성이라면, 나는 힘이 없었다. 힘없는 나를 상대해주지 않는 것은 따라서 당연한 일이었다. 상대를 타도하기 위해서가 아니라 대화와 타협으로 조화를 찾자는 것이 정치투쟁의 목표다. 대화가 막혔을 때는 투쟁밖에 없다. 나는 나를 알리기 위한 방편으로 고문폭로를 결심하였다. 마침 긴급조치 위반으로 구속되었다가 석방된 학생들의 고문폭로가 있을 때여서 정치인으로서 부끄러움도 느끼고 있던 참이었다.

　모든 준비를 마친 다음 저녁 7시쯤 다동탕 옆 한정식 집으로 갔다. 많은 가르침을 받고 존경하던 분들인 리영희·이호철·한승헌·황인철黃仁喆·홍성우洪性宇 씨를 모시고 반주를 곁들인 저녁을 먹었다. 내일이면 다시 감옥에 갈 각오를 하고 먹게 되는 '최후의 만찬'이었으나, 내색은 하지 않았다.

　밤 11시쯤 황인철·홍성우 변호사와 함께 김대중 씨 댁으로 갔다. 두 분 변호사는 김 씨와 첫 대면이었다. 비서관이었던 송창달宋彰達 씨가 고문당한 의원들한테서 받아온 내용과 내가 쓴 고문폭로 선언문을 이희호李嬉鎬 여사한테 드리며 등사를 부탁드렸다. 김영삼 신민당 총재와 양일동 통일당 당수 그리고 김대중 전 신민당 대통령 후보가 합동 기자회견을 하니 내일 아침 10시까지 뉴서울호텔로 나와달라고 이태용 비서를 시켜 내외신 방송기자들에게 연락을 해놓았다.

　황인철·홍성우 변호사가 돌아간 다음 유인물을 읽어보았다.

고문정치 종식을 위한 선언문

'10월 사태' 이후 우리 사회는 공포의 유령이 전국을 배회하고 있다. 전 국민을 독재의 울타리로 몰아넣어 획일적인 복종만을 강요하는 사회에서 비인간적·반민주적인 처사가 공공연히 횡행되고 있는바 이런 비인간화 반민주화의 현상 중 가장 중요한 것은 형벌의 원칙이 없다는 것으로 이는 곧 각종 고문이 모든 법률과 통치의 절대자로 군림하고 있다는 사실이다.

8대 국회 당시 김성곤·길재호 씨는 타의에 의해 의원직을 박탈당했고 그 밖에 20~30명 공화당 의원들이 기관에 연행되어 고문 및 갖은 협박과 모욕을 당했다는 것은 주지의 사실이며, 언론·종교·학원·문화·예술 등 사회의 중간집단들이 고문에 의하여 자유권을 잃어가고 있다. 이와 같은 망국적인 고문으로 인해 첫째 입법·사법부는 물론 행정부까지 제 기능을 상실당한 채 삼권 위에 수사기관이 군림하고 있고, 둘째 노동자들의 노동쟁의 권리를 어용화, 고문의 공포 분위기 속에서 근로자들의 권익 보호를 방해하고 있고, 셋째 국가안보의 근간인 수사기관이 고문정치로 본래의 사명을 잊고 악화되어 가고 있으며 넷째 군장성 및 장교와 사병들에 대한 정권 보호 강요와 정치고문 사태가 일어나고 있는 것은 중대한 국론 분열이고, 다섯째 실업계 재계 및 영세상인에 이르기까지 많은 인사들이 자유기업의 희생자로 온갖 책동과 고문으로 특정 정치집단만 지원하도록 강요당하고 있다. 최근 《동아일보》 익명광고 사태는 고문정치의 산증인으로서, 가장 현저한 고문정치 증거는 고문당한 사람이 보복고문이 두려워 폭로하지 못하고 있다는 사실이다.

그 어떤 명분으로도 고문을 합리화시킬 수 없고 고문의 빈도수와 잔학상이 심할수록 그 권력은 종말을 재촉한다는 진리를 역사는 보여주고 있다. 10월유신이 고문유신이 되어 사상 최대의 범죄권력이 되기를 우리는 원하지 않는다. 따라서 이러한 비극적인 비인간화에 종지부를 찍기 위하여 박정희 대통령 스스로 중대한 결단을 내려야 할 때라고 믿으며 다음과 같이 촉구한다.

1. 1972년 10월 사태 이후의 모든 고문 상황을 공정하고 철저하게 조사·규명할 것.
2. 현 단계에서 정치적 조작에 의한 모든 관련자들에게 일대 사면을 내리고 10월 사태 이후 정치적인 흑막으로 이루어진 사건 관련자인 김한수 씨와 긴급조치 위반자 전원을 사면할 것.
3. 인민혁명당사건 및 물의가 많은 반공법과 국가보안법사건은 공정한 재판에 회부할 것.
4. 최근 민주회복운동에 투신한 인사들에 대한 직접·간접적인 일체의 부당한 고문을 즉각 중지할 것.

맨 끝에 고문폭로를 하는 국회의원 13명 이름이 있었는데, 내 이름이 제일 앞에 적혀 있었다.

"형수님!"

나는 소리쳤다.

"왜 이렇게 하셨습니까? 적어드린 대로 제 이름을 맨 뒤에 넣으셔

야죠!"

나는 술도 한 잔 먹은 데다가 내일이면 다시 감옥에 가게 된다는 비장한 마음에서 나도 모르게 큰소리를 쳤고, 김대중 씨도 거들었다. 이희호 여사는 다시 등사를 했는데, 고생만 한 분에게 괜히 흥분해서 큰소리를 쳤던 게 두고두고 마음에 걸렸다.

정치인들은 서명되는 이름 순서를 가지고 날카롭게 다투었다. 나이가 많은 사람은 나이순으로 하지 않으면 않겠다고 하고, 국회의원 당선 횟수가 많은 사람은 당선 횟수대로 하지 않으면 안 하겠다고 하고, 한편에서는 가나다순으로 하지 않으면 않겠다고 다투었다. 나는 당선 횟수대로 하자고 했다. 정치인은 무엇보다도 국민의 지지를 받는 것이 중요하고 그것이 곧 정치관록이었기 때문이다. 정치관록으로 따지자면 나는 조윤형 의원 다음에 들어가야 되지만, 제일 뒤에 넣었다.

그날 밤은 김대중 씨 집에서 잤다.

다음 날 아침 김대중 씨와 함께 뉴서울호텔로 갔는데, 차에서 내리자마자 사복형사 20명이 나를 끌어내렸다. 그럴 줄 알고 나는 모든 인쇄물을 김대중 씨한테 주었던 참이었다.

"김록영 의원한테 발표하라고 하십쇼."

나는 서대문경찰서로 끌려가서 조사를 받았다. 중앙정보부에서 나온 수사관이 폭로문에 들어 있는 '군의 정치 개입을 반대한다. 군수사기관에서 학생과 국회의원 등 민간인을 고문·수사하는 풍토는 진정한 나라의 안보에 역행된다'는 부분에 대하여 집중적으로 따져 물었다. 한승헌 변호사가 서장실까지 와서 면회를 하려고 했으나 면회가 안 되어 전화로 안부만 나누었다. 구속을 각오하고 있었는데 이틀 만에 풀려났다.

처음에는 13명이 하기로 되어 있었는데 마지막 순간에 라석호 의원이 서명을 안 함으로써 12명이 되었다. 나를 포함한 신민당 소속 8대 국회의원 12명이 폭로한 내용은 다음과 같다.

조윤형

1972년 10월 29일 서빙고 소재 보안사 대공수사과에 연행되어 미군 야전용 침대 각목으로 3일간 전신을 구타당했다. 연행되는 즉시 보안사 직원 수 명이 취조실로 들어와 본인을 나체로 벗겨서는 '국회의원이라 할지라도 우리는 너를 고문해서 죽어 나가도 병으로 죽었다고 보고하면 그만'이라면서 공갈과 욕설로 마구 구타했다. 그리하여 72시간 보안사 직원 3명이 한 조가 되어 8시간씩 교대로 잠을 재우지 않고 각목으로 전신을 구타하면서 수사를 진행했다. 고문 목적은 수뢰하지 않은 사실을 했다고 자백을 가장하기 위한 것이었다. 또 유신헌법에 대한 본인의 반대의사를 꺾기 위한 행위이기도 했다.

홍영기

본인은 1972년 11월 26일경 부산 출장을 갔다가 상경하니 김포공항에서 보안사로 연행되었다. 그곳에서 8~9일간 구금 상태에서 조사를 받았다. 조사 내용은 조연하·조윤형·김상현 세 의원의 것과 비슷한 것이었다. 심한 고문은 없었는데 아마 혈압을 여러 번 측정해보고 고혈압 증세니까 고문을 보류한 것이 아닌가 생각된다.

이종남

1972년 10월 21일 오후 11시 30분경 최 소령 등 6명이 본인 집으로 와서 가택수사 후 동반 요청하여 12시가 지나 영등포 소재 제6관구 헌병중대 콘세트로 끌려갔다. 그들은 곧 전화로 군의관 2명의 파견을 요청하고 긴 장대, 포승줄, 수건, 박스 등을 준비했다. 얼마 후 군의관이 오자 6명이 나를 둘러싸고 아무런 질문도 없이 무조건 옷을 벗으라고 하기에 이유를 묻자 주먹다짐을 하며 '너 같은 새끼에게는 아무런 할 말이 없다. 너는 국회에서 우리가 고문했다고 떠들었는데 그 고문이 어떤 것인지 맛 좀 봐라. 또 정보부를 해체하라고 했는데 정보부가 뭐하는 곳인지 똑똑히 보여주마. 우리는 너 같은 새끼 하나 죽여 시체를 산에 갖다 묻고는 자살했다고 상부에 보고하면 그만이야. 넌 살아서 못 갈 줄 알아. 너를 죽이되 실컷 고통을 줘 죽일 거야.' 이어 그들은 강제로 본인의 옷을 전부 벗겨 시멘트 바닥에 쓰러뜨려 구타하고 실신시킨 후 찬물을 끼얹어 정신을 들게 하여 모포에 물을 적셔 몸에 감아서 또 때렸다. 이어 손목에다 수건을 감아 포승줄로 묶어 무릎 아래로 내리고는 긴 장대를 끼워 탁자 위에 올린 후 물을 먹였다.

실신에서 깨어보니 군의관이 진찰을 하고 있었다. 얼마 후 다시 매질로 실신하자 물로 깨우기에 보니 역시 군의관이 링거를 주고 있었다.

22일, 23일 양일 밤에도 위와 같은 방법으로 3회나 당하고 24일에는 1회

당한 후 국회 발언의 소오스를 밝히라는 걸 거절하자 또 한 번 더 당했다.

25일, 26일에는 돈을 3,000만 원 이상 수뢰했다고 할 것을 강요당했다.

27일, 28일에는 그들이 제시하는 조서대로 쓸 것을 강요당했다.

29일 오후 9시 30분경 귀가. 11월 1일 세브란스병원 장기치료 후 1973년 1월 5일 구속 병사에 들어갔다.

다시 1월 29일 입원, 1974년 12월 21일 퇴원했으나 지금도 장염, 위염, 고혈압, 하혈, 복부팽만증 등으로 고통받고 있다.

조연하

1972년 10월 19일~26일 사이에 고문을 받았다.

알몸으로 만들어 모욕과 구타, 잠 안 재우기, 지하실 고문시설을 보여주며 협박 등으로 1. 김대중 씨 정치자금 루트를 대라, 2. 신민당 대통령 지명대회 때 왜 김대중 씨를 지지했느냐, 3. 신민당 도당위원장 선거에 나가지 말라고 했는데 왜 나갔느냐는 등의 사실을 주로 추궁받았다.

김록영

본인은 1972년 10·17 사태 직후인 10월 26일부터 11월 2일까지 1주일간 모 기관에 강제 연행되어 조사를 받았는 바 그 방법은 인간으로서는 있을 수 없는 잔인하고도 무도하였으므로 그 경위를 대략 다음과 같이 진술한다.

1972년 10월 26일 본인은 건강이 좋지 않아 경기도 가평군 청평면 산장에서 휴양 중 오후 2시경 계엄사령부에서 온 3명에 의해 강제로 연행당하였다.

1. 계엄사 보안과장에게 간다는 자동차는 의외로 영등포 쪽으로 가서 구청 앞에서 대기하고 있던 다른 자동차로 갈아 태우고 사람도 다른 사람 3인에게 인계하였음.

2. 도착지는 영등포에 있는 어느 부대 내 콘세트로 데리고 갔음.

3. 들어가자마자 조사도 시작하기 전부터 이 새끼가 김록영이냐는 등 폭언을 하면서 안면을 구타하고 로프, 수건, 몽둥이, 커다란 주전자 등을 준비하고 있었음.

4. 의복을 전부 벗으라기에 못 벗겠다 하였더니 강제로 3인이 달려들어 폭행을 가하여 알몸을 만들어 팔과 다리를 묶어 거꾸로 달아매고 얼굴에 수건을 씌운 다음, 물을 안면에다 부어 질식게 함과 동시에 곤봉으로 팔과 다리를 난타하면서 무엇인가 자백하라고 하였음.

5. 고문 중 기절하면 콘크리트 바닥에 내동댕이치고 의사가 와서 혈압을 재고 주사를 놓아 정신이 나게 하였음. 이와 같은 고문을 밤낮을 가리지 않고 4~5일간 계속하였음.

조사내용

1. 국회의원 세비로는 생활이 어려울 텐데 어디서 부당한 자금을 갖다 썼느냐.

2. 국회의원직을 이용, 이권운동을 얼마나 했나.

3. 친지 관계, 대인 관계, 선거구의 조직 관계.

4. 50만 원 이상 받아 쓴 곳 2개만 대라.

5. 끝을 낼 터이니 김대중 씨 조직과 자금 출처를 내놓으라는 것.

이상과 같이 사람으로서 당할 수 없는 치욕과 고문을 당할 때 본인은 한때 자살을 기도해보기도 했으며 지금도 본인의 몸에는 흉터까지 남아 있음.

 그 후 계속 활동의 자유를 억압당하고 1973년 1월에 통일당 결당 무렵에는 모 기관이 매일같이 근 20여 일을 두고 정치를 하지 말라는 등 강요·협박·정신적 고문은 이루 헤아릴 수 없었음.

김경인

 1. 1972년 11월 2일 밤 10시 20분경 자택에서 모 기관에서 왔다는 가죽잠바 차림의 4명에게(조사 도중 안 사실이지마는 박 중령, 박 소령, 최 소령, 마 소령으로 상호 호칭하였음) 연행을 요구받고 그중 2명에 의하여 불법 연행되었다.

 2. 행선지는 확실히 밝히지도 않고 영등포 쪽(후일에 안 사실이지만 시내 오물청소차의 차고 옆인 제5관구 헌병대라고함)으로 밤색 코로나 자동차로 연행되었다.

 3. 4명 중 2명은 본인 자택에 그대로 잔류하여 가택수사를 불법 강행하여 각계 인사의 명함과 연하장 그리고 여식 등 결혼 시의 축의록 등을 압수하여 뒤늦게 동 취조 장소에 도착하여 본인을 불법 연행한 2명과 합류되었다.

 4. 11월 2일 밤 12시경부터 조사가 시작되었는데 폭언과 폭행, 고문이 병행되었다.

1) 가택수색에서 가져온 각계 인사의 명함과 연하장 그리고 여식 결혼 시의 축의록 등을 들추면서 주로 대인 관계를 추궁.

2) 김대중 씨의 참모로서의 자금 출처와 조직 관계 및 배후 관계 인물 등 조사.

3) 본인에 대한 자금 관계 조사.

4) 본인에 대한 생활 관계와 대인 관계 등 조사.

5. 폭언 폭행 고문의 형태

1) 조사시간은 주로 오후 11시부터 익일 오전 4~5시까지 계속 잠 안 재우기.

2) 명색이 국회의원에게 이놈, 저놈, 죽인다는 등 폭언.

3) 내의까지 벗겨 전라를 만들어 동 콘크리트 바닥에 그대로 방치 또는 끌어당기는 폭행과 군인 야전용 침대봉으로 구타.

4) 전라를 만들어 양손과 양발을 결박하고 허벅지에 목봉을 끼워 양측을 올려 세워 대롱대롱 매달리게 하고

5) 위 목봉을 책상바닥 위에 올려놓아 거꾸로 매달리게 하고 2되짜리 주전자로 코와 입에 물고문을 감행했다.

6) 이러한 형태를 하루에도 심한 경우 2~3차에 걸쳐 반복하여 의식을 잃은 일이 한두 번 계속되었다.

최형우

나는 두 차례 기관원에 연행되어 고문을 당했다. 첫 번째는 1969년 8월 23

일에 삼선개헌을 반대한다는 이유로 중정 제5국에 연행되어 3일간 잠을 안 재우고 미군 야전용 침대 각목과 구둣발 손으로 온몸을 구타하며 본인을 용공분자라고 하기에 '왜 내가 어째서 용공분자냐'고 하니 '삼선개헌을 반대하여 사회를 혼란시키니 결국 북한을 이롭게 하는 것이 되고 그게 용공분자의 소행이 아니냐'면서 갖은 욕설과 협박으로 무차별 구타했다. 귀가할 때는 걷지 못하여 기어 나와서 부축을 받고 돌아왔다. 두 번째는 1972년 10월 17일 9대 국회가 해산되고 유신체제 아래서 대통령선거 때까지 갖은 협박 공갈 미행을 당하면서 자택에서 연금 상태에 있었다. 그러던 중 10월 25일 밤 11시경에 정체불명의 기관원 4명이 자택으로 와서 온 집 안을 샅샅이 수색하여 (물론 영장도 제시 않고 신분도 안 밝힌 채) 메모·명함 일체를 압수한 후 나를 영등포 제5관구 헌병대에 연행하여 갔다. 막사에 도착하자 기관원은 침대용 각목으로 마구 때리기에 실신해버렸다. 정신을 차려보니 나는 완전 나체가 된 채 손과 다리를 밧줄로 묶어 주리를 튼 상태에서 양 책상 위에 매달려 있었다. 얼굴에는 수건을 씌워 주전자에 담긴 물로 부으니 자연 물은 코와 입으로 들어가 다시 실신 상태에 빠졌다.

그 후 다시 깨어보니 의사가 와서 혈압을 재어본 후 다시 심문이 계속되었다. 내가 깨어나면 위와 같은 방법으로 고문을 계속하여 8회나 당하게 되었다. 혀라도 깨물고 자살하고 싶은 심정이 일어났다. 뿐만 아니라 잠을 재우지 않아 고통은 더욱 심했고 알몸에다 물을 끼얹었기에 추워서 전신이 마비상태에 이르렀다.

이 고문의 목적은

1) 김영삼 씨의 조직 상황과 자금 출처를 아는 대로 말하라
2) 8대 국회 선거 당시 자금을 준 사람의 이름을 말하라
3) 국회 발언 시 자료 제공자의 성명을 말하라

이상의 요구를 모두 '모른다'고 하니 집에서 압수해간 메모와 명함을 보고 하나씩 대가면서 물으며 나에게 '그렇다'는 자백이 나올 때까지 계속 구타했다.

4) 울산 나의 전 선거구에 비라가 살포되었는데 내가 울산에 있는 당원들에게 전화로 지시하여 그 비라를 뿌리도록 사주한 것이라고 하며 또 위와 같은 고문을 다섯 차례나 당했다.

이리하여 나의 지구당 간부 여러 명이 연행되어 (울산지구 보안사령부) 물고문·전기고문 등을 당하여 비라 살포를 조작시켜 9명에게 6개월간 교도소 신세를 지게 했다. 이때 고문을 당한 지구당 간부에는 정개석·김기홍·안석호·이일성·이기택·조덕구·김형식·장창수·이영채·최영호 등이다. 더욱 김형식 동지의 부인을 연행하여 2세 아기를 옆에 둔 채 전기고문과 구타를 하며 '네 남편이 비라 쓰는 걸 보지 않았느냐'고 허위자백을 하게 했다.

11월 18일에는 기관원이 본인의 처를 연행하려고 하자 차남이 폐렴으로 위독하니 내일 연행할 수가 없느냐고 하니 상부지시라 안 된다고 하며 연행해갔다. 나의 처는 서울 중부서로 연행되었다가 이튿날 보안사 부산지구로 갔다. 수사관들은 '저것이 최형우 여편네냐', '저런 것이 국회의원 여편네냐' 면서 이년, 저년 등 온갖 수모를 다 준 후 4일간의 수사를 받고 나왔다.

박종률

본인은 1972년 11월 초 밤 11시경 계엄사령부원임을 자처하는 6~7인에게 자택에서 영등포 부근으로 생각되는 모처로 연행되었다. 영하 10도 날씨에 완전 나체에다 수건으로 입을 틀어막고 물을 먹이며 곤봉과 구둣발로 구타하기, 잠 안 재우기 등의 인간 이하의 모욕적인 폭언으로 6일간에 걸쳐 고문을 당했다. 본인은 이 고문으로 수차 졸도하여 의식을 잃었다.

강근호

1972년 10월 17일 국정감사 도중 상경해보니 이미 본인의 집은 수사기관이 감시하고 있었다. 심한 충격과 저혈압 당뇨로 20일 서울대학병원에 입원 중 23일 오후 4시 보안사로 강제 연행되었다.

보안사에서 만 6일간 3인 1개 팀의 수사반에게 계속 고문을 당했다. 군 작업복에다 타이어로 만든 슬리퍼를 신겨 구타, 강렬 조명등 쏘이기, 비행사처럼 묶어놓고 승강기 태우기, 잠 안 재우기 등 교대로 고문을 당했다.

그러자 28일 의식을 잃고 졸도하였는데 깨어보니 보안사 의무실이었다. 이상하게 손발의 끝과 머리 가운데 부분이 예리한 것으로 많이 찔린 것 같은 느낌이 있었는데 이것은 나중에 알고 보니 수사철의 핀으로 응급조치를 취해준 것으로 판명되었다.

의무실에서 2일간 치료 후 석방, 좌골신경 우퇴부 마비가 심하여 3개월간 치료받았으나 지금도 목발에 의지하고 있는 실정이다.

 고문을 집행한 사람에 대한 개인적인 원한은 물론 있을 수 없다. 다만 이런 비인간적인 행위는 사라졌으면 좋겠다.

이세규

본인은 1972년 10월 17일 국회해산 이후 7회의 불법연행, 2회의 가택수색, 38일간의 가택연금 및 감시, 미행 등을 당했다.

그중 직접 고문을 당한 것은 1972년 10월 19~23일간 구 육군 제6관구 헌병중대 콘세트에서 72시간 동안 잠을 재우지 않고 당한 고문을 들 수 있다. 아직도 고문 지령자가 누군지는 모르겠으나 고문 집행기관은 계엄사라고 했는데 아마 중정을 주축으로 한 합동반처럼 느껴졌다. 고문할 때의 조장은 육군영관급 장교였고 이때에는 육군 헌병소령 최모, 중정 6국 장모, 그리고 수 명이 동석했다.

이들은 본인을 발가벗기어 거꾸로 매달아 숨을 막히게 하는 물고문과 잠 안 재우기, 심한 매질 등을 하여 허리를 다쳐 지팡이를 짚고 다니는 형편이다. 뿐만 아니라 고문당할 때의 수모와 고통으로 혀를 깨물고 자살하려 하다가 의치가 부러졌고, 귀가 후에도 자살을 기도한 적이 있다.

그들은 본인을 고문하며 1) 장군이 왜 야당을 하느냐, 2) 국회의원으로서 정부를 비판한 사실, 3) 군 내부의 전우 관계, 4) 김대중 의원과의 관계 등을 중점적으로 물었다. 이런 사실은 하등 고문당할 이유가 안 되는 것이다. 이는 오히려 북한의 위협이 있는 오늘의 처지에서 언제라도 싸울 각오를 하고 있는 장군인 본인의 심신에 손상을 입혀 적을 이롭게 한 행위라고 판단되는 일로써 묵과할 수 없는 처사이다.

유갑종

1974년 2월 1일 밤 9시경 본인은 중앙정보부원에 의하여 제6국 5과장실(오치억)에 강제 연행 당했다.

이날 밤 10시경부터 정보부 7층 어느 밀폐된 취조실에서 개헌청원운동에 참여한 전말과 1·8 긴급조치 이후 처음 구속된 민주통일당 장준하 최고위원의 석방 건의를 한 이유 및 동당의 진로를 양일동 당수에게 건의했다는데 왜 그랬냐는 등을 추궁당했다.

본인은 이런 문제에 대하여 사실대로 진술서를 썼으나 정보부의 계획과 어긋난다는 이유로 무려 6차례나 고쳐 썼다. 그래도 안 되자 3일 동안 잠을 안 재우며 갖은 욕설과 위협, 너 같은 놈은 총으로 쏴 죽여도 문제없다면서 자기들의 각본에 부합되지 않으면 펑펑 소리가 나도록 쳐서 송곳으로 쑤시겠다고 했다.

그 뒤 지하실에 감금되었다가 2월 6일 서대문구치소로 이송, 불법 구속된 후 1개월이 지나도록 가족들에게 구속통지도 보내지 않았다. 한편 정보부 측에서는 매일 밤 서대문구치소에 찾아와 우리들을 엄격히 감시하며 다님으로써 공포 분위기를 조성했다.

이후 가족들이 구속된 사실을 알고 의류와 침구를 넣었으나 정보부의 명령으로 본인에게 전해주지 않아 독방에서 귀와 발이 얼어 터져서 일부 발톱이 빠졌고 이심군재가 끝날 때까지 가족면회를 전연 허용하지 않았다.

간첩에게도 베풀어지는 법의 보호가 우리에게는 정권 연장의 제물로 희생되었는데, 이는 법과 교도소의 지휘권이 법무부가 아닌 정보부에 있었음을 재확인해주는 것이 되었다.

김상현

1972년 10월 17일 계엄과 함께 보안사 요원 2명이 무전기를 소지한 채 찾아와 집에 연금되었다. 11월 5일 보안사령관 강창성 소장이 면담을 요청해 요원 2명을 보내 함께 사령관실로 가서 30분간 요담했다. 내용은 박 대통령의 현 정책을 지지하라는 것이었는데 본인은 자유민주주의의 원칙에 어긋나기에 거절한다고 말했다.

11월 19일 정보부 모국장이 본인의 집으로 와서 역시 협조를 요청하며 만약 응하지 않으면 정치생명의 종말이 옴은 물론이고 보복을 당할 것이라고 했다. 이에 보복은 곧 투옥이냐고 묻자 그렇다고 말했다. 본인은 비록 정치적인 종말이 와도 대원칙을 망각한 책략정치는 지지할 수 없다고 응수하자 그는 결론 내리지 말고 한 이틀 여유를 두자고 했다. 이에 본인은 그럴 필요 없다 역시 대답은 마찬가지라고 하자 그는 가버렸다.

이틀 후 성명미상의 보안사 요원 2명이 전 국회부의장 윤제술 선생 댁에 있던 나를 서빙고동 대공처로 연행해갔다. 밤 11시부터 수사에 착수한 이들은 22일 새벽 본인을 지하실로 데리고 가서 완전 나체로 하여 손을 묶어 무릎에 끼고 양다리 사이에는 막대기를 끼워 거꾸로 매달고 조서를 받기 시작했다.

심문내용은 1) 김대중 선생을 위한 나의 정치 자금 루트와 2) 김대중 선생과 나의 군 관계 친분문제 3) 정부 정책 비판의 이유 등이었다.

며칠 후 다시 지하실 전기고문 시설을 보이며 위협, 매질을 하며 위의 문제를 또 추궁당했다. 만 9일 만인 29일 밤 9시에 풀려날 때는 발이 부풀어 구두를 못 신은 채 그냥 끌고, 걸음을 못 걸어 요원 2명의 부축을 받고 귀가했다.

 그 후 11월 29일 오전 10시 보안사 요원에게 연행되어 검찰에 출두, 30일에는 서대문 구치소에 구속 송치되었다. 구속 후 일심이 끝난 만 5개월까지 교도소 안에서는 가족면회까지도 금지되었다.

7. 김지하 시인

2월 14일 김지하 시인, 김동길 교수, 박형규朴炯奎 목사 등 구속 인사와 학생들 56명이 구속집행정지 처분으로 석방되었다.

나는 자동차 한 대를 빌려서 영등포교도소로 갔다. 수많은 사람들이 교도소 앞에 모여 만세를 부르고 환호성을 지르는 등 뜨거운 분위기 속에 김 시인이 옥문을 나왔다. 나는 김 시인과 김 시인의 장모 되시는 작가 박경리朴景利 여사를 내 차에 태우고 명동 주교관으로 갔다. 밤이 깊어 있었다. 김 시인이 술 한 잔 먹고 싶다고 했고, 추기경이 양주 한 병을 꺼내더니 김 시인 잔에 병을 기울였다.

"김 시인하고 김 의원하고는 얼굴이 어찌 그리 똑같소? 꼭 형제간 같애."

김 시인과 처음 알게 된 것은 1969년인가 1970년 《다리》지에서였는데, 이내 친해져서 호형호제하는 사이가 되었다. 어느 날 김 시인이 묵고 있는 정릉 박경리 여사 댁을 찾아갔더니 민청학련사건으로 사형언도를 받은 바 있던 이철李哲 군도 와 있었다. 나는 정국을 극한적인 대결로만 끌고 갈 것이 아니라 정치적인 해결 방법을 찾아야 되고 그러자면 정치가를 활용해야 된다고 주장했다. 애국적인 청년학생들과 노동자 계급이 파쇼정권과 대결할 때 거중조정할 완충세력이 없으면 파국이 오고 많은 사람들이 다치게 된다. '구속자동지회'를 만들고 기자회견을 하고 해서 자꾸 부딪치다 보면 해결보다는 악순환만 되풀이된다.

김 시인은 출옥과 함께 긴급조치 1호 위반으로 구속되었다 풀려난 백기완 씨 등과 '구속자동지회'를 만들고 내외신 기자회견을 하는 등 활발하게 움직였는데, 이철이 '구속자동지회' 대변인이었다. 학생들이 거세게 다시 들고일어나면서 정국은 긴장되어 있었다. 여기에 나는 반대했다. 상황을 이렇게 끌고 나가서는 곤란하다. 문제가 복잡해진다는 것이 이유였다. 이럴 때는 정치인이 나서야 하며 그래서 대통령 면담을 요청하고 있다는 것 등을 얘기해주었다. 그러자 김 시인이 이철에게 나를 소개해주면서, 나의 말이 옳다고 생각한다고 하였다.

나는 지하에게 당분간 시골에 내려가 있으라고 하였고, 박경리 여사가 그러지 않아도 마산에서 양계장을 하는 절친한 언니가 사위와 한 번 내려오라고 하는데 말을 듣지 않는다며 설득을 좀 해달라고 하였다. 지하는 '예' 하고 대답만 하고는 이틀이 가고 사흘이 지나도 내려갈 생각을 하지 않았다. 나는 지하 내외와 박 여사 기차표를 끊은 다음 서울역까지 떼밀듯이 차에 실어다주었다. 이틀 안으로 내려오지 않으면 다른 곳으로 도망을 가겠다고 하는 바람에 이틀 뒤에 나도 마산으로 내려갔다. 개를 한 마리 잡아서 몸조리를 하고 있던 지하는 자기도 서울로 가겠다고 했다. 그래서 그러지 말고 원주로 가서 바로 병원에 입원하라고 했고, 부산으로 가서 하루 묵은 다음 나는 서울로 가고 지하는 원주로 갔다.

그 이틀 뒤엔가 밤 12시가 다 된 시간에 지하한테서 전화가 왔다. 술이 취해 있었는데, 서울이라고 했다. 뒤에 들은 얘기지만 그때 지하는 원주로 가지 않고 서울로 와서 《조선일보》 해직 기자들 농성 자리에 술을 사다 주고 격려연설을 하고 그런 모양이었다.

전화를 받은 지 이틀 뒤에 지하는 다시 구속되었다. 《동아일보》에 연재되었던 옥중수기 〈고행—1974〉 가운데 '소위 인혁당사건이란 것은 조작극이며 고문으로 이루어진 것'이라는 내용이 문제가 되었던 것이다.

지하가 재구속된 지 이틀 뒤에 나는 서대문경찰서

인민혁명당사건

1964년 8월 14일 중앙정보부가 41명의 혁신계 인사와 언론인·교수·학생 등이 '인민혁명당'을 결성해 국가 전복을 도모했다고 발표한 사건으로, '인혁당사건'이라고도 한다. 이 사건은 박정희정권이 '굴욕적 한일회담' 반대시위로 위기에 직면하던 중 발생했다. 중앙정보부는 "인민혁명당은 북괴의 노선에 동조해 대한민국을 전복하라는 북괴의 지령에 따라 움직이는 반국가 단체로 각계각층의 인사들을 포섭해 당 조직을 확장하려다가 발각되어 체포한 것"이라고 수사 경위를 발표했다. 사건 발표 직후 한국인권옹호협회는 특별조사단을 구성해 고문 사실과 사건의 진상규명에 나서는 동시에 무료 변론을 맡았다. 중앙정보부에서 예심을 마친 사건 피의자들은 8월 17일 검찰에 송치된 후 서울지방검찰청 공안부 검사들의 수사를 받았는데, 이 사건을 둘러싸고 기소 가치 여부로 공안부 검사와 검찰 고위층의 견해가 달라서 의견 대립이 있었다. 결국 이 사건은 국회에서도 논란이 돼 정치문제로 비화되었고, 피의자들에 대한 고문 진상이 폭로되면서 검찰이 재수사에 나섰다. 재수사 결과 국가보안법 위반 혐의로 구속 기소된 26명 가운데 학생을 포함한 14명에 대해서는 공소를 취하하고 나머지 12명에 대해서는 국가보안법 대신에 반공법 4조 1항을 적용시켜 공소장을 변경했다.

이 사건은 박정희정권이 독재 권력을 유지하기 위해 중앙정보부와 반공 이데올로기를 활용해 정치적 반대세력들의 민주화 요구를 억압하고 인권을 침해한 사례로 거론되었다. 이에 따라 '국가정보원과거사건진실규명을통한발전위원회(진실위)'는 이 사건의 의혹을 규명하기 위해 2005년 12월 재조사를 실시했다. 진실위는 박정희정권이 각각 민정 이양 이후와 유신체제 출범 직후에 학생들의 거센 저항에 직면한 가운데, 다양한 반독재민주화운동의 여러 활동들 가운데 가장 치열하거나 진보적인 입장을 견지한 경우에 북한과 직접 연결되거나 조총련 등 국외 공산 계열의 배후 조종을 받는 반국가 단체로 몰고 간 대형 공안사건이라고 발표했다. 또 학생 시위로 인한 정권의 위기 상황에서 제대로 수사하지 않은 상태로 대통령과 중앙정보부장에 의해 사건의 실체가 매우 과장되었고 짜맞추기 수사를 해 이 단체를 무리하게 반국가 단체로 만들었으며, 이 과정에서 불리한 진술을 강요하거나 핵심인물들의 소재를 찾기 위해 고문이나 가혹행위가 자행되었다고 발표했다.

로 연행되었다. 내가 지하를 배후에서 조종하면서 김대중 씨 납치사건을 소재로 시를 쓰라고 했다는 것이다. 그러나 그것은 터무니없는 소리로서 세계적인 저항 시인인 김지하가 누구의 사주를 받고 움직이거나 시를 쓸 사람인가?

지하가 김대중 씨를 만난 것은 딱 한번으로, 그것도 내 강권에 의해서였다. 나는 지하에게 김대중 선생을 한 번 찾아가서 격려를 좀 해드리라고 했다. 우리에게 가장 바람직한 정치지도자는 김대중 선생이라고 생각했고, 김지하 또한 세계적으로 영향력이 큰 제3세계의 지도적 시인이었으므로 두 사람을 만나게 하려고 했던 것이다. 지하는 곤란하다고 했다. 그렇게 되면 김영삼 선생한테도 가야되지 않느냐는 게 그 이유였고, 무엇보다도 지고지선의 진리를 찾아 나가는 시인으로서 특정한 정치가 편을 들고 싶지는 않다는 것이었다.

맞는 말이었지만 나는 두 번 세 번 거듭 졸라대었다. 물론 김대중 선생이 지고지선한 분이라는 얘기는 아니다. 그 역시 완인이 아니므로 많은 결함과 부족함이 있을 것이다. 그 개인을 말하는 것이 아니라 그로써 상징되는 민중의 꿈을 보자는 것이다. 우리 민중들은 지금 김대중이라는 정치지도자에게 모든 꿈과 희망을 걸고 있다. 따라서 그를 격려하는 것은 죽지 못해서 지옥 같은 세상을 살고 있는 우리 민중을 격려하는 것이 된다. 우리는 김대중 선생 댁으로 갔다. 건강 상태가 아주 안 좋던 지하는 잠깐 방문을 마치고 나오다가 대문 밖에서 그만 쓰러지고 말았다. 안고 들어가 한 시간쯤 있다가 집으로 갔다. 그리고 마산으로 갔다. 그런데 신문에 '김대중 선생은 이 나라의 지도자로서 우리가 모셔야 한다'는 지하의 말이 났던 것이다.

서대문경찰서에서는 이 대목을 집중적으로 추궁해왔다. 나는 끝까지 부인하여 다행히 구속을 면했다.

지하 재판은 한 번도 빼놓지 않고 방청했다. 공소사실에 대한 반박과 자기 사상·철학·신앙·문학 등에 대하여 장강대하처럼 펼치는 3시간 동안 최후진술을 듣고 깊은 감명을 받았다.

8. 협상과 재벌앞잡이

정부 수립 이후 정치인으로서는 맨 처음 것이 될 고문폭로를 한 뒤에도 면담은 이루어지지 않았다. 나는 윤보선 씨와 김대중 씨 허락을 받고 동아일보사 이동욱李東旭 사장을 만났다.

"어쨌든 동아일보 사태는 불행한 일입니다. 지금 상황에서 신문 경영이 퍽 어렵다는 것은 저도 잘 알고 있습니다. 그러나 민족지를 자부하고 있는 동아일보로서는 감정적이 아니라 이성적으로 사태를 해결해야 된다고 봅니다. 해직시킨 기자들을 우선 다 복직시키십시오. 사장님과 김상만金相万 선생의 용단을 믿겠습니다."

139명 해직 기자 가운데 120명을 복직시키겠다는 약속을 받아냈다. 이부영·권영자·안종철 등 5명 해직 기자를 무교동 태성여관에서 비밀리에 만났다. '남산'에서 24시간 미행을 하고 있어서 그들을 따돌리고 몰래 만났던 것이다.

"여러분, 나는 여러분이 기가 막히게 억울한 일을 당했다는 것을 잘 압니다. 그런데 내가 윤보선·김대중 선생 사절로 회사 측과 만나 120명을 복직시키겠다는 약속을 받아냈습니다. 받아들이십시오. 언론이란 붓을 쥐고 있을 때 힘이 있는 것 아닙니까? 먼저 붓을 쥐고 싸우세요."

개인적으로 만나서 설득을 하면 다 수긍을 하다가도 여럿이 함께 모이면 단 1명이라도 빠진 상태에서는 절대로 복직할 수 없다는 강경론으로 돌아섰다. 나는 방바닥을 치면서 설득했지만 똑같은 상황이 되고는 했다.

다시 동아일보사 사장과 회장을 만난 결과 1차로 120명, 2차로 6개월 내 15명을 복직시키겠다는 약속을 얻어냈다. 그러나 나머지 4명은 절대로 안 된다는 것이었다. 그 4명 가운데는 이부영 기자도 포함되어 있었다. 먼저 들어가고 나머지 4명은 그때 가서 다시 절충해보자고 설득했다. 개별적으로 만나면 좋다고 하는데 함께 모이면 강경론이었다. 타협이나 협상을 할 때는 상대방 처지도 생각해야지 내 처지만 생각하는 것은 무전략·무전술이다. 어떻게 하든지 우선 들어가서 싸워야지 이것은 자폭이 아니냐고 설득했지만 역시 마찬가지였다. 이런 상태에서 해직 기자들 가운데 일부가 윤보선·김대중 씨한테 가서 "김상현이는 김상만이 앞잡이다. 재벌 놈 앞잡이다"라고 했다고 한다. 그러자 김대중 씨가 말했다고 한다.

"그건 김상현이를 모르는 소리요. 김상현이를 과소평가하지 마시오. 김상현이나 되니까 그 정도의 협상이라도 이루어졌다는 것을 알아야 합니다."

모든 소외세력을 바탕으로 한 대중의 선풍적 지지를 받는 김대중 씨 도전을 부정불법관권선거로 겨우 막아낸 박정희정권은 이어 열린 제8대 국회의원선거에서 '김대중 공포증'에 걸리게 되었다.

7·4 남북공동성명서를 발표하는 이후락 중앙정보부장.

그것은 김대중으로 대표되는 민중공포였고 이 민중공포를 막을 수 있는 길은 물리적인 강경책밖에 없었다. 그러나 '위수령'·'국가비상사태선언'·'국가보위에 관한 특별조치법 발동'의 강압적인 물리력으로도 생존권투쟁에서 비롯되는 거센 저항의 불길을 끌 수 없게 되었을 때 나오게 된 것이 '7·4 공동성명'이었다.

금방이라도 통일이 되는 것처럼 모든 사람들을 흥분시켰던 7·4 공동성명은 그러나 박정권의 자주적인 의지가 아니라 미·중·일 삼각 안보체제 구축에 장애가 되는 한반도 냉전구조를 바꾸자는 미국 압력에 의한 것이라는 데 문제가 있었다. 민족 구성원 전체 합의에 의해 이룩되어야 할 통일문제를 모든 민주적 의사표시가 봉쇄된 가운데 권력자들 사이 밀담을 통해서 처리하려 했다는 것 자체가 이미 특정 정권의 정권 안보에 이용될 소지를 안고 있었다. 분단에 의해서 가장 고통과 피해를 받고 있는 민중 참여가 배제된 채로 진행된 통일논의는 결국 집권

7·4 남북공동성명

1972년 7월 4일 남북한 당국이 분단 이후 최초로 조국통일과 관련해 합의 발표한 공동성명이다. 이 공동성명은 당시 남한의 이후락 중앙정보부장과 북한의 김영주 조선노동당 조직지도부장이 서울과 평양에서 동시에 발표했던 것으로 그 내용은 다음과 같다. 첫째, 통일은 외세에 의존하거나 외세의 간섭 없이 자주적으로 해결해야 한다. 둘째, 통일은 서로 상대방을 반대하는 무력행사에 의거하지 않고 평화적 방법으로 실현해야 한다. 셋째, 사상과 이념·제도의 차이를 초월해 우선 하나의 민족으로서 민족적 대단결을 도모해야 한다. 즉 자주·평화·민족대단결이라는 획기적인 통일의 3대 원칙을 발표했던 것이다. 공동성명에서는 이 밖에도 상대방에 대한 중상비방 금지와 무장도발 금지, 민족적 연계와 자주적 평화통일을 촉진시키기 위한 다방면의 제반 교류 실시, 남북적십자회담 실시를 위한 적극 협조, 서울과 평양 사이의 상설 직통전화 설치 등 중요한 합의사항들이 발표되었다. 아울러 '이러한 합의사항을 추진시킴과 함께 남북한 사이의 제반 문제를 개선 해결하며 또 합의된 조국통일 원칙에 기초해 나라의 통일문제를 해결할 목적'으로 남한의 이후락과 북한의 김영주를 공동위원장으로 하는 남북조절위원회를 구성·운영하기로 합의했다.

7·4 남북공동성명은 남북한이 무력통일을 포기하고 자주적·평화적인 통일을 다짐하는 중요한 의미를 담고 있다. 그런데 이 같은 공동성명이 발표되기까지는 중요한 국내외적인 배경이 있었다. 국제적으로는 1972년 2월 미국과 중국의 국교정상화 등 국제적인 화해 분위기를 들 수 있다. 그러나 이러한 분위기 속에서 나온 닉슨 독트린은 한국 정부가 완강히 반대해온 주한미군의 철수를 의미해 한국의 국가안보에 심각한 위기감을 조성하는 것으로 이해되었다. 또한 국내에서는 제7대 대통령 선거에서 야당후보인 김대중 후보와의 경합에서 위협을 느낀 박정희 대통령이 정권안정과 명분추구를 위해 남북대화를 시도했던 것이다. 그리하여 1970년 8월 15일 박정희 대통령은 광복절 기념식 경축사를 통해 남북한 간의 '선의의 경쟁'을 제의했고, 이어서 1971년 8월 12일 대한적십자사가 남북한 이산가족의 재결합을 위한 회담을 열자고 제의했다. 북한도 1970년대 들어 국제적인 화해 분위기에 자극을 받아 통일정책에서 전환을 보여왔다. 이에 북한은 남한의 제의를 즉각 받아들여 양측은 각각 서울·평양을 상호 방문했으며, 1972년 5월 이후락이 평양을 방문해 김일성 수상을 만나고 북한의 박성철 부수상이 서울을 방문했다. 이 같은 비밀접촉을 통해 남북한이 자주·평화·민족대단결의 통일 3대원칙에 합의했으며 이를 7·4남북공동성명을 통해 천명한 것이다.

이 성명은 분단 이후 통일과 관련한 최초의 남북한 공동성명이라는 의의가 있음에도 불구하고 기본적인 한계를 가지고 있었다. 그것은 7·4 남북공동성명이 남북한 주민의 통일에 대한 열망의 결과로 나온 것이라기보다는 국제적인 화해 분위기 속에서 진행된 남북대화의 결과라는 것이다. 더욱이 남한에서는 7·4 남북공동성명을 발표한 지 3개월 만에 통일을 구실삼아 10월유신을 통해 반민주적인 유신체제가 들어섰고, 북한도 유신헌법이 선포된 후 2개월이 지난 1972년 12월 주석제를 도입하고 김일성의 주체사상을 지도이념으로 하는 새로운 헌법을 공포해 더욱 권위주의적인 정권을 창출했다. 결국 7·4 남북공동성명은 통일문제에 대한 국민적 합의도 없이 정부당국자들간의 밀담을 통해 처리되었다는 한계성과 통일 논의를 자신의 권력기반 강화에 이용하려는 남북한 권력자들의 정치적 의도로 빛을 잃었다. 그러나 기존의 외세의존적이며 군사적·이념적 대결을 절대시했던 통일노선을 전면적으로 거부하고 조국통일의 올바른 원칙을 제시했다는 점에서 그 의의를 찾을 수 있다.

연장의 디딤돌이 되었을 뿐이었다. 따라서 비상계엄을 선포하고 '유신헌법'을 통과시켜 유신체제라는 강력한 1인 독재체제를 완성시킨 것은 독재정권의 필연적인 귀결로 된다. 유신체제는 대통령을 '통일주체국민회의'에서 간접선거로 뽑아 임기를 무기한으로 연장시킬 수 있으며 판사임면권까지도 포함된 입법·사법·행정 전반을 대통령이 장악하는 1인 독재체제로서, 1971년 선거에서 김대중 후보가 예언한 총통제와 다르지 않은 것이다.

독재를 위해서 통일을 이용하려 했던 허구적 '남북대화'는 1973년 8월 김대중 씨 납치사건으로 결렬되었고 미국 강압에 의한 한일유착은 1974년 8월 15일 박 대통령 저격미수사건으로 악화되었다. 정권 유지를 위해서는 끊임없이 근거도 없는 북한의 '남침위협' 논리를 유지할 수밖에 없는 박정권과 긴장 완화를 요구하는 미국과는 근본적으로 갈등 관계일 수밖에 없었다. 여기에 1975년 4월 베트남통일을 안보 논리에 결부시킨 박정권은 민주화세력에 대한 무자비한 탄압으로 들어간다. 특히 유신헌법의 부정·반대·왜곡·비방·개정 및 폐기 주장이나 청원·선동 또는 이를 보도하는 일체 행위를 금지하고 위반자는 영장 없이 체포·구금할 수 있는 이른바 '긴급조치 9호'가 발동되면서 사회는 암흑 속으로 빠져들어 갔다.

정치 암흑을 허구적 경제발전 수치로 눈가림하기 위한 박정권은 72년부터 중화학공업 건설을 골자로 한 '제3차 경제개발 5개년계획'을 수립하였다. '근면·자조·협동' 기치 아래 생활태도를 혁신하고 환경을 개선하며 소득 증대를 통해 농촌을 발전시킨다는 이른바 새마을운동은 첫출발부터 실패할 수밖에 없는 독재정권의 억지 주장에 지나지 않았다. 파행적인 경제구조를 개혁하지 않고 농민의 노력 동원에 의하여 농촌을 근대화시키겠다는 것은 원인과 결과가 뒤바뀌어버린 책임 전가가 되는 것이다. 스스로 깨달음에 의하여 의식이 발전됨으로써 환경이 바뀌게 되는 사회발전 근본원리를 무시하고 빈곤과 정체 원인을 농민들에게만 떠맡겨 버리는 책임회피 발상인 것이다. 기간산업을 육성하고 민족자본을 축적하여 여러 부문 산업을 고르게 발전시킴으로써 자립경제에 이를 수 있다는 경제발전 기본원칙을 무시한 채 추진된 일방적 중화학공업 정책은 국민경제의 대외의존을 심화시킬 수밖에 없었다. 수출제일주의 경제정책은 덤핑수출을 확대하였고, 덤핑수출 확대는 최저생계비에도 못 미치는 노동자 기아임금을 정착시켰다. 여기서 노동자와 노동자 삶의 터전인 도시빈민 저항이 거세게 일어나게 되는 것은 필연적인 귀결로 된다. 탄압은 저항을 부르고 저항은 탄압을 불러서 사회전체가 혼란에 빠지게 되는 악순환이 되풀이되는 것이다.

한편 나라 밖 사정으로는 1976년 카터가 미국 대통령에 당선되면서 인권정책이 강조되었고 '코리아게이트' 사건이 터지게 되었다. 거기다가 '닉슨 독트린' 이래로 줄기차게 추구되어 오던 미국의 긴장완화 정책은 1975년 4월 베트남전에서 미국이 완전 패배를 당하면서부터 더욱 급속도로 강화되어 북한접근 정책으로 나타나게 되었다. 국제적으로 고립되게 된 '유신정권'은 이에 탄압 강도를 더욱 높일 수밖에 없었다.

이러한 상황 속에서 터져나온 것이 '3·1명동사건'이었다. 1976년 3월 1일 수많은 재야 정치인·지식인·종교인·운동가들이 명동성당에 모여 〈민주구국선언문〉을 발표하면서 '국민연합'을 결성한 것이다. 물리적인 폭압만 가지고는 자연발생적인 민주화운동을 말살시킬 수 없다는 당연한 사실을 보여준 재야민주화운동의 상징적 사건이었다. 윤보선·김대중·함석헌 선생과 함세웅 신부 등이 서명한 〈민주구국선언문〉의 요지는 "독재정권의 쇠사슬에 국민이 묶여 있고 국가안보의 구실 아래 사상과 양심의 자유가 위축되어 언론의 자유와 학원의 자주성이 말살되고 있고, 한국경제를 일본경제에 완전히 예속시킴으로써 모든 산업과 노동력을 일본의 경제 침략에 희생시켰으며, 제3세계에 눈을 돌리지 않은 결과 국제적으로 고아가 되어 서방사회로부터 버림을 받고 있으므로, 긴급조치를 철폐하고, 구속자를 석방하고, 언론·출판·집회의 자유를 보장하고, 국회 기능을 회복시키고, 사법부 독립을 요구하며, 그러므로 박정권은 이 모든 사태에 대한 책임을 지고 즉각 물러나라"는 것이었다.

다음 날 이우정 전 서울여자대학 교수·함석헌 선생·김관석 기독교회협의회 간사·문동환文東煥 전 한국신학대학 교수가 연행되었다.

3월 5일까지 20여 명의 서명인사가 중앙정보부와 서울특별시경찰국에서 취조를 받았다.

3월 8일에는 김대중·이희호 내외와 신민당 소속 정일형 의원이 연행되었고, 윤보선 전 대통령도 자택에서 취조를 받았다.

3월 10일에는 김대중 씨를 비롯한 20여 명이 '정부전복 선동사건'

이라는 이름 아래 긴급조치 제9호 위반으로 입건되었다.

구속

문익환58 목사. 함세웅35 신부. 김대중51 전 신민당 대통령후보. 문동환55 목사. 이문영李文永, 49 교수. 서남동徐南同, 48 교수. 안병무安炳茂, 54 교수. 신현봉申鉉奉, 46 신부. 이해동李海東, 42 목사. 윤반웅尹攀雄, 66 목사. 문정현文正鉉, 36 신부.

불구속 입건

정일형72 국회의원. 함석헌75 '씨알의 소리사' 대표. 윤보선78 전 대통령. 이태영61 정일형 씨 부인. 이우정李愚貞, 53 전 서울여대 교수. 김승훈金勝勳, 37 신부. 장덕필張德弼, 36 신부. 김택암金澤巖, 37 신부. 안충석37 신부.

9. 이철승 당수

　김대중 씨를 비롯한 목사·신부·교수 등 11명 재야인사와 수백 명 학생들이 '긴급조치'로 구속되는 상황에서 5월 25일 신민당 전당대회가 열리게 되었다. 대회장인 시민회관을 먼저 장악하고 있던 주류 측을 몰아낸 비주류 측은 집단지도체제로 당헌을 채택했고, 주류 측은 중앙당사에서 전당대회를 따로 열어 단일지도체제 당헌을 채택하고 김영삼 총재를 재선출했다. 이 과정에서 청년당원들 사이에 각목을 휘두르는 등 폭력사태가 일어나 당원들 다수가 부상당하게 되었다. '각목대회'·'반당대회'를 치른 두 파는 각각 중앙선거관리위원회에 당대표 변경 등록 신청을 접수시켰고, 선관위로부터 기각을 당했다. 비주류 측 이기택 의원의 김영삼 총재 총재권한행사의 합법성 여부를 묻는 질의에 중앙선거관리위원회는 '총재의 지위는 소멸되고 총재권한 행사도 할 수 없다고 봄이 타당하다'는 유권해석을 내렸다. 김영삼 씨는 총재직 사퇴를 발표했고, 1976년 9월 15일과 16일 이틀 동안 서울 시민회관 별관에서 수습 전당대회가 열리게 되었다.

　나는 조연하·조윤형 씨와 의논하여 김영삼 씨를 퇴진시키기로 하였다. 민주회복을 위하여 가열찬 투쟁을 벌여야 되는 이 상황에서 김영삼 씨는 전략상 타당한 인물이 되지 못한다는 게 그 이유였다. 여기에는 두 가지 이유가 있었다.

유진산 당수 별세 후 당수로 선출된 김영삼 씨는 1975년 5월 21일 박정희 대통령과 회담을 하게 되었다. '시국과 안보문제 그리고 여야 관계 재정립문제에 대하여 진지하고도 우호적인 분위기'에서 2시간 동안 회담을 마친 김영삼 씨는 당 중진들이 기다리고 있는 외교구락부로 돌아왔다. 김영삼 씨는 웃음 띤 얼굴로 고흥문 정무회의 부의장에게 손을 내밀었다.

"김대중이는 이제 끝났소."

고흥문 씨가 미처 손을 내밀기도 전에 김영삼 씨가 다시 말했다.

"이철승이도 대통령이 신임하지 않아요."

고흥문 씨만이 아니라 정해영 씨 등 여러 사람에게 똑같은 말을 했다는 것이다. 명색이 야당 당수라는 사람이 여야 영수회담을 하고 와서 한다는 첫마디가 어떻게 그럴 수 있는가 싶어 고흥문 씨는 실망했다고 했다. 나는 조연하·조윤형 씨와 함께 전국 지구당 개편대회장을 돌면서 김영삼 씨를 퇴진시켜야 한다고 역설했다.

퇴진의 두 번째 이유는 신의가 없다는 점이었다. 김옥선金玉仙 의원이 국회 본회의 대정부 질문에서 베트남이 공산통일된 다음 전국적으로 일어나고 있는 반공·안보 궐기대회를 '관제데모'로 규정하는 발언을 함으로써 제명을 당하게 되었다. 그때 김영삼 총재는 "만약 김옥선 의원이 제명당할 경우 당 소속의원 전원이 운명을 같이하겠다"고 선언을 했는데, 끝내 운명을 같이하지 않았던 것이다. 동료의원의 불행을 외면하고 약속을 지키지 않는 사람이 어떻게 정치인이며 더구나 야당 지도자일 수 있는가? 박정희 대통령에게 지금 내가 하고 있는 얘기가 꼭 전달되기를 바란다고 전제한 다음 이렇게 말하고는 했다. 조윤형·조연하 씨 다음으로 연단에 올라간 전주지구당 개편대회장에서였다.

"제가 감옥에 있을 때 문세광文世光 사건이 일어났는데, 박 대통령이 암살을 모면한 것을 보고 참으로 다행한 일이라고 생각했습니다. 저는 이 얘기를 김대중 선생께도 말씀드린 바 있습니다. 우리나라는 이승만 대통령이 장기집권하고 독재하다가 이역만리 하와이에서 눈을 감은 불행한 과거를 가지고 있습니다. 그런데 지금 박정희 대통령 또한 그 길을 가고 있습니다. 우리나라 안보의 최대 위협은 박정권의 장기집권과 독재에 있습니다. 박정희 씨의 불행은 그 개인만의 불행으로 끝나는 게 아니라 우리 국민 모두의 불행이 된다는 데 문제의 비극이 있는 것입니다."

대의원석이 술렁거리면서 한 대의원이 소리쳤다.

"김 의원님, 지금 말씀은 긴급조치에 위반됩니다. 중단하십시오."

옆에 앉아 있던 이철승 씨 안색도 창백했다. 기관에서 나를 구속하려는 것을 이철승 씨가 강력하게 만류하였다는 것을 나중에 알게 되었다. 광주지구당 개편대회에 참석하고 있는데 신도환 의원이 말했다. 신문회관에서 '신문의 날' 기념을 하는데 김영삼 씨가 중앙정보부 양 차장이라는 사람과 한쪽 구석에서 오랫동안 얘기를 나누더라는 것이다. 이상하게 생각한 고흥문 씨가 끼어들며 "무슨 얘기들이 그리 많소?" 하니까, 김영삼 씨가 양 차장이라는 사람한테 "왜 김상현이를 구속하지 않느냐?"고 하더라는 것이었다. 내가 아무리 자신의 총재직 재선 여부에 영향을 주고 있다고 하더라도, 세상에 이럴 수가 있는가? '박·김 회담'을 끝내고 나와서 했다는 첫마디가 새삼스럽게 실감되었다. 부산 김상진金相鎭 의원 지구당 개편대회에서 이 이야기를 했다. 김영삼 씨도 있는 자리였다.

대표최고위원을 선출하는 1차 투표 결과 김영삼 349표, 이철승 263표, 정일형 134표, 박용만 12표, 고흥문·김대중·문부식文富植 각 1표, 그리고 무효 6표가 나왔다.

1차 투표에서 표수가 적으면 정일형 박사는 사퇴를 하기로 되어 있었다. 나는 정 박사를 모시고 단상으로 올라갔다. 정 박사가 "……그러므로 나는 사퇴를 합니다"라고 말했다. 그런데 다음 말이 없었다. 사퇴 연설문은 이철승계인 송원영 의원이 썼다. 나는 얼른 정 박사 귀에 대고 소근거렸다.

"정 박사님, 이철승 의원을 지지한다고 말씀하십시오."

그때서야 정 박사는 말했다.

"저를 지지하는 대의원들은 이철승 의원에게 표를 몰아주십시오."

당수가 된 이철승 씨는 청주교도소에 수감되어 있는 김대중 씨에게 '유담뿌'를 차입시켜 주었다.

10. 외로운 함성

 감옥에서 나온 이후로는 늘 미행이 따라붙고 전화가 도청되는 것은 물론이어서 여간 불편한 게 아니었다. 그런 제약 중에서 파국을 향하여 치달리고 있는 정국 경색을 풀어보려고 나름대로 혼신의 노력을 기울여봤으나, 아무런 소득이 없었다. 그렇다고 해서 두 손을 맞잡은 채로 앉아 있을 수만은 없었다.

 나는 윤길중 선생과 임성희任星熙 박사 등 자문을 받아 '평화통일외교문제연구소'를 차렸다. 김창환金昌煥·이재걸李在杰·박정훈·송창달·백청수白淸水 씨 등 50여 명 회원이 일주일에 두 번씩 모여 국내외 정세에 대하여 연구와 토론을 하고 영어·일어 공부를 하였다. 그리고 잡지《씨알의 소리》편집장이었던 백청수 씨 도움을 받아《민족의 저항》5권을 엮어내기도 하였다.《민족의 저항》은 항일독립운동가들 투쟁사와 옥중수기를 모은 것으로서 1,500질을 팔아 연구소 운영에 도움을 받았다.

 김대중 씨가 단식을 한다는 소식이 들려왔다. 서울고등법원 형사 3부에서 징역 5년에 자격정지 5년을 선고받고 1977년 4월 16일 경상남도 진주교도소로 신병이 이송된 김대중 씨는 교도소 안에서 처우 개선 등을 요구하며 단식투쟁을 시작한 것이었다. 5월 7일부터라고 했다. 답답했다.

　나는 김수환 추기경을 찾아가서 단식 중단을 바란다는 간곡한 서신을 받았다. 절해고도에 떨어져 있는 심정이었다. 외롭고 쓸쓸했다. 전국의 김대중 선생 지지자들과 나아가서는 모든 국민들에게 우리의 절망적인 상황을 알려주고 싶었다. 무교동 어떤 복사집에서 50부쯤 추기경 서신을 복사하여 이희호 여사와 주변 동지들에게 나눠준 다음, 진주로 내려갔다. 문익환 목사 내외 등 많은 분들이 와 계셨다. 수천 명 김대중 선생 지지자들이 진주로 모여들었다. 내가 복사해서 돌린 50부가 500부가 되고, 500부가 5,000부가 되어 전국으로 퍼졌던 것이다.

　그러자 "김상현이가 추기경 사신을 저렇게 함부로 돌릴 수 있느냐?"라는 비난이 가톨릭 쪽에서 있다는 말을 듣게 되었다. 김대중 선생의 외로운 투쟁을 세상에 널리 알리자는 것이었을 뿐 절대로 다른 뜻은 없었지만, 사신을 복사해서 돌렸다는 것은 잘못한 일이었다. 고민 끝에 '엠네스티' 총회가 열리는 영등포 무슨 성당 연수원에서 추기경을 만나뵙고 사과의 말씀을 드렸다. 나는 몹시 망설이면서 부끄러워했는데, 추기경은 미소를 지었다.

　"괜찮습니다. 뭘 그런 걸 가지고 걱정하십니까?"

11. 지는 싸움

6월 10일 서울 종로·중구에서 국회의원 보궐선거가 있게 되었다. '3·1 명동사건'으로 정일형 의원이 의원직을 박탈당함으로써 치르게 된 보궐선거였는데, 내 참모인 박정훈 동지가 입후보 의사를 밝혔다. 공화당과 신민당에서는 보궐선거에 불참할 것을 밝힘으로써 무소속 입후보자들끼리 경쟁하는 선거였다.

마침 정일형 박사 장남인 정대철鄭大哲 군이 미국 유학에서 돌아와 있었다. 나는 박정훈 씨에게 정대철 군이 출마를 하지 않고 사무장이 되어 밀어준다면 모르지만, 그가 출마한다면 박은 절대로 나와서는 안 된다고 했다. 그런데 박정훈 씨가 내 말을 안 듣고 출마해버렸다. 사퇴를 하라고 했지만 듣지 않았다. 오히려 같은 '6·3세대'인 이원범李元範 씨 귀띔을 받아 내 도장을 새겨서 나를 선거사무장으로 등록해버렸다. 고민이 아닐 수 없었다.

나는 생각했다. 사람이 살다보면 그 사람 때문에 덕을 볼 때도 있지만 손해를 볼 때도 있다. 아니, 손해를 볼 때가 더욱 많다. 그것이 당연한 인간 생활이다. 나한테 이로울 때만 동지고 해로울 때는 동지가 아니라고 한다면 그것은 이미 동지가 아니다. 박정훈은 동지다. 일은 이미 벌어져서 여기까지 왔다. 사퇴를 시키든지 지원을 하든지 두 가지 방법밖에 없는데, 사퇴는 불가능하다. 그렇다면 그를 밀어주는 수밖에 없다. 지는 싸움이 확실하지만 뛰어들지 않을 수 없다. 김상현이는 이기는 싸움만 하는 게 아니라 지는 싸움도 할 줄 안다는 것을 보여줄 필요가 있다.

뉴서울호텔에 방을 얻은 다음 박정훈에게 연설 원고를 구술해주며 선거전략과 전술을 지도했다. 청중들 반응이 좋았다. 정대철과 사상검사로 이름 높았던 오제도吳制道 씨 등이 출마했는데 박정훈 당선 가능성이 보였다. 그러자 정보부 공작이 들어왔다.

"당선은 이미 확실한데 적당히 연설해야지 김상현이가 시키는 대로 했다가는 다친다. 김상현이는 자꾸 강경연설을 시켜서 당신을 감옥 보냄으로써 자기 입장을 세우려는 것이다."

박정훈이 나를 피하기 시작했다. 다음 연설을 준비하기 위해서 만나기로 했는데 도무지 나타나지를 않았다. 다음 날 선거사무실이 있는 청진여관에서 만났더니 다른 급한 일이 있어서 못 나왔다고 변명을 하면서 오히려 원망하는 듯한 눈빛으로 나를 바라보았다. 이원범 등의 사주를 받은 것이었다. "이번에 박이 김과 만나려는 것을 못 만나게 했습니다"라고 정보부원이 상급자에게 전화하는 것을 들었다는 사람도 있었다. 정보부에게 직접 매수된 것은 아니나 친구를 가장한 사람들에게 포위되어 놀아난 결과가 된 것이다. 안타까운 일이었다. 정보정치·공작정치 해독이었다. 박정훈 경우만이 아니라 이와 비슷한 공작은 전국 선거구 어디에도 있는 일이었다.

박정훈이 연설 강도의 일관성을 유지하지 못하고 갈팡질팡하는 사이에 정대철·오제도 씨가 동반 당선되었다.

12. 아는 실수

진주교도소에서 단식 등 외로운 투쟁을 벌이고 있던 김대중 씨가 지병인 신경통이 악화되어 행형법 제29조에 따라 서울대학교병원 신동 특201호실로 이감된 것은 1977년 12월 19일이었다. 1971년 대통령선거 때 당한 암살성 자동차 사고 후유증이 지병으로 굳어버린 것이었다. 가족과 변호사에게만 면회가 허용되었으므로 수많은 사람들은 가족과 변호사를 통하여 안타까운 마음을 전할 수밖에 없었다. 면회는 할 수 없었지만 교도소 당국이 김대중 씨에게 호의적이어서 음식 차입은 허용이 되었다. 김대중 씨는 호구찜과 돼지고기 삶은 것을 좋아했으므로 나도 몇 번 요릿집에 부탁해 전해드리기도 했다.

1978년 3월 29일 이택돈李宅敦 변호사한테서 만나자는 연락이 왔다. 김대중 씨를 만나고 오는 길이라면서 이 변호사가 말했다.

"김 의원한테만 전해드리라는 김 후보님 말씀인데, 신민당을 탈당하시겠답니다."

"그거야 신문에서 보면 됐지, 굳이 나한테 얘기할 게 뭡니까?"

"그래도 김 의원한테만은 꼭 전해드리라고 해서……."

"이미 탈당계를 제출하고 나서 통고를 하는 것은 의논이 아니지 않습니까?"

나는 대단히 섭섭했다.

일반 정치인도 마찬가지지만 정치 지도자가 머물던 당을 떠날 때는 반드시 거기에 맞는 명분이 있어야 했다. 이철승체제 아래 신민당이 국민들 지탄을 받고 있는 것은 사실이지만, 그렇다고 하더라도 탈당과 같은 중대한 일을 결정하기 위해서는 반드시 주변 참모진과 상의를 해야 한다는 게 내 생각이었다. 의논 한마디 없이 혼자서 탈당을 해버리면 자기를 따르던 사람들은 어떻게 하란 말인가? 많은 사람들이 김대중 씨 신민당 탈당에 유감을 표시했다.

나는 보름 동안 고민을 했다. 나는 이상적인 명분론에만 매달려 현실을 외면하다가 종국에는 실패하고 마는 정치 선배를 많이 보아왔다. 김대중 씨는 박정권에게 최대 탄압을 받고 있는데 바로 그렇기 때문에 합법적인 제1야당에 뿌리를 박을 필요가 있다. 아무리 사꾸라 야당이라고 할지라도 어느 정도 방패 구실은 할 수 있다. 뒤를 받쳐주는 합법적 정당 조직의 외피를 입지 않고는 독재정권 탄압 아래 살아남기 어렵다. 경우는 다르지만 제2야당 당수였던 죽산 조봉암 선생 경우가 그것을 웅변으로 말해준다. 따라서 탈당은 전략상 오류다. 그런데 46퍼센트에 이르는 국민들 지지를 받은 전 대통령 후보가 탈당을 하는데 아무도 따르지 않는다면 어떻게 되는가? 그것은 명분이고 전략이고를 떠나서 우선 모양이 안 된다. 비록 잘못된 결정이고 나에게도 정치적 손실이 올 것임이 분명했지만, 나는 김대중 씨와 행동을 함께하기로 했다.

나는 신민당 중앙당사에서 기자회견을 갖고 〈탈당성명서〉를 읽었다. 이철승 당수는 김상현이가 중앙당사에서 기자회견을 하도록 놔두었다고 펄쩍 뛰었다고 했다.

김대중 씨가 출옥한 다음 댁으로 찾아갔다. 조연하 씨도 와 있었다. 나는 따져 물었다.

"어떤 이유로 탈당을 하셨습니까? 아무리 제가 형편없는 놈이라고 하더라도 그래도 명색이 참모라고 생각한다면 적어도 한 번쯤 상의는 해보셔야 되지 않습니까? 형수님과 변호사들은 면회가 되지 않습니까? 그런데 이택돈 변호사를 시켜 탈당부터 해놓고 나서 제게 통보를 해주시니, 얼마나 충격을 받았는지 모릅니다. 저도 형님을 따라서 탈당을 하기는 했습니다만, 그것은 제 생애에서 가장 잘못된 일 가운데 하나가 될 것입니다."

김대중 씨는 자신이 탈당계를 제출하면 신민당에서 안 받을 줄 알았다고 했다.

13. 뒤에서

독재체제 아래서도 정치는 있고 그 정치를 할 정치인을 뽑는 선거는 치러진다. 제10대 국회의원선거가 1978년 12월 12일 치러지게 되었을 때 나는 물론 출마를 할 수가 없었다. 그렇다고 해서 가만히 앉아 있을 수도 없었다. 나는 나대로 '정치'를 할 수밖에 없었다. 내가 잘 알고 또 내 도움을 필요로 하는 선배·동료·후배들이 당선되도록 도와주는 일이 내가 할 수 있는 정치였다.

나는 붓글씨에 일가를 이룬 운재芸齋 윤제술 선생 병풍 11벌과 청곡靑谷 윤길중 선생 병풍 10벌을 얻어 1벌에 100만 원씩 받고 팔았다. 그리고 유명한 동양화가 한 분을 찾아뵈었다.

"선생님, 이건 제가 쓰려는 것이 아니고 반드시 도와줘야 할 사람이 있어서 그러는 것이니 작품 몇 점만 주십시오. 일제 때 독립투사들은 권총을 가지고 다니며 독립운동 자금을 마련했다는데 지금 제가 꼭 그런 심정입니다."

"몇 점이나 필요하십니까?"

뜻밖에도 처음 만난 그 동양화가는 흔쾌하게 물어오는 것이었다.

"작은 걸로 석 점만 주십시오."

선거까지는 열흘밖에 안 남아 있었다. 나는 사정을 얘기했고 동양화가는 고개를 흔들었다.

"열흘에 석 점은 못 그립니다."

"그리지는 못하시더라도 선생님이 소장하고 계신 것 가운데 석 점만 주십시오."

"알았습니다."

동양화가는 선선히 당신 소장품 가운데서 3점을 내주었고, 나는 그것을 50만 원씩에 팔았다. 50만 원 이상을 도와준 사람이 21명이었다. 예춘호 씨한테도 50만 원을 보냈다.

전라남도 나주·광산지구에서 민주통일당 공천으로 입후보한 김장곤 씨는 내가 17~18살 때부터 친하게 지내던 사이였다. 김대중 씨와 나는 차비가 없어 걸어다니다가 화신백화점 5층에 있는 극장에 가서 2본 동시상영 영화 구경을 할 만큼 어려운 형편이었다. 김장곤 씨는 그때 고려대학교 1학년에 재학 중이었는데, 김대중 씨가 그 등록금을 빌려 쓰고 갚지를 못했다. 그 바람에 김장곤 씨는 대학을 중퇴하고 말았다. 나는 스스로 청해서 김장곤 씨 선거사무장을 맡았다.

광산에서는 김장곤·조윤기가 나왔고, 나주에서는 농림부 차관을 지낸 사람과 현역의원인 임인채林忍采·김윤덕金胤德 씨가 나왔다. 김윤덕 의원은 처음 국회의원에 출마했을 때부터 김대중 씨 이름을 팔아서 당선된 여자였다. "김대중 오빠를 제가 면회 갔습니다. 사모님도 만났습니다." 그러나 이희호 여사에 의하면 구속자 가족들이 털목도리와 스웨터를 짜서 국회의원들에게 팔아 영치금을 넣어주었는데, 단 한 개도 사주지 않았다고 했다.

출마자 모두가 돈이 많은 사람이었는데 김장곤 씨만 무일푼이었다. 나는 1,000만 원 이상을 쓰면서 총력을 다해 그를 지원했다. 개표 결과 김장곤 씨는 수억 원을 쓴 현역 의원들을 제치고 나주에서 1등을 했다. 그러나 광산에서는 꼴찌였다. 소선거구제였다면 틀림없이 당선되었을 텐데 유신체제 아래 나눠먹기 선거 방식에 패배한 것이었다. 석방된 다음에 김대중 씨가 이때 일을 말했다. 김종필 씨가 외신 기자회견을 하면서 "김대중이는 지지세력이 없다. 지난 선거에서 김대중이 최고 참모인 김상현이가 선거사무장까지 한 곳에서 낙선을 한 것이 그 좋은 예이다"라고 말했다는 것이다.

"이 사람아, 하려면 좀 잘 할 것이지."

"광산에서 둘 나오고 나주에서 넷이 나왔는데 장곤이는 무일푼이요. 게다가 현역이 둘이고 모두 돈 많은 자들인데 이길 수 있다고 생각하면 그게 이상하지요. 형님, 장곤이가 대학을 못 나왔는데 옛날에 형님이 장곤이 등록금 쓴 것 생각 안 나세요?"

14. 김영삼 당수

신민당 전당대회 일주일 전쯤에 공화당 신형식申炯植 사무총장한테서 급하게 만나자는 연락이 왔다. 신 총장은 성균관대학교 근처에 살고 있었는데 뜻밖에도 자동차도 들어갈 수 없는 골목길에서 초라하게 살고 있었다. 신형식 씨가 말했다.

"각하께서 신민당 전당대회에 많은 관심을 갖고 계십니다. 차지철 실장도 마찬가지고."

"관심을 가져주신다니 고맙습니다."

"나하고 얘기하는 것은 각하나 차 실장하고 얘기하는 것과 다름없는데, 한마디로 김영삼 씨를 미는 것에서 손을 떼시오."

"아시다시피 나는 신민당원도 아닙니다. 따라서 김영삼 씨를 민다고는 하지만 영향력이 얼마나 될는지도 미지수입니다."

"이철승 씨를 사꾸라라고 하지만 옛날의 김영삼 씨는 어땠습니까?"

"옛날 얘기는 하지 맙시다. 국회 발언을 문제삼아 김영삼 씨를 제명한 것만 봐도 사꾸라는 아니잖습니까?"

"어쨌든 김영삼 씨를 미는 것에서 손을 떼시오. 그렇지 않으면 김 의원의 정치 생활에 대단한 어려움이 있을 거요. 김영삼이는 절대로 안 됩니다. 같은 고향사람으로서 특별히 일러주는 겁니다."

"어떤 경우에도 대통령이 불행해져서는 안 된다는 게 평소 신념이올시다. 대통령이 불행해지지 않기 위해서는 헌법을 지키는 대통령이 되고 민주화를 하는 길밖에 없습니다. 김대중 선생은 지금 연금이 되어 일체 활동을 못하고 있습니다. 국민의 지지와 존경을 받고 있는 김대중이라는 커다란 세를 부정하고 있지 않습니까? 그것이 엄연한 현실인데도 불구하고 박정권은 그걸 무시하고 있지 않습니까? 따라서 우리는 김영삼 선생을 지원해서 당선시킬 것입니다. 세가 있다는 것을 보여드리겠다는 말씀이올시다. 다른 아무 이유도 없습니다. 그렇게 하는 것이 민주화로 가는 길이라고 믿고 있기 때문입니다. 명색이 삼선 국회의원이 빨가벗겨서 거꾸로 매달려 고문당한 사실을 폭로했는데도 불구하고 당신들은 우리를 없는 존재로 여겨서 무시해왔고 무시하고 있지 않습니까? 당신들이 기분 나쁘면 감옥 보내고 고문하고 지금도 우리를 연금하고 미행하고 도청하면서 끝없는 압박을 하지 않습니까? 이번에 우리 실력을 보여주겠습니다. 자랑을 하자는 것이 아니라 우리의 있는 그대로 실력을, 세를 보여주고 당신들이 그 실력과 세를 인정하면 대화가 될 것 아닙니까? 우리가 원하는 것은 대화를 하자는 것이지 폭력혁명으로 정권을 타도하자는 것이 아닙니다."

"이번에 김영삼 씨를 밀지 않으면 앞으로 김대중 씨와 대화할 수 있는 길을 마련하겠습니다."

"때가 늦었습니다. 화살은 이미 시위를 떠났습니다. 여기까지 오기

전에 대화를 했어야 되는 것 아닙니까? 이미 떠난 살이니 결과가 나온 다음에 다시 이야기합시다."

신형식 씨는 밤을 새워서라도 결론을 내자며 자꾸 옷깃을 잡았다. 신형식 씨는 목소리도 크고 기개가 있다고 할까, 퍽 열정적인 성격이었다.

"놓으시오. 통금에 걸리면 어떡하라고."

나는 이철승 씨를 퇴진시키고 김영삼 씨를 당수로 밀기로 결정하고 있었다. 김영삼 씨에게는 민주주의를 전진시킬 수 있는 의지가 엿보인다고 판단했기 때문이었다. 김영삼 씨가 제명되었을 때 보여준 이철승 씨 태도는 도저히 이해할 수 없는 것이었다. 자기 당 의원이 집권당에 의해서 제명을 당했다면 당연히 책임을 지고 운명을 함께하는 것이 당수된 사람의 도리일 것이다. 김옥선 의원이 제명 소동 끝에 의원직을 사퇴했을 때 책임을 지지 않았던 김영삼 씨와 마찬가지로 이철승 당수 또한 당수를 지낸 김영삼 씨가 제명을 당했는데도 불구하고 책임을 지지 않은 것이다. 책임정치라는 것은 여당에게만 따져보는 말장난이 아니라 야당 스스로도 엄정히 지켜져야 하는 민주주의의 첫걸음이 아닌가? 그러나 이런 모든 것보다 앞서는 이철승 씨 잘못은 그의 '중도통합론'이었다. 유신헌법을 고쳐야 된다는 사람들에게 그는 이렇게 말했던 것이다.

"헌법을 개정하면 떡이 나오냐 밥이 나오냐?"

그는 원칙 없는 '중도통합론'을 들고 나옴으로써 민주주의라는 절체절명 원칙마저를 중도통합해버린 것이다.

김영삼 씨를 당수로 미는 것이 민주화전략에 유리하다는 점에 김대중 씨와 의견일치를 본 나는 조직 점검을 해보았는데, 불리했다. 당수인 대표 최고위원에 출마한 사람은 모두 7명이었다. 이철승·김영삼·신도환·조윤형·박영록·김재광·이기택. 이렇게 표가 갈라져 가지고는 정권 측에서 적극적으로 미는 이철승 씨가 다시 당수가 되는 것은 불을 보듯이 빤한 사실이었다. 출마자들은 저마다 수천만 원씩 돈을 쓰며 필사적인 운동을 벌였고, 이철승 씨는 수억대 돈을 썼다. 어떻게 할 것인가? 방법은 단 한 가지, 조윤형·박영록·김재광·이기택 씨를 사퇴시키는 도리밖에 없었다. 김대중 씨는 회의적이었다.

"이 사람아, 그 사람들이 지금 백만 원 이백만 원이 아니라 삼천만 원 오천만 원 쓴 사람들인데 사퇴하라고 한다고 해서 사퇴하겠는가?"

"불가능한 것을 가능하게 만드는 것이 정치 아닙니까? 저한테 맡기십시오. 민주화라는 대의를 위해서 소아를 희생하라는 대의명분이 있지 않습니까?"

조연하 씨를 만났다. 조윤형 씨를 미는 것이 조연하 씨였는데, "박영록 씨도 이런 객관적인 명분 앞에 사퇴를 했다"고 말했고, "좋다"는 동의를 얻어냈다. 박영록 씨를 만나서는 "조윤형 씨도 민주화라는 대의를 위해서 사퇴했다"고 말하여 역시 동의를 얻어냈다. 김재광 씨한테는 노승환 의원 등을 시켜 "조윤형·박영록 씨도 사퇴했는데 망신당하지 말고 사퇴하라"고 압력을 넣었다. 이기택 씨만은 끝까지 사퇴를 거부했다.

후배가 경영하는 한남동 레스토랑에서 김영삼 씨를 만났다. 당선된 다음 부차장 이상 부총재까지 모든 당직을 김대중 씨와 합의해서 결정하고, 김대중 씨를 상임고문으로 추대한다는 약속을 받았다. 전당대회 전날 김영삼 씨 지지자들이 모인 아서원에서 조윤형·박영록 씨 당수 출마 사퇴발표를 가졌다. 김재광 씨는 사퇴성명만 내고 참석하지 않았다. 그 자리에 연금되어 있던 김대중 씨가 나타났다. 만약을 생각하여 김영삼 씨를 지지한다는 성명서까지 준비해 가지고 나온 김대중 씨는 연설을 하였고, 환호의 박수소리가 터져 나왔다.

총재를 다시 뽑는 정기 전당대회는 1979년 5월 30일 새로 지은 마포당사에서 열렸다. 1차 투표 결과는 다음과 같다.

이철승 292표
김영삼 267표
이기택　92표
신도환　87표
김옥선　11표
무 효　　2표

나는 이기택 씨에게 '사퇴하면 부총재를 보장한다'는 김대중 씨 편지를 전해주었고, 이기택 씨는 김영삼 씨 지지를 선언하면서 사퇴를 했다. 신도환 씨는 이철승 씨 지지를 선언하면서 역시 사퇴를 했다. 천여 명 시민·학생들이 당사 밖에 모여 "김영삼, 김영삼" 하고 환호를 보내는 가운데 치러진 2차 투표 결과는 다음과 같다.

김영삼 378표
이철승 367표

결국 김영삼 씨가 과반수에서 겨우 2표를 더 얻어 새 총재에 당선되었다. 극적인 승리였다. 김영삼 씨가 당선되리라고 믿었던 사람은 아무도 없었다.

마포당사를 새로 지은 것은 이철승 당수 시절이었는데, 여기서 김영삼 씨가 당선되었다는 것은 묘한 일이었다. 인사동 옛 당사나 시민회관에서 전당대회를 했다면 이철승 씨가 당선되었을 가능성이 높았다. 왜냐하면 새 당사에는 뜰이 있어 1,000여 명 시민·학생들이 모여들어 김영삼 씨를 응원했기 때문에 대의원들은 그 열기를 의식하지 않을 수 없었던 것이다. 물론 조윤형·박영록·김재광·이기택 씨 사퇴가 결정적인 관건이었지만 외부적인 요인도 무시할 수 없다는 말이다. 나중에 들은 얘기지만 이철승 씨 측에서는 마포당사에서 전당대회를 한 것을 후회했다고 한다.

약속대로 조윤형·박영록·이기택 씨는 부총재가 되었다. 그런데 김영삼 총재는 나머지 부총재 한 자리에 김재광 씨 대신 이민우 씨를 넣었다.

처음에는 두 김 씨 합의 약속이 그런대로 지켜졌는데, 정무위원 인선 차례가 되면서 신문에 '김영삼 총재는 총독에 의해서 조종되고 있다'는 기사가 났다. 정치인은 신문에 민감하다. 신문에서는 '김대중의 섭정'이라고까지 표현했고, 그때부터 합의 약속이 지켜지지 않기 시작했다. 중앙상무위원회 의장 선거에서 김대중 씨는 오세응 의원을 밀고 김영삼 씨는 박용만 의원을 밀었는데, 박용만 의원이 당선되었다. 김대중 씨 세가 약하다는 말이 돌았다.

김대중 씨는 자유가 없어 '뉴스플레이'를 못하는데 김영삼 씨는 자유로워서 김영삼 씨만 점점 부각되었다. 나는 김대중 씨에게 앞으로 김영삼 씨를 한 번만 더 만나고 가능하면 다시 만나지 않는 게 좋겠다고 말했다. 왜냐하면 지금까지 두 사람 관계를 보면 김영삼 씨는 자기가 유리할 때는 안 만나고 자기가 재야로부터 공격을 받는다든지 해서 불리해지면 만났다. 그래서 김대중 씨와 공동성명을 내고 같이 사진 찍으면 지금까지 잘못이 다 없어지고는 했다. 재야 신민당 입당문제에 대해서도 말했다.

"두 분이 합의할 것이 아니라 양쪽에서 대표 두 사람씩을 뽑아 재야 입당문제를 조정하도록 하십시오. 그것을 김 총재가 받아들이면 네 명이 합의돼서 사인할 때만 두 분이 만나십시오. 그렇지 않고 아무것도 되지 않으면서 두 분이 자주 만나기만 하면 신문플레이는 김 총재 혼자서만 하지 않습니까? 내용은 하나도 없이 만나서 사진만 찍는 것은 바람직하지 않습니다. 지도자끼리 만나면 뭔가 진전되고 발전돼야지 사진만 찍어서 뭐합니까? 받아들이지 않으면 안 만날 수 있는 명분도 서고."

김대중 씨 제의를 김영삼 씨가 거부했다. 윤보선 선생을 찾아갔다.

"두 김 씨 관계가 불편해지면 민주화 추진에 제약이 옵니다. 김대중 씨가 제시하는 재야의 입당 조건을 김 총재가 받아들인다, 못 받아들인다 논란이 되면 두 김 씨는 결국 결별 상태에 이르게 됩니다. 두 분 단합이 깨지면 지금

1979년 5월 31일 신민당 전당대회에서 총재로 선출된 김영삼씨와 김대중 씨가 환담을 나누는 모습.

같은 중대한 상황에 커다란 문제가 되지 않습니까? 그러니 선생님께서 재야 입당문제를 주도하셔서 김 총재에게 제안하셔야 합니다."

윤보선 선생과 합의하여 재야 입당 3원칙을 만들었다. 그것을 윤보선 선생이 김대중 씨 동의를 받아 김영삼 씨에게 제안하기로 했다.

만약 김영삼 씨가 거부하면 싸움은 윤보선·김영삼으로 옮겨지고 김대중 씨는 상처를 받지 않는다. 재야를 대표하는 윤보선 선생 제안을 거부하면 김영삼 씨 위치가 어려워진다. 김영삼 씨가 거부해서 윤보선

씨와 싸우게 될 때 김대중 씨가 나서서 조정을 한다. 수락·거부 어느 쪽이던 김대중 씨한테 유리하다. 이것이 내 기본적인 전략구상이었다.

그런데 김대중 씨는 내일 아침 신라호텔에서 김영삼 씨와 만나기로 했다는 것이었다. 나는 부랴부랴 조종호趙鍾昊 씨에게 연락하여 내일 두 김 씨 회담 결과를 보고 윤보선 선생을 찾아뵙겠다고 했다.

신라호텔 회담에서 두 김 씨 의견이 서로 엇갈렸음은 물론이다.

6월 달에 접어들면서 김대중 씨는 다시 외부 연락이 일체 차단된 채 집에서 연금이 되었다. 장남 홍일弘一 군을 통하여 편지를 보내왔다. 엽서 한 장 크기에 특유의 달필이 앞뒤로 빽빽하게 적혀 있었다.

1) 어제 김 총재 왔다 갔네. 남북대화문제에 관한 경위를 듣고 나의 참고 의견도 이야기했네. 자네의 건의 이야기를 홍일이 통해서 들었는데 나의 의견과 같은 것으로 판단되네. 인사문제에 대해서도 나의 걱정과 충언을 이야기했으나 이는 다시 시일을 정해서 논하기로 했네.

2) 김 총재에 대해서 불만이 있는 점 들었네. 자네 심정도 이해할 수 있네. 그러나 지금은 참을 시기라고 믿네. 김 총재에게 어떤 불만이 있더라도 그가 민주회복투쟁을 계속하는 한 적극 밀어주는 것이 우리의 도리며 국민에 대한 책임이라고 나는 믿네. 우리는 이미 김 총재를 밀 때 앞으로 있을 여러 가지 문제점을 예견하고도 더 큰 목적 때문에 결단했던 사실을 잊지 말아야 할 것이네. 물론 인사문제, 남북문제 모두가 민주회복과 관계 있지만 총재 취임 후 20여 일밖에 안 됐는데 평가하기는 빠를 것이니 주위 분들께

도 잘 설득 바라네. 더욱이 지금 정부 여당·각종 단체 그리고 당내 일부까지 김 총재를 공격하고 있는데 그 주목적은 남북문제보다는 민주회복투쟁에 대한 제압에 있으니 말일세.

3) 자네의 심정과 요즈음 주변 사정을 듣고 걱정이 되나 일편 자네는 그런 일을 능히 잘 처리해 나가리라 믿네. 자네가 어떤 박해를 두려워하지 않는다는 것 잘 알지만, 지금 여러 가지 사정으로 보아 당분간 김 총재를 만날 일도 또는 절실한 필요성도 없으며, 재야 입당문제도 사실상 중단 상태이니 얼마동안은 유유자적하면서 여러 가지 일을 구상해주기 바라네. 언제나 오늘과 장래를 같이 내다보며 사물의 앞과 뒤를 같이 검토해서 판단해주기 바라네. 술, 자동차, 운전 등 특히 조심해주기를 바라네.

	한국사	동양사	서양사
1972	7·4 남북 공동성명 8·3조치(기업사채 동결령) 남북 적십자회담 10월 유신 제3차 경제개발5개년계획 (~1976) 통일주체국민회의 등장	일본 중국 수교	닉슨, 중국 방문 동·서독 기본조약 조인
1973	유신정우회 창립 반사회적 기업인 73명 발표 6·23 평화통일 선언 포항종합제철공장 준공 김대중 납치사건 제1차 오일쇼크 개헌청원 백만인서명 운동	제4차 중동전쟁, 유류파동 베트남 평화협정 조인 중국, 비림비공운동 전개	동·서독 동시 유엔가입 EC 발족
1974	남북한 불가침협정 제의 평화통일 3대 기본원칙 천명 민청학련사건 육영수 여사 저격사건 서울시 지하철 1호선 개통 《동아일보》 기자 자유선언 실천선언 북한 땅굴 발견 《동아일보》 광고해약 사태	인도, 지하 핵실험	
1975	유신헌법 찬반 국민투표 실시 대통령 긴급조치 9호 발표 장준하 의문사	인도차이나 3국 공산화	

	한국사	동양사	서양사
1976	박정희 대통령 영일만 석유 발견 발표 판문점 도끼만행 사건	중국, 마오쩌둥 사망	
1977	카터 미국 대통령, 주한미군 철수 발표 고리 원전 1호기 원자로 점화 의료보험실시 수출 100억 달러 달성 제4차 경제개발 5개년 계획 (~1981)	SEATO 해체	체코, 민주화 선언
1978	KAL기 소련에 강제 착륙 수입자유화 조치 고리 원자력발전소 1호기 국산 미사일개발 성공 제10대 총선 자연보호헌장 선포		요한 바오로 2세, 교황에 즉위 미국·중국, 국교 정상화
1979	김영삼 의원직 제명 부마사태 10·26 사태 12·12 사태 최규하 과도정권 수립	중동 평화조약 조인 이란, 회교도 혁명	소련, 아프가니스탄 침공

한국 정치 아리랑
1935~1985

5장

1. 10·26 사태

새벽 4시에 어디선가 전화가 왔다. 전날 언론계 중진들과 저녁을 먹고 늦게 들어와 깊은 잠에 빠져 있던 나는 거의 습관적으로 수화기를 들었다.

"끝났소?"

그러고는 전화가 끊겼다. 끝났다니? 끝나기는 뭐가 끝났으며, 전화를 건 사람은 도대체 누구란 말인가? 박정희 대통령이 죽었다는 사실을 알게 된 것은 그로부터 2시간 뒤였다.

1979년에 접어들면서 민주화운동은 더욱 치열하게 전개되었다. 5월 5일 경상북도 안동 농민운동 지도자인 오원춘吳元春 씨가 백주에 정보기관원에게 납치되는 사건을 계기로 유신철폐와 종교탄압 중지를 요구하는 기도회와 시위가 천주교 성직자들 중심으로 전국 각지에서 일어났다. 8월 9일에는 'YH무역' 여성노동자 170여 명이 회사의 위장폐업에 항의하여 신민당사에서 농성에 들어갔는데, 8월 11일 새벽 경찰병력이 난입하여 이들을 무차별 구타하고 연행하는 과정에서 김경숙金慶淑 양이 목숨을 잃는 사건이 일어났다. '도시산업선교회'를 용공이적 배후 단체로 몰아 탄압하는 데 항의하는 농성과 시위가 개신교를 중심으로 전국 각지에서 일어났다. 9월 3일 강원대학교를 시작으로 불붙기 시작한

대학가 시위도 계명대학교·영남대학교·경북대학교·서울대학교·이화여대학교 등 잇달아 일어났다. 끝없는 연금·연행·투옥 등 강경한 탄압에도 불구하고 '국민연합'을 중심으로 한 재야인사들 투쟁 또한 그치지를 않았다. 정권 측에서는 이에 맞서 1960~1970년대 학생운동가들이 상당수 포함된 반독재민주화 투쟁세력 78명을 좌경·용공으로 탄압하는 이른바 '남조선민족해방전선' 사건을 발표했고, 10월 4일에는 김영삼 총재 국회의원직을 변칙박탈시켰다. 10월 15일 부산대학교·동아대학교 학생들 선도로 불붙은 부산·마산 시민들 유신철폐 반독재 민주화 시위는 마침내 '부마민중항쟁'으로 이어졌다. 정부는 부산에 비상계엄을 선포했고 마산지구에는 위수령을 선포하였다. 이와 같은 상황에서 박정희 대통령은 10월 26일 저녁 궁정동 만찬 도중 자기 오른팔인 김재규 중앙정보부장 총을 맞고 절명함으로써, 18

부마민주항쟁釜馬民主抗爭

1979년 10월 16일부터 10월 20일까지 대한민국의 부산광역시와 경상남도 마산시(현 창원시)에서 유신체제에 대항한 민주화운동을 말한다. 10월 16일에 부산대학교 학생들은 '유신철폐' 구호와 함께 민주화 시위를 시작했고, 다음 날인 17일부터 시민 계층으로 확산된 것을 시작으로 18일과 19일에는 창원 지역으로 민주화 시위가 확산됐다. 당시 박정희 유신정권은 10월 18일 0시를 기해 부산·창원 지역에 위수령을 선포하고 66명을 군사 재판에 회부했으며, 20일 정오 마산 및 창원 일원에 군을 출동시킨 후 민간인 59명을 군사재판에 회부했다.

이 사건은 1978년 12월에 실시된 대한민국 국회의원선거가 불법적인 금권·관권 선거에 영향이 크게 미쳤음에도 불구하고 집권 공화당은 야당인 신민당에 패배한 데 그 원인이 있다. 그 후 민주화운동이 활발해지면서 당시 민주 인사들에 대한 연행과 투옥 등 탄압 강도가 강화됐다. 같은 해 8월에 YH무역주식회사 여성 노동자들의 신민당사 점거 농성으로 집권 공화당은 야당인 신민당 김영삼 총재를 국회에서 제명했다. 이것은 곧 야당 국회의원 전원 의원직 사퇴로 이어졌다. 같은 해 9월 전국에서 대학생들의 민주화 요구 시위가 확대됐다. 한편 김영삼의 발언을 문제 삼아 국회의원직에서 제명처분을 하고 감금한 것에 대한 반발이 부마민주항쟁을 작용케 했다는 견해도 있다. 결국 이 사건은 유신체제의 종말을 앞당긴 계기가 됐고, 긴급조치로 유지되던 유신체제를 존망의 위기에 몰아넣었다.

년 장기집권은 대단원의 막을 내리게 되었다. 박정권 2대 체제 유지 기반이었던 안보 논리와 경제성장 논리의 허구성이 여실히 폭로되면서 정권 몰락은 시간문제였다. 필연적인 역사적 귀결이었던 것이다.

나는 정국 수습 길을 생각하였다.

국토가 분단되고 지역감정이 격화되었으며 계급모순과 민족모순이 중층적으로 뒤얽혀 있는 우리 상황에서는 정권 형태가 '대통령책임제'에서 '내각책임제'로 바뀌어야 한다는 결론에 이르렀다. 장면내각 경우를 들어 내각책임제에 회의적인 사람들이 많지만 그것은 잘못된 인식에서 비롯된 피해망상에 지나지 않는다. 청년학생과 도시빈민 그리고 서민 연합세력에 의하여 이승만정권을 무너뜨린 4·19 혁명에는 혁명 주체가 없었다. 학생들을 혁명 주체라고 봐야겠지만 학생들은 그 혁명 정신을 계승·발전시킬 수 있는 정치세력은 아닌 것이다.

자신들이 주체가 되어 싸워서 얻지 않고 타력혁명에 의하여 정권을 잡게 된 민주당 내분은 따라서 당연한 것이었다. 신·구파 간 대립은 이념과 노선 대립이 아니라 사심과 사욕 대립이었다. 거기다가 탁월한 정치 지도자가 없었다. 난국을 헤쳐 나갈 만한 책임감과 역사의식이 없었다. 하루에 수십 건씩 각종 데모가 일어났고 이것을 가리켜 혼란이라고 규정짓는데, 자유로운 의사 표시가 어떻게 혼란이 되는가? 이승만 자유당 독재 아래 12년 동안 억눌렸던 국민들 욕구가 자신들이 살고 있는 조건에 따라서 분출되는 것은 지극히 당연한 일이었다. 문제는 국민들 자유로운 의사표현 방법인 데모에 있는 것이 아니라 일부 정치군인들 정권욕에 있었다. 4·19가 일어나기 1년 전부터 쿠데타를 모의했었다는 그들은 다만 때를 기다렸던 것이다. 거기다가 정치 지도자들은 나약했다. 군통수권을 쥐고 있는 윤보선 대통령은 어이없게도 "올 것이 왔다"며 쿠데타를 추인했고, 장면 총리는 수도원에 숨어서 나타나지를 않았다. 만약 윤보선 대통령과 장면 총리가 자신들 직분에 맞게 의연히 대처했더라면 5·16쿠데타는 결코 성공할 수 없었을 것이고 18년 동안 장기집권 아래 신음하지 않아도 되었을 것이다.

나는 군통수권과 외교는 대통령이 맡고 내정은 국무총리가 맡는 절충적 정권 형태가 모색되어야 한다고 생각했다. 박정희정권이 시작되면서 심화되기 시작한 '지역문제'가 아주 심각한 지경에 이르렀기 때문이다. 정치·경제·사회·군대·관료 등 이 나라 모든 부문을 장악하고 있는 것이 경상도세력이다. 경상도 출신 박정희 씨가 18년 동안이나 대통령을 하다 보니 대통령은 경상도 사람만이 하는 줄 안다. 경상도 일부 사람들은 대통령이 경상도가 아닌 다른 도, 특히 전라도에서 나오면 자기들이 망한다고 생각한다. 도둑놈이 제 발 저린식 피해망상이다. 한 마디로 밥그릇을 빼앗긴다고 생각한다. 인간역사는 한 마디로 밥그릇 역사라고 생각한다. 밥그릇을 놓고 싸워온 역사이다. 원시공산사회가 해체되고 사유재산제도라는 것이 생겨나면서부터 비롯된 밥그릇 싸움은 남들이야 어떻게 되든 나 혼자서만 잘 먹고 잘 입고 잘 자서 행복해지겠다는 이기주의와 개인주의에서 비롯된다. 이것이 '자본'의 출발이고 자본주의의 핵심원리가 된다.

밥그릇을 많이 차지한 사람들이 모여서 지배자가 되고 밥그릇을 빼앗긴 사람들은 모여서 민중이 된다. 스스로 땀 흘려 물자를 생산한 생산 주체이면서 그 생산 배분에서 소외된 사람들이 '민중'이다.

민중은 배가 고프다. 함께 일해서 함께 먹자고, 적어도 생산물을 고르게 갖게 해달라고 아우성을 치게 되는 것은 당연한 일이다.

그러나 지배자들은 각종 법률과 제도로써 교묘한 그물을 짜놓아 민중들 아우성을 막아내게 마련이고 여기서 충돌이 벌어진다. 그물을 뚫어보려는 민중들 움직임은 모조리 난과 소요로 규정되어 철퇴를 맞는다. 역적의 이름으로 반란의 이름으로 화적의 이름으로 반국가행위자의 이름으로 용공으로 좌경으로 몰려 효수되고 처형되고 투옥된다. '사유재산'이라는 것이 제도로써 정착되면서부터 몇천 년을 두고 계속되어 온 이 밥그릇 싸움을 조정하는 것이 자본주의체제 아래서 정치가 구실이다. 각자 능력에 따라서 일한 만큼 밥을 먹자는 것이 민주주의다.

그런데 민주주의를 하기 위한 정치형태인 대통령중심제라는 것이 우리 상황에서는 문제가 있는 것이다. 대통령중심제 아래서는 민주정치 첫출발인 평화적인 정권교체 자체가 대단히 어렵다. 밥그릇과 밥그릇의 이해관계가 구조적으로 얽혀 있기 때문에 대통령 한 사람이 물러난다는 것은 대통령으로 상징되는 여러 이해계급들 몰락을 의미한다. 따라서 필사적으로 정권을 유지하려는 장기집권이 일어나게 마련이다.

그런데 내각책임제에서는 우선 대통령과 국무총리의 지역적 안배가 가능하며 무엇보다도 책임정치를 할 수 있다. 대통령중심제에서는 대통령이 어떤 잘못을 하더라도 그 책임을 물을 길이 없다. 따라서 대통령 권한은 왕조시대 임금님 권한보다도 더 막강하다. 그러나 내각책임제를 하면 책임을 물어 언제든지 정권을 바꿀 수 있다. 아무리 정권이 바뀌더라도 대통령이 군통수권과 외교권을 장악하고 있으므로 국가 골간이 흔들리지는 않기 때문이다.

2. 박정희 조문

집에 찾아온 신민당 김제만 의원에게 조문을 부탁했다. 김제만 의원이 청와대로 전화를 했다.

"신민당 국회의원 김제만입니다. 김상현 씨가 조문을 하겠다고 하는데 가능하겠습니까?"

"김상현 씨가 누구요?"

"전 신민당 소속 삼선 의원입니다."

기다리라고 하더니 15분쯤 지나서 전화가 왔다. 내일 3시에 들어오라고 한다는 것이었다.

매일 새벽부터 밤늦게까지 따라다니던 서대문경찰서 정보과 강 경사 차를 타고 청와대에 갔다. 많은 사람들이 모여 있었다. 나는 박정희 씨 시신이 들어 있는 영구 앞으로 가서 눈을 감았다. 10년 전 박정희 대통령을 만났던 일이 주마등처럼 스치고 지나갔다. 나는 두 눈을 꼭 감은 채로 마음속으로 한 2분가량 묵념을 했다.

"각하께서는 과거에 저한테 국민의 기본권을 유린하고 장기집권을 하거든 극한투쟁을 하라고 하셨지요. 저로서는 최선의 방법을 다하여 투쟁을 했습니다. 그런데 각하께서는 이처럼 불행을 당하셨고, 저는 그만 약속을 지키지 못한 꼴이 되고 말았습니다. 각하의 불행은 각하 개인만의 불행이 아니라 온 국민의 불행이고 나라 전체의 불행입니다. 앞으로는 두 번 다시 각하와 같은 불행한 대통령이 나오지 않도록 지하에서나마 지켜주십시오. 한때라도 각하가 이 나라와 민족의 행복을 생각했다면 반드시 그렇게 되도록 도와주십시오."

영구를 물러나는데 신범식·남재희南載熙 씨 등 아는 얼굴들이 보였다. 남재희 씨가 깜짝 놀라며 반색을 했고, 2층에서 내려오던 김종필 씨도 깜짝 놀란 표정이었다. 남재희 씨에게 말했다.

"김대중 선생이 조문을 오시려고 하는데 주선을 좀 하십시오."

연금 중인 김대중 씨와는 상의를 하기도 어려웠고, 내 독단적인 생각이었다.

"대단히 좋은 생각이십니다. 잠깐만 기다리십시오."

남재희 씨는 2층으로 올라가더니 젊고 잘생긴 사람을 하나 데리고 왔다. 보안사령부 요원이라고 했다. 그와 김대중 씨 조문에 대하여 얘기를 하고 있는데 어떤 경호원이 다가오더니 "조문이 끝났으면 나가달라"고 했다. 남재희 씨가 와서 "지금 결정할 수 없으니 집에 가 있으면 연락을 주겠다"고 했다. 독단적인 제의였지만 조문이 허락되면 연금도 자동적으로 풀릴 것이고 김대중 씨도 받아들일 것으로 생각했는데, 다음 날 남재희 씨한테서 "곤란하다"는 전화가 왔다. 뒤에 들은 얘기로는 상주 측에서는 좋다고 했으나 계엄당국에서 거부했다고 한다.

조문을 다녀온 뒤 문익환 목사를 만났더니 "천하의 김상현이가 박정희 같은 독재자 죽음에 문상을 갈 수 있느냐?"며 펄쩍 뛰었다. 나는 웃었다.

"목사님은 목사님 식이 있고 저는 제 식이 있습니다. 박정희 씨가 죽어서 좋아하는 사람도 있고 슬퍼하는 사람도 있으며 또 죽은 사람 개인의 공과와는 관계없이 불행한 일로 여기는 사람도 있습니다. 저는 박정희 씨가 이처럼 참혹한 최후를 맞은 것이 김상현이 영광이요 행복이라고 생각해본 적이 단 한 번도 없습니다."

문익환 목사가 내 손을 잡았다.

"나는 감옥에서 만세를 불렀는데……. 당신은 훌륭하오."

3. 대통령중심제와 내각책임제

연금 중이던 김대중 씨한테서 장남 홍일 군을 통하여 몇 번 쪽지가 왔다. 깨알같이 쓴 편지가 볼펜통 속에 들어 있었다. 오늘의 사태에서 가장 중요한 것은 국가안보며 그러기 위해서는 정치적 안정이 필요하다. 그래야만 민주화가 이룩될 수 있기 때문이다. 자신을 대신해 재야인사들과 접촉하여 극한투쟁으로 나가지 못하게끔 막아달라는 것이었다.

윤보선 선생을 찾아갔다.

과거식으로 타도 일변도로만 나가는 것은 대단히 위험하다. 약체인 최규하정권을 강화시켜줘야 한다. 유신헌법을 철폐하고 민주화를 이루기 위해서는 우선 최규하정권이 안심하고 민주화 일정을 발표할 수 있게끔 여건을 조성해줘야 한다. 유신헌법 철폐를 서둘러서 강경하게 요구하면 제3의 세력이 등장할 우려가 있다. 정국이 혼란해지면 군부가 일어나는 것은 상식이다.

명예스러운 대통령을 만들어내는 것이 민주화의 방편이라는 내 지론이었다. 나는 우리나라 정치인들 정치전략에 의구심을 가지고 있다. 아니, 전략이 빈곤하다. '정권타도', '결사투쟁', '민주제단에 피를 뿌리자'라는 등 극한적인 용어를 섞어 연설을 하고 유세를 하는 사람만을 가장 선명하고 가장 강경한 야당 정치가요 지도자라고 생각해온 게 우리 풍토였다. 집권자를 불행하게 만들지 말고 명예스러운 퇴진을 할 수 있게 해주자고 국민을 설득한 야당 지도자는 없었다. 나는 우리가 명예스러운 대통령·명예스러운 집권자를 만들어냈을 때만 비로소 민주화가 가능하다고 믿는다.

정권을 타도하자고 소리 높이 외칠 때 국민들은 박수를 치지만 정권은 긴장한다. 거기서 강경책이 나온다. 악순환만 되풀이된다. 지도자끼리는 말할 것도 없고 중진·중견 간에도 여야는 대화가 없다. 의견과 의견이 맞섰을 때 그 완충은 대화고 협상인데 도무지 그것이 없는 것이다. 그러니 대통령은 여당과 정보기관으로부터 일방적인 보고만을 받는다. 객관적으로 냉철하게 상황을 파악하고 민심의 흐름을 읽어 정치를 한 지도자는 없었다. 오직 명령과 복종, 그리고 억압과 제거만이 있었을 뿐이다. 야당도 말로만 평화적 정권교체를 주장했을 뿐 구체적인 대안을, 과학적인 정책을 제시하지 못했다. 평화적인 정권교체가 이루어지기 위해서는 집권자가 명예스럽게 퇴진할 수 있는 여건과 환경이 이루어져야 한다. 반드시 여당만의 책임으로 돌릴 수 없다. 개헌투쟁 등을 할 때도 서명운동이나 시위 같은 것으로 압력을 가함으로써 항복을 받아내려고만 했다. 여기서 자기방어를 위한 정권의 강경책이 나온다. 여론은 정치인의 배경이 될 수 있을 뿐이다. 여론을 전략적으로 활용해야 한다. 적에게 주도권 겉모양을 넘겨준 다음 적을 쓰러뜨리는 것이 최고 전략이다.

대통령직선제 아래서는 공명선거가 어렵다. 물적·인적 자원이 경상도에 편재되어 있기 때문이다. 그리고 대통령은 끝없이 남북 긴장을 빙자한 안보 논리를 내세우는데 우리에게는 그것을 막을 수 있는 장치가 없다. '힘의 현기증 원리'라는 것이 있다고 한다. 싸우던 사람들이 절벽 위에서는 서로 타협한다는 것이다. 우리가 지금 절벽 위에 서 있다는 것을 각계각층 국민 모두가 깨닫게 해야 한다. 여기서 화해하지 못하면 모두 떨어져서 죽는다는 것을 인식시켜야 한다. 지금까지 방법을 계속해 가지고는 절벽에서 떨어져 더불어 함께 죽는다는 것을 깨우쳐줘야 한다. 더불어 함께 살자는 것이 정치다.

윤보선 씨는 즉각 최규하정권이 퇴진하고 민주헌법이 제정되어 민선 민주정부가 들어서야 한다고 했다.

4. 강경파와 온건파

안국동 해위 윤보선 선생 댁에 재야인사들이 모였다. 윤보선·예춘호·양순직·박종태·김윤식·백기완·김관석·조승혁 그리고 나와 윤보선 선생 비서인 조종호 씨 등이었다. 조성우趙誠宇 '민주청년운동연합' 위원장도 와 있었다.

"최규하정권은 즉각 퇴진하고 유신헌법 또한 즉각 철폐하고 민주정부가 수립되어야 합니다."

사회를 맡은 해위 첫마디였다.

"양 의원 말씀하시오."

양순직 씨는 지그시 눈을 감고 있었다.

"조금 있다 말씀드리겠습니다."

박종태 씨가 말했다.

"선생님 말씀이 옳습니다."

백기완 씨가 말했다.

"망국적인 파쇼악법인 유신헌법은 즉각 철폐돼야 하고 유신잔재에 지나지 않는 최규하정권 또한 즉각 퇴진해야 합니다. 그런 다음 민중들의 자유로운 의사에 의하여 민선 민간정부가 들어서야 합니다."

양순직 씨도 똑같은 말을 했고 다른 사람들 의견도 같았다. 약속이 다른 것이었다. 전날 나는 양순직·박종태 씨와 점심을 같이 했는데 김대중 씨 뜻을 얘기하며 안국동 모임에서 보조를 함께하기로 약속했던 것이다. 나는 말했다.

"지금 단계에서는 최정권의 힘을 강화시켜줘야 됩니다. 최정권을 강화시켜서 최정권 스스로 민주헌법으로 개정하도록 시간을 줘야 하고, 그러기 위해서 모든 민주세력이 뒷받침을 해줘야 합니다. 최정권이 퇴진하고 나면 누가 들어옵니까? 군부입니다. 최정권을 흔드는 것은 잘못된 판단입니다. 이처럼 강경하게만 나가면 결과적으로 군부에게 명분을 줍니다."

모두들 내 의견에 반대했는데, 유일하게 김관석 목사가 말했다.

"저는 김상현 씨 의견과 같습니다. 지금 단계에서 최정권이 퇴진하면 무정부 상태가 되는데, 그때는 어떻게 하자는 것입니까?"

해위가 싱긋 웃었다.

"아, 그때는 김 목사하고 나하고 정부 만듭시다."

토론은 3시간 이상 계속되었다. 백기완 씨와 내가 가장 많이 이야기했는데 강경파와 온건파의 대표 격인 셈이었다. 나는 자리에서 일어났다.

"그런 기자회견은 반대합니다. 그리고 이런 회의에는 더 이상 참가하지 않겠습니다."

해위가 말했다.

"민주주의를 하겠다는 김 의원이 퇴장하면 되나? 참가해서 소수의견을 개진해야지."

"이것은 언어의 차이나 자구의 차이가 아닙니다. 시국을 보고 상황에 접근하는 기본적인 차이가 있으므로 참가할 수 없습니다."

"그러면 월요일 날 기자회견에는 참석하시오."

"못 합니다."

나는 김관석 목사와 함께 그곳을 나왔다.

뒤에 박정훈 씨한테 들었는데 백기완 씨가 나한테 미안하게 생각한다고 했다. 해위가 백기완 씨에게 전화를 해서 "김상현이의 온건노선을 막을 강경발언을 개진하라"고 했다는 것이다. 물론 백기완 씨가 해위의 말을 듣고 그런 것이 아니라 시국관이 그래서였겠지만, 이처럼 해위는 자기 뜻대로 몰고 가기 위해서 준비를 했고, 이 점이 바로 해위의 무서운 점이었다.

다음다음 날 무교동 호수그릴 옆 쌍화탕 집에서 양순직·예춘호 씨를 만났는데, 그들도 미안하다고 했다. 그즈음 나는 일주일에 닷새는 출근하듯이 해위 댁을 다니며 재야인사들과 시국대책을 논의하고 있었다. 나는 해위를 설득하여 어떻게든 최규하정권에 명분을 줘서 민주세력이 주도권을 갖고 군부 개입을 막고자 했던 것이다. 그렇게 모아진 재야 견해를 기자회견으로 밝힐 예정이었는데, 결과적으로 구상은 내가 하고 해위의 정치 노선을 관철시켜준 결과가 되고 말았다.

YWCA 모임에 대해서도 나는 반대를 했다. 정치인으로서는 모양이 떳떳하지 못할 뿐만 아니라 더구나 계엄하이므로 군부 개입 명분을 주게 된다는 것이 그 이유였다. 그때도 해위는 가타부타 말이 없이 이따금 고개를 끄덕이며 듣기만 함으로써 결과적으로는 혼자 떠들다만 꼴이 되고 말았다.

안국동에서 온건발언 이후 나는 재야로부터 따돌림을 당했다. 모임에 연락도 않고 부르지도 않았다.

김대중 씨 연금이 해제된 것은 12월 8일이었다. 김대중 씨는 한 대여섯번 우리 집을 찾아왔다. 나는 재야와 관계는 동맹관계가 되어야지 재야를 지도하거나 앞에서 이끌려고 하면 유신잔재세력과 군부 반발을 사게 된다고 말했다. 그런데 김대중 씨는 재야 쪽에 역점을 두고 신민당을 경시했다. 나중에 고소장을 보고 알았지만 연금이 풀린 다음 김대중 씨는 북악스카이웨이에서 재야인사들을 만나고는 했다. 그리고 김대중 씨가 법정 최후진술에서 "여기 김상현 동지도 나의 신민당 입당 보류에 찬성했지만……" 하고 말했는데, 착각을 한 것 같다.

박종률 씨한테서 "김대중 선생이 신민당 입당 보류 결정 발표를 하는데 아느냐?"는 전화가 왔다. 평소에도 내가 "우리 세력이 신민당에 상륙해야 된다"고 하면 "이 사람아, 같은 말이라도 상륙이라는 말은 빼소" 하던 김대중 씨였으므로 나는 깜짝 놀랐다. 최규하정권에서 데모를 조장하려는 것처럼 민주화 일정 발표를 늦추고 있는 불투명한 정국에서는 기존 정당에 들어가는 것이 올바른 전략이라고 생각했다. 적을 앞에 두고 있는 상황에서는 단합이 필요했다. 따라서 입당 보류는 시기적으로 맞지 않는 것이다. 모든 경우가 다 마찬가지지만 정치에서는 이른바

'타이밍'이 중요하다. '타이밍'은 서양말이고 우리 동양에서는 '시중時中'이라고 한다. 때를 맞춘다 또는 일의 과녁을 맞춘다는 뜻이겠다. 서양의 '타이밍' 개념과 비슷한 동양 개념이 바로 '시중'일 것이다. 중용中庸이라는 말과도 비슷한데 중간中間과는 다르다. '그때 상황에 꼭 맞는 것'이 바로 시중으로써 모든 가치판단의 핵심이 된다. 김대중 씨 입당 보류 발표와 재야 편향은 시중에 맞지 않는 것이었다.

나는 동교동으로 달려갔다. 이용희李龍熙·유제연柳濟然 씨 등 신민당 동교동계 국회의원 대여섯 명이 배석한 가운데 기자회견은 이미 끝난 상태였다. 나는 아무 말도 하지 않고 앉아 있다가 그냥 나왔다. 그런 중대한 일을 독단적으로 결정해버렸지만 이미 결정된 일이라면 따르는 것이 참모된 자의 도리라는 생각이었다.

11월 27일 김영삼 총재가 최규하 대통령권한대행과 면담을 하게 되었을 때, 나는 김 총재에게 '국민화해협의회'를 구성하자는 제의를 해달라고 부탁했다. 정계의 윤보선·김대중·양일동·김영삼, 종교계의 함석헌·김수환·김관석, 그리고 언론계와 학계 등 각계 대표들이 모여 민주주의 건설에 대하여 논의해보자는 것이었다. 최 대행을 만나기 전에 김 총재는 기자회견을 했는데, 회견문 골자는 내가 만들었다. 연금 중인 김대중 씨와는 상의를 하지 못했다.

나는 회견문을 남산 헬스클럽에서 전해주었는데 김 총재는 윤보선 선생 서명을 받으라고 했다. 안국동으로 갔더니 윤보선 씨는 선산에 내려가고 없었다. 그래서 서명을 받았다고 거짓말을 했다.

기자회견을 본 윤보선 씨는 김 총재에게 전화를 걸어 국민화해협의회가 뭐냐고 물었다. 김 총재는 서명까지 하시고 왜 그러느냐고 했고 윤보선 씨는 처음 듣는 말이라고 했다. 김 총재한테 전화를 받은 나는 내일 아침 8시까지 서명을 받겠다고 말하고 다음 날 아침 일찍 안국동으로 갔다. 양순직·박종태 씨가 와 있었다. 설명을 듣고 난 윤보선 씨는 "지금 그런 것을 할 필요가 있느냐"고 물어왔다. 절대 필요하다고 했고, 양순직·박종태 씨도 내 말에 동조했다.

"김 의원 말이 전략적으로도 좋은 것 같으니 선생님께서도 서명을 하시지요."

"그럼 민주를 넣어서 민주국민화해협의회로 하지."

최 대행은 우리 제안을 "그럴 필요 없다"며 거절했다.

5. 악마와 손잡고

12월 24일에는 비교적 이른 시간인 밤 9시쯤 집으로 갔다. 10시 반쯤 두 명의 보안사령부 요원이 찾아왔다. 그들은 구두를 신은 채로 안방까지 들어왔다.

"높으신 분이 좀 뵙자고 하십니다."

가슴이 철렁 내려앉았다. '높으신 분이 뵙자고 한다'며 데려갔을 때마다 두들겨 맞거나 고문을 당했던 기억이 떠올랐던 것이다. 아, 또 무슨 안 좋은 일이 있구나.

서대문경찰서 옆 전매청 자리로 끌려갔다. 간부가 말했다.

"아니, 김 의원님도 YWCA에 갔었습니까?"

"아니오."

"이상한데……."

고개를 갸웃거리던 간부가 어딘가로 연락을 하더니, 서빙고 보안사령부로 데려갔다. 나를 데리고 간 경찰과 기관원이 인수인계를 끝내고 나서 방으로 들어가자마자 2명이 달려들어 야구방망이로 두들겨 패기 시작했고, 나는 기절했다. 찬물을 뒤집어쓰고 깨어나자 다시 패기 시작했다. 이름도 물어보지 않고 무조건 두들겨 패는 것이었다. 그들은 이를 갈았다.

"김재규 껀을 끝내고 휴가를 갈 판인데 이 새끼들이 또 이런 나쁜 짓을 저질러! 너 이 새끼 맛 좀 봐라!"

나중에 안 일이지만 그들 말단 요원들이 김재규사건 조사를 끝내고 막 휴가를 받았는데, 다시 출근을 시켜 'YWCA사건' 조사를 맡겼던 것이다.

YWCA 위장 결혼식 사건

1979년 10월 26일 유신독재정권이 종식되면서 민주화의 길이 열리리라는 민주화운동 세력들의 기대와는 다르게 11월 10일 최규하 대통령대행은 유신헌법대로 통일주체국민회의에서 대통령을 선출하고 그 후 민의를 모아 개헌을 한다는 담화문을 발표했다. 유신을 청산하고자 했던 반유신세력들에게는 유신독재로의 퇴행을 의미했으며 이것은 즉각적인 재야세력들의 분노와 반발을 야기해, 각계에서 유신철폐와 계엄령 해제, 구속자 석방 등을 요구하는 성명서 발표와 학교의 시위가 이어졌다. 유신으로 후퇴이냐 민주회복으로의 전진이냐를 판가름하는 역사적 순간으로 판단한 재야세력들은 통대선출 저지를 위한 전국민적 단결을 촉구하기 위해 결혼식을 위장한 국민대회를 개최했다.

11월 24일, 명동에 위치한 YWCA 1층 강당에 민청협의 홍성엽과 윤정민(가상인물)의 결혼식이 열려 최소한 500여 명 이상의 사람들이 결혼식장을 가득 메운 가운데 신랑이 입장했고 그와 동시에 유인물이 살포되었으며, 통일주체국민회의를 통한 대통령 선출에 반대한다는 취지문이 박종태(전 공화당 국회의원)에 의해 낭독되었고 통대선출 반대, 거국민주내각 구성을 촉구하는 구호를 외쳤다.

이날 통대선출저지국민대회는 함석헌이 준비위원장으로 김병걸·백기완·임채정·박종태·김승훈·양순직 등이 준비위원장, 그 밖의 해직교수, 종교인, 헌정동지회, 문인, KSCF, 민청협 등이 실행위원으로 조직되었다. 이들은 유신체제의 전면적 청산, 유정회·공화당·통대회의 해산, 거국민주내각 수립, 김종필·이철승·이후락 등 유신체제 유지에 중추적 역할을 했던 이들과 선우휘(조선일보 주필)·이동욱(동아일보 사장)·한태연(유신헌법 초안자)·정주영(전경련 회장)·김영태(노총위원장) 등 부패특권분자들에 대한 준엄한 심판, 군의 정치적 중립, 외세의 간섭 거부 등을 요구했다.

그러나 대회장 밖에서 이미 대기 중이던 계엄군이 참석자들을 닥치는 대로 끌어내면서 연행했고 대회장을 빠져 나온 150여 명의 참석자들은 곧 코스모스백화점 앞에 모여 유신철폐와 통대선거반대를 외치며 가두시위를 벌였다. 이들 역시 계엄군에 의해 강제 해산되었고 일부는 체포·구속되었는데 이 날 사건으로 연행자는 모두 140명에 달했으며 14명이 구속, 4명은 불구속, 67명은 즉결심판에 넘겨졌다. 연행된 이들은 수일간 참혹한 구타와 고문으로 심각한 후유증을 겪어야 했다. 그리고 이 대회에 참가하고 난 뒤 충북기장 월례교역자회의에서 이 사건을 폭로, 관련 유인물을 배포한 혐의로 정진동 목사와 조순형 전도사가 구속되었으며 감리교 청년 3명(박일성·김준곤·이승봉)은 대회 선언문을 광화문 일대에 살포하려다 즉결심판에 넘겨졌다.

나는 'YWCA 모임'에 참여하지도 않았고 구체적인 내용을 전혀 몰랐다. 그런데 불운하게도 제일착으로 잡혀가서 제일 많이 맞았고, 맞은 것이 '타박상 백내장'이 되어 왼쪽 눈을 실명했다. 그곳에서 나온 뒤 세브란스병원에 입원해서 눈이 아프다고 했더니 심하게 부딪친 적이 있느냐고 했다. 그래서 심하게 맞은 적이 있다고 했더니 '타박상 백내장'이라고 했다. 혹시나 하고 성모병원으로 다시 가봤으나 마찬가지였다. 출옥 후 석 달쯤 지나서 광화문의 어떤 목욕탕에서 이철승 의원을 만났다. 시커먼 먹구렁이가 휘감긴 것 같은 내 몸뚱이를 본 이철승 의원이 혀를 찼다.

"아, 이건 참 지독한 놈들이구나! 세상에 이럴 수가 있나? 맞은 지 얼마나 되오?"

"석 달 됐습니다."

"하, 지금도 이러니 그때는 오죽했겠나?"

보안사령부에서는 'YWCA 사건' 총두목은 김대중이고 총조직책은 김대중의 지령을 받은 김상현이가 윤보선을 만나서 일을 꾸민 것으로 알고 있었다. 그래서 문답무용으로 그처럼 무지막지하게 때렸던 것이다. 그런데 조사를 해보니 김대중·김상현과는 관계없이 윤보선 주동으로 이루어진 사건이었다는 것을 알게 된 보안사령부에서는 사흘 뒤부터는 더 이상 때리지 않았다. 잡혀온 백기완·양순직·예춘호 씨 등이 "김상현이가 일주일에 다섯 번 이상 윤보선과 만났다"고 함으로써 내가 주동을 한 것으로 알았던 것이다. 박종태 씨가 "아이구,아이구!" 하고 비명을 지르는 소리가 옆방에서 들려왔다. 나는 수사관들에게 말했다.

"박종태·양순직·예춘호 씨는 삼선개헌에 반대했던 용기 있는 정치인들인데, 대우를 해줘야 되지 않겠습니까? 당시에 공화당 의원 전부가 그분들처럼 용기 있게 삼선개헌을 막았더라면 박 대통령이 그런 불행을 당하시지는 않았을 것 아닙니까?"

박종태 씨는 말을 더듬어서 더 맞는다고 했다. 박종태 씨 비명소리가 들려왔다.

"아이구, 늙은 놈이 미안합니다."

모두들 지독한 고문을 당했는데 백기완 씨 경우가 특히 제일 심했다. 86년 여름 백기완 씨가 그때 맞은 후유증으로 한양대학교병원에 입원해 있을 때 문병을 갔다.

"그때 김 의원 때문에 살았소."

서빙고에서 나온 다음 "백기완 씨가 맞아서 다 죽게 됐다"고 내가 여론을 일으켰던 것이다. 나는 그리고 국회의원들과 함께 서대문교도소로 3번인가 면회를 갔었다. 수사관들이 "당신 같은 사람은 처음 본다"고 했다. 나는 기절을 했다가 깨어나서도 그들을 욕하지 않았던 것이다. 그래도 인정 있는 놈 만나서 죽지 않고 살아 있구나 하고 생각했다.

엿새째 되는 날 수사국장인 이학봉李鶴捧 대령이 말했다.

"전두환全斗煥 사령관을 만나보시겠습니까?"

"만나지요. 여기에 온 이상 안 만나겠다고 한들 별 수 있겠습니까?"

"아, 김 의원. 강요하는 건 아닙니다."

"좋습니다. 못 만날 사람이 없습니다."

고문이 끝난 사흘 뒤부터는 육사 출신인 그곳 간부들이 시국문제에 대해서 이야기를 해보자 했고, 나는 내 시국관과 처방책을 이야기하기도 했다. 윤보선 씨 등 재야인사들과 나눴던 평화적인 방법이었다.

수사관들이 나의 양복을 벗기고 군복을 입혔다. 군복을 입고 고무신을 신은 나는 수사관 2명 부축을 받으며 이학봉 수사국장 방으로 갔다. 면도도 하고 양말도 신었다. 밤 9시 20분이었다. 탁자를 마주하고 앉았다. 전두환 보안사령관은 이학봉 국장 옆 자리에 앉아 있었다.

"김상현이올시다."

"고생 많이 했지요."

전두환 사령관이 조니워커와 오징어 등 마른안주를 내어놓았다.

"김 의원께서 약주를 좋아하신다는 말씀 듣고 술이나 한 잔 나누려고 뵙자고 했습니다."

잠바 차림의 전두환 사령관이 말했다.

"나는 국군보안사령관 직책을 내 생애 최고 영광이며 명예로 생각하는 사람입니다. 나는 다른 아무런 야심이 없는 사람이오."

말하는 틈틈이 이 말을 서너 번 되풀이해서 강조했다.

"이 나라 안보가 대단히 위험한 상황에 놓여 있습니다. 박 대통령 각하께서 서거하신 뒤로 북한군 이동이 심상치 않은데, 이런 사태가 생긴다는 것은 국가적으로 대단히 불행한 일입니다. 조사해보니 윤보선 씨가 이번 사태를 주동했는데, 윤 씨를 즉각 연행해서 철저히 조사를 할 것이오."

"사령관께서 그것은 잘못입니다. 큰 오판을 하고 계신 것입니다. 박 대통령이 생존해 계실 때 사령관께서도 잘 아시겠지만, 민청학련사건이라고 있지 않습니까? 김지하 시인이 당시에 주동자로 몰려 사형선고까지 받았는데, 윤보선 씨가 자금을 대준 것으로 밝혀졌습니다. 그랬지만 수사관이 안국동으로 가서 정중하게 전직 대통령의 예우를 갖춰 기록을 작성했을 뿐이지, 수사기관에 연행을 해서 곤욕을 치르게 하지는 않았습니다. 그렇게 해서는 안 됩니다."

"그럴까요?"
"그렇습니다."
"알겠습니다."

전두환 사령관은 자르듯이

전국민주청년학생총연맹사건全國民主靑年學生總聯盟事件

1974년 4월에 '전국민주청년학생총연맹'을 조직해 '공산주의적 인민혁명'을 수행하려 했다는 이유로 반정부 학생 및 일부 사회인사들을 처벌했던 사건이다. 정동의·하재완·서도원·도예종·여정남 등이 배후 조종인물로, 이철·정문화·김병곤·나병식 등이 행동책으로 발표된 이 사건은 '민청학련 사건'으로 불린다.

1972년 유신체제가 수립된 후 제4공화국의 권위주의적 통치로 말미암아 정치적으로는 반대나 비판이 억압되었고 사회적으로도 침묵이 강요되었다. 1973년 겨울 이전까지 별다른 움직임이 보이지 않던 학생들은 같은 해 겨울방학 동안 1974년을 '민권쟁취·민주승리의 해'로 정하고 학생운동을 좀 더 질적으로 심화할 방법과 조직적인 운동을 모색했다. 이런 모색들은 1974년 들어서면서 각 대학 및 고등학교에서 성토대회·수강거부·유인물배포·농성 등의 사태로 나타났다. 이에 제4공화국 정부는 같은 해 4월 3일 긴급조치 제4호를 선포하면서 이 사건을 발표했다. 그리고 배후세력을 '과거 공산계 불법단체인 인혁당 조직과 재일 조총련, 일본공산당, 국내 좌파 혁신계'로 지목해 이 사건을 간첩사건과 연계시키려 했다. 사건 관련자로 조사받은 사람만도 1,024명에 달하며 최종적으로 사형 7명과 무기징역 7명, 징역 20년 12명, 징역 15년 6명 등 관련자 대부분이 중형을 선고받았다. 그러나 이 사건은 재판과정에서 사건의 진위 여부가 문제되기 시작했고, 수사 과정에서 고문 행위들이 폭로되면서 국내외에서 비난의 대상이 되었다.

이 사건은 박정희정권이 독재권력을 유지하기 위해 반공 이데올로기를 이용하여 민주화 요구를 억압하고 인권을 침해한 대표적인 사례 가운데 하나다. 이에 따라 '국가정보원과거사건진실규명을통한발전위원회'(약칭 진실위)는 이 사건에 대한 재조사를 실시한 결과 2005년 12월 이 사건은 학생들의 반정부시위를 대통령이 직접 나서 공산주의자들의 배후조종을 받는 인민혁명 시도로 왜곡한 학생운동탄압사건이라고 발표했다.

끊어 말했는데, 어떤 문제를 놓고 복잡하게 생각하거나 계산하지 않고 가부가 분명한 사람이라는 느낌이었다.

"오늘 아시아 담당 CIA 책임자를 만나 저녁을 함께하며 술 한 잔을 했소."

전두환 사령관은 잠시 말을 끊더니 잠바 속주머니에 손을 넣어 권총을 꺼냈다. 나는 깜짝 놀랐는데, 그는 권총을 자기 가슴에 겨누면서 단호하게 말했다.

"나는 오늘 당장 죽어도 후회가 없는 사람입니다. 국가를 위해서 죽는다면 조금도 후회가 없는 사람이요."

권총을 다시 잠바 속에 집어넣고 난 전두환 사령관이 말했다.

"이 어려운 정국을 수습하는 데 좋은 방안이 있으면 말씀해주시오."

"저라고 무슨 뾰족한 수가 있겠습니까마는, 러시안가 그리스 속담에 이 다리를 건너가기 위해서는 악마와도 손잡을지 모른다는 말이 있습니다. 지금 저와 사령관께서 책상을 마주하고 앉아 있는데 이 책상을 다리라고 합시다. 제가 앉아 있는 이 자리는 불안과 공포와 절망과 빈곤의 땅이고 이 다리만 건너가면 꿈과 희망과 사랑과 행복이 넘쳐흐르는 희망의 땅입니다. 그런데 이 다리를 건너가기 위해서는 필연적이고 숙명적으로 악마와 손을 잡지 않으면 안 됩니다. 물론 악마와 손을 잡는 것은 기분 나쁜 일입니다. 그러나 악마와 손을 잡는 것이 기분 나쁘다고 해서 내 편 우리 편끼리만 건너가려고 해서 건너가다가는, 다리가 무너져서 깊은 바닷속에 빠져 다 죽게 되어 있습니다. 반대편과 손을 잡고 건너가면 희망의 땅, 꿈의 땅, 사랑의 땅, 행복의 땅에 도달할 수가 있습니다. 오늘 우리나라 형편이 이와 같습니다. 이와 같은 운명에 놓여 있습니다. 우리가 악마하고, 말을 바꿔서 정치적 반대자, 적대세력과는 손을 잡고 다리를 건널 수 없다고 자기편끼리만 다리를 건너다가 다리가 무너져서 마침내는 깊은 바닷속에 빠져 다 죽게 되느냐, 아니면 악마 곧 반대세력과도 손을 잡고 다리를 건넘으로써 희망과 꿈의 땅에 다다라서 더불어 함께 행복하게 살 수 있느냐의 역사적 갈림길에 서 있다고 봅니다. 운명의 순간이지요."

그때 이학봉 수사국장이 "악마가 누굽니까?" 하고 물어왔다.

"제 편에서 보면 최규하 대통령권한대행이나 김종필 씨, 그리고 전두환 장군 같은 분들이고, 전 장군 편에서 본다면 김대중·김영삼 씨 같은 분이 악마고, 저 같은 사람은 악마의 새끼로 보실 것 아닙니까?"

12시 20분에 자리가 끝났는데, 아주 진지한 분위기였다. 나는 최규하정권을 강화시켜서 각 계층의 대화합과 대타협이 있어야 한다. 각계각층으로 원로자문회의를 만들어서 민주화를 이룩해야 한다. 어떤 경우에도 군이 정치에 개입해서는 안 된다. 그런 불행한 사태를 막아야 한다는 요지의 말을 했다.

"우리 사장님을 만나 뵙기가 참으로 어렵고 좀처럼 없는 일인데……. 대단하십니다."

수사관들은 이구동성으로 말하며 존경의 눈빛으로 나를 바라보았고, 그때부터는 대우가 달라졌다. 수사관들은 내가 'YWCA 모임'과 관련이 없다는 것을 알고는 "미안하다"며 사과까지 했다.

　다음 날 석방되는 줄 알았는데, 이학봉 수사국장이 전두환 사령관과 회담을 바탕으로 '시국수습방안'을 좀 마련해달라고 했다. 나는 원고를 작성했다. 반체제가 생기게 된 원근인을 밝힌 다음 김대중·김영삼 씨를 비롯한 모든 재야세력, 곧 소외계층과 대화합이 이루어져야 한다. 모든 정치범이 석방되고 다시는 정치범이 없는 사회가 이룩되어야 한다. 특히 김지하 시인 석방을 강조했고, 구체적인 민주화 일정을 밝힘으로써 혼미한 정국의 안개를 걷어내야 한다는 요지였다.

　저녁 7시에 보안사령부 차를 타고 집으로 왔다. 일주일 만이었다.

6. 독재자와 정보

서빙고에서 풀려난 보름인가 20일쯤 뒤 보안사령부 이학봉 수사국장한테서 술 한잔 하자는 전화가 왔다. '그리그리'라는 조그만 술집에서 양주 한 잔을 샀다. 이 국장이 2차를 사겠다고 해서 저녁 7시쯤 중부경찰서 옆에 있는 이 국장 단골 살롱으로 갔다. 단둘이 먹기가 뭐해서 신신사우나에 있던 박종률 씨한테 연락해서 셋이 밤 12시까지 마셨다. 이 국장이 나를 불렀다.

"형님."

두 번째 술자리서부터 그는 나를 형님이라고 불렀다.

"형님, 김대중 선생과 손을 끊으시오. 그래야 됩니다. 그래야 형님은 삽니다."

"이 사람아, 누구하고 손을 끊는다는 것이 아침에 일어나서 세수하는 일처럼 간단한 일인 줄 아는가? 이 사람 참 한심한 사람이네."

나는 농으로 받으면서 웃고 말았지만, 답답한 노릇이었다. 이 사람들이 김대중 선생 참모습을 참으로 모르고 있구나. 군부에서 김대중 선생 참모습을 모르고 있다는 것이, 곡해하고 있다는 것이, 김대중 선생도 불행하고 이 김상현이도 불행하고 나라가 불행한 일이구나. 제7대 국회의원선거 때 박정희 대통령이 목포에서 국무회의를 열어 "김대중이를 무슨 일이 있어도 이번 선거에서 낙선시키도록 하라"고 관계기관에 강력한 지시를 하면서부터 김대중 씨는 기피 대상이 되었다. 그것은 김대중 씨를 직접 만나보고 얘기를 나눠서 얻어진 결론이 아니라 잘못된 정보에 의한 것이었다는 데 비극이 있다. 김대중 씨나 나 같은 사람은 잘못된 정보를 바탕으로 한 정보정치·공작정치에 의해서 어둡고 부정적이고 과격한 영상이 만들어진 것이다. 한 번 '나쁜 놈'으로 찍혀 보고되면 평생을 두고 '나쁜 놈'이 되지 '좋은 놈'으로 바뀌지 않는 것이 정보의 속성이다. 정보의 노예가 되어 오직 정보에만 의지하다가 마침내는 자기가 만든 정보의 덫에 치어 쓰러지고 만다는 것 또한 독재자의 속성이다.

독재자는 '암살자 또는 반대세력을 일망타진시켰다'는 정보가 올라오면 좋아한다. 그런 보고가 올라오지 않으면 '누군가 어디서 나를 쓰러뜨리려고 하는데 정보 하는 놈들이 무능해서 적발을 하지 못하는 게 아닌가?' 하는 생각에서 정보기관을 문책하기 마련이다. 그러므로 정보기관은 끊임없이 반대세력과 적대세력을 확대·과장·왜곡·조작해서라도 보고를 올림으로써 신임을 얻고자 한다. 독재자는 그런 보고를 받은 날은 편히 잠든다. 그런 보고가 올라오지 않는 날은 불안하고 초조해서 까닭모를 공포에 떤다. 하나의 적대자, 곧 악마를 설정해서 그 악마가 새끼를 치고 가지를 뻗어서 자기를 쓰러뜨리고자 함으로 그 악마와 악마 추종세력을 박멸하고 일망타진시켜야 된다는 강박관념 아래서 움직이는 것이 독재자 논리인 것이다.

1980년 2월쯤 우리 집에서 '민주헌정동지회'가 소집되었다. 70년대 초부터 있었으나 미미했던 유신체제 아래서 조직된 정치인들 모임으로 지방회원까지 합치면 수만 명에 이르렀고, 박종태·김윤식 씨가 대표였는데 'YWCA 사건'으로 구속이 되었다. 그래서 김종완 씨를 대표로 추대하고 '헌정동지회'를 확대·강화하기로 했다. 김종완 씨는 해공 신익희 선생 비서 출신으로 투철한 민주화 신념을 갖고 김대중 씨를 따르며 용기 있게 투쟁하는 사람이었다. 나와 유청·용남진 씨 등 열댓 명이 이사였고 대변인에는 조홍규 씨였다. 제일생명 사장인 최영근 씨가 자금을 대어 마포에 사무실을 냈다.

나는 김대중 씨의 대중연설, 특히 대학에서 연설을 반대했다. 학생들을 선동했다는 공격 재료를 주게 되기 때문이었다. 무조건 신민당에 입당하여 기존 정당의 보호를 받아야 한다는 게 내 주장이었다. 과도기일수록 외풍을 막아줄 수 있는 보호막이 필요하기 때문이었다.

재야와 조직일원화에도 반대했다.

"지금은 재야운동 차원의 단계가 아니고 정치운동 단곕니다. 그러니 재야는 해위 선생에게 맡기고 형님은 손을 떼십시오."

김대중 씨는 그러나 내 말을 듣지 않고 재야와 신민당을 병행코자 했다. 80년에 접어들면서 나는 1월부터 12월까지 정국에 대처할 김대중 씨의 단·중·장기전략을 세웠다. 공화당·군부·학생·재야 움직임을 예상한 바탕 위에서 세운 전략으로써 국민연합은 윤보선 씨에게 맡기고, 김대중 씨는 신민당에 들어가서 정치투쟁을 벌여야 된다는 것이 '김대중 단기전략' 핵심이었다. 김대중 씨 빠른 입당이 어렵다면 그를 지지하는 사람들이라도 먼저 들어가야 된다는 생각에서 한승헌·한완상·백기완·고은·문동환 씨와, 그리고 심지어는 성직자인 함세웅 신부한테까지 입당을 권유하는 사신을 보냈는데, 정치인이 아니라며 그들은 거절했다.

김대중 씨가 YWCA, 한신대, 동국대, 정읍의 전봉준 장군 기념제, 윤봉길 의사 기념제 등에서 대중연설을 할 때 '정치문화연구소' 사람들 100~200명을 보내서 플래카드를 들고 "김대중, 김대중"을 연호하여 분위기를 고조시키게 했다. 나중에 조사받을 때 버스 10~20대에 사람을 태워서 김대중 분위기를 만들었다는 것이 나왔는데, 사실이었다. 그의 대중연설을 반대했으나 이왕 대중 앞에 나가게 된 이상 초라하게 보여서는 안 되기 때문이었다.

헌정동지회 이사회가 있다고 해서 사무실로 갔더니 김종완 회장이 성명서를 보여줬다. 조홍규 대변인이 쓴 것으로 윤보선 씨를 공격하는 내용이었다. 윤보선 씨는 김영삼 씨와 자주 만났는데, 김영삼 씨를 지지하는 듯한 윤보선 씨 발언이 신문에 나왔다. 오랜 세월을 수난과 고통 속에서 살아온 김대중 씨 정치적 입장을 어렵게 하고 김영삼 씨를 지지하는 윤보선 씨를 용서할 수 없다는 게 헌정동지회 분위기였다.

그러나 나는 성명서를 발표해서는 안 된다고 했다. 지금 후광 처지는 어떻게 하든 지지자를 늘리고 적을 극소화하는 게 급선무지 해위·거산과 대립하는 것을 보여줘서는 안 된다. 그것은 결과적으로 후광 처지를 어렵게 만드는 것이며 후광을 위하는 길이 아니다. 신문 가십 정도가 아니라 해위가 노골적으로 후광을 반대하고 매도했다고 하더라도 이런 반응을 보여서는 안 된다. 정보정치·공작정치 악선전이라고 해야지 이렇게 반응하면 해위와는 메별 아니 결별이 된다. 이렇게 가십 한 줄에 신경질적인 반응을 보여서는 우리가 추구해서 이루어내야 할 민주화에 하등 도움이 안 된다. 그러자 김종완 씨가 귓속말을 했다.

"이건 후광이 시킨 일이요. 해위를 조져야 된다고."

저녁에 동교동으로 갔다. 안 좋은 얼굴로 묵묵히 앉아있던 후광이 말했다.

"자네 헌동을 왜 만들었는가?"

"민주화를 위해서 만들었지요."

"해위가 이렇게 나오는 마당에 가만히 입 닫고 있는 것이 나를 도우는 길인가?"

"그것은 형님을 죽이는 짓이요. 해위 하나를 조절 못해 가지고 우리가 어떻게 대임을 맡는단 말입니까? 해위가 거산으로 돌더라도 어떻게 하던지 우리 편으로 끌어야지 내놓고 대결하는 꼴이 되면 어떻게 됩니까? 그 정도야 차라리 묵살해버리면 되잖습니까? 형님에게 피해를 가져오지 해위한테 무슨 피해가 있겠습니까? 저는 반댑니다."

후광은 대단히 불쾌하다는 표정으로 묵묵부답이었다.

7. 5·17 쿠데타

'한국정치문화연구소'를 만든 것은 3월 말쯤이었다. 매주 토요일에 강좌를 열었는데 사무실이 넓어서 100명에서 150명까지 모였다. 강사는 함석헌 선생과 문익환 목사, 박동운 한국일보 논설위원, 남시욱 동아일보 논설위원, 그리고 김동길·한완상·장을병·유인호 교수 등이었다. 정치문화연구소는 군단위로 지방조직을 해서 이리·철원 등 10여 군데 지부가 있었다.

제주지부를 결성하기 위하여 제주도에 간 것은 5월 16일 오후 5시였다. 17일 개소식에서 강사는 문익환 목사였는데 문 목사는 17일 아침에 내려오기로 되어 있었다.

권혁충 씨와 함께 내려간 나는 50여 제주도 동지들의 환영을 받으며 아는 사람이 경영하는 식당에서 저녁을 먹었다. 서울 동교동에 전화를 걸던 권혁충 씨가 사색이 되었다.

"동교동이 박살났답니다."

"뭐?"

"계엄군이 들어와서 선생님을 끌어갔고 제주도까지 계엄령이 확대됐답니다."

아이구, 또 감옥 가겠구나! 회식 자리가 박살이 났다. 나는 조용히 전화할 수 있는 곳을 안내해달라고 해서 어떤 선원 집으로 갔다. 서울로 전화를 해봤더니, "이거 복잡하게 됐다"고 했다. 결국 또다시 군부가 나왔구나. 참혹해지는 기분이었다.

잠을 못 이루고 있는데 똑똑 손기척 소리가 났다. 새벽 4시였다. 문을 여니 수사관이 서 있었다. 그를 따라서 중앙정보부 제주 분실로 갔더니 권혁충 씨가 와 있었다. 따귀를 몇 대 맞았다고 했다.

18일 아침 9시 비행기를 탔다. 수사관 2명이 양쪽에 앉아 있는 가운데 창밖을 바라보았다. 막막한 하늘과 푸른 바닷물이 눈에 들어왔다. 만감이 교차하면서 명치끝이 타는 것 같았다. 이제 가면 언제 다시 제주도를 와볼 것이고, 어디로 가며, 그리고 또 어떻게 될 것인가? 나 개인과 나 개인을 포함한 전체 민중과 민족은? 김대중 씨 운명은?

남산에서 54일간 조사를 받았다. 조사를 받았지만 항상 조화하고 수습하는 선에서 일을 했기 때문에 특별한 것이 나올 수가 없었다. 다만 김대중 씨 유인물을 정치문화연구소에서 수십만 장 허가 없이 만들어 배포했고, 김대중 씨 대중강연 때 플래카드 들고 만세 불러서 대중 선동한 것이 모두 계엄법 위반이며, 정치문화연구소의 토요강좌가 불법집회라고 했다.

야당 정치인이 무슨 사무실을 내면 '정보원 출입금지'라고 붉은 글씨로 써 붙이는데 나는 그런 것을 싫어했다. 그래서 우리 연구소에서는 처음으로 '정보원 출입금지'라고 써 붙인 것을 떼내라고 했다. 정보원이

든 누구든 와서 들으라는 것. 비밀결사라든가 무슨 음모를 하는 것이 아니었으므로 감출 것이 없었다. 계엄사령부와 종로경찰서에도 소장인 내 이름으로 공문을 보냈다. '본 연구소에서는 매주 토요일 오후 3시부터 바람직한 정치문화 발전의 길을 모색하기 위한 강좌를 개최하고 있사오니 귀 기관에서도 청강할 필요가 있으면 언제라도 와서 청강하시라'는.

이렇게 했는데 어째서 불법집회냐고 따졌다. 수사관은 종로경찰서에 전화를 걸어 연구소 담당형사에게 확인을 했다. 그러나 이런 것들은 모두 사소한 것이어서 큰 문제가 안 되고, 다만 걱정되는 것은 김대중 씨였다. '이 사람들이 김대중 씨를 무엇으로 어떻게 거느냐'에 따라서 나의 운명 또한 결정될 것이었다.

그렇게 한 열흘쯤 조사를 받는데 하루는 ㅊ이라는 사람과 관계를 대라고 했다.

지금은 그 생활을 청산하고 선량한 시민으로 살고 있는 ㅊ 씨는 호남권 협객으로 나를 따르던 사람이었다. 나는 형편이 어려운 ㅊ 씨를 위해서 내 집을 4,800만 원에 잡혀 무교동에 '상파울로'라는 술집을 차려주었다. 운영을 잘해서 내 집도 좀 도와달라는 조건이었다. OB맥주 대리점을 하는 광주 출신 후배 김준에게 집을 잡히고 술을 공급받게 해줬는데 그 후배 부인이 서명을 잘못하는 바람에 부도가 나서 집이 날아갈 뻔한 일이 있었다.

한 닷새를 두고 계속 ㅊ 씨 소재를 대라고 했으나 ㅊ 씨가 벌써 상파울로를 그만뒀으므로 알 길이 없었다. 수사관들은 '김상현이가 ㅊ 이

전남대학교 정문에서 학생 시위대와 군인들이 대치하고 있다.

라는 깡패 두목에게 지시하여 호남권 깡패 칼잡이들을 동원해 광주에서 일을 꾸몄다'고 했다. 민중봉기에 앞장을 세웠다고 했다. 경찰서를 불 지르고 군인들을 죽였다고 했다. 나는 눈을 감았다. 아, 광주에서 무슨 일이 일어났구나. 광주가 피바다가 됐구나. 광주민중항쟁에 대해서 확실하게 알게 된 것은 두 달 뒤 남한산성에 있는 육군교도소에서였다. 그런데 ㅊ 씨는 도망 다니는 데는 천재적인 소질이 있는 사람이었다. 어떤 아파트 5층에 전세를 살고 있었는데 수사관이 잡으러 왔으나 무사히 도망쳤다는 얘기를 나중에 들었다. 그리고 그렇게 무시무시한 상황 속에서 도망을 다니면서도 우리 집에 가끔 들러 50만 원 100만 원씩 도와 주었던 것이다. 협객들의 인간관계와 의리를 정치인들도 배워야 할 줄로 믿는다. 나는 사람을 사귀는 데 층을 두지 않으므로 인간관계 폭이 비교적 넓은 편이다. 밑으로는 구두닦이·양아치부터 위로는 정치 지도자들까지 두루 아는 편으로 가끔 그것 때문에 뜻밖의 고통을 겪기도 한다. 그때 만약 ㅊ 씨가 잡혔더라면 광주민중항쟁에 연루되어 어려운 상황에 처하게 됐을 것이다.

수사관들이 20명 명함과 사진을 죽 붙인 사진첩을 들고 오더니 아는 사람을 대라고 했다. 17명까지는 알겠는데 나머지 3명은 알 수 없었다. 두 번 더 다른 사진첩을 갖고 오더니 역시 아는 사람을 대라고 했다. 그러다가 느닷없이 "정동년이를 몇 번 만났소?" 하고 물어왔다. 기억이 없었다.

"정동년이가 누구요?"

"전남대 총학생회장인데 모르쇼?"

"전혀 얼굴을 모릅니다."

그러자 옷을 벗기더니 무릎을 꿇려 앉힌 다음 고문을 시작했다. 나는 비명을 질렀다.

"왜 얼굴도 모르는 정동년인가 누구를 아느냐고 합니까? 이신범이나 조성우를 물어보면 얼마든지 대답할 텐데……."

이신범·조성우 씨도 잡혀와 있었다. 수사관도 기가 막히는지 픽 하고 웃음을 터뜨렸다.

"여보, 당신 정말 몰라서 그래요?"

며칠 뒤 정동년 씨 진술서를 보여주었다. 자살을 기도했었다는 대목을 보여주었는데 자세하게 전부 보여주지는 않았다.

진술서에서 정동년 씨는 10년 전 박정훈 씨 소개로 광화문에 있는 자이안트다방에서 나를 만났다고 했다. 내가 점심을 샀고 두 번 만났다. 그 뒤로 통 안 만나다가 1980년 4월 말에서 5월 초쯤 역시 박정훈을 따라 나를 만났고 내가 김대중 씨한테 데리고 가서 인사를 시켰다. "광주에 있는 믿을 만한 동진데 전남대학교 학생들을 선봉으로 민중봉기를 일으키려고 합니다. 그러니 자금을 지원해주십쇼" 해서 김대중 씨한테 200만 원을 받아 옆방에서 기다리는 정동년 씨에게 전해줬다. 김대중 씨가 말했다. "김 의원한테 얘기 잘 들었네. 앞으로 모든 일은 김 의원 지시에 따라하소." 그러면서 내가 "파출소를 불 지르고 몰로토프 칵테일을 만들어 던지고 해서 4·19 같은 사태를 만들어 민중혁명을 일으키라"고 했다는 것이었다. 기가 막힐 노릇이었다.

"그게 무슨 말이요? 출생 후 정동년이라는 사람은 만난 적이 없는데 이렇게 생으로 때려잡는 거요?"

그런데 출감 후 박정훈 씨한테 들어보니 10여 년 전에 두 번 만난 것이 사실이었다. 그러나 만났던 수많은 사람들 가운데 한 사람이었으므로 기억에 없었던 것이다. 기억이 있었으면 만났다고 했을 것이다. 나는 기억력이 부족한 편인데 이 점을 오히려 다행으로 여긴다. 만약 내가 기억력이 좋아서 정동년 씨와 만났던 것을 사실대로 얘기했다면(물론 만난 적은 있으나 돈을 준 적은 없으므로 사실 그대로 얘기했겠지만) 사태는 또 어떻게 달라졌을지 모르기 때문이다. 아찔하다. 소름이 끼친다.

정동년 씨 재판에 불려나가게 되었다. "만난 사실이 있지 않느냐?"고 검사는 자꾸 시인을 유도했다. 정치문화연구소 간부로 있던 김중석 씨가 검찰 측 증인으로 나왔는데 "김상현씨가 정동년 씨와 두 번 만나는 것을 봤다"고 했고, 나는 펄쩍 뛰었다.

"나는 출생 후에 정동년이라는 사람을 본 적이 없다. 그런데 어떻게 정을 김대중 씨한테 소개하고, 돈을 주고, 또 4·19처럼 피를 흘리는 민중봉기를 지시했겠는가? 아니, 내가 지시한다고 해서 민중봉기가 일어나는가?"

검찰 : 정동년이가 정치문화연구소를 찾아온 것을 봤는가?
김중석 : 봤다.
검찰 : 김상현이와 만나는 것을 봤는가?
김중석 : 봤다.
변호사 : 둘이 어디서 만났는가?
김중석 : 저 안쪽 방 안에서 만났다.
변호사 : 문 닫고 방 안에서 만나는데 어떻게 봤는가?
김중석 : 문 틈으로 보였다.

김중석 씨는 사실대로 얘기한 것이었는데 나는 전혀 기억이 나지 않았으므로 김중석 씨가 악마로 보였다. 비록 협박과 강압에 몰려서겠지만 광주에서 수천 명이 죽었다고 하고 또 내가 정동년 씨와 만났다는 것으로 해서 앞으로 얼마나 많은 사람들이 죽을지 모르는데, 세상에 이럴 수가 있는가? 이 유다 같은 놈! 나는 소리쳤다.

"정말 자네가 봤어?"

"문틈으로 봤습니다."

"예끼! ……."

흥분이 되어 다음 말이 안 나왔고, 다른 피고들이 소리쳤다.

"저놈 죽여라!"

박정훈 씨가 정동년 씨를 소개했으므로 박정훈 씨가 검찰 측 증인으로 나왔어야 되는데 박정훈 씨는 일심재판이 끝난 뒤에 잡혀왔으므로 김중석 씨가 증인으로 나왔던 것이다. 그 일로 해서 김중석 씨는 '배신자'가 되어 재야권에 발을 붙이지 못하고 있는데, 불행한 일이다. 사실대로 말한 그에게는 아무런 잘못도 없었다.

정동년 씨가 출옥한 다음 나를 찾아왔는데, 좌익으로 몰더라고 했다. 김상현이를 아느냐고 고문을 하길래 안다고 했더니 김대중·김상현 지령으로 광주에서 민중봉기를 획책했다는 내용의 자술서를 만들라고 했다. 그것을 보고 '아이구, 나 때문에 김대중·김상현 씨가 죽는구나' 가책을 느껴 변소에서 군대 숟갈로 동맥을 잘랐는데 피만 나오지 동맥이 끊어지지 않더라고 했다. 헌병에게 발각됐고, 그때부터 2명의 헌병이 지키고 있어 자살을 할 수도 없었다고 했다.

나는 정동년 씨와 관계를 집중적으로 추궁받으면서부터 광주에서 무슨 일이 일어나고 있다는 것을 분명하게 짐작할 수 있었다. 파출소 등 공공기관에 몰로토프 칵테일을 던져 불을 지르고 민중봉기를 일으키라고 지령했다고 자꾸 몰아붙이는 것을 보니, 아, 파출소 등 공공기관이 불타고 민중들이 봉기하는 사태가 일어났구나……. 나는 울었다.

남산에서 조사를 받는 동안 나는 제일 큰 방에 있었다. 한승헌 변호사는 바로 내 옆방에 있었는데, 고문 받는 소리가 다 들려왔다.

"이 새끼, 대한민국 법률이 한승헌이 법률이야!"

퍽퍽하고 맞는 소리가 들려오는데도 단 한 번도 "아이고!" 하는 비명은 그만두고 숨소리 하나 들려오지 않았다. 그래서 요즘도 그때 얘기를 하며 웃기도 한다.

"형님, 잔인한 자."

법정에서 자세도 깨끗하고 훌륭했다. 당당했다.

서남동 교수는 신학자답게 언제나 근엄한 자세로 꼿꼿하게 앉아 있었고 이문영 교수는 변소 갈 때 보면 손가락으로 꼭 브이 자를 그려 보이고는 했다. 웃지도 않고 엄숙한 얼굴이었는데, 나는 속으로 웃음이 나왔다. 한심하다. 빅토리가 어딨다고? 한완상 교수도 가끔 브이 자를 그려보였다.

이문영 교수는 행정학 전문가답게 꼬치꼬치 깐깐하게 따지고 들어서 재판관들도 혀를 내둘렀다.

고은 씨는 의자 위에 결가부좌를 틀고 앉아서 법정을 조금도 신성하게 여겨주지 않고 꾸짖듯이 늠름한 자세였다.

나는 조사를 받는 도중 38일 동안 단식을 했다. 내 단식에는 광주에서 죽어가고 있는 민중들 한 맺힌 영혼에 대한 조문 뜻과 함께 살인마들에 대한 항의 뜻이 담겨 있었다. 그 안에서 내가 할 수 있는 일이라고는 단식밖에 없었다. 나중에는 의사가 와서 강제로 링거를 주사했다.

그러다가 갑자기 창자가 끊어지는 것처럼 배가 아팠다. 몸부림치며 뒹구는 나를 차에 태우더니 중앙청 옆에 있는 옛날 수도육군병원으로 데려갔다. 맹장염이었다. 갓 도입했다는 최신 기기로 수술을 받았는데 이상하게도 전혀 아프지가 않았다. 간호장교들이 "세상에 맹장 수술을 받으며 하나도 아프지 않다고 하는 사람은 처음 본다"고 했다. 수술 닷새 뒤에 수사관에게 부탁해서 맥주를 마셨다. 8일 만에 병원을 나와 다시 남산으로 가면서 나는 중얼거렸다.

"정부 덕택으로 200~300만 원 벌었구나."

8. 공소사실

1. 제8대 국회의원으로 재직 중 1972년 12월 31일 특정범죄가중처벌법 등에 관한 법률 위반으로 구속되어 실형을 선고받고 국회의원 자격을 박탈당하자 유신체제는 1인 장기독재집권의 비민주적 체제로서 동 체제가 존속하는 한 앞으로 국회의원은 물론 모든 공직 자격이 박탈될 것으로 판단하여, 이에 불만을 표시하고 1975년 4월 평화통일문제연구소를 설치하여 운영 중 국민들에게 대정부 투쟁의식을 고취하여 오던 중, 10·26 사태가 발생하자 동 김대중이 집권할 수 있는 절호의 기회로 판단하고,

 가. 1980년 1월 7일 12시경 서대문구 창천동 100의 30 자가에서 민주헌정동지회 지도위원인 상 피고인 예춘호, 동 김종완, 동 김윤식 및 공소 외 이상돈, 동 유청, 동 김달수, 동 김창동, 조종호 등과 회합, 동 김대중 차기 집권의 조직기반 구축을 위해 민주헌정동지회의 조직을 재정비하여 9인지도위원회를 구성하기로 결의하고, 공동대표로 동 예춘호, 동 김윤식, 동 김종완을 선출하고,

 나. 1980년 2월 13일 19시경 중구 다동 75 상파울로 경양식집에서 상 피고인 김대중의 비서인 공소 외 김옥두, 동 한화갑, 동 김형국, 동

권노갑, 동 함윤식과 만나 그들에게 3·1절을 기해 김대중이 복권되면 본격적인 정치활동이 전개되고, 김대중이 차기 집권하는 것은 시대적인 요청이므로 우리는 사감을 버리고 일치단결해서 김대중을 보좌해야 하는데, 앞으로 비서진과 사조직이 전위대가 될 것이므로 자체 정비에 힘쓰라고 제의하여 전원의 찬동을 얻고,

다. 1980년 3월 5일 14시경 종로구 청진동 청자빌딩 306호실에서 한국정치문화연구소를 설립하고 소장에 취임한 후 부소장에 김창환 등 2명, 상임이사에 조기상 등 25명, 사무국장에 박왕식, 기획실장에 김중석, 정책연구실장에 송효익, 홍보실장에 백청수, 섭외실장에 홍순철 등으로 하는 집행기구를 설치하고 지방에는 전국 시군단위로 199개 지부를 결성하기로 한 다음,

동년 3월 하순 9시 30분경 위 김대중의 집에서 동인으로부터 '차기 대통령으로 집권하는 데 필요한 조직기반 구성이 무엇보다도 시급하니 젊은 층을 중심으로 저변 조직을 확대하라'는 지시를 받고 동일 14시경 위 연구소에서 박정훈, 김중석, 박왕식, 백청수 등과 회합, 김중석으로 하여금 현직 동교동계 국회의원, 국민연합 구성원, 민주헌정동지회원, 통일당원, 동교동직계 재야인사, 정치문화연구소 직속요원들을 조직요원으로 하는 '한국정치문화연구소 조직확대 강화방안'과 '1차연구소 지부결성 위촉자 내정명단'을 작성하게 한 다음, 강원 철원군 지부장에 김철배, 전북 이리시 지부장에 오승엽 등을 선출하고 조직기반을 확대·구축할 것을 결의하여 각 허가 없이 정치적 집회를 하고,

라. 동년 3월 25일 10시경 전시 한국정치문화연구소에서 상 피고인 이택돈으로부터 새로이 수립될 정부 형태 및 김대중의 인기도 측정을 위한 19개항의 여론조사 앙케이트 초안을 교부받고 동월 29일 9시 30분경 김대중가에서 동인으로부터 '헌법개정과 정부형태 정치지도자상 등에 관한 여론조사를 하라는 지시와 함께 조사비용조로 금 200만 원을 교부받은 후 2시경 공소 외 백청수로 하여금 시내 명불상 인쇄소에서 위 앙케이트 3,000 부를 인쇄케 하여 사전 검열 없이 이를 출판하고,

마. 동년 3월 31일 11시경 전시 한국정치문화연구소에서 위 이택돈으로부터 여론조사비 명목으로 금 1백만 원을 교부받고 동일 14시경 자가에서 공소 외 박정훈, 동 백청수, 동 홍순철, 동 김면중 등 20여 명과 회합하여 '1980년 4월 1일~4월 10일간 서울, 경기, 충남북, 강원, 경남북, 전남북, 부산 등 10개 시도에 조사반을 파견하여 여론을 조사할 것을 결의하여 허가 없이 정치적 집회를 하고,

2. 1980년 3월초 15시경 종로구 내자동 201의 9 뉴내자호텔 305호실에서 공소 외 김상세, 성명불상자 등에게 김대중을 위한 집권전략을 구상하도록 지시하여, 동월 하순경 그들로부터 '암암리에 조직을 강화하고 표면적 대의명분을 앞세워 이미지를 부각시키며 자체세력을 확장하고 종교계, 청년학생, 청년당원들을 규합하여 디데이를 정하고, 정치일정 약속 이행 및 계엄의 조속 해제 요구를 하면서 일시에 범국민세로 궐기하면 된다'라는 내용의 '신민당 폭력사태와 공화당 역풍사태 분

석과 5월 초 내지 5월 중순 사이 디데이를 잡는다. 그때는 대학생의 학원 내 정화가 끝나고 정치문제에 눈을 돌릴 것이고 개헌시안 내용에 정국과 일반여론이 회오리칠 것이며, 국민의 여망을 김대중파에 완전히 넘겨주는 사태까지 몰고 갈지도 모른다'라는 내용의 '김대중 신민당 입당문제 분석과 대응책' 등 2개의 정치전략 보고서를 받고,

동년 4월초 9시경 위 김대중의 집을 방문, 동인에게 위 2개 전략구상안을 제시 설명하고 동인으로부터 '과도정부는 명분 없는 계엄을 계속 유지하고 있을 뿐만 아니라 신현확 총리의 유신비호 발언에 이어 최대통령의 이원집정부제 구상들이 잇달아 나오는 점으로 보아 유신세력들이 정권을 계속 유지하기 위하여 책동하는 것으로 의식되며 이를 분쇄하지 못하면 정권교체는 기대할 수 없고 민주회복도 바라볼 수 없을 것이니 국민들에게 방관하지 말고 반정부투쟁이 일어날 수 있도록 촉진하기 위하여 시급히 조직을 확대 강화하라'는 지시를 받고 국민의 반정부투쟁을 촉진하기 위한 방편으로 2시경부터 10일간 위 사무실에서 위 백청수 등에게 지시하여 '유신체제의 주역들은 기득권 유지에 총력을 기울이고 있다. 그들이 계속 집권하지 않으면 중대한 사태가 발생할 것이라고 국민 여러분을 협박하기에 이르렀다', '민주주의의 나무는 국민의 피를 먹고 자란다. 민주주의는 국민의 피와 땀과 눈물을 통해서 이루어진다는 이 말은 결코 하나의 슬로건이 아니라 진실인 것이다', '우리는 전사가 되어야 한다. 그리하여 이와 같은 유신세력들의 음모를 국민의 이름으로 단호히 분쇄하여야 한다'는 등 선동적 내용이 수록된 김대

중 비서실 명의로 발간된 소책자 《이 땅의 새 역사를 위하여》, 《민족혼과 더불어》, 《민주구국의 길》각 2,000권씩 합계 6,000권을 위 연구소 상임이사 김장곤 등 35명에게 분배하여 각 대학가와 시내 중심가에 배포하고, 동년 4월 초부터 5월 15일 간에는 '민족혼과 더불어', '도덕정치의 구현', '4·19 혁명과 민족통일' 제하의 동 김대중 연설 실황을 녹음한 녹음테이프 5,000개를 제작하여 각 대학 및 재야정치인, 종교인, 사조직 등에게 판매 또는 무료 제공하는 등 배포하고 동년 4월 19일 15시경 위 사무실에서 동 김대중 및 1백여 명의 추종자를 소집한 가운데 동 김대중의 한신대에서의 '도덕정치의 구현', 동국대에서의 '4·19 혁명과 민족통일' 제하의 연설 실황 녹화 비디오테이프를 상영하는 등 학생시민의 궐기를 선동해왔으나, 비상계엄이 장기화되고 개헌 작업이 정부의 주도하에 이루어지는 여건하에서는 합법적 정권교체가 불가능할 것으로 판단하고, 전국 대학교에서 어용교수 축출, 족벌 체제 타파 등 학내 문제로 농성시위 중인 학생들을 선동·자극하여 그들을 교외시위로 유도하고 종교계 및 청년당원 등의 세력을 규합, 4·19 때와 같은 폭동을 야기하여 정부를 전복시킨 후 동 김대중을 대통령으로 옹립하여 새로운 정부를 수립할 것을 결심하고 국헌을 문란하여 정부를 전복할 목적으로,

    가. 1980년 5월 5일 18시 30분경 위 정치문화연구소 사무실에서 전남대 화학과 4년 복학생 정동년의 방문을 받고 시국담을 나누던 중 동인으로부터 '전남대도 다른 대학 못지않게 학내 성토를 잘하고 있는데 조금 지나면 서울대와 마찬가지로 정치문제로 전환될 것입니다. 이

기회에 여타 대학과 연계하여 광주지방에서 일시적 대규모로 가두시위를 전개하여 투석, 방화 등 폭력적 방법으로 경찰과 유혈사태를 유발시키면 고교생과 시민이 호응하여 민중봉기로 발전될 것입니다. 그리하여 광주지방의 유혈사태를 기폭제로 하여 전국적 대규모 민중봉기를 일어나게 하여 현 정부를 퇴진시키고 김대중을 추대하여 새로운 정권을 수립하자'는 제의와 함께 동 목적 달성을 위한 자금조로 금 500만 원을 요구받자 이를 응낙하고 동인에게 앞으로 '전남대도 대정부 시위를 계속하여 국민들이 이에 호응, 민중봉기가 일어나도록 하게 하여야 한다'고 고무한 후 위 김대중에게 전화로 동 취지를 보고하고, 동일 19시 50분경 위 정동년을 대동, 위 김대중 집에 가서 정동년을 응접실에 대기시켜놓고, 내실에서 동 김대중에게 위 정동년의 위 구상을 설명·전달하고, '민중봉기 자금으로 요구받은 돈을 지원해주는 것이 좋겠다'고 제의하여 동 김대중으로부터 금 300만 원을 교부받아 소지한 다음 동 정동년을 내실로 불러들여 동 김대중에게 인사시킨 후, 300만 원을 꺼내주면서 '책임감을 가지고 학생회가 주체가 되어 활발히 일을 할 수 있도록 잘하고 금주 내에 다시 한 번 상경하라'고 지시하고 이를 목격하고 있던 동 김대중도 위 정동년에게 '자네 구상은 김상현으로부터 들어서 잘 알았다. 열심히 활동하라'라고 말하며 광주지방의 폭력시위 구상을 지지 격려하고,

　　나. 동년 5월 8일 11시경 위 김대중의 집을 방문, 동인으로부터 위 정동년에게 지원하기로 한 금 200만 원을 수령 보관하였다가, 동일 19

시 연구소로 방문한 정동년으로부터 '지난번 갖고 간 300만 원 중 280만 원은 전남대학생 윤한봉에게 주어 전남대 시위에 사용하였는데 조선대 활동을 위해서는 약속된 금 200만 원이 필요하다'는 요구를 받고 이를 승낙하고 동인에게 '앞으로 김대중을 위해 힘껏 활동해주기 바란다. 특별히 중요한 사항이 있으면 즉시 위 연구소로 전화 보고하고, 그렇지 않으면 매월 마지막 일요일 19시경 직접 상경하여 보고하라'고 지시하면서 위 금 200만 원을 제공함으로써 내란을 선동했다.

남산에서 남한산성에 있는 육군교도소로 옮긴 다음 받아본 이른바 '김대중 등 24명 내란음모사건'의 나에 대한 공소사실이다. 나한테 적용된 법조문은 형법 제90조 제1항·제2항·제87조·계엄법 제15조·제13조·계엄포고 제1호 제1항·제2항·형법 제37조·제38조였다.

육군교도소에서 육군본부계엄보통군법회의장까지 재판을 받으러 갈 때는 헌병 2명이 양쪽에서 지키는 상태에서 단독으로 호송되었다. 나중에는 두세 명씩 같이 호송되기도 했으나 처음에는 아주 삼엄한 분위기였다. 우리는 서로 눈도 마주치지 않으면서 아주 침통하고 비장한 표정과 심정으로 법정에 들어서고는 하였다.

검찰 측 증인으로 윤 모라는 재일교포 전향간첩이 나왔고, 변호인 측 증인으로는 이태영 여사였다. 김대중 씨에 대한 사실심리가 진행되고 있었다.

"김대중과 만난 일이 있는가?"

검찰관이 물었고 윤 모가 대답했다.

"직접 만나지는 않았지만 내 밑에 있는 곽동의를 통하여 김대중의 일본 내 활동을 전부 보고받고 있었다."

윤 모는 김대중 씨에게 아주 불리한 증언을 하고 있었다. 조총련·북한과 연결시켜서 김대중 씨를 공산주의자로 때려잡자는 것이었다. 김대중 씨가 해방 직후 '건준'과 '남조선신민당'에 잠시 몸담았던 것을 가지고 박정희정권에서는 끊임없는 박해를 해왔는데, 이제는 그 박정희 유신정권의 적자임을 자처하는 후계세력이 '한민통사건'이라는 것을 만들어가지고 공산주의자로 때려잡자는 것이다. 세계에서도 유례가 없이 강고한 반공국가로서 반공이데올로기를 정권 수립과 정권 유지의 핵심으로 삼고 있는 남한사회에서 공산주의자로 몰려가지고는 살아남기 어려워진다. 한마디로 민중의 열화 같은 지지를 받는 김대중이라는 정치 지도자를 거세하자는 각본에 의하여 움직이고 있는 재판놀음인 것이다. 김대중 씨를 공산주의자로 몰아가는 윤 모 증언을 듣고 있던 나는 "재판장!" 하고 소리치며 벌떡 일어났다.

"전향도 제대로 안 된 간첩을 내세워 가지고 사십육 퍼센트에 달하는 국민들의 뜨거운 지지를 받은 김대중 선생을 용공분자로 만들기 위하여 조작한다면 대한민국 국군의 신성함이 도대체 어디에 있소? 이것이 법정입니까?"

나는 소리쳤다. 그러자 나머지 23명 전부가 일어서며 일제히 소리쳤다.

"집어치워라!"

특히 문익환·이문영·고은 씨 목소리가 제일 컸다.

"이놈들아! 엉터리 재판 집어치워라!"

재판장이 서둘러 휴정을 선포했고, 정병들이 윤 모를 데리고 나갔다. 뒤에 문익환 목사가 말했다.

"그때 나는 김대중 선생이 죽는 것으로 알았습니다. 그런데 김 의원이 그렇게 소리치며 일어나는 것을 보고 아, 김대중 선생은 이제 살았구나 하고 생각했지요."

이문영 교수가 말했다.

"그때 나는 김대중 선생 바로 옆에 있었는데, 김 선생이 말합디다. 상현이가 나를 살렸다고."

그 뒤로는 24명이 전부 들고 일어나서 소리를 지르는 바람에 재판 진행이 제대로 안 될 지경이었다. 분위기를 잡아 나가는 문익환 목사 선동은 그 가운데서도 단연 일품이었다. 내가 소리치고 일어나는 것을 시작으로 법정 분위기가 바뀌었을 때, 김대중 씨가 나를 바라보며 씩 웃었다.

'한 건 했네.'

나는 혼자서 서대문구치소로 이감이 되었는데, 누가 면회를 왔다고 했다. 마침 8월 15일이어서 이상한 느낌이었다. 공휴일에는 면회가 안 되는 것이 관례였다. 이거 또 뭘 조작해서 뒤집어씌우려고 하는구나. 나는 불안한 마음으로 소장실로 가봤는데, 이학봉 대령이 와 있었다. 이 대령이 말했다.

"제가 뭐가 된지 모르시죠?"

"별이라도 달았습니까?"

"수사본부 단장입니다. 김대중내란음모사건을 총수사하는 수사본부의 단장이라는 말씀이오. 본부장은 전두환 장군이시고. 나는 의리가 있는 놈이라서 한 번 봐준다면 끝까지 봐줍니다. 이 모도 내가 봐줘서 지금 국회의원으로 있습니다. 고생하시는 것을 한 번 찾아뵈러 왔습니다."

"고맙소."

"전에 김대중과 손 끊으라고 하지 않습디까? 다 뜻이 있어서 한 소린데 그 말을 안 듣고 이 고생을 하십니까? 정동년이와 만났다고 하세요."

"여보, 생판 낯도 모르는 사람을 어떻게 만났다고 합니까? 비록 감옥에 와서 처량하고 고달픈 신세가 되어 있지만, 비록 절망적인 상황에 떨어져 있지만, 어떻게 내가 살자고 모르는 사람을 안다고 한단 말요? 설령 내가 살려고 모르는 사람을 안다고 하더라도 그러면 되느냐고 당신이 충고를 해줘야지, 생판 모르는 사람을 안다고 하면 지금 광주에서 어려운 사태가 벌어져서 수천 명이 죽었다고 하는데……. 내가 살기 위한 내 말 한마디에 정이라는 사람이 죽고 또 다른 사람들이 다치게 된다면, 내 인생이 얼마나 불행한 사람이 되겠소? 내가 그렇게 인생을 살고 싶지는 않습니다."

"돈은 안 줬다고 해도 좋으니, 만났다고만 해주십쇼."

"여보, 만났다고만 한다고 해서 내 말이 신문에 날 거요? 만났다고만 하더라도 돈 주고 다 지시했다고 할 거 아뇨? 그러면 김대중 선생은 어떻게 됩니까? 나 그런 말은 못합니다. 그러니 그런 얘기는 더 이상 할 필요가 없고, 담배나 한 대 주쇼."

석 달간 굶었다가 처음 피워보는 담배는 꿀맛이었다. 한 시간 반가량 얘기를 하는 동안 나는 이학봉 대령의 담배 한 갑을 다 피웠다. 이 대령이 말했다.

"나는 김 의원을 내보내 드리고 싶은데, 그러자면 나도 우리 보스한테 무슨 명분을 세워야 할 것 아닙니까? 법정에서 소란을 일으키지 말고 재판에 협조하십시오. 다른 사람들 변호하지 말고."

"법정에서 무슨 소란을 일으키겠소? 내 할 말만 하면 되지. 그런 것은 걱정하지 마시오."

"특히 김대중에 대해서 변호하지 마십쇼."

"김 선생에 대해서도 특별히 무슨 거짓말로야 변호를 하겠소. 나와 관계되는 부분만 사실대로 얘기할 테니 걱정 마시오."

그 뒤 윤 모의 증언을 듣다가 소리를 지름으로써 휴정이 되었을 때, 언뜻 이학봉 대령에게 했던 말이 떠올랐다. 아이구, 이 대령한테 미안하게 됐구나. 어쨌건 약속은 약속이므로.

9. 최후진술

"피고인은 국회의원 재직 중 이권 개입 등으로 실형을 선고받은 자로서 10·26 사태가 발생하자 이를 상 피고인 김대중의 집권 기회가 도래한 것으로 믿고, 그가 차기 대통령이 되었을 때 피고인 자신도 정계에 두각을 나타내어 정치적 야심을 달성시킬 수 있으리라고 생각하여 상 피고인 김대중을 위하여 한국정치문화연구소를 설립, 그의 집권 기반을 구축하면서 그 조직을 통하여 여론조사를 실시하고 그의 집권전략에 대한 보고서를 작성·제출하고 선량한 학생들과 시민들에게 선동적인 김대중의 강연 내용을 담은 책자를 배포하거나 녹음테이프, 심지어는 비디오테이프까지 제작·배포하였고 또한 김대중의 각종 행사 참가 시에는 한국정치문화연구소 조직을 이용, 청중을 동원하고 플래카드, 피켓 등을 제작 사용하는 등 상 피고인 김대중을 위하여 온갖 노력을 경주하던 중, 급기야는 1980년 5월 5일 및 5월 8일 양일간에 걸쳐 정동년을 만나 민중봉기자금으로 오백만 원을 김대중으로부터 받아 전달하여 우리 민족사의 일대 비극인 '광주사태'를 유발케 한 행위는 대한민국 국민으로서 분노를 느끼지 않는 자 없을 것입니다."

육군본부계엄보통군법회의 검찰관 정기용 중령의 논고를 들은 다음, 1시간가량 최후진술을 했다.

'정동년사건은 조작이다'라는 것과 '김대중 씨에 대한 변호'가 그 요지였다.

"……10·26 후 3일이 지난 10월 29일 김대중 선생은 장남인 홍일 군을 통해 나한테 메모를 보내오셨습니다. 당시 나는 해위 윤보선 선생께서 유신을 철폐하고 최규하정권은 즉각 물러나라는 내용의 기자회견을 하시려고 한다는 소식을 듣고 있었는데, 김대중 선생도 이 소식을 들었는지 그 메모 내용은 이렇습니다. 우리의 현 상황에서는 안보를 제일로 삼아야 한다. 당장 유신헌법을 철폐하고 최정권이 물러갈 경우 힘의 공백 상태에 의한 혼란이 온다. 따라서 너무 성급해서는 안 되니, 이런 뜻을 해위 선생께 전해달라. 그래서 나는 여섯 번이나 해위 선생 댁을 방문했습니다. 김대중 선생은 또 해위 선생이 한일협정비준파동으로 의원직을 사퇴하자고 극한투쟁을 벌일 때 '사꾸라' 소리를 들으면서까지 사퇴를 반대하고 원내투쟁을 주장했던 분입니다. 굴욕외교는 물론 반대하지만 의회 안에서 싸우자는 의회주의자인 것입니다. 이런 김대중 선생이 어떻게 공산주의잡니까?"

"김상현 피고인과 관계없는 부분은 발언하지 마시오."

재판장이 제지했는데, 나는 "나도 공동 피고의 한 사람이요" 하고 맞받으면서 발언을 계속했다.

"해위 선생은 박정권이 미국을 위해서 우리 자식들 피를 팔았다며 파월군 위문을 반대했지만 박순천 당수, 김대중 선생, 고흥문 선생, 그리고 나는 이미 파월이 된 이상은 우리의 아들들이 피를 흘리고 있는 곳을 가봐야 된다는 생각에서 위문을 갔던 적도 있습니다. 이런 김대중 선생이 어떻게 공산주의잡니까?

1980년 군사재판에서 박정희정권이 이적단체로 조작한 한민통(한국민주회복통일촉진국민회의) 의장이었다는 이유로 재판받고 있는 김대중 씨. 이때 사형을 선고받았다.

"김상현 피고 발언 중지하시오!"

"나도 공동 피고의 한 사람이요! 김대중 선생을 또 한민통과 관련시켜 공산주의자로 모는데, 정보부에서 미는 친정부파와 반정부파 간 대립 끝에 생긴 것이 한민통입니다. 그리고 김대중 선생 구출위원회 위원장이었던 정재준 씨는 민단 단장으로서 박 대통령한테 국민훈장 동백장까지 받은 사람입니다. 배동호·곽동의 씨도 마찬가집니다. 그런데 김대중 씨를 거기다 연계시켜 가지고 공산주의자로 몰아서야 되겠습니까? 국민들이 이해하겠습니까?"

"김상현 피고 발언 중지하시오."

"나도 공동 피고의 한 사람이요!"

재판장으로부터 7번 경고를 받으면서 나는 '김대중 선생은 합리주의자요, 의회민주주의자요, 자유민주주의자로서 국가 발전과 민족 이익을 위하여 육십 평생을 보내온 분인데 사형선고를 내린다는 것은, 더구나 국방에만 전념해야 할 군에서 군사재판을 열어 결정한다는 것은 전체 군인의 불명예다'라는 요지의 발언을 했다.

　육군형무소에서 김대중 씨를 제외한 '김대중내란음모사건' 관련자 23명이 축구시합을 했는데, 이해동 목사가 찬 공이 제일 멀리 나갔다.

　담당 장교나 헌병들은 우리에게 깍듯한 예의를 지키며 정중하게 대해주었다. 우리는 사병들이 먹는 것과 똑같이 먹었다. 면회 오는 가족들 영치물을 받아줬으므로 일반 교도소보다는 지내기가 나았다. 일주일에 한 서너 번씩 목욕을 했는데, 목욕실이 아주 크고 좋았다. 2명씩 조를 짜서 뒤뜰에서 운동을 한 다음 냉수마찰을 했다.

　김재규 전 중앙정보부장이 처형당했다는 소식을 어떤 장교한테서 들었다. 김재규 씨는 서대문교도소로 이감되기 전까지 육군형무소에 있었는데, 독실한 불교신자였다고 했다. 어머니를 위하여 불공을 드리겠다고 해서 감방 안에 돗자리를 깔아주었더니, 향을 꽂고 촛불을 밝힌 다음 염불을 하다가 통곡을 하더라는 것이었다. 체포된 다음 처형당할 때까지 딱 한 번 흘린 눈물이라고 했다. 정보부장을 하면서도 단 한 건 이권 개입도 없었다는 것은 남산 수사관한테서 들은 얘기였다. 건설업을 하는 친동생이 있었으나 단 한 건 청탁도 들어준 바가 없었다고 했다. 순수한 군인 정신으로 살아왔고 장군다운 위엄과 긍지를 지키며 의연하게 죽음을 맞았다는 말을 여기저기서 듣게 되었다.

　나는 "감옥 갈 때 성직자나 교수들과는 함께 갈 것이 아니다"라는 농담을 하고는 했다.

　문익환 목사나 이문영 교수 등은 면회 과정이라든가에서 담당 헌병이

나 다른 군인들과 충돌이 있을 경우, 감방으로 들어와서 소리를 질렀다.

"지금부터 단식을 선언합니다!"

그러면 함께 굶을 수밖에 없는데, 송기원·조성우·이신범·이해찬·이석표·설훈·심재철 등 젊은 친구들은 세끼를 다 먹어도 모자라는 판에 함께 굶자니 죽을 지경이었다. 그래서 나는 말했다.

"제발 단식선언 좀 하지 맙시다. 감옥에서 우리가 먹을 것 다 찾아 먹고 오히려 더 먹어야 할 판에 왜 자꾸 단식 선언해서 사람 배곯게 하십니까? 하여간 내가 목사·교수하고는 형무소에 같이 안 와야 하는 건데 어떻게 운수가 없어가지고 목사·교수와 함께 형무소 와가지고 이 고생을 하는고."

문익환 목사와 이문영 교수는 깔깔대고 웃었다. 같이 목욕할 때면 문익환 목사가 말했다.

"물건 좋다. 저 좋은 물건을 썩히다니……. 아깝다, 아까워."

목욕탕이나 세면장에서 잠깐씩 만날 때마다 우리는 우스갯소리를 하며 서로를 격려했다.

"관세음보살, 관세음보살……."

일정한 시간마다 염불소리가 들려왔다. 고은 씨였다. 사형선고를 받은 김대중 선생을 살려달라고 '백일기도'를 드렸다는 말을 출감 후 듣고, 나는 깊은 감동을 맛보았다.

10. 감옥 체질

육군교도소와 서대문교도소와 안양교도소를 거쳐 경주까지 꼭 2년 3개월 살았다. 경주교도소에서 산 것이 1년 6개월이었다.

경주교도소로 이감된 뒤부터는 다른 데서도 그랬지만 아침 6시 반에 일어나서 냉수목욕부터 했다. 그리고 7시에 아침밥을 먹으면서부터 책을 보기 시작하여 밤 8시 취침 때까지 벽에 기대거나 눕지 않고 정면 정좌 자세로 책을 읽었다. 교도소 당국에 부탁하여 구입한 조그만 책상 앞에 앉아서였는데, 여름에 덥고 졸릴 때도 앉은 자리에서 조금 눈을 붙였지 단 한 번도 벽에 기대거나 눕지 않았다. 출감 후 윤제술 선생을 찾아뵙고 그 말씀을 드렸더니 "그것이 바로 선승禪僧여"라고 말씀하셨다. 유신 직후 투옥생활 때도 하루 13시간씩 공부를 했지만 그때는 주로 밤에 많이 했고 낮에는 낮잠도 자고 추울 때는 이불 속에서 책을 보는 등 조금 질서가 없는 것이었다. 처음 시작할 때는 며칠이나 견딜까 걱정했는데, 일단 매운 결심을 하고 시작하니까 하루가 사흘 되고 사흘이 열흘 되고 열흘이 한 달 되고 한 달이 일 년 되고 일 년이 이 년 되어서 출감 때까지 계속될 수 있었다. 교도관들도 겨울밤 같은 때는 자기들도 춥고 괴로우니까 "김 의원님, 재미있는 말씀 좀 해주십시오" 하며 말을 걸기도 했으나, 그때마다 "감사합니다" 한마디만 하고는 더 이상 잡담을 하지 않았다. 잡담 등으로 단 1초라도 허비하는 것은 바로 내 생명을 허비하는 것이라고 생각했다. 단 1초라도 가치 있게 보내는 것이 지금까지 나를 도와주고 지켜준 내 가족과 주변 동지들과 그리고 나를 지지해준 국민들 은혜에 보답하는 길이라고 생각했다. 겨울날 아침 기온이 영하 20도까지 내려갔을 때도 꼭 냉수로 목욕을 한 다음 책상 앞에 앉았다. 건강은 종로 3가 청산거사한테서 며칠 배운 단전호흡으로 유지할 수 있었다.

다른 책도 읽었지만 주로 영어 공부를 했다. 비동사가 뭐고 관계사가 뭔지를 모르는 실력이었다. 6·25를 전후해서 중·고등학교를 다녔고 그것도 야간고등학교 3학년을 중퇴한 처지였으므로 '헬로우', '오케이'를 제대로 몰랐다. 하루에 5시간씩 영어 공부를 했다. 혼자서 사전 놓고 한 영어 공부였지만 그래도 2년 동안 꾸준히 한 것이 기초가 되어 출감 후 미국에 갔을 때 미주리·메릴랜드·하버드대학에서 영어로 연설을 할 수 있고, 게리하트 상원의원 초청으로 갔던 '환태평양회의' 석상에서도 연설을 할 수 있었다. 비록 원고를 보고 읽는 것이지만. 그리고 지금도 사전을 찾으면서 더듬거리며나마 영어책을 읽을 수 있는 것은 그때 공부한 덕택이며. 그렇게 공부를 할 수 있도록 해준 박정희 대통령과 전두환 보안사령관에게 감사드린다. 또 공부를 할 수 있게 따뜻한 친절을 베풀어주신 각 교도소 소장과 보안과장 이하 여러 교도관들에게 감사드린다.

유신징역 때는 그래도 명색이 전직 삼선 국회의원이라고 해서 가끔 차도 얻어 마시고 또 담배도 얻어 피웠으나, 5·17 징역 때는 교도소장이나 보안과장이 "더운데 나와서 바람이라도 좀 쏘이십쇼", "차라도 한 잔 하십쇼" 하고 호의를 베풀어도 일체 사양하고 철저한 감옥쟁이로 살았다. 천재일우의 기회로 생각했다. 이 기회를 어떻게 활용하는가에 따라서 내 인생은 결정된다고 보았다. 그래서 음식물이라든지 기타 모든 것에 대해서 불평 한마디 하지 않고 묵묵히 공부만 했으므로 친해진 교도관이 하나도 없었다.

전두환 전 보안사령관이 제11대 대통령에 당선되었다는 소식이 들려왔다. 최규하 대통령 사임과 그로 대표되는 군부의 집권은 너무도 당연한 것이어서 조금도 놀라울 것은 없었다. 다만 안타까울 뿐이었다. 우리나라 민주주의는 또다시 몇십 년을 후퇴하게 된 것이다.

가만히 생각해보면 10·26에서 5·17까지는 우리가 이 땅에 민주주의를 뿌리내릴 수 있는 절호의 기회였다. 8·15 해방 이후 처음 찾아온 호기였고, 거슬러 올라가면 제국주의 외세 침탈에 시달려온 개항 100년사에서 최초로 맞게 된 기회였다. 그런데 그것을 놓쳐버린 것이다.

여기에는 두 가지 이유가 있는데, 내부요인과 외부요인이 그것이다. 내부요인은 민중 역량을 결집하지 못한 정치인의 미숙이고 외부요인은 말할 것도 없이 미국이다. 들불처럼 타오르고 있는 민중들 함성을 조직적인 역량으로 묶어내기 위해서는 먼저 정치세력의 총단합이 선결되어야 한다. 그런데 야당과 재야세력과 애국 청년학생 등 모든 민주세력이 공동전선을 형성하지 못했다. 적과 동지를 구별하지 못하고 분열되었다. 유신잔재세력까지를 민주세력으로 흡수·용해시킬 수 있는 지도역량이 부족했다. 정치 지도자들이 전술적인 승리만 생각했지 그 조그만 전술적 승리가 미칠 전략적 상황에 대하여는 고려하지 못했다. 지도자를 둘러싼 참모진들이 자기들 이해관계에 급급해서 지도자를 오도했다. 재야세력에서는 필요 이상으로 과격해져서 유신잔재세력들에게 공포심을 안겨주었다. 조직되지 않은 민중세력을 등에 업고 학생세력을 선두로 유신잔재세력의 항복을 받아내려고 했기 때문에 과잉 방어를 유발시켰다. 5월 13일인가 성명에 보면 '군인들은 상사의 명령에 복종하지 말고 민주화운동에 적극 협조하라. 장충단공원 모임에는 검은 리본을 달고 나와라'는 등 구절이 나오는데, 시기적으로 맞지 않았다. 오직 최규하정권 강화만이 필요할 때였다. 곧 투쟁이 아니라 전략적인 휴전이 요청될 때였다. 김대중 씨가 학생들 자제를 호소하는 성명을 잇달아 발표했으나 신문에서는 침묵을 지켰다. 혼란을 유도해서 개입 명분을 잡으려는 세력이 있었다.

그러면 미국 태도는 어떠했는가? 자기네 나라 이익을 위해서만 우방이 존재한다는 것이 미국의 대외정책 곧 대한정책 핵심이다. 최규하대행정권은 80년 1월 10일 이른바 이원집정부제를 모색 중이라고 하였다. 이는 국무총리는 민간인이 하더라도 대통령은 군부에 의해서 지명되는 인물로 하여 '군부에 의하여 감독받는 민간정부' 형태를 말하는 것으로서 내가 주장하는 '내각책임제'와는 그 본질이 다르다. 최정권 막후 실력자인 군부 뜻은 '이원집정부제'가 한국에 대한 기존 종속체제를 고수하려는 미국 지지를 받게 되는 것은 당연하고, 여기에 민주세력은 분노했다. 'YWCA 사건' 이후 '사북항쟁'에 이르는 노동운동의 폭발적인 고양과 80년 5월 15일 서울역에 모인 수십만 애국 청년학생과 시민들 민주화 열기

진보당사건進步黨事件

1958년 1월 13일 위원장 조봉암을 비롯한 진보당 전 간부들이 북한 간첩들과 접선하고 북한 통일방안을 주창했다는 혐의로 구속·기소된 사건이다.

진보당은 1956년 11월 10일 결성되었다. 조봉암은 대통령선거에서 이승만에게 패배했지만 1952년 8월 5일 제2대 대통령선거에서 79만 7,504표, 1956년 5월 15일 제3대 대통령선거에서 216만 3,808표의 광범위한 지지를 얻어 이승만과 자유당의 장기집권과 독재체제에 커다란 위협이 되었다. 진보당사건은 이러한 정치적 배경 아래 1958년 1월 12일 진보당 간사장 윤길중 등 5명 간부가 경찰에 검거되고, 이어 15일에는 조직부장 김기철 등 4명 간부가 추가구속됨으로써 확대되었다. 사전에 피신했던 조봉암은 간부진이 모두 구속되자 자진출두했다. 검찰은 2월 16일 진보당간부들을 기소했는데 조봉암은 간첩죄, 국가보안법 위반 및 무기불법소지, 윤길중은 국가보안법 위반 및 간첩방조, 그 외 간부들은 국가보안법 위반 혐의였다. 검찰은 기소장에서 조봉암에 대해 체포된 남파간첩 박정호 등과의 접선, 재일본조선인총연합회(조총련)에서 파견한 정우갑과 밀회, 북한 조국통일구국투쟁위원회 김약수에게 밀사를 보내 평화통일추진을 협의한 사실, 북한노동당이 동양통신 외신기자이자 진보당 비밀당원인 정대영을 통해 진보당에 대한 강평서를 보낸 사실 등을 열거했으며, 진보당에 대해서는 진보당의 평화통일론이 대한민국의 존립을 부인하는 것이며, 진보당의 정강정책이 북한 노동당의 정책과 상통하는 내용으로 대한민국의 헌법을 위반한 불법단체라고 했다. 기소 직후 2월 20일 육군특무부대는 양이섭사건(梁利涉事件, 梁明山事件)을 발표해 조봉암이 양이섭과 접선하면서 공작금을 받았고, 북한 지령에 따라 여러 가지 간첩행위를 했다고 밝혔다. 또한 2월 25일 공보실장 오재경은 진보당의 평화통일론, 북한 간첩과의 접선, 당원을 국회에 진출시켜 대한민국을 파괴하려는 기도 등을 들어 재판도 열리기 전에 진보당 등록을 취소했다. 그러나 7월 2일 제1심 선고공판에서 조봉암·양이섭에게 국가보안법 위반죄를 적용, 징역 5년을 선고하고 그 밖의 진보당 간부들에게는 무죄를 선고하자 반공청년단을 자처하는 청년들이 법원청사에 난입해 '친공판사 유병진을 타도하라', '조봉암을 간첩혐의로 처벌하라'고 외치며 난동을 부려 사법사상 최초의 재판파동을 일으키기도 했다. 제2심은 1958년 9월 4일부터 10월 25일까지 열렸는데 양이섭은 자신의 진술을 번복해 자신과 조봉암의 간첩혐의는 조봉암을 제거하기 위한 육군특무부대의 협박과 회유에 의한 허위자백이었다고 진술했다. 그러나 재판부는 양이섭의 번복진술을 무시했고 번복진술에 따른 증거조사도 채택하지 않았다. 마침내 1959년 2월 27일 대법원 판결에서 조봉암은 간첩·국가보안법 위반·무기불법소지 등이 유죄로 인정되어 사형이 선고되었고 대부분 간부들은 무죄가 선고되었다. 그 후 5월 5일 변호인단은 재심을 청구했으나 기각되었고 딸의 애절한 구명운동도 보람이 없었다. 7월 16일 조봉암은 옥중성명을 내고 7월 31일 교수대에서 숨을 거두었다. 진보당사건은 이승만이 자신의 정적 조봉암을 제거하기 위해 조작한 사건으로 이 사건을 계기로 평화통일론 등 통일정책에 대한 공개적인 논의가 동결되었고 혁신정당 활동이 위축되었다.

는 미국을 긴장시켰다. 한국의 민주화는 해방 이후 지속되어온 미국의 한국에 대한 종속적 지배체제 구도에 결정적인 장애가 되기 때문이었다.

12·12 숙군쿠데타로 온건파 군부세력을 제거한 전두환 중심 군부세력은 5·17 전국계엄을 통하여 노골적인 집권의지를 드러내고, 광주지역에서는 전남대를 필두로 한 시민들이 봉기한다. 평화적인 시위를 하던 시민들은 5월 21일 양민학살에 분노하여 무장봉기를 통해 계엄군을 몰아내고 도청을 장악하기에 이른다. 이에 작전지휘권을 쥐고 있는 위컴 미8군 사령관 겸 한미연합사령부 사령관은 한국군 출동을 허락하여 수천 명 양민들이 학살당하게 된다. 이로써 미국은 해방 이후 남한 지배세력을 재편하면서 민중해방운동을 탄압하여 자기 나라의 정치적·경제적·군사적·문화적 이익을 지키고자 한 본질을 드러내게 된다. 한국에 지속적으로 예속적 정치권력을 세워 자기네 나라 이익을 확고히 보장받고자 하는 미국 속성은 다음과 같은 위컴의 말에서 극명하게 드러난다.

"우리는 전두환 장군을 지지할 것이다. 그가 합법적으로 권좌에 오르고 한국인으로부터 광범한 지지를 받고 있음을 나타내 보이고 또 이곳의 안보 상황을 위태롭게만 하지 않는다면, 우리는 그를 지지할 것이다. 한국은 강력한 지도자를 필요로 하는 것으로 보인다. 그는 어쨌든 지도자이다. 그를 선두로 세워놓은 후열에는 모든 계층의 사람들이 들쥐와도 같이 전형을 갖추어 모여 있다."

나는 아내에게 편지를 썼다. 봉합엽서 앞뒤에 빽빽하게.

고생하고 있는 당신을 생각하며 붓을 들었습니다. 돌아오는 12월 7일은 우리가 결혼한 20주년이 되는군요. 20년간 당신은 나를 무한히 사랑해주었고 어려운 일이 있을 때마다 신념과 용기와 희망을 갖게 도와주었고 진정한 명예가 어떤 것인가를 인식시켜주기도 했습니다. 당신의 무한한 사랑과 희생이 있기에 보잘것없으나마 이 정도라도 오늘의 내가 존재할 수 있다고 생각합니다. 우리들의 자랑스러운 윤호, 준호, 현주, 영호에게도 당신은 희생과 사랑을 다해왔습니다. 나와 우리 집안의 행복은 당신이 건강하고 희망에 차 있을 때에만 유지될 수 있다는 것이 지난날의 삶을 통해서 입증됩니다. 나는 지난 20여 년간 정치활동을 통해서 '대립된 사물 간에 조화를 창조'하고 '상대방 처지와 고민을 이해하려고 노력하는 끈기 있는 자세가 없는 한 조화와 평화는 창조될 수 없다'는 신념으로 노력하며 살아왔지만 아직도 내 뜻은 이루어지지 않고 있습니다. 모든 사람들이 자기 처지만 생각하고 자기 고민만 생각하는 나머지 사물과 현상을 객관적으로 조망하지 못하는 데서 개인이나 가정이나 국가에 불행이 있는 것입니다. 개인이나 집단을 막론하고 대화로서 화해가 이루어져야 발전이 옵니다. 그 길만이 평화를 이룩할 수 있습니다. 면회 때 당신이 웃으면서 가정에서도 대화를 갖자고 말씀한 것을 가슴속에 새겨두고 있습니다. 나 자신부터 지난날을 반성하고 우선 가정에 충실하고 당신에게 자랑스러운 남편이 되는 것이 중요하다고 생각합니다. 사랑하는 당신과 우리의 기쁨인 윤호, 준호, 현주, 영호에게 평화와 건강이 함께하기를 기원드리며.

11. 출옥

출감한 다음 날 이희호 여사가 찾아와서 내일 청주교도소로 김대중 씨 면회를 간다고 했다. 나는 이 여사를 모시고 청주로 갔다. 면회는 물론 이 여사에게만 허용되었다. 청주를 다녀온 다음 날 남산에서 오라고 하더니 지하실로 데리고 갔다. 수사관이 나를 윽박질렀다.

"감옥에서 나왔으면 건강도 좋지 않을 텐데 집에서 가만히 쉬든지 해야지, 당신이 김대중이한테 얼마나 충성을 하는지 모르지만 우리를 무시해도 정도가 있지. 그래 우리는 뭣빨라하고 감옥에서 나온 다음 날 청주로 내려가? 당신은 조금도 반성하고 자숙하는 빛이 없다 이 말야. 그리고 당신이 감옥에 있어서 잘 모르겠지만 전두환 대통령각하께서 임기 한 번만 하고 그만둔다고 약속하셔서 온 국민이 태평성대로 지내는데, 당신이 과거와 같은 세상인 줄 알고 김대중이한테 가니, 도대체 우리를 뭘로 보는 거야? 당신은 지금 형집행정지 중임을 똑똑히 알라고. 그런 식으로 개전의 정을 보이지 않는다면 재수감할 테니까."

"당신들이 나를 오십사 일간이나 조사해봐서 잘 알겠지만, 나는 인간관계를 가장 소중하게 여기는 사람이오. 나는 감옥 나와서 몸도 편치 않고 건강도 살펴봐야겠지만, 그러나 제일 먼저 찾아봐야 될 것은 감옥에 있는 사람 아니오? 감옥에 있는 사람 가운데서도 내가 보스로 모시고 있던 사람 아니오? 그것을 가지고 당신들이 뭐라고 한다면 나보고 인간이 되지 말고 돼지새끼가 되라는 말인데. 그런 얘기는 하지 마시오. 모든 문제에 있어 나는 당신들과 견해가 다를 수 있습니다.

과거 박정희 대통령이 장기집권할 때 장기집권 반대운동에 참여했습니까? 결과적으로 박정희 씨를 불행하게 만든 것은 당신들 정보부요 정보부 수사기관원들 아닌가 말이요? 이 나라를 민주화함으로써 인간 박정희 씨 불행을 막기 위해서 우리가 투쟁할 때 당신들은 어떻게 했습니까? 지금 당신들은 모든 게 다 잘 되고 있으니 가만히 있으라고 하는데 과거 박정권 때 당신들은 뭐라고 했소? 똑같은 말을 하지 않았소? 그렇다면 박정희 씨가 저처럼 불행하게 된 것이 나 김상현이 책임이요 당신들의 책임이요? 정보기관 책임이요? 야당 책임이요? 그리고 분명히 얘기하지만 나는 용기가 없는 사람이요. 난 그렇게 큰 용기가 없는 사람이란 말이요. 때문에 삼선개헌하고 독재하고 장기집권할 때 투쟁 대열에 못 설지도 모른다 이 말입니다. 그러니까 지금 그걸 못하게끔 사전에 우리가 헌법을 지키는 대통령이 되게 하고 이 나라가 민주화되게 노력할지는 몰라도, 투쟁 대열에 당신들은 설는지 모르지만 나는 자신이 없소. 그러니까 일이 더 커지기 전에 지금부터 막아야 된다는 게 내 신념이요."

"만약에 이번에도 전두환 대통령이 헌법을 고쳐서 장기집권하겠다고 하면, 그땐 나도 앞장서서 투쟁하겠소."

"여보쇼, 그때는, 나는 용기도 없고 그렇게 신념도 강하지 못해서 당신은 투쟁을 할지 모르지만 나는 못할지도 모르오. 나는 그전에 아예 그것을 못하게끔 만들기 위해서 정치생활을 하고 투쟁을 하는 사람이요. 당신과 내 차이가 그것이요. 당신은 그렇게 할 수 있는 용기가 있는지 모르지만 나는 그렇게 못할는지도 몰라. 그러니까 나는 아예 처음부터 그렇게 못하게끔 환경을 만들자는 것이 내 생각이요."

"그 말이 맞소, 말이 되오."

1982년 12월 16일 김대중 씨가 서울대학병원으로 이감되었다. 곧 미국으로 추방된다는 소문이 떠돌았다. 나는 서울대학병원 근처를 왔다 갔다 하면서 이희호 여사와 홍일·홍업·홍걸 군 그리고 아우인 대현 씨 등을 통하여 김대중 씨 소식을 듣고 안부도 전하고 하였다. 그리고 동교동계 사람들끼리 만나서 돌아가는 정세를 분석하며 서로 생활을 걱정하기도 하였다. 우리는 김대중 씨가 미국으로 떠나기 전 동교동 집에 잠깐이라도 들러서 가까운 동지들과 악수라도 한 번 하게 하고 보낼 줄 알았다. 그런데 도무지 그럴 눈치가 보이지 않았다. 홍일 군한테 말씀을 전해드리라고 했다.

"형님은 미국으로 떠나시지만 저는 한국에서 삽니다. 전두환정권이 명예스럽게 퇴진할 수 있는 길을 모색하면서, 그 길을 트기 위하여 노력하면서 살겠습니다."

뭐라고 하시더냐고 했더니 아직 말씀을 드리지 않았다고 했다. 홍일 군은 자기 아버지가 지금 전두환이한테 이처럼 혹심한 탄압을 받고 있는데 전두환정권을 명예스럽게 퇴진시킬 수 있는 길을 모색하겠다니까 기분이 안 좋았던 모양이었다. 얼마 뒤 다시 물어봤더니 말씀을 드렸다고 했다. 그래서 뭐라고 하시더냐고 했더니, 홍일 군이 말했다.

"알았다고 하십디다. 그리고 무슨 어려운 일이 있으면 김 의원과 상의하라고."

김대중 씨가 미국으로 떠나던 12월 23일 김포비행장으로 나갔다. 그러나 뒷모습도 보지 못한 채로 돌아올 수밖에 없었다.

	한국사	동양사	서양사
1980	5·17비상계엄 전국 확대 5·18 민주화 운동 국보위 고급공무원 대숙정 연좌제 폐지 결정 언론기관 통폐합 조치 KBS 컬러TV방송 개시	이란·이라크 전쟁(~1988)	폴란드, 자유노조 운동 프랑스, 미테랑 대통령 취임
1981	민주정의당 창당 전두환정부 성립 수출 200억 달러 달성 해외여행 자율화	이집트, 시나이 반도 반환받음	
1982	통행금지 해제 프로야구 출범 금융실명제 실시 유보	이스라엘, 레바논 침공	

	한국사	동양사	서양사
1983	김영삼 단식투쟁 KBS 이산가족 찾기 방송 KAL 007 피격사건 미얀마 아웅산 폭파사건		미국, 그레나다 침공
1984	국방부 군 강제징집자 5명 사망 발표 민추협 발족 올림픽고속도로 개통 북한의 수해구호품 인수 청계노조 합법성쟁취 대회 남북경제회담	중국·영국, 홍콩에 반환 협정 조인	
1985	2·12 총선(신민당 돌풍) 정치활동 피규제자 전원 해금 남북 고향방문단 상호 교류		소련, 고르바초프 서기장 취임

한국 정치 아리랑
1935~1985

6장

1. 김영삼 단식

1983년 5월 18일에 시작된 김영삼 씨 단식을 계기로 정치인들이 모이기 시작했다. 롯데호텔 그릴에서 모인 첫 번째 모임에는 연락이 불충분하여 나가지 못했고, 두 번째부터 나갔다. 코리아나호텔 두 번째 모임에는 이른바 구정치인인 전직 국회의원들 50~60명이 모였는데, 조윤형·예춘호·박영록·황락주·최형우·김동영·박용만 씨 등 12명으로 '김영삼선생단식대책위원회'를 만들었다. 그리고 김영삼 씨 단식 중단을 촉구하는 5·17 이후 최초 성명서를 발표한 다음 서울대학교병원으로 갔다. 서울대학교병원으로 옮겨 단식을 계속하고 있는 김영삼 씨는 덥수룩하게 수염이 자란 초췌한 모습으로 누워 있었다. 병실에는 12명 대책위원과 기자 등 30여 명이 모여 있었다. 홍 모 씨가 병상 앞으로 다가갔다. 전직 국회의원이며 변호사로서 70이 다 된 홍 모 씨는 허리를 굽힌 채로 두 손을 맞잡았다.

"총재님! 총재님께서 만약에 불행한 일이 일어난다면 이 나라에는 태양이 꺼지는 것과 같습니다. 그러니 단식을 중단하시고 건강을 회복하셔서 민주화투쟁에 앞장서셔야 합니다. 총재님이 안 계시면 이 나라에는 민주화의 방법이 없습니다."

김 모 씨가 병상 앞으로 다가갔다. 김영삼 씨보다 10여 년 위인 김 모 씨 역시 전직 국회의원이며 변호사였다.

"총재님! 총재님이 안 계시면 이 나라는 어디로 가라고 총재님께서 이처럼 건강을 해치십니까? 총재님!"

김 모 씨는 숫제 통곡을 했다. 야릇해지는 기분이었다. 김영삼 씨가 지금 당권을 쥔 총재도 아니고 집권을 한 대통령도 아닌데 이처럼 아부 아첨을 하니, 만약 당권을 잡거나 집권을 한다면 얼마나 아부 아첨을 할 것인가? 아부 아첨할 사람들이 얼마나 많을 것인가? 이기택 씨가 앞으로 나갔다.

"제가 총재님께 뭐라고 말씀드리던가요? 제가 미국 갈 때 총재님 소명만 있으면 언제든지 돌아와서 이 나라 민주화투쟁 대열에 참여하겠다고 약속드리지 않았습니까? 이제 돌아왔습니다. 그러니 빨리 단식을 중단하시고 건강을 회복하셔서 민주화투쟁을 하셔야 합니다."

나는 뒤로 처져 있었는데 김동영 씨가 자꾸 한마디 하라며 떠밀었다.

"김 총재께서 지금 단식을 하고 누워 계신 것을 뵙고 여러분들이 좋은 말씀을 많이 하셨는데, 저 역시 한마디로 줄여서 단식을 중단하시라는 말씀을 드립니다. 단식을 해서 투쟁이 되는 것이라면 단식을 하시고 단식을 끝내는 것이 투쟁이 되는 것이라면 단식을 끝내셔야 합니다. 간디 같은 분도 단식을 해서 투쟁이 된다고 봤을 때는 단식을 했고 단식을 끝내는 것이 투쟁이 된다고 봤을 때는 단식을 끝냈습니다. 따라서 지금 단식을 끝내면 사람들이 어떻게 생각하느냐 하는 것은 조금도 의식하실 필요가 없습니다. 그러니 아까 말씀드린 대로 단식을 계속하는 것이 민주화투쟁에 도움이 되느냐 아니면 이제는 단식을 중단하는 것이 민주화투쟁에 도움이 되느냐를 잘 헤아리셔서 결단을 내리십시오. 이처럼 여러분들이 총재님 단식 중단을 바라고 있으니 다음에 또 다시 와서 단식을 끝내십시오 하고 말씀드리지 않게 하십시오. 단식을 이제는 그만두시고 우리가 힘을 모아 조직을 하고 정치를 해서 정정당당하게 싸워 나가십시다."

2. 동교동계 부활

동교동계 전직 국회의원들이 모임을 갖기 시작한 것은 김영삼 씨가 23일 만에 단식을 중단한 1983년 6월 9일 이후부터였다. 무교동에 있는 경양식집 그리그리에서 한 달에 한두 번씩 15회 이상 모였다. 조연하·김록영·박성철·예춘호·박종태·양순직·박종률·김창환·최영근 씨 등이었다. 이 모 씨는 한 번 참석했는데 주식회사 진로의 고문으로 취직을 한 다음에는 참석하지 않았다. 유 모 씨는 연락책인 김창환 씨가 연락을 할 때마다 '나간다'고 약속을 하고는 단 한 번도 나오지 않았다. 우리가 모일 때는 꼭 남산·치안본부·시경·경찰서에서 나와 지켰다. 형집행정지를 취소하고 재수감하겠다고 수십 번 경고하고 위협했다.

 한국정치문화연구소를 발족시킬 때 나는 공식적인 정치활동을 할 수 없었으므로 신민당의 김제만 의원과 유제연 의원 이름으로 사무실을 빌렸었다. 5·17 이후 집사람이 보증금이라도 찾으려고 했으나 유제연 씨가 도장을 안 줘서 3개월간 헛임대료만 물었다. 출옥을 해보니 집사람이 가스 가게를 해서 생계를 꾸려 나가고 있었고, 유제연 씨는 조선호텔 앞에서 '유정'이라는 큰 불고기 식당을 경영하고 있었다. 박종률 씨가 "김상현이 부인한테 가스를 넣으라"고 여러 번 부탁했고 나도 직접 전화를 해서 "이 사람아, 우리 마누라가 가스 장사를 하니 자네가 몇 통 넣으소"라고 했는데, 알았다고 하고는 그만이었다. 그 뒤로 동교동계의 핵심요원으로 김대중 씨가 가장 신임하는 사람 가운데의 하나인 모모 의원들이 "김상현이는 음모와 술수가 고단급인 무서운 계략가요 혁명가니 조심하라"고 정부 여당 사람과 정보기관에 애기했다는 것을 고재청 씨한테 들었다. "김상현이는 무서운 혁명가니 절대로 사면·복권을 시켜서는 안 된다."

"후광이 없는 이상 거산과 대화를 해서 거산을 간판으로 내세워야 한다."

내 주장에 다른 사람들은 반대했다.

"김영삼이는 신뢰할 수 없는 사람이므로 안 된다. '박·김회담' 때 어떻게 했는가? '5·18' 때 정계은퇴 선언하지 않았는가? 김대중이 사형선고 받고 우리들이 감옥 가고 광주항쟁 났을 때 말 한마디 하지 않고 침묵만 지켰던 사람이 아닌가?"

박영록·박종태·양순직·김종완·이용희, 그리고 나중에는 최영근 씨까지 가세했다.

"그러나 김대중이 없는 상황에서 정치투쟁을 전개해 나갈 간판이 필요한데 내가 보기에는 그래도 김영삼밖에 없다. 김영삼이 설령 투쟁 대열에 참여하지 않으려고 하더라도 끌어내야 될 전략이 필요한데, 김영삼이 단식을 하면서 투쟁을 하겠다고 하는 마당에는 우리가 뒷받침을 해줘서 그 계기를 마련해줘야 하지 않는가?"

조연하·김록영·박종률 씨만 찬성했고 나머지는 다 반대였다.

"김영삼이가 언제 변할지 아는가? 우리가 그 사람한테 한두 번 당했는가?"

김영삼 씨가 김덕룡 비서실장을 시켜 만나자는 연락을 해왔다. 상도동으로 가서 점심을 먹었는데, 단식 때 병원에서 만났던 것 말고는 처음으로 만나는 자리였다. 김영삼 씨가 말했다.

"단식 때 지지하고 협조해준 점 감사하오. 단식하면서 사심을 버리고 나라를 위해서 목숨 바칠 각오를 했습니다. 그러니 이제 옛날처럼 국민연합 같은 것을 만들어서 민주화투쟁을 시작합시다."

"좋으신 말씀입니다. 그런데 잘 아시는 바와 같이 지금 동교동의 전체 분위기가 김 총재를 믿지 못하여, 이 점을 가지고 많은 토론을 해왔습니다. 그분들 얘기가 과거 '박·김회담' 때부터 김 총재와는 얘기도 말자고 합디다. 80년 5월에 광주에서 수천 명이 죽어가는 것을 잘 알면서도 단 한마디 항의도 하지 않고 정계은퇴 선언을 하지 않았습니까? 정계를 은퇴하고 안 하고는 물론 자유입니다. 그러나 적어도 한 나라 야당 당수를 하셨던 분이, 또 당수가 아니라 하나의 정치인이라고 할지라도, 아니 일개 저잣거리 필부라고 하더라도 항의하는 성명서라도 내야 될 게 아닙니까? 신문에 나고 안 나고가 문제 아니라 적어도 역사의 기록에는 남겨야 할 게 아닙니까? 또 동지 입장에서도 김대중 씨가 사형선고를 받고 나 같은 사람이 10년 선고를 받고 감옥에 있을 때 부당하다든지 아니면 잘된 일이라든지 한마디 의견 발표는 있었어야 되는 게 아닙니까? 그런데 김 총재는 단 한마디 말도 없었습니다. 그렇기 때문에 김 총재에 대해서는 전혀 신뢰감이 없습니다. 조직을 같이하자는 것은 먼저 신뢰가 기본이 되어야 합니다. 신뢰를 밑바탕으로 하지 않고는 권력이나 돈이 있으면 얼마든지 조직을 할 수 있습니다. 그러나 그런 조직은 권력이 사라지고 돈이 떨어지면 하루아침에 쓰러지고 맙니다. 민주화를 위한 투쟁을 하기 위해서 함께 조직을 하자는 것은 좋습니다. 그러나 그러기 위해서는 먼저 많은 시간을 두고 대화를 하고 토론을 해서 신뢰가 회복되어야 합니다. 그리고 전제가 되어야 할 것은 내용과 실체가 불분명한 민주국민회의는 해체되어야 합니다."

'김영삼단식대책위원회'를 만들었을 때 하루는 김영삼 씨 측에서 서울대학병원 10층인가 식당에서 모임이 있으니 10시까지 와달라고 했다. 마침 약속이 있어 조금 늦겠다고 하고 11시 조금 넘어서 갔더니 회의가 끝나 있었다. 그래서 무슨 얘기들을 했느냐고 했더니, 뭐 별다른 것은 없었다고 했다. 그 모임에는 동교동 측에서 박영록 씨 혼자 참석했는데, 김영삼 씨 주도로 민주국민회의를 만들었다는 것이었다. 회장에 이민우, 대변인에 김덕룡 씨로 하고 전국적으로 2,000여 명 서명을 받았다고 했다. 김영삼 씨가 외신기자들에게 민주국민회의가 발족된 것을 발표했는데, 조연하·김록영 씨와 내가 이사로 선출된 것으로 되어 있었다.

"민주국민회의가 뭡니까? 저는 민 자도 모르는데 김 총재께서 일방적으로 만들어 제 이름을 넣었으니, 제 이름은 빼주십쇼. 이 일에서도 알 수 있듯이 무엇보다도 먼저 신뢰가 회복되어야 합니다. 동교동과 상도동이 힘을 합쳐서 민주회복투쟁을 벌이기 위해서는 김 총재가 먼저 민주국민회의부터 해체해야 됩니다."

한마디 말도 없이 괴로운 표정으로 묵묵히 듣고만 있던 김영삼 씨가 입을 열었다.

"해체하겠소."

김영삼 씨가 일방적으로 민주국민회의를 만들어서 자기 쪽 사람으로 회장·대변인을 임명하고 외신기자 회견까지 한 문제를 놓고 동교동계의 모임에서는 많은 논란이 있었다. 다만 민주국민회의를 해체한다면 상도동과 합작할 용의가 있다. 그러나 외신기자 회견까지 한 마당에 해체를 하겠느냐? 나도 해체에 불응하면 합작불가능 결론을 내리려고 했다. 그런데 뜻밖에도 스스로 해체하겠다는 말을 듣고, 깜짝 놀랐다.

다음 날 동교동계 측 모임에서 김영삼 씨와 회담 내용을 설명하고, 합작을 하기로 했다. 동교동의 대표는 조연하·김록영·예춘호·김상현이었고, 상도동 대표는 김영삼·이민우·최형우·김동영 씨였다. 그때부터 양측 8인 대표들이 모여 민주화투쟁 방법을 놓고 의논을 하기 시작했다.

3. 사람 잡는 '정보'

1983년 여름 이상돈·김윤식·조연하·김록영 씨 등 100여 명과 함께 만리포로 갔다. 나는 1974년 이후 매년 여름이면 뜻을 같이하는 주변의 선배·동료·후배들과 함께 만리포, 변산, 낙산사 같은 곳으로 가서 2박 3일 정도 수련대회를 가지고는 했다. 초청강사 강의도 듣고 서로 친목을 다지는 자리로써 언제나 80~150명가량 사람들이 모였다. 만리포에서도 장을병·한승헌·이재오 씨를 강사로 모시고 수련대회를 가졌는데, 나는 대회가 끝나기 하루 전에 그곳을 떠날 수밖에 없었다.

장모님이 돌아가셨던 것이다. 정치생활을 한답시고 늘 박해만 받아온 사위였으므로 장모님은 설움과 한이 많으신 어른이었다. 불알 두 쪽밖에 없는 가난뱅이에다가 박해만 당하는 정치인에게 따님을 여의고 나서부터 언제나 따님 걱정만 하시던 장모님이었다.

경기도 남양에 있는 처가에서 장모님 장례를 모시고 서울로 왔더니, 남산에서 보자고 했다. 수련대회에서 내가 "민중들이 피를 흘려야 민주주의가 이룩된다"며 민중민주주의 혁명을 주장했다는 것이 그 이유였다. 그러나 나는 평소에 '피' 소리를 잘 하지 않는 사람이다. 어떻게 하면 피를 흘리지 않고 민주주의를 이룩할 수 있을까 하는 민주주의 무혈혁명을 위하여 고민하는 사람이다. 하룻밤 자고 났더니 무슨 커다란 보따리 하나를 가져오며 "한 닷새만 있으면 됩니다"라고 말했다. 아이구, 이번에는 또 무슨 명목을 붙여 고문을 하고 그러고는 구속시키려는가 하고 괴로웠는데, 위층에 올라가서 누군가 전화를 받고 온 수사관이 나가라고 했다. 나중에 알고 보니 폴크로본느 주한 미부대사 전화였다. 나중에 수련대회를 찍은 비디오테이프를 본 남산에서는 "잘못된 정보였다"며 사과를 했다.

    정보라는 것이 이처럼 생사람을 잡는 것이다. 나야 그래도 전직 삼선 국회의원이랍시고 지면 있는 미부대사 도움을 받아 일이 거기서 끝났지만, 얼마나 많은 사람들이 잘못된 정보에 의해서 고통을 받아왔고 받고 있는가. 기십만 원 기백만 원 받고 하는 끄나풀들 잘못된 정보로 생사람을 잡지 말고 와서 직접 들어보라는 것이 내 주장이었다. 야당 사람들이 하는 집회가 무슨 비밀결사가 아닌 이상에는 누구든지 와서 들어보라는 것이다. 나는 평소에도 늘 동지들에게 말해왔다. 정보기관원이든 누구든 사람 만나는 것을 두려워하거나 기피하지 말자. 누구를 만나든지 존경받을 수 있는 자세를 갖춰야 되며 특히 적에게도 존경받을 수 있는 자세가 평소 생활태도로서 갖춰져 있어야 된다. 수갑을 채우는 사람이 '참 아깝고 존경할 만한 분에게 내가 수갑을 채우는구나' 하고 생각하게끔 해야 된다. 한 마디로 어떤 장소 어떤 사람 앞에서도 언제나 떳떳할 수 있어야 된다. 떳떳한 자세는 사심을 버리고 공심을 갖는 데서 나온다. 정치인은 첫출발도 그리고 마지막도 공심이다.

4. 정치인과 재야

김영삼 씨 주장은 정치인과 재야가 연합하는 유신시절 국민연합과 같은 기구를 만들자는 것이었고, 정치인들은 재야와는 다른 형태의 투쟁 조직체를 만들자는 것이 동교동계를 포함한 내 주장이었다. 그 문제를 놓고 6개월 이상 서로 밀고 당겼다.

1983년 2월인가 김대중내란음모사건 관련자를 중심으로 스물 몇 명이 모였던 적이 있었다. 안병무 박사 댁이었는데 저녁 6시부터 밤 12시 반까지 대토론이 벌어졌다. 재야 측에서는 안병무·문익환·이해동·김종완·이문영·한승헌·고은 씨 등이었고, 정치인으로는 예춘호 씨와 내가 참석했다. 내 주장은 이랬다.

"앞으로 우리가 민주화를 위한 투쟁을 벌이는 데 있어서 저는 정치인만으로 조직해서 투쟁하는 것이 좋다고 봅니다. 정치인과 재야가 연합하는 조직의 일원화에는 반대합니다. 이원조직으로 분리해서 투쟁을 벌여야 합니다. 따라서 저는 과거 국민연합이나 국민회의 같은 정치인·재야 합작조직투쟁에는 참여하지 않겠습니다. 오늘 이 자리에 정치인으로는 예 선배 한 분만 계신데, 앞으로 정치인·재야 합작조직이 발족

된다면 제 이름은 빼주시기 바랍니다. 저는 우리 정치인들끼리 많은 토론과 협의를 거쳐서 조직을 만들겠습니다. 그래서 재야의 모든 다양한 운동인식과 운동능력을 정치조직에서 수렴하여 정치적으로 발전시켜야 한다는 것이 제 기본 생각입니다. 만약에 재야와 정치조직이 일원화되면 투쟁방법에 경직성을 가져오게 됩니다. 유연성이 없어집니다. 정치인은 근본적으로 이상을 현실적으로 추구해 나가자는 것이고 재야는 높은 도덕적 순결성을 바탕으로 한 이상과 그 이상의 완전한 관철만을 추구하는 것인데, 실질적으로 문제를 해결해 나갈 수 있는 것은 정치인밖에 없다고 봅니다. 정치인은 본질적으로 혁명가와는 다르기 때문입니다."

안병무·이해동·한승헌·고은 씨 등이 전폭적으로 찬동했고, 안병무 박사가 말했다.

"김상현이가 갑자기 민정당으로 가더라도 다 깊은 뜻이 있어서 가는 것일 겝니다. 김상현이는 정치인인데 우리가 김상현이를 신뢰한다면 적극 밀어줘야 됩니다. 여기서 우리가 자꾸 정치인을 공격하고 소외시켜 가지고 재야와 정치인이 서로 대립되는 일은 없어야 합니다. 저는 김상현 씨 말이 뜻이 있다고 생각합니다."

모두들 박수를 쳤고, 예춘호 씨가 말했다.

"저는 앞으로 정치를 하지 않겠습니다. 순수하게 재야에 남아서 인권운동과 민주화운동을 벌이는 데 미력이나마 힘을 바쳐 매진하겠습니다."

모두들 박수를 쳤다.

이런 얘기를 김영삼 씨에게 해주었다.

"재야와 정치인이 합작을 하면 결국은 서로 대립하고 갈등하여 길항하는 관계로까지 나아가게 됩니다. 그렇게 되면 운동역량을 분산·약화시키는 결과를 가져오게 되며, 국민연합·국민회의의 결과가 그렇지 않습니까? 따라서 저는 합작에는 참여하지 않겠습니다."

김영삼 씨가 재야인사들을 만나보니 나와 이미 토론과 합의가 끝난 상태였으므로 합작 제의가 먹히지 않았다. 그리하여 정치인만으로 투쟁조직을 발족시키기 위한 8인위원회가 구성된 것이다.

5. 이름과 내용

동교동계는 광화문에 있는 박종률 씨 사무실에서 주로 만났다.

이름과 정관을 만들기 위한 8인위원회 모임은 예춘호 씨 집에서 열렸다. 나는 '민주화추진간담회'를 명칭으로 제안했고, 상도동 측에서 제안한 명칭은 '민주구국투쟁동지회'였다. 내 제안은 상도동 측 공박을 받았다.

"투쟁을 해도 시원치 않은 마당에 간담회가 뭐요?"

"투쟁이라는 것은 명칭이 투쟁하는 것이 아니라 우리가 투쟁하는 것입니다. 명칭이야 온건하더라도 투쟁을 과감하게 하면 되지, 우리가 과거에 구호만 과감하고 거창했지 행동이 따르지 못함으로써 국민들에게 얼마나 많은 실망을 주었습니까? 민주화추진간담회라고 하면 기관에서 뭐라고 하더라도 '우리가 간담회 좀 하는 것 가지고 뭘 그러느냐?'고 피해갈 수도 있지 않습니까?"

간담회는 약하므로 민주구국투쟁동지회로 해야 된다고 상도동 측은 강력하게 주장했다. 논란 끝에 나는 한 발 물러선 명칭으로 '민주화추진협의회'를 내놓았고, 합의가 되었다.

다음은 정관 또는 회칙을 만드는 문제가 나왔다.

"사단법인·재단법인 같은 단체는 그만두고 모든 단체와 심지어는 향우회며 친목계까지도 정관·회칙 같은 것들이 있습니다. 우리는 지금 비상한 시기에, 가장 어려운 시기에 민주화를 위한 조직체를 만들려고 합니다. 여기에는 무엇보다도 먼저 서로를 신뢰하는 것이 기본이 되어야 합니다. 우리가 지금 권력도 없고 돈도 없고 아무것도 없는데, 우리 내부에서마저 서로 신뢰가 없다면 이런 조직은 만들 필요가 없습니다. 그러므로 우리의 이번 조직은 정관이나 회칙이 없는 것을 기본으로 합시다. 모든 것을 관례와 합의에 의해서 운영해 나가는 것으로 합시다."

상도동 측에서 반대하여 잠시 논란이 벌어졌다. 내가 말했다.

"영국 같은 나라에서는 성문헌법이 없어도 민주주의를 잘해 나가고 있지 않습니까? 우리가 지금 민주화를 추진하는 협의회를 만드는데, 정관도 없고 회칙도 없이 한번 멋지게 해봅시다."

논란이 계속되었으나 결국은 모든 것을 관례와 합의에 의해서 운영하기로 합의를 보았다.

나는 조그만 긍지와 자부심을 느꼈다. 눈앞의 이해를 따라서 이합집산을 거듭해왔던 해방 이후 아니 역사 이래 '정치판'에서, 사람과 사람 사이 관계에서 가장 첫째가는 기본 덕목이 되는 신의를 바탕으로 운영해 나가는 조직을 만들어보겠다던 평소 꿈이 조금이나마 이루어진 때문이었다. 만약 정관과 회칙을 정해서 '민추'가 출발했더라면 정관·회칙을 가지고 시비가 일어나서 엄청난 대립이 벌어졌을 것이다. 모든 것이 50 대 50이었다. 무엇이든지 양측에서 합의만 되면 그대로 이루어졌다. 그래서 정보기관에서도 언제 또 무슨 위원회가 생겨나고 무슨 일을 벌일 것인지 도무지 감을 잡지 못했던 것이다.

6. 공동의장권한대행

위원장과 부위원장 그리고 간사장 제도를 두어서 운영해 나가자고 제의했다. 나는 상도동을 방문해서 진지하게 얘기했다.

"조금도 다르게 생각지 마십시오. 오늘은 제가 김 총재의 진실한 참모가 되었다는 처지에서 말씀드리는 것입니다. 제가 김 총재 경우라면 이렇게 하겠다는 생각에서 말씀드리는 것입니다. 민추는 위원장제로 해서 미국에 계시는 김대중 선생을 위원장으로 모시고 김 총재께서는 부위원장을 맡으십시오. 김대중 선생은 미국에 계시지만 투쟁은 국내서 합니다. 김 총재께서 실제적으로 위원장인 부위원장으로서 위원장대행을 하시라는 말씀입니다. 연령적으로도 김대중 선생이 몇 살이라도 많으시고 또 여러 가지로 그렇지 않습니까? 김 총재께서 이처럼 폭넓게 생각하여 행동하실 때 민주화를 위한 싸움에 큰 힘을 동원하실 수 있습니다. 김 총재께서 큰 바둑을 두십시오. 대승적 견지에서 역사적인 포석을 하실 절호의 기회라고 저는 봅니다."

"좋은 의견입니다."

김영삼 씨는 고개를 끄덕였고, 나는 간곡하게 다시 말했다. 김영삼 씨는 여전히 좋은 의견이라며 고개를 끄덕이면서도 자기 진영의 반발

등 여러 가지 문제를 들어 난색을 표명했다. 그래서 공동의장제를 제안했고, 김영삼 씨는 미국에 있는 김대중 씨와 함께 공동의장을 하겠다고 했다.

그런데 김대중 씨를 공동의장으로 하면 하나부터 열까지 미국에 있는 김대중 씨와 의논해서 발표해야 되고, 또 연락이 잘못되다 보면 김대중 씨와 김영삼 씨 사이에 오해가 생겨서 대립하고 나아가서는 몌별 또는 결별 지경에까지 이르게 될지도 모르며, 국내에 있는 동교동 계보에서 일하기가 어려울 것이었다. 그래서 김대중 씨를 고문으로 하고 김영삼 씨를 공동의장으로 해 동교동 측에서 공동의장을 내겠다고 했다.

김영삼 씨가 처음에는 "좋다"고 하더니 나중에 자파 내부 반발이 있으므로 김대중 씨가 아니고는 곤란하다고 했다. 김대중 씨가 아닌 다른 사람과 공동의장을 하면 김영삼 씨 격이 떨어지고 또 동교동 측에서 김영삼 씨를 격하시키려고 하는 것이니 응하면 안 된다고 측근들이 반대한 것이었다. 그래서 김영삼 씨를 공동의장으로 하고 동교동 측에서는 공동의장권한대행을 내기로 했다.

그 다음 날인가 이틀 뒤에 김영삼 씨한테서 연락이 와서 만났더니, '공동의장권한대행'도 곤란하다고 했다.

"왜 곤란합니까?"

"도저히 안 된다고 주변에서 반대를 합니다."

"그럼 민추 깹시다. 우리가 지금 여기서 이런 것 가지고 토론할 문제가 아닙니다. 민주화를 추진하는 데 어떻게 하면 가장 강한 조직력을 동원할 수 있느냐는 것이 우리의 최대 목표고 명분인데, 공동의장으로 하자니까 안 된다고 해서, 그럼 공동의장권한대행으로 하자고 하니까 그러자고 해놓고서 이제 와서 공동의장권한대행도 안 된다고 하면, 일을 못하는 것 아닙니까? 그러면 우리는 무얼 하라는 것입니까? 다만 민추가 깨지는 것은 김영삼 씨가 동교동 측 공동의장권한대행을 반대해서 그렇게 된 것이라고 발표하겠습니다. 그럴 수밖에 없지 않습니까?"

한 이틀 시간을 달라고 했고, 이런 우여곡절 끝에 '공동의장·공동의장권한대행' 체제로 합의를 보게 되었다.

동교동 측에서는 누구를 '공동의장권한대행'으로 내보내느냐는 문제를 놓고 협의를 했다. 조연하·김록영·예춘호·박영록·박종률·박성철, 그리고 나중에 참여한 김윤식 씨와 주로 만나서 상의를 했다. 조연하 씨가 나를 추천했고, 김록영·박종률 씨가 찬동했다. 박성철 씨는 나이가 제일 어리다는 이유로 반대를 했고, 예춘호 씨는 뚜렷한 의사를 밝히지 않고 "김상현이도 좋다"고 했다.

내가 동교동 측 '공동의장권한대행'으로 선출되자 상도동 측에서는 깜짝 놀랐다. 그러나 합의를 한 이상 따를 수밖에 없었다.

7. '민추' 발족

'민주화추진협의회', 약칭 '민추'가 발족된 것은 1984년 5월 18일이었다. 남산 외교구락부에서 김록영 씨가 선언문을 낭독하였다.

고문 김대중, 공동의장 김영삼, 공동의원장권한대행 김상현.

정보기관원 수십 명과 버스 3대에 분승한 전투경찰관들이 회의장 밖을 둘러싸고 있었다. 회유와 협박을 하며 민추를 깨겠다고 기관에서는 공언을 했다. 기관에서 많은 반대를 했으므로 민추 반대파들은 민추는 절대로 발족하지 못한다고 했다. 민추 이전에 동교동계에서 비정치적인 친목 모임을 가질 때도 기관원과 경찰들이 밖에서 기다렸기 때문에 한 번 나오고 그만둔 사람과 처음부터 끝까지 한 번도 안 나온 사람들이 많았는데, 그들은 그 뒤 민추와 신민당에서 대단한 실력자가 되었다.

박영록 씨는 김영삼 씨와 대화를 끝까지 반대했고, 박종태·양순직 씨는 "김영삼과 대화를 하는 것은 전두환이 앞잡이와 같다"고 했다. 박영록·박종태·양순직·최영근 씨 등은 그런 이유로 해서 참여하지 않았다.

한 사람 한 사람 정보기관에 불려가서 협박을 당하고 탈퇴를 강요당하지 않은 사람이 없었다. 나도 정보기관 고위 간부가 만나자고 하더니 민추에 참여하면 형집행정지를 취소하고 즉각 재구속하겠다고 했다.

민추에 참여하려고 했던 사람들 가운데 많은 사람이 그때 탈퇴하였다. 그들은 나한테 말하고는 했다.

"나도 참여하려고 했지만 사실 지금 모 재벌회사에서 한 달에 얼마씩 받고 있다. 아우가 무슨 회사를 경영하고 있다. 내가 민추에 참여하면 생계가 막연해지고 아우 회사가 문을 닫게 된다. 지금 참여는 못하지만 앞으로 평회원으로는 있겠다. 운영위원은 곤란하다."

관철동에 있는 대왕빌딩 1302호실을 다른 사람 이름으로 얻었는데 그것이 탄로나 입주를 못했다. 집기도 못 들여놓고 두 달 이상을 땅바닥에서 회의를 했다. 그 뒤 신민당 목포지구당 수석부위원장을 한 이용우 씨는 가입원서를 냈다가 정보기관에 연행되어 이틀 만에 나와서 탈퇴서를 냈다. 처음부터 못 들어온 사람도 있지만 들어왔다가도 탄압에 못 이겨 탈퇴한 사람이 많았다.

국회의원으로 황명수 씨가 유일하게 참여했다. 황명수 의원 말고는 단 한 명도 사무실에 와본 적도 없고 관심도 갖지 않았다. 김영삼·이민우 씨와 인간관계가 깊은 것도 있겠으나 자발적으로 입회했다. 민주화에 대한 확고한 신념을 갖고 입회를 한 황명수 의원 용기는 높이 평가되어야 한다고 생각했다. 스스로 국회의원을 그만둘 각오를 하지 않고는 할 수 없는 일이었다.

김영삼 씨 진영은 똘똘 뭉쳐서 민추에 참여했으나 김대중 씨 진영에는 민추 반대세력이 많았다.

"김상현이가 미국에 있는 김대중 선생과는 아무런 관계도 없는 자기 사조직을 만들고 있다. 김대중 계보 전체를 김영삼에게 팔아넘긴다. 정보기관의 돈을 받고 하는 짓이다. 전두환이 지시를 받고 하는 전두환이 앞잡이다."

나는 정보기관으로부터 온갖 경고·위협·협박을 당했다. 민추에 참여하면 앞으로 정치규제에서 안 풀어준다고 했다. 나는 국회의원을 포기했다. 국회의원보다는 나라의 민주화가 더 중요하다는 신념이었다.

필사적으로 민추를 반대하고 나를 비난하던 사람들은 김대중 씨가 귀국한 다음에는 앞을 다투어 민추에 들어왔고 신민당 조직책 신청을 했다.

8. 정치가의 말

"전두환 씨가 민주주의를 위하여 노력한다면 우리는 그를 용서해야 한다."

홍콩에서 발행되는 월간잡지 《화이스트 이코노믹 리뷰》에 실린 김영삼 씨 회견 내용이었다. 힐튼호텔에서 김영삼 씨와 아침을 먹는 자리에서 그 기사를 보여주면서 문제가 될 것 같다고 말했다. 김 총재는 특히 '광주문제'에 관한 언급에 신중해야 되고 가능하면 언급하지 않는 것이 좋다고 평소에 말했었다.

"전두환 씨가 민주주의를 위하여 노력한다면 우리는 그를 용서해야 된다고 하셨는데, 당연한 일이라고 생각합니다. 저는 평소에 전두환 씨를 명예롭게 퇴진시킬 수 있는 길을 모색해야 한다고 주장해왔습니다. 그런데 이 문제를 가지고 특히 광주 일원에서 시비가 일어날 텐데, 어떻게 대응하실 겁니까? 시인을 하시면 당분간 대단히 어려운 곤경에 처하시게 될 것이고, 오보라고 하면 무사할 것 같은데……."

"그렇게 말했습니다. 당연하지 않습니까? 더구나 나는 기독교 장로로서 당연히 할 수 있는 말이지요."

동교동 측에서는 이 문제를 놓고 벌떼처럼 일어났다. 특히 박성철

예비역 해병대 소장은 "회의만 열리면 김영삼이를 박살내겠다"고 별렀다.

14인 운영위원회 소위가 열렸을 때, 김영삼 씨가 말했다.

"그렇게 말했습니다. 내가 기독교 장로로서 전두환이가 민주화를 하면 용서해야 한다는 말을 한 것은 당연하지 않습니까? 정치보복을 하지 않는 게 민주화 아닙니까? 그렇기 때문에 평화적인 정권교체를 해서 민주화가 이룩되더라도 정치보복이 없다는 것을 밝힌 것입니다. 또 용서해준다는 것은 죄가 있다는 것을 인정하는 것이 되고. 따라서 전두환이가 민주화를 하면 용서해야 됩니다."

김영삼 씨가 당당하게 말했고, 박성철 씨는 이상하게 가만히 있었다.

보름인가 20일쯤 지나서 '구속자 동지회'·'부상자 동지회'·'유가족 협의회' 등 광주 4단체에서 김영삼 씨한테 공개장이 날아왔다.

"당신이 뭔데 감히 전두환 용서 운운하는가? 몇 월 몇 일까지 광주에 내려와서 사과하라."

힐튼호텔에서 만나자고 해서 갔더니 김영삼 씨가 딱 잡아뗐다.

"내가 언제 그런 말을 합디까? 심재원이라는 놈이 《뉴욕타임스》에 있으면서 청와대서 돈 받고 나 죽이려고 쓴 기산데, 내가 언제 그런 말을 합디까?"

기가 막혔다.

"안 했으면 안 했다고 하시면 그만이지요."

김영삼 씨는 14인운영위원회 소위에서도 똑같은 말을 했다.

"여러분도 잘 아시잖습니까? 청와대서 돈 먹고 한 짓이라는 걸."

상도동 측 이민우·김동영 씨 등은 괴로운 표정으로 고개를 숙이며 묵묵부답이었다.

광주에서는 즉각 내려와서 진상을 밝히고 사과하라고 난리였고, 김영삼 씨한테는 최대 위기였다. 나는 문익환 목사를 여러 번 만나 중재를 부탁했다.

"오보를 가지고 광주에서는 저렇게 난립니다. 지금 이 시점에서 김영삼 씨에게 상처를 입히는 것이 민주화투쟁에 무슨 도움이 되겠습니까? 김영삼 씨는 어쨌든 민주운동의 구심점이니, 목사님께서 수습을 좀 해주십시오."

문익환 목사가 광주로 내려갔고, 광주 4단체에서는 "8월 23일 12시 홍남순 변호사 댁에 4단체 대표들이 모일 테니 내려와서 해명하는 것으로 끝내자"고 했다. 김영삼 씨도 "그러겠다"고 했다.

내일이면 김영삼 씨가 광주로 내려가기로 한 날, 운영위원회 소위가 열렸다. 김영삼 씨 설명을 듣고 난 이민우·김동영 씨 등이 반대했다.

"잡지에 몇 줄 난 기사를 가지고 일일이 해명을 해야 한다면 정치 지도자 체통이 뭐가 됩니까?"

"문익환 목사와 약속을 했고 광주에서도 기다리는데 어떻게 합니까? 김상현 씨한테도 체면이 안 서고."

"약속은 지켜야 합니다. 약속을 안 했으면 모르지만 일단 약속을 한 이상은 지키셔야 합니다."

내가 말했고, 김동영 씨가 소리쳤다.

"아니, 김상현 의장은 우리 김 총재를 이렇게 궁지로 몰아넣어서 어쩌자는 거요? 김대중 선생 같아도 이렇게 하겠소?"

"물론 그렇게 합니다."

고성이 오가며 논란이 벌어졌고, 나는 절충안을 제시했다. 문익환 목사와 같이 내려가서 옆에 가만히 있다가 문 목사가 해명을 하면 그렇다고만 하자고.

오전부터 사방에 연락을 하다가 오후 3시가 되어서야 문익환 목사를 만날 수 있었다. 기독교방송국 7층 강당처럼 넓은 방에서 혼자 원고를 쓰고 있던 문익환 목사에게 사정을 얘기했다. 수첩을 펴보더니 "내일 중요한 약속이 세 가지나 있으므로 안 된다"고 했다. 순간적으로 눈물이 핑 돌았다. 나는 눈물을 흘리며 "그러면 민추가 깨진다"며 통사정을 했다. 그러자 문익환 목사 눈에도 물기가 어렸다.

"그럽시다."

다음 날 아침 8시 힐튼호텔에서 셋이 아침을 먹은 다음 차를 탔다. 나는 정 모 신부 착좌식에 참석하려고 대전에서 내리고 두 분은 광주로 내려갔다.

문익환 : 그런 일이 없습니다.

김영삼 : 유감스럽습니다.

9. 건강을 위하여

모든 일을 관례와 합의에 의해서 운영했으므로 일을 진행하는 데 한 번도 문제가 된 적이 없었다. 김영삼 씨가 한 번 사회를 보면 내가 한 번 사회를 보고 김영삼 씨가 한 번 기자회견을 하면 내가 한 번 기자회견을 해서, 50 대 50 배분 약속이 지켜졌다.

그런데 내가 사회를 보거나 기자회견을 할 때면 '어쩌다 저런 거지 같은 놈하고 같이 공동의장이 돼서 똑같은 예우를 해줘야 하는가' 하고 생각하는 듯, 얼굴을 팍 숙이고는 죽을상이었다. 김영삼 씨는 기자들을 만날 때마다 꼭 이렇게 발표를 하고는 했다.

"고문 김대중, 공동의장 김영삼, 그리고 김대중 씨가 돌아오면 공동의장을 맡기기로 하고, 공동의장권한대행 김상현."

나라의 민주화라는 큰 역사의 장을 열기 위하여 더불어 함께 힘을 모아 싸워 나가는데, 나한테 저렇게 부담을 느끼고 신경을 써서야 무엇이 되겠는가? 나는 말했다.

"앞으로 김 총재께서 다 사회를 보십시오. 또 기자회견을 한다든가 대외적으로 무엇을 발표하게 될 경우에도 대변인을 통해서 하게 되는 발표를 빼놓고는 김 총재께서 다 하십시오."

1985년 8월 13일 김대중·김영삼 민주화추진협의회 공동의장이 개최한 학원안정법 저지 공동회견에서 김대중 연설 장면.

그때부터 김대중 씨가 귀국해서 공동의장에 취임하기까지 김영삼 씨 혼자서 했다. 세 번째인가 김영삼 씨가 사회를 봤을 때, 조연하·김록영·박종률·박성철 씨 등이 따져왔다.

"왜 김영삼이 혼자서 회의 진행을 하게 하는가?"

"형님들, 죽을죄를 졌소. 가만히 보니 그쪽 사람들이 모두 팍 찌그러진 인상들인데, 이거 일을 해야 하지 않습니까? 그래가지고는 우리가 서로 건강도 좋지 않고 소화도 되지 않을 것이고, 무엇보다도 우리가 일을 해야 하지 않습니까? 그래서 김 총재 보고 다 하라고 했소."

"자네는 이 사람아, 김영삼 공동의장이면 공동의장이지 김 총재가 뭔가? 아니, 김영삼이가 지금 신민당 총잰가? 자네도 의장이고 김영삼이도 의장이고 똑같다 그 말여."

"하여튼 용서해주쇼. 우리가 일을 해야지, 민추가 불화가 나서 깨진다면 어떻게 됩니까?"

그러자 "개새끼, 소새끼", "네가 임마 그런 일을 우리하고 상의도 하지 않고 그럴 수가 있느냐"며 많은 공박을 당했지만, 내가 사심을 갖고 한 일이 아니라 민추 일을 하자고 한 일이라는 것을 잘 아는 특히 조연하·김록영 씨였으므로, 결국 웃고 말았다.

"저놈이 사람 죽일 놈이네."

공식회의 때는 김영삼 씨 곁에 함께 앉았지만 회의가 끝나면 즉시 변소에라도 가는 척하고 슬그머니 일어나 뒷자리로 가서 앉았다. 점심을 먹는 자리 같은 데서도 이민우 씨 같은 선배가 김영삼 씨와 나란히 앉으라고 해도 "아이구, 선생님. 그럴 수가 없습니다"며 뒷자리로 갔다. 공식회의가 아니고는 김영삼 씨 옆에 앉아서 목에 힘을 준 일도 없고 힘을 주려고 생각해본 적도 없었다. 민추를 함께하는 동안 단 한 번도 '김 의장'이라고 불러본 적이 없다. 사적인 자리에서는 반드시 선후배 차서를 지켰다.

나중에는 민추에서 무슨 성명서를 내면 신문에 나오고 두 김 씨가 만나면 사진도 나오고 했지만, 처음에는 무슨 모임이 있다고 연락을 해도 신문기자 한 명 나오지 않았다. 김영삼·김상현의 김 자도 못쓰게 했다. '가십' 한 줄도 나오지 않았다. 캄캄한 겨울이었다. 이따금 외신에는 몇 줄 나오는 경우가 있었지만 국내 신문에는 단 한 줄도 보도가 되지 않았다. 그래도 열심히 성명서를 작성하여 젊은 동지 몇 명과 함께 신문사마다 다니며 돌렸던 것은 이협李協 대변인이었다. 김영삼 씨와 나는 이협 대변인이 작성해준 성명서나 읽었다.

민추를 만들 때 김대중 씨에게 사전 양해를 구하거나 허락을 받지는 않았다. 편지 또는 인편으로 상의를 할 수도 있었지만 필요 없는 잡음이 끼어들어 일을 그르칠 우려가 있었고 어떤 경우에도 김대중 씨에게 책임을 지우지 않겠다는 생각에서였다. 정보기관 공작이 끼어든다거나 여러 가지 잡음이 일어날 요지가 있었다. 민주화라는 커다란 전략적 목적을 달성하자는 것이 김대중 씨 신념이라는 것을 잘 알고 있기 때문에 반대할 리가 없다는 생각이었다. 그리고 만에 하나라도 잘못되는 경우 내가 책임지겠다, 최악의 경우에도 김대중 씨가 빠져나갈 수 있는 구멍은 남겨두겠다는 것이 속생각이었다. 서른 몇 해 동안 김대중 씨와 함께 생활해왔지만 늘 스스로 알아서 움직였다. 이렇게 하는 것이 김대중 씨를 위하는 길이고 나라를 위하는 길이라는 판단이 섰을 때 행동으로 옮겼다. 인간적으로나 정치적으로나 양심에 부끄러운 일을 해본 적이 없다.

10. 신당 준비

1, 2차 해금이 발표되면서 제12대 국회의원 총선거에 참여하는 문제를 놓고 많은 논란이 벌어졌다. 1980년 11월 3일 입법회의에서 의결된 '정치풍토쇄신에 관한 특별조치법'에 의하여 정치활동이 규제된 사람은 모두 835명이었다. 그 가운데 강경파 정치인과 재야에서는 선거에 참여한다는 것은 전두환정권을 인정해주는 것이라는 논리를 내세워 '총선보이콧'를 주장했다. 민추 안에서도 새로운 정당을 만들어 총선에 참여할 것인가 아니면 거부를 할 것인가를 놓고 격론이 벌어졌다.

나는 문익환·안병무·김관석·김상근·김승훈·함세웅·이돈명·이문영·리영희·장을병·한완상·한승헌·이호철·고은 씨 등 재야인사와 만나면서 내 생각을 정리하였다. 결론은 새로운 정당을 만들자는 것이었다. 도덕적 근거와 역사적 정통성이 없는 정권에 의해서 피조된 제도권 정당인 '민한당'에서는 국회의원이 50명, 100명이 나온다고 하더라도 별 의미가 없다. 민주화에 도움이 안 된다. 소외계층을 중심으로 한 국민대중의 목소리를 대변할 수 있는 새로운 정당이 나와야 될 근거가 여기에 있다. 역사의 부름이다. 그리고 충분한 승산이 있다.

춘산春山 조연하 씨한테서 만나자는 연락이 왔다. 3차 해금이 발표되기 전이었다. 춘산은 진지하게 말했다.

"만석晩石을 당수로 밀자."

만석은 조윤형 씨 아호였다.

"만석을 당수로 하는데 자네가 승낙을 한다면 우리가 역사를 만들 수 있다. 자네가 찬성을 해준다면 이건 자네가 역사를 만드는 거야."

"아주 좋은 일입니다."

나는 곧바로 대답했다.

"만석은 유신 이후 박정권에게 일방적으로 탄압만 받아온 사람입니다. 지금도 계속되고 있고. 신당의 당수로는 만석만 한 인물이 없습니다."

춘산이 내 손을 잡았다.

"자네를 존경하네. 처음 이 말을 꺼낼 때는, 내가 자네 그릇을 알지만 그래도 무슨 조건을 달 줄 알았지. 그런데 아무런 조건도 없이 무조건 받아들이는구먼……. 이번에는 만석을 밀고 다음에는 자네가 하소."

"성님, 오늘 일도 모르는데 다음 얘기는 하실 것 없고……. 전력을 다하겠습니다. 만석을 당수로 만듭시다."

조윤형 씨는 그때 민한당에 들어갈 예정이었는데 조연하 씨한테서 내 얘기를 듣고 난 다음 재고를 한다고 했다. 최형우·정대철 씨와 의논을 해본 다음 연락을 해준다고 했다. 우리 뜻을 꼭 받아들일 것이라며 조연하 씨는 희망에 차 있었다.

그런데 닷새가 가고 일주일이 가도 아무런 연락이 없었다. 수십 번 연락 끝에 간신히 조윤형 씨를 만나고 온 조연하 씨는 침통한 얼굴이었다. 민한당으로 갈 결심이 요지부동이라는 것이었다. 조연하 씨는 땅이 꺼질 것 같은 한숨을 내쉬었다.

"우리가 셋이 함께 감옥생활을 한 것은 그만두고, 세상에 이럴 수가 있는가? 우리가 자생적 신당을 만들어서 만석을 얼굴로 해서 나간다면, 우리가 참으로 한 번 역사를 만들 수 있는데……. 만석이 아무래도 시국을 잘못 판단하고 있는 것 같네. 협박을 당하고 있는 모양이지만 아무래도 그 사람이 인심의 소재와 역사의 흐름을 읽지 못하는 것 같아."

3차 해금발표가 있던 1984년 11월 30일 저녁이었다. 3번에 걸쳐 모두 풀리고 15명만 남았는데, 나도 그 속에 들어 있었다. 당연한 일이었으므로 별다른 느낌도 없었다. 신당 당수문제만 머릿속을 맴돌았다. 이협·함윤식 씨와 세종문화회관 뒤 '독점'이라는 고향 후배가 경영하는 식당에서 저녁을 먹고 나오다가 조홍규 씨를 만났다. 조홍규 씨는 '6·3세대' 출신으로 11대에 전남 광산에서 200여 표 차로 낙선한 바 있는 만석계였다. 반가웠다.

"이 사람아, 만석 지금 어딨는가?"

"서린호텔 4층에서 이기택 씨와 식사를 하고 계실 겁니다."

마지막 기회라고 생각했다. 밤 8시쯤이었는데 유난히 추웠다. 걸어서 서린호텔까지 갔다. 단숨에 4층까지 올라갔다. 조윤형 씨는 이기택 씨와 함께 왜식부倭食部에서 맥주를 곁들인 저녁을 먹고 있었다.

"두 분께서 중요한 말씀들을 하시는 것 같은데, 제가 딱 십 분만 얘기하고 가겠습니다."

이기택 씨가 따라주는 맥주잔에는 입도 대지 않았다.

"마침 두 분이 함께 계시니 더욱 다행입니다."

나는 조윤형 씨를 바라보았다.

"민한당으로 가지 마십쇼. 지난번 춘산에게 말씀드린 것처럼 신당에 참여하시면 총재로 밀겠습니다. 그래서 이 나라를 민주화하는 데 주역이 되십시오. 여기 이 부총재도 계시지만 만석은 저나 이 부총재보다 나이도 위고 정치적으로도 선배가 되시잖습니까? 신당으로 오세요, 신당으로 와서 새 역사를 만드세요. 이 부총재도 제 말씀에 동의하리라고 생각합니다."

조윤형 씨가 말했다.

"그것은 끝난 얘기니까 더 이상 얘기하지 맙시다. 민한당으로 가기로 결정됐으니까."

"만석이 신당으로 오도록 이 부총재도 노력 좀 해주시오. 만석을 그래서 당수로 합시다. 그리고 이왕에 민한당으로 가려거든 이 부총재도 함께 가십시오. 나눠서 가는 것은 민주화를 위한 발전에 도움이 되지 않습니다."

그렇게 10분쯤 지났을 때 조윤형 씨가 말했다.

"우리가 지금 할 말이 있으니 자리를 좀 피해주시오."

순간적으로 눈물이 왈칵 쏟아졌다.

"알겠습니다."

나는 서린호텔을 나왔다. 그리고 눈물을 흘리며 세종문화회관 옆에 세워둔 자동차까지 걸어갔다.

워싱턴에서 발행되는 우리말 신문기자로 있는 신기섭 씨한테서 만나자는 연락이 왔다. 김홍일 군과 셋이 북악파크호텔에서 점심을 먹었다. 신 씨가 김대중 씨 메시지를 전했다.

"민추는 절대로 신당에 참여하지 말랍니다."

"후광 선생 말씀을 잘 새겨들어야 됩니다. 내가 듣기로는 민추가 그대로 신당으로 변용되어서는 안 된다는 말씀이지, 자생적인 정당으로서 소외계층의 고통을 대변하고 나라의 민주화를 위하여 싸울 수 있는 민주정당이라면 굳이 반대하지 않겠다는 말씀입니다. 나는 지금 국내에 있으므로 국내의 여러 가지 정세를 감안하여 대처하고 있으니 그 점은 나한테 맡겨달라고 전해드리세요. 다만 신당을 창당하되 민추 자체가 신당에 참여하지는 않습니다. 김영삼 씨와도 이 문제를 가지고 논의를 하고 있는데, 김영삼 씨도 현재의 정세 아래서 과연 신당을 창당해야 될 것인지에 대해서 결심을 못 하고 있는 상탭니다."

문제는 재야였다. 재야의 동의를 얻지 못하고는 신당을 창당하기가 어려웠다. 동의까지는 아니라도 간접적·소극적 승인인 묵인이라도 얻지 못한 상태에서 신당을 창당한다면 혼란과 대립이 일어나게 되어 결과적으로 민주 진영의 힘을 약화시키는 결과를 초래하게 될 것이었다. 재야는 여전히 총선보이콧 노선을 견지하고 있었다.

나는 운동권과 재야인사들을 만나 정치인의 입장을 이해시키기 위한 간곡한 설득을 한 끝에 마침내는 전면거부에서 전면거부도 불사한다는 정도의 양해를 얻어냈다.

김영삼·문익환 씨와 우리 집에서 아침을 먹으며 〈선거투쟁선언문〉을 보여주었다. 이협 대변인과 최기선(崔箕善) 부대변인이 만들어온 것을 내가 첨삭을 하여 정리한 것이었다.

군사독재의 종식을 위해 선거투쟁을 전개한다.
우리는 오늘 민주화추진협의회 전체운영위원회 및 상임운영위원회 결의와 그 위임을 받아 이번 총선에 임하는 민주화추진협의회의 기본입장을 천명하고자 합니다. 이에 앞서 우리는 국내외 여러 민주동지, 그리고 민주화투쟁을 전개하고 있는 재야 민주단체 인사들과 허심탄회한 의견교환을 한 바 있습니다.
잘 아시다시피 민주주의 정치에 있어서 선거는 국민으로 하여금 자신이 주권자라는 사실을 확인하고 그 권리를 행사하는 거룩한 의식입니다. 그러나 민주주의가 정착하지 못했거나 민주주의가 유린된 곳에서는 선거가 독재를 합리화하기 위한 들러리 장치로써 요식행위가 됩니다. 지금 우리가 앞두고 있는 총선도 단순한 요식행위 이상의 것이 되지 못하고 있습니다.
오늘날 이 나라에서 총선이 그 본래의 진정한 의미를 획득하기 위해서는 김대중·김영삼 씨 등을 포함한 정치 규제의 완전 철폐를 통하여 국민이 자신의 대표자를 선택할 수 있도록 하는 것을 보장하고, 제1당이 비례대표 의석의 3분의2를 차지하는 비민주적 선거 방식을 비롯하여 정당 또는 개인 연설회의 제한, 정치권력이 특정인의 당락을 좌우할 수 있는 제도적 및 현실적인 제약 철폐 등 선거제도 자체의 비민주성과 불합리성이 먼저 개선되어야 합니다.

또한 각 정당이 자생력을 가지고 그 후보를 선정하며, 또 누구나 평등한 입장에서 선거에 참여할 수 있는 조건과 기회, 그리고 선거운동 기간이 똑같이 보장되어야 하며, 또한 국민이 자유스럽고 구체적인 판단과 선택을 할 수 있도록 충분한 언론의 자유가 선행되어 보장되어야 합니다.

이러한 여건들이 갖추어지지 않은 가운데서 선거는 단지 독재를 합리화하기 위한 현 정권의 음모에 불과한 것입니다. 더욱이나 2월의 혹한기를 기하여 선거를 치르고자 하는 것은 국민의 선거참여를 배제시켜 민의조작과 선거부정을 획책하는 술책임이 분명합니다. 만약 현 정권이 민주적으로 참다운 선거를 하고자 한다면, 이와 같은 여건을 먼저 보장할 것을 촉구하는 바입니다.

총선 여건을 갖추지 않고 강행되는 총선은 결과적으로 현 정권의 정당성과 정통성을 계속 부정할 수밖에 없게 하는 것입니다. 이러한 총선은 거부되어야 한다는 주장이 민주진영 내부에서 강력하게 제기되고 있습니다. 그러한 견해는 논리적으로 지극히 타당한 것입니다. 우리는 이런 논리적 타당성에 직면하여 갈등과 고민이 있는 것 또한 숨김없는 사실입니다.

그러나 현 정권이 노리는 것을 보다 엄밀히 분석할 때, 현 정권은 총선을 통해 정권을 합리화하고 나아가 군사독재의 강화와 영구화를 획책하려 함이 명백한 것입니다. 정치군인의 대거 진출 등 시민민주주의를 압살하고 유린하려는 조짐들이 그것을 반증하는 것입니다.

이에 우리는 이러한 음모에 맞서 민주화운동의 국민운동기구로써 민추협의 조직을 계속 유지·확대·강화하면서 다른 한편으로 반국민 세력의 강화와 영구화를 저지하는 범국민적 민주화 추진의 일환으로 '선거투쟁'을 전개하기로 하였습니다. 우리의 선거투쟁은 독재의 창구 역할을 하는 민정당에 대한 반대투쟁을 그 핵심으로 합니다.

이러한 관점에서 민주화추진협의회는 이번 선거투쟁에 적극적으로 대처할 것을 선언하며 민주화투쟁에 대한 결연한 의지를 내걸고 국민의 적극적 호응을 호소합니다. 이와 아울러 민주화추진협의회는 민주화 촉진을 위하여 국민이 이해할 수 있는 민주적인 자생정당이 창당된다면 전폭적인 지지와 성원을 보낼 수 있음을 밝혀두는 바입니다. 이를 위해 민추협 소속 정당 추진 인사들에게 원칙과 전제조건이 제시될 것이며, 우리는 온 국민과 함께 그 추이를 주시할 것입니다. 또한 우리 민추협은 이와 같이 민주화 작업을 계획하고 집행하기 위한 기구로서 총선대책특별위원회를 구성하여 대처해 나갈 것입니다. 우리는 5·18 항쟁과 더불어 발표한 민주화투쟁선언의 정신에 따라 모든 민주세력과 튼튼히 연대하여 정권적 차원이 아닌 구국적 차원의 민주화투쟁을 이 땅에 민주화가 이루어지는 날까지 더욱 강화해 나갈 것임을 국민 앞에 약속드립니다.

1984년 12월 11일

민 주 화 추 진 협 의 회

고　　　　　문 김 대 중
공　동　의　장 김 영 삼
공동의장권한대행 김 상 현

선명·통합신당 창당의 원칙

국민 여망에 부응하고, 민주화 쟁취의 정치적 구심력을 형성해야 할 정통정당 창당에 있어서는 그 원칙이 있어야 한다. 국민 여망이 군부독재 종식과 시민민주주의의 실현을 통한 민주화에 있으므로 그러한 국민 여망과 시대적 소명에 충실할 것을 대원칙으로 해야 한다.
따라서 이러한 소명과 책임을 분명히 하기 위해서는 다음과 같은 원칙이 준수·확인되어야 한다.

1. 군사독재 종식과 민주정부 수립을 향한 민주화투쟁에서 투옥 혹은 정치규제된 인사를 비롯한 민주세력이 중심 되는 정당이어야 한다.
2. 모든 민주인사들이 통합·단결하고 선명한 민주투쟁을 전개하는 야당으로 그 성격을 분명히 하며 타력이 아닌 자생적으로 결성되어 당원의 순수한 의지에 의해 운영되는 민주정당이어야 한다.

3. 민주화추진협의회 등 반독재민주세력의 투쟁이 평가되고 그 정신이 계승되며, 노동자·농민·청년학생·종교인·지식인 및 민주·통일 운동권과 민주화투쟁을 위한 연대를 지속·강화시키며 대변하는 정당이어야 한다.

선언문을 읽어보고 난 문익환 목사가 말했다.

"이런 정신으로 신당 창당을 지원한다면 재야에서도 충분히 이해할 수 있습니다."

청와대 사정담당 특별보좌관인 이학봉 씨한테서 만나자는 연락이 왔다. 프라자호텔에서 만났다.

"김대중 씨가 12월달까지 구라파 여행을 허가해주면 총선 후에 귀국하겠으나 그렇지 않으면 총선 전에 귀국하겠다고 하는데, 귀국하면 구속됩니다."

"불행한 일이지만 당신들이 구속하겠다면 구속당하는 것이지 어쩌겠소. 그러나 당신들이, 이 정권이 어째서 정치력을 회복하지 못합니까? 김대중이라는 정치 지도자에 대응하는 당신들의 전략·전술에는 참으로 잘못이 많습니다. 그분에게도 설 땅을 줘야 것 아닙니까? 그분이 그런 제안을 했다면 그분으로서는 커다란 결단을 내린 것입니다. 그것은 바로 당신들과 대화를 하자는 것 아닙니까? 당신들이 우려하는 것처럼 그분이 귀국해서 혁명투쟁을 하자는 것이 아니라 합법적인 정치투쟁을 하자는 것임이 그 제안 속에 들어 있지 않습니까? 김대중 선생이 총선 전에 귀국했을 때 당신들에게 유리할지 불리할지는 스스로 판단할 문제지요. 그러나 그것이 거부됨으로써 이 나라 이 정권이 민주체제가 아니라는 것이 국제적으로 밝혀질 텐데, 당신들에게 무슨 도움이 되겠습니까? 김대중 선생이 그런 제안을 했다는 것은 대화를 하자는 것이니 받아들이시오. 그런 것을 통해서 김대중 선생에게도 명분과 처지를 강화시켜줘야지 일방적으로 도망갈 구멍도 없이 몰아붙이기만 해서 어쩌자는 겁니까? 옛말에도 궁한 쥐를 쫓지 말라고 했잖소?"

한 시간가량 얘기를 나누었다. 출옥 후 처음 만나는 자리였다. 이학봉 씨가 말했다.

"김 의원은 여당도 안 해보고 정권도 안 잡아봤는데, 어떻게 이처럼 다 알아서 얘기하십니까?"

"김대중 선생 사돈을 통해서라도 좀 대화도 하고 그래야지, 먹느냐 먹히느냐로 극단적인 대결만 해가지고야 어쩝니까?"

11. 여건 조성

신순범 의원을 만난 것은 12월 2일인가였다. 신순범 의원은 전라남도 여수 출신으로 대한웅변협회 시절부터 잘 아는 사이로 6대 국회 때는 내 비서관을 지내기도 했다. 그 또한 나처럼 돈 한 푼 없이 오직 몸으로 뛴 사람으로 명웅변가이기도 했다. 나는 그에게 신당 취지를 설명했다.

제도권 피조 야당인 민한당은 선명성이 없어 국민의 신뢰를 받고 있지 못함으로 전국 정치세력을 민추로 모아야 한다. 우선 무소속 의원들이 민한당으로 가지 않고 민추로 들어온다면 국민들에게 주는 상징적 효과가 크다. 따라서 민추가 만드는 신당이야말로 국민들의 절대적인 지지를 받을 수 있는 선명한 자생적 야당이 된다. 무소속만이 아니라 민한당 의원들까지도 탈당시켜서 민추에 가입시켜야 되는데, 우선 무소속 의원들을 맡아라, 공천은 보장한다.

그 다음 날인가 신순범 의원을 통해서 조순형 의원을 우리 집에서 만났다. 조순형 의원은 중씨인 조윤형 씨가 민한당에 입당하여 성북지구당 위원장이 됨으로써 지구당이 없어진 상황이었다. 대단히 괴로워하는 그에게 말했다.

"그렇다고 해서 형제간에 어쩌시겠습니까? 일단 민추에 들어오십쇼. 신당이 발족되면 공천을 보장하겠습니다. 반드시 성북구에서 형님과 다투실 필요가 있습니까? 서울의 선거구가 성북만 있는 것도 아니고, 도봉구도 있고 또 많이 있으니, 민추로 들어오십쇼."

며칠 뒤 신순범·조순형·김정수·김정길 의원이 무소속동우회에서 기자회견을 갖고 민추 입회, 신당 참여 성명서를 발표했다.

12월 19일에는 민한당 소속 김현규·허경만·서석재·박관용·홍사덕·김찬우·최수환·손정혁 의원이 엠파이어호텔 커피숍에서 민추 입회, 신당참여를 발표했다.

민한당 의원 8명 참여는 김영삼 씨 주선이었는데. 그 가운데 동교동계는 허경만 의원 하나였다. 무소속 의원 4명과 민한당 의원 8명을 민추에 입회시키고 신당 참여를 선언케 한 것이 신당 창당 여건과 환경을 조성하는 데 결정적인 계기가 되었다.

12. '민추'와 '비민추'

민추와 비민추에서 각각 6명씩 12명으로 신당 창당 준비를 위한 실무위원회가 구성된 것은 1984년 12월 14일이었다.

김영삼 씨는 창당 발기인 숫자에서 민추와 비민추 비율을 7대 3으로 하자고 했다. 그러자 이철승·신도환·김재광·이기택 씨 등 비민추에서 50 대 50으로 해야 된다며 펄펄 뛰었다. 민추 쪽 실무위원들은 광화문에 있는 박종률 씨 사무실에서 모였고, 비민추 쪽은 프라자호텔 2층 양식부에 진을 치고 서로 버텼다. 나는 김영삼 씨를 만나 설득을 벌였다.

"우리가 신당을 만드는데 과거의 행적을 하나하나 따져서 가릴 만큼 환경도 못 되고 또 그럴 시간 여유도 없습니다. 적어도 민주화운동에 참여하겠다는 모든 세력에게는 문호를 개방해야 됩니다. 민추가 계속 삼칠제를 주장한다면 비민추가 다른 신당을 만들어 나갈 가능성이 있고, 정권 측에서는 그걸 바라고 있습니다. 신당이 여러 개 나올수록 좋아하겠지요. 헤게모니를 우리가 잡고 있는 이상 그들의 주장을 받아들입시다. 그들이 찢어져 나갈 수 있는 명분을 줘서는 안 됩니다."

논란을 거듭한 끝에 극적으로 50 대 50 타협이 이루어졌다. 창당준비위원회 위원장은 이민우 씨로 한다는 전제였다.

그런데 12월 19일 밤 롯데호텔 모임에서 김영삼 씨가 다시 삼칠제를 주장함으로써 논란이 벌어졌다. 비민추에서는 50 대 50이 아니라 공동위원장체제로 하자는 새로운 주장을 해서 새벽 4시까지 격론을 벌였으나 결론이 나지 않았다. 나는 서린호텔로 가서 이철승·신도환·김재광·노승환 씨를 만났다.

"공동위원장은 안 된다. 이민우를 위원장으로 하되 50 대 50으로 한다. 대신 상도동에서는 부위원장은 안 맡는다. 부위원장은 동교동의 조연하·김록영이다. 민추에서 위원장까지 세 명이니 비민추에서 부위원장 세 명을 해라."

김영삼 씨를 만났다.

"공동위원장제를 포기시키는 대신 부위원장 세 명을 주자. 저쪽 부위원장은 김수한·이기택·노승환이다."

새벽 4시 반에 가까스로 타결이 되었다.

프라자호텔 2층 양식부로 가서 50 대 50으로 타결됐다고 했더니, 대환영이었다. 다시 광화문에 있는 박종률 씨 사무실로 갔다. 이민우·최형우·김동영·조연하·김록영 씨 등이 모여 있었다. 이민우·김동영 씨가 반발했다.

"김상현이가 뭔데 혼자 결정하는가? 우리는 로버튼가?"

"이쪽의 합의를 모으기 전에 저쪽에 먼저 통고를 한 것은 잘못됐다. 용서해라."

아침 9시 흥사단 강당에서 창당 발기인대회가 열렸다.

창당준비위원회 위원장: 이민우
창당준비위원회 부위원장: 조연하·김록영·박용만·이기택·최형우

민추에서부터 신한민주당 창당까지 각종 기관으로부터 온갖 방해가 많았다. "형집행정지와 정치 규제에 묶여 있으면서 이런 일을 계속하면 형집행정지를 취소하고 즉각 재수감하겠다"는 것은 상투화된 협박이었다. 그때마다 나는 이런 식으로 대꾸하고는 했다.

"나는 이 일을 해야 될 처지이고 당신들은 막아야 될 처지인데, 당신들이 형집행정지를 취소하고 감옥으로 다시 보낸다면 가는 수밖에 도리가 있습니까. 그러나 감옥에 가는 순간까지는 내 일을 할 테니까 앞으로 더 이상 이 문제를 가지고 토론하지 맙시다."

구체적으로 특별한 방해는 없었다. 김현규·홍사덕 의원 연행사건이 민한당을 제도권 야당으로 보호·육성하고, 자생적인 선명야당인 신당 창당을 방해하고자 했던 상징적 사례가 된다.

13. 당수 문제

1984년 12월 27일 민추 안에 '총선대책특별위원회'를 설치하고 김윤식 씨를 위원장으로 한 25명 위원들이 창당 준비를 했다.

신당을 만드는 데 있어 가장 문제가 되는 것은 당의 체제였다. 단일지도체제냐 집단지도체제냐, 그리고 당수를 누구로 하느냐 하는 문제를 놓고 민추와 비민추 의견이 모아지지 않았다. 비민추 노승환 씨가 집으로 찾아왔다.

"이민우가 김상현이 중계하여 양측이 모인다면 참여하겠다고 하니, 두 파의 자리를 한번 마련해달라. 이민우에게 양측이 한번 만나자고 하니, 당신들 주장만 하니 만나서 뭐하겠는가? 다만 김상현이가 주선한다면 한번 만나겠다고 한다."

서교호텔에서 양측 모임을 주선했다. 민추 주장은 단일지도체제였고, 비민추 주장은 집단지도체제였다. 고성이 오가고 김재광 씨가 책상을 치는 등 3시간 이상 격론을 벌였다. 모임을 주선한 내가 중재할 수밖에 없었다.

"단일지도체제로 하되 부총재를 몇 명 두고, 총재·부총재가 모든 일을 합의해서 운영하도록 하자."

다음은 당수문제였다. 나는 창당준비위원회 위원장을 이민우 씨로 하는 데는 합의하였으나, 당수를 누구로 하는가에 대해서는 합의한 바가 없었다.

"당수는 이민우로 해야 된다."

"두 김의 단합이 전제되어 조직을 일원화해 나갈 때 민주세력이 강화될 수 있다는 것이 민추 조직의 명분이었다. 이민우는 김영삼 칼라가 많기 때문에 두 김 단합에 바람직하지 않다. 따라서 이민우 당수를 반대한다."

"이민우 당수가 안 되면 차라리 당을 깨겠다."

"깨면 깼지 안 된다."

내 구상은 재야 옹립이었다. 그 문제를 가지고 문익환 목사와 안병무 박사의 적극적은 천거로 김관석 목사를 만났다.

"나는 정치를 모른다. 정치에 관심이 없다."

김관석 목사는 완강히 반대했고, 나는 졸랐다.

"이건 민주세력의 징집이다."

김영삼 씨와 결말이 안 났으므로 적극적으로 매달릴 수 없었다. 김영삼 씨와 줄다리기를 하는 한편으로 김관석 목사를 만났기 때문이었다.

창당대회 전에 각 지역구별로 조직책 신청을 받는데, 조순형 의원에게는 도봉구에 신청을 하라고 했다. 성북구에서 형제간에 경합을 하게 할 수는 없는 일이었으므로 인접구인 도봉구로 내라고 했던 것이다. 조순형 의원이 새벽같이 내 집으로 찾아왔다. 자기가 신청한 지 사흘 뒤에 이민우 창당준비위원장이 신청서를 냈다는 것이다. 이민우 씨를 찾아갔다.

"선생님, 도봉구는 제가 신청을 한 곳인데 이러실 수가 있습니까?"

"도봉구에서 22년간 살아온 사람이오."

김영삼 씨를 만났다.

"어떻게 된 겁니까?"

"그쪽은 인석丈이 할 수밖에 없으니 다른 곳으로 찾아보시오."

"무소속 국회의원 4명이 제일 먼저 민추에 입회해서 신당 창당에 앞장서는 성명서를 냈는데, 우리가 공천을 보장해줘야지 이럴 수가 있습니까? 더구나 김 총재가 유석을 생각하더라도 이럴 수가 있습니까?"

"도리 없소."

서린호텔에서 이민우 씨를 만났다. 나는 서린호텔 방 하나를 쓰고 있었다.

"인석께서 유석과 관계를 보더라도 자식 같은 사람을 길러주셔야지, 거기다가 신청을 하시면 어떻게 합니까?"

"나는 도봉구에 22년간이나 산 사람이고 조순형이는 젊은 사람이니 다른 데로 가면 될 것 아닌가?"

"선생님은 칠십이 넘은 고령이시고 하니, 전국구로 가십시오. 전국구 1번을 하십시오. 거산과 협의해서 그렇게 하겠습니다."

"거산이 나 전국구 하는 것을 반대하는데······."

"그것은 저한테 맡기십시오."

다음 날인가 민추에서 김영삼 씨를 만났다. 이민우·조순형·최형우 씨도 함께 있었다.

"인석 선생은 춘추로 보더라도 전국구 1번으로 모시고 조 의원에게 도봉구를 주는 게 순섭니다. 김 총재께서 결정하십쇼."

나는 말했고, 김영삼 씨가 이민우 씨를 바라보았다.

"인석, 전국구로 하시겠습니까?"

"언제는 전국구 하지 말라더니, 무슨 말을 그렇게 하시오?"

이민우 씨는 불쾌한 표정을 지었고, 서둘러 내가 말했다.

"그러면 김 총재께서 인석 선생을 전국구 1번으로 하는 것으로 하고 조 의원한테 지역구 주는 것을 합의된 것으로 합니다."

며칠 뒤 김영삼 씨가 말했다.

"인석을 총재로 합시다."

"당수 할 사람이 어떻게 전국구를 합니까? 당수 할 사람은 종로에서 나와서 바람을 일으켜야 합니다. 신당 바람을 일으키려면 당수는 반드시 종로에서 나와야 합니다. 그런데 인석은 전국구 1번을 하기로 하지 않았습니까? 전국구 1번을 하면서 당수를 하면 전국적인 바람을 일으킬 수 없습니다. 붐 조성을 못합니다. 그러니 인석은 노인 대접을 해서 전국구 1번으로 모시고 당수는 종로에서 나오는데, 재야에서 옹립합시다."

며칠 동안 음성을 높이며 싸웠다. 김영삼 씨는 "당을 깨는 한이 있더라도 이민우를 총재로 하지 않으면 안 된다"고 요지부동이었다. 나는 "정 그렇다면 이민우를 종로에 출마시켜라. 그렇게도 못한다면 재야인사를 옹립, 전당대회서 표 대결을 하겠다. 더 이상 협상은 없다"고 말했다. 이민우 씨가 나를 만나자고 하더니 화를 냈다.

"언제는 전국구 1번으로 하자고 해놓고 이제 와서는 또 이 늙은 놈을 종로에서 나오라고 하니, 나를 놀리는 것도 아니고 뭔가?"

"거산이나 선생님께 제가 전국구 1번으로 모시자는 말씀은 했지만 당 총재로 모신다는 말씀은 입에 올린 바가 없습니다. 당수는 종로에서 나와야 된다는 것이 제 이번 총선에서 기본전략의 하나입니다. 당수가 종로에서 나와 전국적인 붐을 조성해야지, 며칠 만에 탄생되는 정당으로서 붐 조성을 해야 제1야당으로 나갈 수 있는데, 전국구 1번으로 나가서 무슨 놈의 붐 조성이 되겠습니까? 그러니 선생님과 거산이 선생님이 총재가 되시는 게 물러설 수 없는 카드라면 저로서는 종로에서 나와야 된다는 게 물러설 수 없는 카드올시다."

나는 김영삼 씨를 만나서 정식으로 김관석 목사를 총재로 옹립할 것을 제의했다. 다만 이민우 씨가 종로에서 나와 전국적인 바람을 일으켜 준다면 어떻게 하든 재야를 설득하겠으나, 끝까지 이민우 씨 전국구 1번과 당 총재를 고집한다면 전당대회에서 표 대결을 하겠다고 했다.

김영삼 씨는 이틀간만 시간을 달라고 했다. 이민우 씨는 그때 창당준비위원회 위원장으로서 전국 지구당 창당대회장을 돌며 지원연설을 하고 있었다. 울산인가 지원연설을 마치고 부산으로 가 있을 때였다. 부산으로 내려간 김영삼 씨는 잘 마시지도 못하는 마주앙 2병을 마시며 많은 논란 끝에 "인석이 종로에서 나오는 것으로 선언하겠다"고 일방적으로 말하고는 상경했다.

다음 날 조직강화 특별위원장인 조연하 씨가 '이민우 종로 조직책 결정'을 발표했다.

김영삼 씨와 나는 '총재 이하 모든 당직은 김영삼·김상현이 합의하여 배분한다'는 합의서를 만들어 교환했다. 신당 총재는 이민우, 부총재는 조연하·김록영, 그리고 비민추가 추천하는 3인으로 하기로 했다. 사무총장은 최형우 씨로 하겠다는 것을 내가 우겨서 동교동 측에서 맡기로 했다. 김대중 씨가 국내에 있다면 원내총무를 맡겠으나 미국에 있는 상황에서는 당 조직과 사무를 관장할 수 있는 사무총장직을 맡는 것이 유리하기 때문이었다.

14. 정치가의 한계

브라질교포 실태를 조사한 것은 유진산 당수 시절이었다. 진산은 곧바로 국회에서 문제를 삼아야 한다고 주장했다. 나는 "이것은 나라의 수치이므로 한 달간 여유를 주면 잘 처리하겠다"고 한 다음, 정일권 총리에게 해결을 의뢰했다. 한 달 안으로 문제가 해결되었고, 진산이 대견해했다.

"상현이는 역시 정치가다."

1971년 신민당 전당대회는 유진산계와 김대중계의 혈전장이었다. 전당대회를 앞두고 나와 조윤형 의원은 '진산은 대통령선거에 대한 책임을 지고 당수 출마를 포기해야 한다'는 내용의 연판장을 돌려 신민당 의원 50여 명 서명을 받았다. 가능하면 그를 만나지 않으려고 피해 다니던 중 국회의사당 3층 복도에서 마주치게 되었다. 도저히 피할 수 없는 상황이었다.

"선생님, 별고 없으십니까?"

"상현이, 진산 타도 잘되나?"

"생각보다 잘 안 됩니다."

"잘 해보게. 자네 언제 나한테 종아리 맞을 때가 있을 거야."

공천 경합이 치열할 경우 사람들은 당수를 찾아가게 마련인데, 진산은 이렇게 말한다.

"어, 그동안 아무개 동지같이 야당 투쟁한 사람 없지. 이번에 국회의원 한 번 해야지."

자기한테 공천이 떨어질 것으로 철석같이 믿고 있던 그 사람은 사기 쳤다며 난리를 피운다.

이 모 씨는 전북 정읍 출신으로 한 20년 야당 생활을 해온 사람이었다. 소석계인 그는 진산을 찾아다니며 공천을 졸랐고, 그때마다 진산은 이렇게 말했다.

"어, 그동안 이 동지처럼 고생한 사람 없지. 잘 해보게."

철석같이 믿고 있다가 낙천이 된 그는 한판 붙으려고 진산을 찾아갔다. 인사를 받고 난 진산이 말했다.

"이번에 이 동지가 꼭 되어야 하는 건데……. 다음번에는 이 동지가 꼭 해야지. 이 동지 같은 사람이 공천을 못 받는다는 것은 대단히 불쾌한 일이요."

이 모 씨는 저도 모르게 말했다.

"선생님, 감사합니다."

'사꾸라' 소리를 들었지만 돌아가신 다음에 보니 축재는 커녕 빚만 있었다.

'사꾸라' 소리를 듣던 어떤 야당 지도자는 어떤 당원이 찾아가자 이렇게 말했다.

"이 사람아, 그동안 왜 그리 격조했는가? 나와 무슨 감정이 있는가?"

"선생님이 사꾸라 짓만 안하시면 조석 문안이라도 드리겠는데, 창피해서 못 옵니다."

"이 사람아, 갈보하고 붙어도 옥동자만 낳으면 되지 않는가?"

"숙녀도 많은데 하필이면 왜 갈보하고만 붙으려고 하십니까?"

진산과 나는 정치적 노선으로는 항상 반대 자리였다. 유신으로 감옥에 있을 때였다. 야당 지도자라고 하는 사람들이 교도소를 찾아와서는 조윤형 씨만 면회하고 갔다. 섭섭한 것은 물론이고 부끄러울 지경이었다. 진산은 한 번도 면회를 오지 않았다. 반대 처지이면서도 내가 진산에게 매력을 느꼈던 것은 그가 강경일변도로만 나가서 사태를 악화시켜버리는 다른 지도자들과 달리 대화와 협상을 통해서 문제를 풀어 나가려고 한다는 점이었다. 성품으로 봐서 당연히 면회를 와야 할 분이었다. 그런데 법정에도 안 나타나고 면회 한 번 오지 않는 것을 보고 나는 그가 한계에 다다랐음을 느꼈다. 나는 조윤형·조연하 씨에게 진산의 건강이 대단히 나빠졌다고 말했다.

"감옥 안에 있는 자네가 어찌 아는가?"

"우선 진산의 판단력이 흐려졌습니다. 진산은 진산 스타일이 있는데 지금 그것이 흐려졌으니 건강이 나빠진 증거지요."

내가 감옥에 있는 동안 결국 진산은 돌아가시고 말았다.

진산은 당수 시절 사류제로 당을 운영해 나갔다. 반대파에게도 사할 당직을 배분했다는 말이다. 진산 이후에는 사륙제 전통도 없어져버렸다. 자기파만의 완전 독식이었다.

정권교체를 주장하기 위해서는 정권을 맡을 만한 힘을 길러야 한다. 집권을 하겠다면서 정책위원회에 전문위원이 한두 명밖에 없다. 적어도 서른 명에서 쉰 명까지 전문가들이 각 부문에 대하여 연구를 하고 개발을 해야 한다. 정책이 없는 파벌은 붕당만 초래한다. 말로만 후배를 키운다고 하면서 실제로는 인재를 양성하지 않는다. 1~2년에 한 번 하는 전당대회에서 누가 당수가 되느냐에 따라 운명이 좌우된다. 이념이 아니라 인맥으로 뭉쳐 있기 때문에 이합집산이 심하고 이성을 잃은 행동이 나온다. 국회의원 보좌관이나 비서관은 정책을 자문해줄 수 있는 사람이 아니라 가방을 들고 다니는 사람에 지나지 않는다. 이른바 '가방모찌'인 것이다. 여당 고위인사 가운데는 자기 마누라와 처제를 비서로 등록시켜 월급을 받아 곗돈을 붓기도 했다.

15. 김대중 귀국

김대중 씨 귀국이 보도되면서 김영삼 씨와 나는 민추의 위촉을 받아 '김대중 선생 안전귀국 환영대책위원회'를 만들었다. 귀국 보도가 있기 전에도 우리는 김대중 씨 귀국을 요청하는 성명서를 수십 차례나 냈지만 국내 신문에는 한 줄도 보도되지 않았다. 민추와 재야가 공동으로 '김대중 선생 안전귀국 환영대책위원회'를 구성하자고 외교구락부에서 모인 것은 1984년 말쯤이었다. 재야와 최초 공식 모임이었다. 우리는 공동위원장제로 하자고 했는데 재야에서는 독자적인 구성을 하겠다며 반대했다. 내가 말했다.

"김영삼 선생을 위원장으로 하고 부의장 몇 명과 고문에는 문익환·김수환·김재준·함석헌·김관석·안병무·백기완·고은 선생 등을 위촉할 테니 양해해주시기 바랍니다. '민통련'·'민청련' 등 간부는 위원으로 하겠습니다. 해방 직후 백범 선생 환국 때도 일일이 허락받고 환영위원을 구성하지 않았습니다. 그때는 비상시국이었고 지금도 비상시국이며, 더구나 지금 같은 정보정치 아래서 어떻게 일일이 허락을 받겠습니까? 그러니 양해를 해주십시오."

민청련 의장인 한경남韓慶男 씨가 말했다.

"제적됐으나 아직 학생 신분과 다름없으니 민청련 관계자 등은 민추가 주관하는 위원회에 이름 넣는 것을 고려해주시기 바랍니다."

일리가 있는 말이어서 빼기로 했다. 백기완 씨가 말했다.

"김상현 씨 말 잘 들었는데, 여러분이 잘 알다시피 김상현이는 독재 잡니다. 이리 발표한 것을 가지고 아니라고 성명을 낼 수도 없고 또 김대중 선생 안전귀국 시키자는데 반대할 수도 없으니, 이대로 넘어갑시다."

16. 후보 추천

유권자 연령 분포가 30대 미만이 58퍼센트라고 신문에 나왔다. 따라서 30대 미만 세대가 이번 선거에서 중요한 영향력을 행사할 세력이었다. 신당이 그들로부터 지지를 받기 위해서는 그들에게 지지 기반이 있는 운동권 출신을 내세울 필요가 있었다.

서울에서 몇 명을 포함해서 전국적으로 열댓 명에서 스무 명가량을 재야인사 가운데서 공천하려고 했다. 재야에서 조직적인 호응만 해준다면 당선까지도 가능한 일이었다. 그런데 재야 쪽에서는 누구도 적극적으로 호응해주는 사람이 없었다. 김영삼 씨가 종로를 맡는 대신 나는 성북을 맡기로 했다. 이돈명·한승헌·장을병·고은 씨 등을 만나보았지만 모두들 "절대로 정치는 안 한다"고 사절이었다. 나는 송기원·이해찬·설훈·이석표 등 운동권 출신 젊은이들을 만나보았다. 장기표 씨가 집에 찾아와서 "재야를 끌어들이지 말라"는 말을 하기도 했다.

처음 접촉한 것이 김대중내란음모사건의 투옥 동기이기도 한 설훈薛勳이었다. 설득 끝에 승낙을 받고 김영삼 씨한테 인사까지 시켰는데, 선거보이콧을 주장하는 선배들에게 발목을 잡혀 못하겠다고 했다. 도리 없는 일이어서 두 번째로 교섭한 것이 민청학련사건으로 감옥을 다녀온 서울문리대 정치과 출신 이호웅李浩雄이었다. 작가 김성동金聖東 씨 추천이었는데, 설득을 거듭한 끝에 역시 승낙을 받고 외교구락부에서 김영삼 씨와 인사를 시켰다. 그랬는데 그 다음 날 그가 의장으로 있는 인천의 재야조직인 인사련 간부들이 나를 찾아와서 사정을 했다. 그가 출마하면 조직이 깨진다는 것이었다. 세 번째로 만난 것이 민청학련사건으로 사형선고를 받았던 이현배李賢培였다. 또다시 힘든 설득 끝에 승낙을 받았는데, 새벽 4시에 운동권 청년 4명과 같이 와서 곤란하다는 것이었다. 아침 9시 반에는 공천자를 발표하기로 되어 있었다. 입술이 탔다. 김영삼 씨한테 사정사정해서 공천 발표를 연기시킨 다음 만난 것이 이철李哲이었다. 역시 민청학련사건 때 사형선고를 받았던 사람이나 운동권 조직과 떨어져 있었던 탓에 앞 세 사람과는 달리 자체 내 반발로부터 자유로울 수 있었다.

비례대표 후보 추천, 곧 전국구 배분도 똑같았다. 민추·비민추 50대 50에서 민추 몫 50은 다시 동교동과 상도동이 50 대 50으로 나누었다.

나는 지역구에서 50석 이상이 당선된다고 보았기 때문에 전국구도 17번, 어쩌면 18번까지 당선 가능성이 있다고 보았다. 미국《뉴욕타임스》·《워싱턴포스트》·《선데이저널》, 그리고 일본 여러 신문 수십 명 기자들이 우리 집으로 몰려와 선거 전망을 물었을 때 지역구에서 50석 이상이 당선된다고 장담을 하였다. 그것은 관권·금권을 동원한 부정선거를 감안하고도 자신 있는 예상이었는데, 거기에는 근거가 있었다. 민정·민한·국민당에서 발표한 공천자 명단을 보니 한마디로 아마추어와

프로의 차이였다. 선명성에서는 말할 것도 없고, 거기다가 신민당에서는 총재가 종로에 출마하고, 운동권 출신 30대 신인이 출마하고, 김대중 씨 귀국을 활용했을 때 충분히 근거가 있는 예상이었다. 집으로 찾아오던 수백 명 정치인과 기자들에게 나는 무슨 예언자처럼 말하고는 하였다.

"이번 선거일까지가 우리나라에서는 전통적으로 몹시 추울 때인데, 이번 선거 기간 동안에는 절대로 눈이나 비가 오지 않고 날씨가 따뜻할 것이다."

2월 12일 선거가 끝난 5시 이후부터 전국적으로 눈비가 퍼부어 내렸다. 전국 각지에서 전화가 왔다.

"아이구 김 의장님! 여기는 지금 투표가 끝나자마자 눈이 옵니다!"

"여기는 비가 옵니다!"

조덕현 신부는 말했다.

"하나님의 성령이 내리셨습니다."

무슨 계시를 받았거나 예지력이 있었던 것은 아니었다. 다만, 그렇게 되어야 한다. 진실로 천지신명이 계시고 하느님이 계신다면 선거 기간 중에 눈비가 오지 않고 따뜻하게 해주어야 한다, 해주실 것이다, 라고 사무치게 간절히 바랐던 것이다.

많은 사람들이 15명, 잘해야 20명이 당선될 것으로 예상했다. 신민당 안에서도 그랬다. 나는 17번, 잘하면 18번까지 당선될 수 있다고 보았기 때문에 전국구 후보 순서를 뽑을 때 16, 17, 18번을 추천했다.

17. 공천 문제

전라남도 금성·광산·나주에는 김면중 씨와 박병윤 씨가 팽팽하게 맞붙었다. 김면중 씨는 가난뱅이였고 박병윤 씨는 재력이 있었다. 두 사람 가운데 하나가 지역구를 양보하면 전국구 15번 이내를 준다는 이민우 씨 약속을 받아달라고 조연하·김록영 씨에게 부탁했다. 두 분은 이민우 씨가 응낙을 안 한다고 했지만 바쁘고 정신이 없어서 접촉조차 안 해본 것 같았다. 총재단에서 합의를 봐서 김면중 씨를 전국구 15번 이내로 보장만 해주면 박병윤 씨가 김면중 씨 몫 헌금을 해주기로 얘기가 되어 있었다. 그랬는데 그것을 못하고 복수공천을 해서 2만 몇천 표씩을 서로 찢어먹는 바람에 둘 다 떨어지고 말았다. 두 사람은 그 뒤로도 두고두고 나를 원망했는데, 안타까운 일이 아닐 수 없다.

이원배 씨는 김대중 씨 비서실 차장을 지낸 사람으로 나와도 친한 사이였다. 유갑종 씨는 유신 때 같이 감옥살이도 한 사이로 역시 친했다. 전라북도 정주·정읍·고창지구에 두 사람이 공천 신청을 했다. 나는 유갑종 씨한테 공천을 줘야 한다고 주장했다. 이원배 씨가 3,000만 원을 갖고 와서 사정을 했다. 살려달라고 난리였다. 나는 가부를 분명하게 얘기했다. 그래서 집에 찾아와 사정을 하는 사람들에게도 "우리 집에 찾아올 시간이 있거든 딴 데를 가봐라. 어떻게 인연이 잘못되어 당신보다 아무개와 더 인연이 깊으니 도리 없다"고 말해줬다. 나는 무엇보다도 그 사람의 민주화를 위한 투쟁경력과 고통받은 것, 그리고 당선 가능성에 공천 우선권을 두었다. 나는 끝까지 유갑종 씨를 밀었는데 공천은 이원배 씨가 받았다. 유갑종 씨는 신사당 공천을 받아 당선되었다. 나는 그에게 입후보자 등록금 800만 원을 해주었다.

최인영 씨가 집으로 찾아왔다. 최인영 씨는 이철승 씨 학련 후배로 민권당의 총재였는데, 이철승 씨가 신민당으로 오면 공천을 준다는 바람에 탈당을 했던 것이다. 최인영 씨는 무릎을 꿇고 통사정을 했다. 야당 생활 30년에 이번이 마지막 기회니 나 좀 도와주시오. 도와드릴 수 없습니다. 다른 것은 모르지만 최 총재께서 국회의원 하나 하자고 당원들과 상의도 없이 혼자 탈당해 나왔는데, 어떻게 신뢰할 수 있습니까? 그 점이 우선 안 되고, 신기하辛基夏 씨는 민추 발족 때 변호사로서 편히 살 수 있음에도 불구하고 감옥 갈 각오를 하고 참여했습니다. 저는 신기하 씨에게 약속을 지켜야 될 의무가 있습니다.

신기하 씨가 찾아와 서구로 나오면 떨어지니 동구로 달라고 했다. 동구는 광주 중심으로 김록영 씨 기반이었고 서구는 시골이 끼어 있는 데다가 재력이 풍부한 민한당 지정도池楨道 씨가 있었다. 정신 자세가 틀렸다. 이번 선거 특징은 전국이 하나의 선거구라는 데 있다. 더구나 광주는 동구·서구가 없다. 그러나 신기하 씨는 동구가 아니면 안 나가겠다고 난리였다. 할 수 없이 백우白愚 김록영 씨를 만나 사정사정을 했다.

"성님, 사람 하나 키웁시다. 형님이야 아무데서나 나와도 당선될 수 있지만 그 사람은 정치 초년생 아닙니까? 형님이 양보하시오."

서구는 돈도 많이 들고 골치가 아픈 곳임에도 불구하고 김록영 씨는 마지막 날 서구에 공천 신청을 했다. 선거가 끝난 다음 두 사람이 우리 집에 왔다. 김록영 씨가 신기하 씨에게 말했다.

"내가 자네한테 몇 억을 받았다는데, 돈 내놔."

다른 당 후보들이 '김록영이 신기하에게 수억 원을 받고 선거구를 팔아먹었다'고 팸플릿을 만들어 뿌리고 다녔던 것이다. 김록영 씨가 웃었다.

"수억은 그만두고 자동차나 한 대 사주라."

"사드리지요."

나는 신기하 씨한테 나중에 받기로 하고 김록영 씨에게 400만 원을 드렸다. 그 뒤로 돈을 달라고 하면 신기하 씨는 손을 내저으며 웃었다.

"아이구 성님, 다 지난 얘긴데 왜 이러쇼, 저도 지금 죽을 지경입니다."

김홍일 군한테 목포에서 입후보하라고 권했다. 아니면 서울에서라도 나오라고 했다. 미국에 갈 때도 "아버님께 그렇게 말씀드리라"고 했는데, 거절했다.

권노갑權魯甲 씨한테 자금도 대줄 테니 목포에서 나오라고 했다. 처음에는 그러겠다고 했으나 김대중 씨 비서진의 총선보이콧에 따라 거절했다.

재야운동을 하던 안철安喆 씨에게 공천을 주려고 했으나 복권이 안 되어 있었다.

목포에 사람을 보내어 가수 남진南進 씨를 찾았다. 가족들과 의논하겠다고 하더니, 사양이었다. 신민당은 망하는 당으로 알았던 것이다.

18. 소경 제 닭 잡아먹기

선거대책본부장은 동교동에서 맡기로 되어 있었다. 비민추와 관계도 계속 유지하고 또 선거에서 패배했을 경우를 대비하여 사양하자고 조연하·김록영 씨를 설득했다. 김영삼·이민우 씨는 펄쩍 뛰면서 "동교동에서 안하면 우리가 하겠다"고 했다. 나는 그들을 설득시켰다. 우선 이 당이 조화로운 정당으로서 국민에게 단합된 모습을 보이는 것이 승리의 비결이다. 그리고 선거가 전쟁이라면 전쟁에서는 이길 때도 있고 질 때도 있는데, 만에 하나라도 우리가 졌다고 가정할 때 민추에게만 책임이 돌아오지 않는가? 패배했을 때 당의 혼란과 분열을 막을 수 있는 기본적인 장치는 비민추에게 본부장을 주는 것이다.

선거대책본부장에는 김재광, 부본부장에는 노승환 씨가 선임되었다. 아닌 밤중에 팥시루떡을 먹게 된 것이다. 본부장이나 차장을 하면 기자회견도 하고 신문·방송에 나오게 됨으로써 자연스럽게 선전이 된다. 2억을 써야 할 경우 2,000만 원이면 되는 것이다.

"김홍일이와 동교동 비서진에서 이민우 낙선운동을 하고 다니니, 도대체 이게 어떻게 된 거요?"

김영삼 씨와 이민우 씨가 자주 항의를 해왔다.

"그럴 리가 없습니다."

나는 집사람한테 정선식 중앙당 부녀국장 겸 종로지구당 부위원장, 이민우 씨 부인과 함께 선거운동을 하게 하였다. 세 사람은 세종문화회관 옆 돌집으로 가서 운동을 했다. 돌집은 내 친구인 최규태가 경영하는 음식점이었다. 친구 부인이 말했다.

"아니, 어제 김홍일 씨가 와서 정대철 씨 찍어주라고 두 시간이나 얘기하고 갔는대요."

집사람이 탄식을 했다.

"이제 운동 못 나가겠소, 세상에 이렇게 될 수 있소?"

정일형 박사 운동원이었던 김 모 씨가 서울운동장 앞에서 이민우 씨 지원연설을 하고 있는데, 김옥두 씨가 쪽지를 올려 보냈다.

"이민우를 조져라."

정대철 씨 참모인 줄 알았던 것이다.

이로써 김대중 씨 장남과 비서실에서 이민우 낙선운동을 하고 있다는 것이 탄로나게 되었다. 김영삼 씨가 펄펄 뛰었다.

"이제 다 아는 일 아니오. 동교동에서는 내놓고 인석 낙선운동을 하고 있는데, 이래도 나무 위에 올려놓고 흔드는 게 아니라고 하겠소?"

도대체 빠져나갈 구멍이 없었다.

"정말 죄송합니다. 그래서 집사람까지 동원해서 지원운동을 하고 있고 저도 적극 지원하겠습니다."

"어떻게 지원하겠소?"

다급해진 나는 순간적으로 말했다.

"오천만 원 내겠습니다."

박성철 장군이 돌아가셨을 때, 조연하 씨 얼굴이 안 보였다. 선거가 끝난 다음 까닭을 물었더니, 박성철 장군과 김홍일·김옥두·한화갑 씨 등이 낙선운동을 했다. 구로구의 어떤 음식점에 20여 명을 모아놓고 민한당 김병오金炳午 씨 지원운동을 하는 것을 조직원이 발견했던 것이다. 조연하 씨는 한숨을 내쉬었다.

"민추를 나하고 같이 만들어서 같이 행동했고, 내가 동교동 계보를 재건하려고 이렇게 뛰고 있는데 지원은 못 해줄망정 낙선운동을 하다니……. 세상에 이럴 수가 있는가?"

이철 씨는 설훈·장영달 씨와 함께 동교동을 찾아갔다. 미국에 있는 김대중 선생 후광을 입어보려고 홍일 군에게 같이 사진을 찍자고 했으나, 거절당했다.

경상남도 마산에서는 백찬기白燦基 씨와 강삼재姜三載 씨가 맞붙었다. 백찬기 씨는 '통대' 출신으로 11대 당선자였고 강삼재 씨는 33살 무명 청년으로 여러 가지 조건에서 강삼재 씨가 불리했다. 나는 어떻게 하던지 경상도 지역에 동교동계를 박고 싶었다. 그래서 강삼재 씨에게 '민추공동의장권한대행 김상현 특별보좌역'이라는 경력을 쓰게 했다. 그런데 강삼재 씨는 그것으로는 미흡하다고 생각했던지 '민추공동의장 김영삼·김상현 비서실장'이라고 적어 팸플릿을 돌렸다.

죽어도 공천을 못 주겠다는 김영삼 씨에게 백배사죄를 했다. 그리고 이민우 총재를 만나서 사정하고, 심지어는 신도환 씨 집까지 새벽에 찾아가서 사정사정한 끝에 간신히 복수공천을 받게 했다.

선거 기간 중 김영삼 씨 부친이 백찬기 씨 지지운동을 했고, 김영삼 씨는 마산에 두 번이나 내려갔다. 강삼재 씨 사무실에는 한 번도 들르지 않고 백찬기 씨를 지지해달라고 호소하고 백 씨와 함께 시내를 행진하며 골목골목을 누볐다.

서울의 조연하·이철 씨 선거구를 빼놓고 내가 유일하게 내려갔던 지방이 마산이었다. 호남향우회 사람들을 만나고 또 마산YMCA 이사 익 씨를 만나고 하면서 강삼재 씨 지지를 호소했다.

19. 선거와 돈

조연하·김록영·박종률 씨는 주로 우리 집에 모여 상의를 했다.

"조직책 심사 과정이나 공천 심사 과정에서 단돈 십만 원이라도 돈을 받아서는 안 된다. 만약 사적으로 단돈 십만 원이라도 받는 경우에는 그 사실을 폭로하여 도태시킨다."

"우리가 유신 이후 십몇 년간 죽을 고생만 하다가 이번 선거를 맞게 되었는데, 그렇다면 어디서 돈을 구하는가? 그리고 각지 동지들에게 다만 백만 원씩이라도 지원해야 되는데, 어떻게 할 것인가?"

"그것은 전국구 공천자들이 공식적으로 당에 내는 것 말고 얼마씩 받아서 하자."

1번부터 5번까지는 3억, 6번 이하는 2억을 당에서 받기로 했다. 그랬는데 선거비용이 달리면서 액수가 올라가게 되었다.

1~7번   5억 원
8번   3억 원
9번   2억 원
10~13번 1억 원

14번   7,000만 원

15번   5,000천만 원

16번 이후는 입후보 등록금 700만 원

    동교동계는 72년 이후 줄곧 탄압을 받아왔으므로 공짜로 넣어달라는 사람은 많지만 돈을 내고 전국구를 하겠다는 사람이 없었다. 임춘원林春元 씨는 박종률 씨 소개였는데, 당에 3억, 동교동에 2억을 내기로 하고 2번을 받았다. 현금으로 2억을 냈고, 나한테 가외로 5,000만 원을 주기로 했다.

    한석봉韓錫奉 씨는 김대중 씨 비서 출신인 강신길 씨 소개였다. 당에 3억 원을 내고 동교동에 2억을 내기로 하고 6번을 받았다. 당에 3억을 내고 동교동에는 현금 1억과 어음으로 1억을 냈다.

    9번 박종률 씨는 2억을 내야 되는데, 민추와 창당에 공이 있으므로 이민우·이철승·조연하·김록영 씨 등과 상의하여 1억만 받기로 했다.

    조계종 승려인 김용오金容午 씨는 손주항孫周恒 씨 소개였다. 현금 7,000만 원을 내고 2억짜리 어음을 주며 당선되면 6억을 내겠다고 했다.

    이렇게 해서 동교동으로 들어온 기금이 5억 7,000만 원이었다. 이 돈으로 입후보자들을 지원했다.

조연하   1억 6,000만 원

김록영   1억 1,000만 원

박종률   1억 원

이 철   5,000만 원

이민우   5,000만 원

    이것은 큰돈 경우고 100~200만 원씩 도와준 것은 여러 군데였다. 여기에는 내 집을 잡히고 빌린 6,000만 원과 집사람이 얻어온 빚 3,800만 원이 포함된다.

    박종률 씨한테 준 1억 원은 동교동 기금에서 5,000만 원과 내가 임춘원 씨한테 비공식으로 받은 5,000만 원을 합친 것이었다. 조연하·김록영 씨한테도 비밀로 했으므로 김록영 씨는 끝내 5,000만 원만 준 것으로 알고 돌아가셨다. 김대중 씨에게 사후 전체 보고를 했을 때 자금 문제로 지적당했던 유일한 경우였다.

    "박종률이는 전국구 9번인데, 1억을 깎아줬으면 1억은 자기가 내야지 왜 자네가 1억을 대주나?"

    "조연하·김록영·박종률이 없으면 민추가 없고, 그들이 없었으면 신민당이 없고, 오늘의 동교동이 없습니다. 저는 해금과 사면복권이 안 됐으므로 그 세 분을 통해서 신민당을 만들고 또 우리 계보 사람들에게 공천을 주지 않았습니까? 그것도 조연하가 조직강화특별위원회 위원장이 됐기 때문에 우리 계보 사람들이 다수 지구당위원장이 되고 국회의원이 된 것입니다."

    조연하 씨는 계보의식이 투철한 사람이었다. 김대중 계보를 만들어 보기 위하여 전력투구를 했다. 과거의 '보스'였던 이철승 씨가 전남에 한 자리를 달라고 했으나 냉정하게 거절했다. 내가 보기에도 지나치게 무자비할 정도였다. 공천 과정에서 젊은이들에게 멱살을 잡힌 것이 한두 번이 아니었다. 대방동 집 가구가 부서진 것도 내가 아는 것만 해도 4번이었다. 공천을 못 받은 사람들이 몰려와서 때려부쉈던 것이다. 어떤 경우에는 공천 탈락자가 공천을 받은 사람보다 여러 가지 조건에서 나은 경우가 있었으나, 단 한 자리도 주지 않았다.

김대중 씨가 미국에 있는 동안 비서진들 간 갈등과 분열이 있었다. 홍일 군이 신촌에 백제갈비집을 냈을 때 조연하 씨가 거기로 박성철·권노갑·한화갑·김옥두·함윤식·이협 씨 등을 서너번 초대하였다.

"후광이 지금 미국 계신데 비서진에서 서로 만나지도 않고 분열해서 싸운다면 어떻게 되는가? 이럴 때일수록 서로 단합해서 화목을 유지하여 후광이 뿌려놓은 씨앗을 잘 관리해야지, 이래가지고야 자네들이 비선가?"

한화갑 씨 같은 비서가 "외국 사람 누구를 만나서 대접하느라고 십몇만 원 외상을 졌다"고 하면 갚으라고 돈을 내주고, 참석자들에게는 차비나 하라며 3만 원, 5만 원씩 나눠주면서 단합을 당부하고는 했다.

선거가 끝난 다음 2억 원 부도가 났다. 임춘원 씨와 경우鏡牛스님 김용오 씨한테 받은 각 2억 원씩 어음을 할인해서 썼는데, 국회의원이 된 그들이 갚지를 않았던 것이다.

20. 뒷이야기

 총선이 끝나고 나서 연금이 풀린 김대중 씨는 수안보온천에 가 있었다. 나는 수안보로 찾아갔다.
 "조연하, 김록영, 박종률 의원과 저녁이나 한번 하십쇼."
 "김대중이 끝났다고 한 조연하고 내가 왜 밥을 먹나?"
 "형님, 무슨 말씀이세요?"
 "아, 이 사람아. 조연하가 김대중이 끝났다고 하는데 내가 왜 그 사람들하고 밥을 먹어?"
 "누가 형님이 끝났다고 합니까?"
 "김옥두한테 받은 편지를 내가 가지고 있어."
 "형님, 제가 친구들하고 저녁을 먹거나 술을 마시는 자리에서 꼭 김대중 선생님, 김대중 후보, 이렇게 깍듯하게 말합니까? 김대중이 때문에 더럽게 됐다고, 신세 조졌다고, 형님 욕도 하고 비판도 하고 그러는 경우가 있는데, 그런다고 해서 정말 형님을 해치고 형님이 잘못되기를 바라서 그러는 겁니까?"
 "음, 뭐 꼭 그런 건 아니지."
 김대중 씨가 미국에 있는 동안 갖은 비난과 중상모략을 하는 편지를 보내고 인편으로 전하고 한다는 것을 알고 있었다.

나는 5시간 동안 그동안 일을 보고하면서 이야기를 나누었다. 그러면서 세 사람과 저녁이나 한번 하시라고 자꾸 권했다. 시간이 지나면서 기분이 조금 풀어진 김대중 씨는 "차나 한 잔 하지" 하고 말했다. 조연하가 없고 김록영이 없고 박종률이 없었으면, 오늘의 신민당이 없고 동교동이 없고 민추가 없다고 나는 자꾸 얘기했는데, 여전히 "차나 한 잔 하지"였다.

서울로 돌아오자 세 사람이 찾아왔다. 김대중 씨가 귀국한 다음 내가 처음으로 만나고 왔으므로 모두들 무슨 말이 있었나 궁금해 죽겠다는 얼굴이었다.

"형님들이 나 없는 동안에, 그 어려움 속에서 민추 만들고 신민당 만들고 동교동 계보 일으키느라고 애썼다고 정말로 고마워하고 기가 막히게 생각합디다."

그러자 백우 김록영 씨가 말했다.

"이 새끼야, 짜 가지고 쑈하지 마!"

속으로 웃음이 터지려는 것을 참으며 말을 바꿨다.

"성님, 제가 왜 거짓말을 합니까? 내일들 만나보시면 알 텐데, 아침이나 같이들 하시재요."

상경한 다음 날 오전 "10시에 차나 한 잔 하자"는 것을 "8시에 아침을 같이 먹자"고 꾸며 말했다. 모두들 흐뭇해하는 표정이었다.

김대중 씨가 상경한 날 저녁에 고민 고민하다가 찾아갔다.

"형님, 차마 차나 한 잔 마시자고 한다는 말이 안 나와서 8시에 아침을 먹자고 하시더라고 했습니다. 죄송합니다. 저를 죽여주십시오."

"그렇게 함세."

7시 반에 동교동으로 갔다. 그리고 홍일 군과 비서진에서 민한당 선거운동 한 것 등을 얘기하며 특히 조연하 씨에게 따뜻하게 해주라는 말을 하고 있는데, 조연하 씨가 들어왔다. 8시 15분 전이었다. 김대중 씨가 말했다.

"김상현이 얘기 들었습니다. 내 비서진에서 춘산께서 섭섭해하실 철없는 짓을 한 모양인데, 참으로 미안하게 생각합니다."

조연하 씨가 웃으며 말했다.

"지난 일이야 무슨 상관할 게 있습니까? 앞으로 서로 잘하면 되지요."

(大尾)

아내를 생각하며

　1960년 12월 7일이 제 결혼식 날짜입니다. 내 처하고는 연애를 했지요. 그때는 생활은 최악으로 어려울 때였는데, 처가 장인어른이 정영덕 선생, 장모님은 송 여사인데, 장인어른이 수원 화성에서 1, 2위 가는 재력이 있었던 분이었어요. 경제적으로 풍부했지요. 처가는 양조장도 하고 방앗간도 하고 염전도 했고, 땅이 많았어요. 땅부자라. 처남 정희준은 경기중고등학교, 서울법대 출신인데 아주 유능하고 젠틀맨이었어요. 모든 면에서 탁월한 면을 지녔고, 주위에 친구도 많았어요. 그래서 그때 처하고 내가 결혼을 한다고 하니 우리 장인 장모가 반대를 했지요. 내가 부모도 없고 가진 게 없으니……. 그때 처남이 중간에서 누나가 사랑하는 사람과 결혼하게 해야 한다며……, 나한테는 큰 은인이지요.

　처음에는 집을 얻지 못해 있다가 한 달쯤 뒤에 돈암동에 방 2개짜리를 구해 들어갔지요. 그때도 내가 정기적은 수입은 없었고, 주위의 도움으로 살았기 때문에 아주 어려웠어요. 그래서 처가, 본래 화성 남양에 처가에서 하던 양조장이 있었는데 그리로 내려가서 양잠도 하고, 돼지도 기르고, 여러 가지 장사도 하면서 나한테 왔다갔다 하느라 고생을 많이 했지요. 그러면서 3남 1녀, 큰아들 윤호, 둘째 준호, 셋째 딸 현주, 넷째 영호를 두었지요.

큰아들 윤호는 거의 장모님이 다 길러주다시피 했는데, 장모님이 극히 사랑을 해주셨지요. 내 처가 그렇게 고생을 하면서 돈을 모아가지고 1963년도에 서울 만리동에 방이 4칸인 단독 주택을 샀지요. 처가 돈을 벌어서. 그래서 서울로 이사를 오게 되고, 1965년도 서대문에서 보궐선거에 나가게 됐는데, 다 처 덕이지요. 그 덕에 서울로 온 것이니까. 출마 당시에도 나는 돈이 없었으니, 처가 돈을 마련해주고, 장인이 후원을 해주고 해서 선거에 20대 당시 만 29살에 처음 6대 국회의원에 당선을 했습니다. 그러니까 나는 정치를 하면서도 정치활동을 하는 데만 열정적이었지, 처나 아이들에게 도움이 전혀 못됐어요. 그래서 우리 3남 1녀는 교육이든 용돈이든 처가 다 마련해서 키운 것이니, 그야말로 나한테는 구세주인 거지요. 내 처는. 내가 국회의원이 된 것도, 오늘날 이 정도의 정치 활동을 하고 노력할 수 있었던 것도 내 처의 도움이 있었기 때문이지요. 내가 내 처를 못 만났다면 나는 국회의원은 고만두고 아주 최악의 상황이 됐을 거예요. 내 처는 나로 인해서 하나부터 열까지 희생만 하고, 정말 희생만 하고…….

내 처는 아주 신념이 있고, 원칙이 있고, 철학이 있는 사람이어서 내가 옳은 정치를 하고 국민의 편에서 민주화 운동을 하고 하는 것을 자랑스럽게 생각하고 나를 격려했기 때문에 내가 집을 돌보지 않고도 이런 수난의 길을 걸어올 수 있었지, 보통 여자들처럼 가정에 충실하지 않느냐고 하면서 뒤에서 바짓가랑이를 붙잡고 그랬다면 내가 밖에 나가서 국민을 위한 활동을 하지 못했을 거라고 생각해요.

나는 내 처를 만난 것은 내 생애에서 하나의 행운이고 우리 3남 1녀 자식들도 그런 훌륭한 어머니를 만나 건강하게 잘 자랄 수 있었다고 봐요. 우리 3남 1녀가 모두 인물도 좋고 품성이 좋아서 사람 관계도 잘 하고 하는 것이, 엄마의 교육 덕분이었지요. 내가 몇 차례 감옥을 가는 중에도 몇 차례 빚을 지고 갔는데, 그때마다 내 처는 고물장사도 하고 문방구도 하고 양장점도 하고, 하여튼 열 가지 이상의 장사를 혼자 하면서 아이들을 교육시키고 내 뒷바라지를 한 것을 생각하면 지금도……, 내 처를 생각하면 내가 가슴이 아프고, 내가 너무 가정에 불성실했던 것이 후회막급하고, 평생 살아도 그 은혜를 갚을 길이 없다고, 이런 생각을 가지고 있어요.

내 친구 소개로 처음에 만났는데, 내 처는 숙명여대를 나왔어요. 좋은 집에서 태어나서 고생 한 번 안 하다가 나를 만나서 평생 고생만 하고 살아온 여자지요. 처가에서도 많은 도움을 받았는데, 우리 장인 장모님도 항상 나를 격려해주고 하셨지만, 내 처남이 정신적으로 큰 힘이 돼 줬어요.

하여튼 내가 유신 때 구속이 되었을 때 심지어 우리 장인어른을 서빙고에서 연행해가서 조사하고 했는데 사위 잘못 둔 덕에 장인어른의 마음에, 우리 처가에 많은 고통을 주었지요.

생활은 지금이나 그때나 어렵기만 했구요.

2011년. 김상현

민주화추진협의회 사무실에서

영원한 청년 김상현

1

"자기 소개는 안 하셔도 됩니다."

김상현 통일민주당 부총재와 작가 황석영^{黃晳暎}이 첫 대면을 하는 자리에서였다. 황석영이 평양으로 떠나기 직전이었다. 낙원동 허리우드 극장 곁 '탑골'이라는 주점에서였는데, 수인사가 끝나자마자 황석영이 던진 말이 이러하였다.

"우리는 이미 잘 아는 사이니까요."

김상현이 영문을 몰라 이 중생 얼굴을 바라보는데, 황석영이 씩 웃었다.

"김 선생님이나 저나 같은 집안이니까요."

"같은 집안이라니?"

"한 집안 식구끼리 왜 이러십니까?"

"아니, 선생의 성씨는……."

"성이야 다르지만 뼈대가 같잖습니까."

"점점 어렵게 나오시네."

"천하의 김상현이 왜 이러십니까? 안목 높게 날카로운 정치가로 알고 있었는데……, 이거 실망이 큽니다."

"점점."

"같은 양씨 가문이잖습니까?"

김상현이 박장대소를 하였다.

"그렇지. 황 선생이나 나나 똑같은 양아치 출신이지."

2

1980년대 중반쯤이었을 것이다. 저 아래로 아무여자대학교가 내려다보이는 민둥산 꼭대기에서 전전긍긍하고 있을 때였다. 동병상련同病相憐이란 옛 문자는 그런 경우를 두고 이르는 말이었을 것이다. 이 중생은 계간지와 일간지에 연재하던 소설이 잘리고 나서 일체 원고 청탁이 끊어져버린 상태였고, 후농後農 또한 해금이 되지 않아 국회의원에 출마조차 할 수 없는 상태였다. 잘못된 역사와 현실에 대하여 당연히 울분을 터뜨릴 수밖에 없는 자리였는데, '마이크'를 잡는 것은 주로 후농 쪽이었다. 인사동 민주당사에서 구두닦이를 하던 19살 때 만나 격려를 받고 정치에 인생을 걸게 한 해공海公을 필두로 유석維石과 삼김三金이며 자유당 때 서울시장을 했던 임흥순任興淳을 꺾고 29살에 국회의원이 되어 박정희朴正熙와 회담했던 일, '빙고호텔'에서 '통닭구이' 되었다가 전두환(全斗

煥) 보안사령관과 양주 마시며 회담했던 일이며…… 당신이 직접 보고 듣고 겪은 이 나라 현대 정치사 50년 뒷모습을 들여다 볼 수 있는 귀한 자리였다. 때없이 이 중생 우거(寓居)를 찾아왔던 것 같은데, 한참 '라디오를 틀다' 보면 대개 점심 때가 되고는 하였다.

"저어, 애기 엄마!"

후농이 소리쳤고,

"잠깐만 기다리셔요."

"벌써 몇 번째 커피 물 끓기를 기다리고 있던 집사람이 말하는데, 후농이 나를 바라보았다.

"이 댁엔 점심들 안 자시나?"

"준비할 겁니다."

쌀이야 떨어지지 않았지만 반찬이 마땅찮아 고민하고 있을 아내를 생각하며 이 중생 목소리에 힘이 빠지는데, 후농이 소리쳤다.

"중국집에다 전화하세요. 두 분이 뭐 좋아하는 걸로 시키고 이 사람은 간자장 곱빼기루."

잠뽕과 간자장 곱빼기로 점심을 하는 것은 좋은데 곤란한 것은 돈을 내지 않는다는 점이었다. 자기가 시켰으면서도 도무지 돈을 낼 생각을 하지 않는 것이었고, 외상을 다는 수밖에 없었다. 그렇게 '외상 간조'가 올라가던 어느 날 후농이 말하였다. 당신을 따르는 '보좌관'인가 '비서'한테서 매일 5,000원씩 빌려 나오는데 목간하고 담배 한 갑 사고 나면 버스 삯밖에 남지 않는다는 것이었다.

3

"김형보다 내가 위네."

평창동에 있는 '배나무골'인가 하는 냉면집에서였다. 이 중생한테 한턱을 내는 자리였는데, '간조'를 끊는 것은 물론 주인이었다. 불고기가 익고 술이 넘치는 화기애애한 자리였다. '지역감정문제'와 '붕당정치문제'를 거쳐 '학벌사회문제'로 이야기 물결이 넘어갔을 때였다. '고공퇴' 곧, 고등공민학교 중퇴를 거쳐 '고퇴' 곧, 고등학교 3학년 1학기 중퇴의 '무쭝'인 이 중생이 비벼볼 수 있는 언덕은 4년제 대학 졸업증명서를 요구하지 않는 '돌판', '중판', '글판' 삼판밖에 없었다고 하자, 갑자기 득의양양해지는 것이었다. 야간이기는 하지만 자기는 그래도 고등학교 3학년 2학기 중퇴라는 것이다. 의기소침해진 이 중생은 묵묵히 술잔만 뒤집을 수밖에 없었는데, 아흐.

"김 선생님은 야간이잖아요. 이 사람은 그래도 주간을 다녔다 이런 말씀이올시다. 주간과 야간이 어떻게 같습니까?"

이 중생이 소리쳤고, 문득 의기소침해져 술잔만 뒤집던 후농이 잔을 내어 밀었다.

"쌤쌤이네. 비긴 걸로 합시다."

4

후농 선생을 마지막으로 뵈었던 게 언제였던가? 7년째 풍타낭타風打浪打하는 떠돌뱅이로 지내다보니 월총줄 또한 전 같지 않아 당최 옹송망송하기만 한데, 아마도 바둑을 두었을 것이다. 만날 때면 꼭 바둑을 두자고 한다. '빵잽이 바둑'이라고 큰소리치지만 강1급으로 문단국수文壇國手인 이 중생하고는 상대가 되지 않는다. 시방은 조금 늘었는지 모르지만 6점을 놓았다. 6점짜리 하수下手임에도 꼭 내기 바둑을 하자고 한다. 그것도 판내기가 아니라 방내기를 하자는 것이다. 오일빵. 기본 5만 원에 방에 만 원씩이니 만방이면 15만 원이다. 두 판을 둘 때도 있지만 가장 바쁜 '제3의 정치가'이므로 대개 한 판짜리인데, 거의 만방이다. 15만 원에서 30만 원씩 잃고 나서 꼭 이렇게 말한다.

"오늘은 내가 시간이 없어 졌지만 다음엔 안 될 거요. 다음에 다시 둡시다."

그러나 이 중생은 안다. 아무리 하수라지만 빡빡한 칫수 6점이니 악착같이 물고 늘어져 둔다면 어떻게 판판이 만방이겠는가. 그것이 다 후농 특유의 인사법인 것이다. 그런 식으로 간자장 값을 갚는 것이었다.

인사동에 있는 '인사기원'에서 있었던 '민예총 바둑대회'였을 것이다. 문학인을 중심으로 한 '야술가'들의 무슨 모꼬지가 벌어지면 꼭 발걸음을 하는 후농이다. 그리고 꼭 모꼬지 심부름꾼인 김용태金勇泰 같은 친구하고 내기 바둑을 둔다. 그리고 비슷한 급수인 김용태한테 만방으로 져주고 일어선다. 또한 후농식 인사법인 것이다.

5

이 글을 쓰는 이 중생 심정은 착잡하다. 무릇 인류의 역사가 비롯된 이래로 어렵지 않은 세월이 있었겠는가마는, 요즈음처럼 그 어려움이 실감되는 때도 없었던 것 같다. 저 후백제 진훤대황 좌절 이후 천년만에 민족사의 현장으로 나왔던 '호남정권'이 무너지려 하고 있다. 무너져 내리는 소리가 여기저기서 들려온다. 이런 상황에서 후농 김상현이 역사의 전면으로 나서려 하고 있다. 웬일로 이 세상에는 정치가도 많고, 조악한 세상을 더욱더 조악하게 만드는 죄악적인 정치가도 많아 세상을 더욱 어지럽게 하고 있다. 우리 민족이 갚아내고 녹여내야 할 민족적 공업(共業)이라는 생각이거니와, 이런 시대상황에서 제3의 민중정치가 김상현의 의미는 무엇인가?

후농 선생은 시방도 끼니 때마다 밥을 많이 짓게 하는지 모르겠다. 배고픈 사람, 곧 그늘지고 소외받는 사람이 없는 세상을 만들기 위하여 '정치'를 시작했다는 후농이다. 내남적없이 더불어 함께 평등하고 자유로운 새 세상을 만들기 위하여 반세기 동안 험난한 우리 현대사의 가시밭길을 헤쳐 온 후농이다. 배고프고 외로웠던 어린 시절을 잊지 않고자 늘 많은 양의 밥을 지어 누구든 오는 사람마다 배부르게 밥을 먹게 한다던 후농이 비극적인 개인사를 넘어 민중사·민족사의 바다로 나가게 되는 것은 그러므로 필연의 것으로 된다.

절망을 뒤집어 희망으로 만드는 탁월한 정치역량을 지닌 영원한 청년 정치가 후농. 너무도 인간적인 서민정치가 후농선생의 건투를 빈다.

옴남. 옴남. 옴남

2002년.《김상현 거꾸로 서기, 바로 서기》(공동선)

後農 金相賢 年譜

- 1935년 12월 6일(음력 11월 11일) 전라남도 장성읍 상오리 ○번지 속칭 호산 마을에서 아버지 김영옥 어머니 최이례의 3남 3녀 중 둘째 아들로 태어남.

- 1943년 장성 읍내에 있는 성산공립국민학교 입학. 논 7마지기와 밭 6마지기를 짓는 농군의 아들이었으므로 시오리가 넘는 학교까지 맨발로 걸어 다니는 때가 많았음.

- 1945년 3학년 때 해방을 맞았는데 할머니한테 배운 한글과 셈본 실력으로 선생님들 미숙한 우리말 철자법을 지적하며 우쭐해하기도 하였음. 밤이면 동네 사랑방에서 《춘향전》·《심청전》·《옥루몽》 등을 읽어드려서 할아버지, 할머니들한테 칭찬을 받기도 하였음.

- 1948년 1월 28일 아버지가 돌아가셨음. 향년 41세.

- 1949년 상경하여 학비를 내지 않고 다닐 수 있는 국립교통중학교에 시험을 봤으나 낙방하고, 균명중학교 야간부에 입학. 5년제 양정중학교에 다니

던 형 상수와 마포구 도화동에서 자취를 하면서 낮에는 도화극장 앞에서 목판장사를 하였음.

- 1950년 6·25가 터지면서 형 상수가 행방불명됨. 돌아오지 않는 형을 찾아다니다가 지쳐 7월 23일 고향으로 가려고 한강을 넘었음. 걸어서 고향에 도착한 것은 이레 만이었음.

- 1951년 2월 ○일 빨치산에게 밥을 해줬다는 이유로 마을사람 28명이 토벌대에게 학살당했는데, 그 가운데 어머니도 포함되었음. 동생 4명을 데리고 부산 이모네 집으로 갔음. 구두닦이를 하면서 한영중학교 야간부 2학년에 편입함.

- 1953년 상경하여 한영고등학교 야간부에 입학. 친구들 집을 전전하다가 '태양신문사' 지하실에 있는 가두 판매원 합숙소에 머물며 신문 판매를 시작함. 동생들은 부산 식당과 병원, 그리고 대전 근처 고아원으로 뿔뿔이 흩어졌음. 담임이셨던 황종원 선생님 소개로 어떤 직장에 취직이 결정되었으나 '전라도 출신'이라는 이유로 거절당하고 3학년 2학기를 중퇴함. 첫눈이 내리던 생일날 하루 종일 굶고 남산에서 밤을 새우며, 사람이 사람대접을 받으며 사람답게 살 수 있는 세상을 만들기 위하여 '정치가'가 되어야겠다는 결심을 함.

- 1954년 4월경 황종원 선생님 노력으로 '고시위원회'에 전달부로 들어감.

- 1955년 정부조직법이 개정되어 '고시위원회'가 없어짐으로써 실직을 하고, 윤재식·김방청 군과 농촌계몽운동이라는 이름으로 시국강연 비슷한 것을 하고 다님. '민중의 지팡이가 되어야 할 경찰이 민중의 몽둥이가 되고 있다'는 강연 내용이 문제가 되어 경찰서에 끌려가 며칠 시달림을 받음. 해공 신익희 선생으로부터 '우리나라 앞날이 김상현이 두 어깨에 달려 있으니 분발하라'는 내용의 휘호를 받으면서 더욱 정치가 꿈을 키움.

- 1956년 고려대학교 주최 '아남민국모의국회'에 나가 장면 부통령상을 받음. '동양웅변전문학원'에 다니며 웅변공부를 하다가 김대중 씨를 만남. 학생도 아닌 신분으로 '대한웅변협회' 학생부장 일을 보면서 선배 정치인들 지원 유세를 다님. 생활은 여전히 정처가 없어 행상을 하면서 7번이나 피를 팔기도 함.

- 1957년 '3·1청년학생동지회'를 만들어 회장 일을 봄.

- 1958년 제4대 민의원총선거에서 정일형·김기철·조재천 씨 지원 유세를 함.

- 1959년 강원도 인제 재선거에서 김대중 씨를 위한 지원 유세와 선거운동을 함. 부정선거에 의한 김대중 씨 낙선에 실망하고, 6월 육군에 자원입대함. 부산 8기지창 본부중대에서 서무로 복무.

- 1960년 서울로 휴가를 나왔다가 4·19를 만남. 학생들과 함께 데모를 하다가

학생대표 자격으로 남산 중앙방송국에서 3일간 시국수습 선무방송을 함. 12월 7일 정희원鄭熙媛과 혼인.

- 1963년 원대복귀하여 15일간 조사를 받았으나 5대독자라는 점이 참작되어 다시 군대 생활을 계속하다가 8월 31일 제대. 제대를 한 다음 곧바로 민주당에 입당. 서대문갑구당 부위원장을 맡음.

- 1965년 '한일협정비준'에 반대하여 김재광 씨가 사퇴한 서대문갑구의 보궐선거에 당선. '대일청구권자금 사용계획 동의안'을 저지하기 위한 '릴레이 필리버스티'에서 가장 긴 4시간 반 의사진행 방해 발언을 함.

- 1966년 언론탄압 효시가 된 '경향신문 사태'에 대한 녹음폭로를 함. '아시아지역 교육실태 조사' 명목으로 일본·대만·태국·필리핀을 방문하여 해외 교포문제에 관심을 갖게 됨.

- 1967년 민중당 임시대변인으로 제6대 대통령선거에 윤보선 후보와 함께 전국 유세. 제7대 국회의원선거에서 전국구 후보로 당선.
- 1968년 내무위원회 소속. 50일간 일본을 방문하고 〈재일교포 실태조사 보고서〉를 제출. 그 뒤 2백자 원고지 1,200장가량 보고서를 토대로 《재일한국인– 교포80년사》를 발간. '교포문제연구소' 소장 취임. 재단법인 '4·19 민주상'을 설립하여 미완으로 끝난 4·19 혁명정신을 오늘에 되살려 계승·발전시키고자 했으나, 허가가 나오지 않음. 중앙정보부에서 나에 대한 테러를 거부한 사람을 테러한 '역테러사건'이 일어남.

- 1969년 9월 14일 새벽 2시 53분, 공화당 단독으로 국회 제3별관에서 삼선개헌안이 날치기 통과된 것을 제일 먼저 발견하고 투표함을 던지며 통곡. 박정희 대통령과 1시간 40분간 면담.

- 1970년 9월 29일 김대중 신민당 대통령후보 비서실장을 맡아 선거운동에 전력을 다함. 월간 《다리》 창간.

- 1971년 2월 12일 《다리》지 필화사건 발생. 관권과 금권을 총동원한 원천적인 부정선거와 야당 내부의 자체모순에 의하여 김대중 씨 낙선. 환상으로 끝난 선거혁명에 깊은 절망. 서대문갑구에서 제8대 국회의원 당선. 내무위원회 소속.

- 1972년 10월 17일. 전라남도 일원 국정감사를 하던 도중 '유신'을 맞음. 서빙고에 있는 '국군보안사령부 대공처'에서 9일간 참혹한 고문을 당함. 12월 31일 구속되어 서대문과 안양교도소에서 2년간 복역. 하루 13시간씩 사회과학·역사·철학·전사戰史 등 책을 읽음.

- 1974년 12월 20일 형집행정지처분을 받아 가석방됨.

- 1975년 박정희 대통령과 면담을 하고자 각계 인사들을 만나 주선을 부탁하였으나 실패. 신민당 동료의원 12명과 함께 고문폭로를 함.

- 1976년 5월 25일 신민당 전당대회에서 이철승 씨를 당수로 추대하기 위한 운동을 함. 6월 10일 서울 종로·중구 보궐선거에서 박정훈 씨 선거운동

을 함.

- 1977년 항일독립운동가들 투쟁기록을 모은 실록《민족의 저항》전5권을 펴냄.

- 1978년 제10대 국회의원 선거에서 전라남도 나주·광산에 입후보한 김장곤 씨 선거운동을 함.

- 1979년 5월 30일 신민당전당대회에서 김영삼 씨를 당수로 추대하기 위한 운동을 함. 12월 24일밤 10시 반쯤 '보안사령부'에 끌려가 'YWCA 사건'과 연계되어 일주일간 참혹한 고문을 당함.

- 1980년 '정치문화연구소' 제주지부 개소식에 내려갔다가 5월 18일 새벽 4시 서울 '남산'으로 압송되어 54일간 참혹한 고문과 함께 조사를 당함. 이른바 '김대중내란음모사건'에 연루되어 7년 확정판결을 받음. 육군교도소와 서대문교도소와 안양교도소를 거쳐 경주교도소까지 전전하면서 2년 3개월간 복역. 정면정좌 자세로 하루 5시간씩 영어 공부를 함.

- 1982년 8월 ○일 출감. 다음 날 청주교도소로 김대중 씨 면회를 갔다가 '남산'으로 끌려가 조사를 당함.

- 1983년 6월 9일부터 동교동계 정치인들과 모임 시작. 여름에 '정치문화연구소' 시절 동지들과 만리포로 수련대회를 갔다가 남산에 끌려가 '민중민주주의 혁명'을 주장했다는 혐의로 조사를 당함. 재야인사들과 빈번히

만나면서 민주화 방법론에 대하여 상의.

- 1984년 5월 18일 상도동계와 합작하여 '민주화추진협의회'를 발족시키고, '공동의장권한대행' 일을 봄. '민추'를 모체로 하여 신한민주당을 창당시킴.

- 1985년 2월 12일 제12대 국회의원 총선거에서 동교동 측 입후보자들을 지원하여 '신당 돌풍'을 일으킴. 12월 ○일, 미국 민주당 게리하트 상원의원이 주도한 '환태평양회의' 참석. 민족통일을 내다보는 정치지도자 양성과 새로운 정치적 '리더십'의 개발을 위한 '민주대학'을 설립.《5월의 노래》(형성사) 펴냄. 항일투사들 증언과 친일파들 행적을 모은 《어둠이여 햇불이여》(삼민사) 펴냄.

- 1986년 미국 켄터키대학 및 하버드대학 초청으로 연설을 함.

- 1987년 ○월 ○일 15년간 최장기 정치규제에서 사면·복권되어 공식적인 정치활동을 다시 시작함. 통일민주당 총재직무대리 취임.